suhrkamp taschenbuch
wissenschaft 693

Fend konfrontiert die veränderten Bedingungen des Aufwachsens im 20. Jahrhundert und insbesondere in der Nachkriegszeit mit den soziologischen Studien über den Wandel des jugendlichen Habitus. Dieser Überblick soll ein vertieftes Verständnis für die Einführung des Nachwuchses in die Existenzbedingungen der Moderne vermitteln. Die nötige Orientierungssicherheit ist nur vordergründig dadurch zu gewinnen, daß bei Traditionsbeständen, bei alten Werten und Tugenden Zuflucht gesucht wird. Im Anschluß an Max Weber versteht Fend die Moderne als einen rationalen und methodischen Entwurf der Existenzbewältigung, der in immer wieder aufbrechender Spannung zu einer Brüderlichkeitsethik und einer personalen Ethik steht. Er geht den Entfaltungen dieser Vorstellung nach und versteht Jugend als einen jeweils akzentuierten Versuch, mit diesen Grundstrukturen der Lebensbewältigung in der Moderne fertig zu werden. Damit fällt aber die prinzipielle Schranke zwischen den Versuchen der Existenzbewältigung durch Erwachsene und durch Heranwachsende.

Helmut Fend, geb. 1940, ist Professor für Pädagogik und Pädagogische Psychologie an der Universität Zürich. Publikationen u. a.: *Sozialisation und Erziehung*, 1969; *Sozialisation durch Literatur*, 1979; *Theorie der Schule*, 1981; *Gesamtschule im Vergleich*, 1982; *Die Pädagogik des Neokonservatismus*, 1984.

Helmut Fend
Sozialgeschichte
des Aufwachsens

Bedingungen des Aufwachsens
und Jugendgestalten
im zwanzigsten Jahrhundert

Suhrkamp

Diese Arbeit ist im Sonderforschungsbereich 23
»Bildungsforschung: Bedingungen, Verlauf und Folgen von Sozialisationsprozessen
in Schule, Hochschule und Berufsbildungsinstitutionen.«
an der Universität Konstanz entstanden.
Der Sonderforschungsbereich 23 bestand von 1969 bis 1986
und war Teil des ersten Konstanzer Forschungsschwerpunktes
Zentrum I Bildungsforschung (1966-1982).

CIP-Titelaufnahme der Deutschen Bibliothek
Fend, Helmut:
Sozialgeschichte des Aufwachsens : Bedingungen des
Aufwachsens und Jugendgestalten im 20. Jahrhundert /
Helmut Fend. – 2. Aufl. – Frankfurt am Main :
Suhrkamp, 1990
(Suhrkamp-Taschenbuch Wissenschaft ; 693)
ISBN 3-518-28293-X
NE: GT

suhrkamp taschenbuch wissenschaft 693
Erste Auflage 1988
© Suhrkamp Verlag Frankfurt am Main 1988
Suhrkamp Taschenbuch Verlag
Satz und Druck: Wagner GmbH, Nördlingen
Printed in Germany
Umschlag nach Entwürfen von
Willy Fleckhaus und Rolf Staudt

2 3 4 5 6 – 93 92 91 90

Inhalt

IV

GENERATIONSGESTALTEN

Einleitung

Die methodischen und theoretischen Fortschritte der modernen Sozialwissenschaften haben auf verschiedenen Gebieten die Möglichkeit eröffnet, gesellschaftliche Entwicklungen differenziert zu dokumentieren, vor Fehlentwicklungen zu warnen, Erfolge sichtbar zu machen und Handlungsbedarf zu identifizieren. Dies gilt in besonderem Maß für den großen Bereich der Sorge um den Nachwuchs, also für alle Erfahrungs- und Lebensbereiche, die die Entwicklung der heranwachsenden Generation beeinflussen. Eine Dauerbeobachtung des sozialen Wandels unserer pädagogisch relevanten Lebensverhältnisse und insbesondere der Erziehungsinstitutionen und Erziehungsformen ist von zwei lebenswichtigen Anliegen inspiriert.

Das eine bezieht sich auf das Gemeinwesen als Ganzes und kristallisiert sich in der Frage, ob veränderte Lebens- und Erziehungsbedingungen die Gefahr enthalten, daß zentrale geistige, moralische und qualifikatorische Infrastrukturen unseres Zusammenlebens und der gemeinschaftlichen Existenzsicherung gefährdet sind. Diese Frage richtet sich vor allem auf die jeweilige Generationsgestalt der Jugend, in der sich eine gelungene bzw. problematische kulturelle und soziale Überlieferung manifestieren kann. Soziologisch gesprochen ist dies die Fragestellung nach der sozialen Reproduktion bzw. der gelungenen oder problematischen Sozialisation.

Das zweite Anliegen ist weniger am Gemeinwesen und mehr an der Lebensgeschichte der aufwachsenden Personen orientiert, wenn untersucht wird, welche Chancen und Risiken der persönlichen Lebensbewältigung mit veränderten Bedingungen des Aufwachsens und veränderten Lebensverhältnissen verbunden sind. Forschungen, die sich um diese Frage kümmern, sind am Lebenslauf von Personen orientiert, wenn sie Wege zur Lebensbewältigung und Lebenstüchtigkeit analysieren.

Während diese letzte Frage den Mittelpunkt einer kommenden Arbeit über den Weg von der Kindheit in die Adoleszenz bildet[1],

---

1 Diese Arbeit wird sich auf eine empirische Untersuchung von ca. 2.000 Kindern stützen, die erstmals im 12. Lebensjahr untersucht und dann jährlich bis ins 17. Lebensjahr begleitet wurden (Fend u.a., *Lebensbewältigung und Persönlichkeitsentwicklung in der Adoleszenz*, Arbeitstitel).

steht hier das Anliegen im Vordergrund, den sozialen Wandel in den Lebens- und Erziehungsbedingungen in diesem Jahrhundert zu illustrieren und die daraus resultierenden Chancen und Gefahren für die soziale und kulturelle Reproduktion deutlich zu machen. Ein solcher Ansatz ist meines Erachtens – neben einer entwicklungspsychologischen Perspektive – ein wichtiger Ausgangspunkt zur Behebung des derzeitigen Theoriedefizits in der Jugendforschung.

Solche Beobachtungen des Erziehungsbereiches und der jungen Generationen gehören seit jeher zu selbstverständlichen Perspektiven kritischer und besorgter Zeitgenossen und der pädagogischen Professionen. Doch leider wird gerade bei letzteren diese Sorgehaltung häufig unter ideologischen Voreingenommenheiten entfaltet.

Unter sträflicher Vernachlässigung von Beweispflichten behaupten die einen den Verfall unserer Erziehungskultur, von Tugenden des Anstandes und der Höflichkeit, von Pflichterfüllung und Treue, von Vaterlandsliebe und Leistungsbereitschaft, von Moral und Zuverlässigkeit. In der Forderung nach Wiedereinsetzung dieser Erziehungswerte erschöpft sich dann die Empfehlung zum Handlungsbedarf. Ähnlich pauschalierend und beweisarm ist in jüngster Vergangenheit von der generellen Unterdrückung der Kinder und Jugendlichen durch Erziehung, durch die herrschenden Verhältnisse insgesamt gesprochen worden. Die Emanzipation von diesen Herrschaftsstrukturen war das Leitziel und die Handlungsempfehlung dieser Position.

Ich möchte hier einen längeren, aber auch mühsameren Weg einschlagen: den der erfahrungsbezogenen Analyse veränderter Bedingungen des Aufwachsens und damit zusammenhängender Generationsgestalten. Diesen Weg kann ein einzelner allein nicht bewältigen: er muß zum Weg der Profession der Erziehungswissenschaft und ihrer Nachbardisziplinen werden. Dennoch erscheinen mir Versuche, einen Überblick zu gewinnen, unerläßlich, wenn man sich mit der Gegenüberstellung von detaillierter Einzelforschung und ideologischen Globalbehauptungen nicht zufrieden geben will. Wenn hier in vollem Bewußtsein des Risikos und in systematisierender Absicht ein solcher Überblick angestrebt wird, dann mit der Beschränkung, daß das *Schwergewicht auf der Zeit nach dem Zweiten Weltkrieg* liegt und dafür die besten Generationsstudien *exemplarisch* herangezogen werden.

Das zentrale theoretische Problem, das im Hintergrund eines Versuches steht, die Veränderung von Lebensverhältnissen und Bedingungen des Aufwachsens mit dem Wandel in Mentalitäten und Persönlichkeitsstrukturen der Heranwachsenden zu verbinden, besteht in der Explikation jener Prozesse, die dazu führen, daß unter veränderten Lebensverhältnissen auch andere »Menschentypen« vergrößerte Chancen haben, zu den »Herrschenden« zu werden. Abgesehen davon, daß bei langsamem sozialen Wandel der Lebensverhältnisse solche Fragestellungen gar nicht ins Bewußtsein treten, belegen die bisherigen Versuche fast nur die Schwierigkeiten: keiner soziologischen Untersuchung ist es bisher gelungen, den Habitus einer zukünftigen neuen Generation richtig vorherzusagen.[2] Auch Versuche, Mentalitäten aus »objektiven Verhältnissen« direkt abzuleiten, sind gescheitert. Erziehung und Charakter sind z. B. keine aus dem ökonomischen Wohlstand ableitbaren Größen, etwa im Sinne einer linearen Beziehung: je größer der Wohlstand, um so besser die Erziehung. Wäre dies so, dann könnten sich tatsächlich Bemühungen um die Gestaltung der Lebensverhältnisse auf Wohlstandsvermehrung beschränken. Wir wissen inzwischen aber: Erziehung im Wohlstand hat eine eigene Problemstruktur, die pädagogisch bearbeitet sein will.

Wenn sich also die Frage nach dem Zusammenhang zwischen der Sozialgeschichte von Erziehungsbedingungen und der Mentalitätsgeschichte der jeweils neuen Generation als sehr schwierig erweist, dann tun wir gut daran, schrittweise vorzugehen und beim Überschaubaren zu beginnen.

Mein eigener Weg in der Bearbeitung dieser Frage war dabei ein etwas anderer als er in der Struktur der vorliegenden Arbeit zum Ausdruck kommt. Den Ausgangspunkt bildeten – und dabei ist es geblieben – zivilisationskritische Betrachtungen heutiger Formen von Erziehung und Aufwachsen. In eher konservativer Sicht wurde der Verlust traditionaler Kulturbestände und »psychischer Infrastrukturen« (Arbeitsfreude, Sitte, Vaterlandsliebe, Gemeinschaftssinn usw.) beklagt, in eher gesellschaftskritischer Perspektive wurden inhumaner werdende Lebensräume des Aufwachsens skizziert.

Mein zweiter Arbeitsschritt bestand im Versuch, das zuverlässig-

2 Eine gewisse Ausnahmehaltung würde ich Schelsky (1984) zubilligen.

ste empirische Material, das wir über veränderte Bedingungen des Aufwachsens in den letzten vierzig Jahren und über den Wandel von Generationsgestalten haben, danach zu sichten, welche kritische Wahrnehmung sie eher stützen. Das Ergebnis dieses Unternehmens, daß nämlich beide Positionen gewichtige Belege für sich in Anspruch nehmen können, hat ein etwas unbefriedigendes Gefühl hinterlassen und den Wunsch verstärkt, den sozialen Wandel der Bedingungen des Aufwachsens und der jeweiligen Generationsgestalten besser zu verstehen.

Nach vielen Suchbewegungen bin ich schließlich über die *Theorien der Entwicklung der Moderne* zur Überzeugung gelangt, daß wir die heutigen Lebensbedingungen, Erziehungsbedingungen, Generationsgestalten – ja sogar ihre kritische Diskussion – nur verstehen können, wenn wir sie in unsere Kultur- und Gesellschaftsentwicklung einordnen und diese als singuläre Selektionsleistung aus einer Vielzahl von Lebensentwürfen verstehen. Dies hat mich zurück zu Max Webers (1920) Analyse der inneren Gestalt und Entstehung des modernen okzidentalen Rationalismus geführt. Mich mühsam aus der Faszination seiner religionssoziologischen Schriften herauslösend und in langer Auseinandersetzung mit Max Webers Kritikern wie Habermas (1981), habe ich schließlich versucht, eine *überschaubare Typologie von vormodernen, modernen und postmodernen Formen der Existenzbewältigung* zu entwickeln, um die Veränderung der Bedingungen des Aufwachsens in diesem Rahmen einordnen zu können und um die Spannungen deutlich zu machen, unter denen Aufwachsen heute steht. Dabei kam es mir vor allem darauf an, seine Rationalismus-These durch neuere Forschungen zum Individualisierungsprozeß in der Moderne zu erweitern.

Diesen langen Umweg zum Verstehen empirisch beschreibbarer Entwicklungen empfand ich als so fruchtbar, daß ich in der Darstellung, wie sie hier vorliegt, den (didaktisch nicht unbedenklichen) umgekehrten Weg gegangen bin und die von Max Weber inspirierte Typologie moderner Modalitäten der Existenzbewältigung vor die Überblicke zu empirischen Daten über veränderte Bedingungen des Aufwachsens in den letzten vierzig Jahren gestellt habe. Lediglich über eine lebensweltliche Formulierung der Generationsproblematik und einen Aufriß normativer Erwartungshorizonte (»konservativ« und »gesellschaftskritisch«) soll vorher noch in die Thematik eingeführt werden.

Nach dem Versuch, die Spannungsverhältnisse und Problemlagen der Erziehung heute im Lichte der empirischen Daten zu sozialhistorischen Änderungen von Bedingungen des Aufwachsens und ihrer Interpretation im Rahmen der Modernitätstheorien zu verstehen, wendet sich diese Arbeit der nicht minder umfassenden Frage zu, wie die sich verändernden Mentalitäten verschiedener Generationen zu verstehen oder gar zu erklären sind. Auch hier stand das Bemühen am Anfang, die empirische Forschung über Jugendgestalten zu synthetisieren und die verläßlichen Informationen über den Wandel in Mentalität und Verhalten in den letzten Jahrzehnten zu sichten. Zu einem tieferen Verstehen bin ich auch hier erst in einem zweiten Schritt gelangt, einmal geleitet durch das Verständnis der Spannungsverhältnisse in modernen Lebensbedingungen auf dem Hintergrund von Max Webers religionssoziologischen Schriften und zum anderen inspiriert durch Karl Mannheims (1928) begriffliche Klärungen der Generationstheorie.

Wieder habe ich im Teil dieser Arbeit über »Generationsgestalten« die theoretischen und begrifflichen Interpretationshilfen vor die Synthetisierung der Informationen über Jugendgestalten gestellt.

Ich möchte in dieser Arbeit dem Leser gleichzeitig einen Überblick zu belegbaren Veränderungen der Rahmenbedingungen des Aufwachsens in den letzten vierzig Jahren als auch zu veränderten Jugendgestalten in diesem Zeitraum geben. Diese Überblicke sind in einen übergreifenden Interpretations- und Verständniszusammenhang eingeordnet.

Ich bin mir in aller Schärfe des Anspruchs eines solchen Unternehmens bewußt. Die »praktizierende« Forschung muß sich detaillierteren Themen zuwenden. Ich wage den Versuch zur Synthetisierung deshalb, weil ich meine, daß es nur wenigen gegönnt ist, sich dieser Thematik über mehrere Jahre zu widmen, und daß eine die vorliegenden Forschungsergebnisse möglichst sorgfältig berücksichtigende Zeitdiagnose ideologischen Globalentwürfen überlegen ist, wenngleich sie lange braucht, um ähnliche Orientierungssicherheit zu schaffen und Gestaltungsrichtungen für eine Bewältigung des »Aufwachsens in der Moderne« sichtbar zu machen.

I
Zivilisationskritik und Jugendkritik

1. Ein lebensweltlicher Einstieg: Bedingungen des Aufwachsens in der Nachkriegszeit und Generationsgestalten in der Sicht von Eltern

Wenn Eltern die Entwicklung der eigenen Kinder beobachten, dann steht ihnen immer ihre eigene Lebensgeschichte vor Augen. Sie vergleichen die Möglichkeiten, die sie in ihrer Jugend gehabt haben mit jenen, die ihrem Nachwuchs offen stehen oder verschlossen sind. Sie stellen damit implizit einen Vergleich der generational unterschiedlichen Lebenslagen an und beziehen ihn auf verschiedene Erscheinungsformen von Kindheit und Jugend. Wenn sie dies tun, dann ist ihr Bemühen von der Erkenntnis- und Wertungsrichtung her mit unserem Vorgehen in dieser Arbeit identisch. Ich kann dafür zwei Beispiele anführen, die paradigmatisch für ein solches Bemühen stehen. Es sind dies zwei Abiturreden von Müttern (s. Schwelien 1982), in denen sie die »Leidensgeschichte« mit ihren Kindern auf dem Hintergrund ihrer eigenen Biographie und deren Einbindung in die Sozialgeschichte der Bundesrepublik reflektieren. Weil ich mir keine bessere Veranschaulichung des Vorgehens in dieser Arbeit vorstellen kann, seien sie hier relativ ausführlich zitiert und an den Anfang gestellt.

Diese Reden machen deutlich, daß im Wechsel der Generationen potentiell die zentralen Lebensführungskulturen und Weltbilder einer Gesellschaft auf dem Spiele stehen können. Sie schützen auch vor einem verharmlosenden Blick auf die impliziten Gefahren in der »generationalen Stabübergabe«, und sie schützen endgültig vor der Fehleinschätzung, hier handle es sich um einen passiven Prozeß der Anpassung der einen Generation an die andere bzw. an die sich wandelnden Lebensbedingungen.

Erika Ertl: Erbarmen mit den Eltern

... Es gab einen Tag, sagen wir vor fünfundzwanzig Jahren, da standen wir, Ihre Eltern, auf einer Bühne, um unser Zeugnis in Empfang zu nehmen. Der Anlaß von damals und der von heute sind vergleichbar, alles andere eigentlich nicht. Keiner von uns, um nur eine Kleinigkeit zu nennen, der damals nicht in schwarz oder dunkelblau gekommen wäre, keiner, und das scheint mir der wesentlichere Unterschied zu sein, der sich als flügellahm empfunden hätte. Das Wort Zukunftsangst war meines Wissens noch nicht geboren, und selbst wenn, hätte es vor fünfundzwanzig Jahren nicht zu unserem Wortschatz gehört und zu unserem Lebensgefühl nicht gepaßt.

Wir fühlten uns frei von etwas, von der Bevormundung der Familie und vom Drill der Schule, natürlich, aber vor allem fühlten wir uns frei für etwas – und das, was wir wollten, schien erreichbar. Wir brannten darauf, so schnell wie möglich dazuzugehören und uns unter Beweis zu stellen. Wir wollten das Notwendige und Richtige dazulernen, uns einspannen lassen und Verantwortung übernehmen. Wir fühlten uns rundum lebenstüchtig, und Leistung war für uns ein hochkarätiges Wort. Wir waren die Generation, die gar nicht schnell genug aus den Startlöchern kommen konnte, und natürlich waren wir, um es mit den Worten von heute zu sagen, unheimlich brauchbar und angepaßt. Wir waren bereit, die alten Regeln für uns zu akzeptieren, nur, die geltenden Regeln waren nicht alle alt. Teilweise waren sie fast so jung wie wir selbst – und um das zu erklären, muß ich noch einen Schritt zurückgehen.

In den letzten Kriegsjahren waren wir zwischen acht und zehn. Viel zu klein, um alles zu verstehen, aber groß genug, um manches zu begreifen und zu erleiden. Wir wußten um die Fragen, ob Vater aus dem Kriege zurückkehren und in welchem Zustand er dann sein würde, ob wir je wieder genug zu essen, eine zumutbare Wohnung oder eine Nacht ohne Fliegeralarm haben würden. Wir hatten die Soldaten hinausmarschieren und die Gefangenen hereinschlurfen sehen. Der Anblick von Toten war uns nicht fremd.

Und dann war der Krieg aus, wenn auch noch lange nicht die Not. Aber Vater kam zurück – und Gott sei Dank, er war kein Krüppel – er fand Arbeit, und zum ersten Mal begriffen wir den Wert von Ausbildung und Können. Es kam der unvergeßliche Tag, an dem wir zum ersten Mal einen Laib Brot kaufen konnten. Man denke: ohne Lebensmittelmarken, ohne darum betteln zu müssen, nur gegen Geld, einfach so!

Wir waren die Generation, die zunächst staunte und es dann als selbstverständlich ansah, daß sich in Friedenszeiten Einsatz, Arbeit und Leistung auf direktem Weg in Sicherheit, Zufriedenheit und Wohlstand umsetzen lassen. Wir wuchsen auf in der Überzeugung, daß dem Tüchtigen die Welt gehört, im unbeirrbaren Glauben an die freie Marktwirtschaft, an Fortschritt, Technik und Chemie – und alles um uns herum zeigte steigende Wachstumsraten. Wir waren auch stolz auf unseren Staat und darauf, daß wir selbst bestimmen konnten und nicht mehr fremdbestimmt sein würden, wie damals die Soldaten und die Gefangenen...

1968, auf dem Höhepunkt der Studentenunruhen, fühlten wir uns zum ersten Male alt. Der Slogan »Trau keinem über dreißig« traf uns in besonderer Weise. Wir waren gerade drüber und verstanden die nicht mehr, die nur knapp zehn Jahre jünger waren als wir. Was wollten sie eigentlich, die jungen Leute – das ging uns noch schwer über die Lippen – die ewig bloß diskutierten, theoretisierten, ideologische Gebäude errichteten und wahrscheinlich nicht einmal fähig waren, einen Nagel in die Wand zu schlagen? Was sollte das Gerede von mehr Menschlichkeit, und was meinten sie mit mehr Lebensqualität? Nach anfänglichem Unverständnis und Zorn, weil wir uns auf die Seite des verspießerten Establishments geschoben fühlten, wurde uns bewußt, daß ihnen bereits jene Erfahrungen fehlten, die uns als Kind so nachhaltig geprägt hatten. Zur noch recht vagen Unruhe gesellten sich allererste Zweifel. War unser Kurs richtig oder nur teilweise? Und was sollte werden, wenn sich das, was wir als vorübergehende Zeiterscheinung angesehen hatten, allgemein festsetzte, vielleicht sogar bei unseren Kindern, die schulreif geworden waren?

Da kam so etwas wie leise Angst ins Spiel, denn zu diesem Zeitpunkt hatten wir schon einiges zu verlieren. Unsere Selbsteinschätzung beispielsweise, nach der wir fast alles erreichen konnten, wenn wir uns nur dementsprechend ins Zeug legten, unseren Wohlstand, der ja nicht vom Lottogewinn herrührte, sondern sichtbarer Ausdruck unseres Fleißes und unserer Leistungsbezogenheit war, und den Glauben an die Zukunft unserer Kinder. Wir hatten versucht, ihnen zu geben, was wir zum Teil entbehren mußten: das warme Nest, die Sorglosigkeit beim Kindsein, die Ruhe zum Großwerden, die Chance der Entfaltung und zu allem größtmögliche Sicherheit. Es war nicht nur unsere Aufstiegs- und Bequemlichkeitsmentalität, die uns veranlaßte, um uns herum anzuhäufen – es waren auch Erinnerung und Fürsorglichkeit.

Unsere Kinder, so glaubten wir, würden sich dem Elternhaus und allem, wofür es stand, nie ganz entfremden. Es würde vielleicht Schwierigkeiten geben, aber nie den völligen Bruch, konträre Meinungen sicherlich, aber keine totale Abkehr von dem, was wir ihnen als sinnvoll und erstrebenswert vor Augen gestellt hatten. Im großen und ganzen würden sie wohl unsere Wege gehen, und die äußeren Umstände, so hofften wir, würden auch weiterhin von Frieden, Fortschritt und Wohlergehen bestimmt sein.

In den darauffolgenden Jahren erlebten wir den eigentlichen Schock unserer Generation. Wir, die immer eher in Individuen als in Gruppen gedacht hatten, mußten erfahren, daß persönliche Zielstrebigkeit schnell an Grenzen stößt, wenn Rezession, Arbeitslosigkeit, Ökologie, Numerus clausus, Terror und Gewalt zu beherrschenden Themen werden und unser hochindustrialisiertes Land energieabhängig wird von Staaten, die wir in unserer technischen Überlegenheit eben noch als mittelalterlich belächelt hatten. Und später kam hinzu, daß einige unserer Kinder, mit größerer sozialer Intelligenz begabt als wir, nachdenklicher und empfindsamer als wir,

Wertmaßstäbe entwickelten, die sich zum Teil erheblich von den unseren unterschieden ...

Hätten sie versucht, uns Konkurrenz zu machen, wir hätten sie verstanden. Hätten sie uns Lern- und Anpassungsunfähigkeit vorgeworfen, wir hätten das einzuordnen gewußt. Aber ihre Lustlosigkeit und ihr Leistungsunwillen, der Trend zur Flucht, dieses wenig ausgeprägte Standhaltenkönnen und der Mangel an Optimismus machten uns ratlos. Gegen Argumente hätten wir anreden können, aber das Desinteresse an unseren Themen – ihrem Erbe immerhin – machte uns erst hilflos und dann aggressiv. Wir haben zwei Jahrzehnte Berufsleben hinter uns, zwanzig ernstgemeinte Jahre, und deshalb, meine jungen Herren und Damen, lassen wir uns nicht einfach als Arbeitstrottel und Leistungsidioten abstempeln. Es ist nicht etwa Mangel an Phantasie, der uns davon abgehalten hat, den Krempel hinzuwerfen und auszusteigen. Wir hatten und haben auch unsere Träume. Eher hat es mit Verantwortungs- und Pflichtbewußtsein zu tun und auch mit der Tatsache, daß wir dazu erzogen worden sind, dem Lustprinzip nicht so schnell nachzugeben ...

Niemand macht Ihnen einen Vorwurf daraus, daß Sie unsere Lebenserfahrung nicht haben. Aber der Anspruch, den Sie auf unsere Geduld und Toleranz erheben, den machen wir auch an Sie geltend, denn er wurzelt in Liebe und Verständnis. Wir kennen Sie von Anbeginn, und über weite Strecken können wir uns in etwa erklären, warum Sie so sind, wie Sie sind. Als Sie uns, Ihre Eltern, kennenlernten, waren wir längst erwachsen und einige der Gründe, weshalb wir so geworden sind, wie wir sind, liegen weit zurück und außerhalb Ihres Blickfelds.

Wirklich, es sollte keine Predigt werden. Eher vielleicht ein Appell an Sie, sich um Kenntnis und Kennenlernen zu bemühen. Ich denke, daß dann aus der mitleidigen Nachsicht, aus dem Erbarmen mit den Eltern, so etwas wie Verständnis für die Eltern werden könnte. Danke. (Schwelien 1982, 19-24)

Noch intensiver und mit noch eindrücklicherer Schilderung des »Leidensweges« mit den eigenen Kindern schildert Frau Wiedemann die Differenz zwischen den eigenen Bedingungen des Aufwachsens, dem Bemühen, die Erziehung bei den eigenen Kindern möglichst gut zu machen und der »Generationsgestalt« des eigenen Nachwuchses. – Zuerst zur eigenen Biographie:

... wir, deren Kinder heute zum Abitur anstehen, sind zwischen 1934 und 1940 geboren. Als wir Kinder waren, lag Deutschland in Schutt und Asche. Viele von uns hatten den Vater verloren, viele die Flucht hinter sich, viele nur ein provisorisches Dach über dem Kopf. Trotz des konstanten Hungers waren wir dem Schicksal dankbar, hatten wir doch überlebt. Neben der Schule mußten wir alle kräftig mit anpacken. Taschengeld kannten die wenigsten. Nur etwa ein Drittel unserer Jahrgänge konnte seinen Traumberuf ergreifen. Die Frustration der anderen, die vorzeitig von der Schule abgehen mußten, weil die Eltern das Schulgeld und die Bücher nicht mehr bezahlen konnten, und die in irgendeinen ungeliebten Beruf gesteckt wurden, nur weil gerade eine Stelle frei war, wurde verdrängt, denn keiner nahm Notiz davon.

Noch heute hätscheln wir unser Selbstmitleid darüber, vor allem, seit wir von allen Seiten mit einem unvergleichlichen Lamento über die Misere unserer Kinder, über die vom Schulstreß Geplagten, über die Zukunftslosigkeit der Jugend und die daraus resultierende Flucht vieler Jugendlicher in Alkohol, Drogen, Sekten und Selbstmord torpediert werden. Ursache sind natürlich wir, die Elterngeneration, die so egoistisch, so materialistisch, so ausbeuterisch und damit rücksichtslos ihr Ziel, den Wohlstand, verfolgte ... Taten wir das?

Als unsere Kinder 1962 geboren wurden, hatten wir ein volles Jahr auf eine Kleinstwohnung mit Kohleheizung gewartet. Bis dato hatten wir aus Geld- und Wohnungsnot bei den Eltern gelebt. Ein junger Beamter brachte monatlich ca. DM 900,– nach Hause. Wenngleich Miete, Heizung, Krankenkasse und sonstige Nebenkosten DM 380,– nicht überstiegen, so war es uns doch nicht möglich, bei deren Geburt einen Kühlschrank und eine Waschmaschine anzuschaffen, ehe die anderen Möbel abgezahlt waren. Pampers und Fertignahrung waren Wunschträume. Welch körperlichen Verschleiß Zwillinge bedeuteten, brauche ich wohl nicht zu erwähnen. Doch da wir immer gefordert waren, hätten wir uns geschämt, ein derartig hochstaplerisches Wort wie Streß für uns zu beanspruchen.

Wir waren längst über dreißig Jahre, als wir uns endlich einen richtigen Urlaub leisten konnten, als endlich kleinere Träume erschwinglich wurden, an denen wir uns tatsächlich berauschten, waren sie doch ein halbes Leben lang unerreichbar gewesen! Dieses Vergnügen währte nun zehn Jahre lang. Doch schon ist es damit wieder vorbei, denn nun wollen unsere Kinder studieren, und das bedeutet gerade wieder für jene, die nie zu den Privilegierten gehörten, Einschränkung, Verzicht. Doch ich greife vor...

Auf dem Hintergrund der eigenen Biographie wird nun diejenige der eigenen Kinder gespiegelt. Die aus der eigenen Lebensgeschichte entstandene Weltanschauung prallt konfliktreich mit jener der eigenen Kinder zusammen.

Hin- und hergerissen zwischen der Solidarität mit dem Elternhaus und der Identifikation mit dem Zeitgeist, suchten unsere Heranwachsenden ihren Standort.

Ein »stinknormales« Leben führen hieß, tagtäglich mit den Eltern im

»Clinch« zu liegen. Was aber vor kurzem noch Geplänkel gewesen war, gestaltete sich jetzt zum erbitterten Gefecht, aus dem selten Sieger und Besiegte hervorgingen, immer aber Gedemütigte, in ihrem Selbstwertgefühl Gekränkte, im Innersten Getroffene.

Wo immer uns das Bild begegnete, litten wir in schwesterlicher Verbundenheit mit der Mutter, die bekümmert auf ihre mit abweisend-beleidigt-feindlicher Miene reagierende Tochter einzureden versuchte. Gleiche Schicksale trösteten nicht, wohl aber banalisierten sie die eigene Bedeutsamkeit im Schmerz, so wie früher im Stolz.

Dabei entstanden die Kontroversen meist um Lappalien: Wünschte man den Kindern eine gute Nacht, so wurde dies als gedankenlose Phrase kritisiert; hatte man ein sinniges System zur Arbeitserleichterung ausgetüftelt, bewies dies nur eingefahrenes und damit philiströses Verhalten; kritisierte man ihre Fäkalsprache, so war man angepaßt; hatte man Ambitionen, war man profilneurotisch, hatte man keine, war man saturiert; hatte man eine Weltanschauung, galt man als Konformist, hatte man keine, wurde man als Opportunist apostrophiert. Warnten wir davor, dem Fehler zu verfallen, den sie uns vorwarfen, nämlich Klischees und Pauschalurteile unreflektiert zu übernehmen, so handelte es sich bei ihnen um Erfahrungswerte. Billigten wir eine Wissenschaftstheorie, waren wir autoritätsgläubig, lehnten wir sie ab, waren wir kleinkariert...

Resigniert fragen wir uns, wie man gegen solch unvernünftige Renitenz argumentieren konnte, und ob dieses anarchische Opponieren wirklich der Identitätsfindung diene.

Viele der Kollisionen rührten indes daher, daß von uns jederzeit Toleranz erwartet wurde, sie aber nicht bereit waren, diese zu erwidern. So glaubten sie, in ihrer Selbstentfaltung durch uns gehemmt zu werden, weil wir ihren Freiraum einschränkten, indem wir uns zu laute Musik, das Verlegen unserer Werkzeuge, gar zu tolle Schlamperei verbaten. Daß wir dadurch auch belästigt, behindert und eingeengt wurden, wollten sie nicht einsehen. Je mehr Eigenleben sie aber entwickelten, um so mehr fühlten wir Eltern uns eingeschränkt und ausgenutzt.

Sie stolperten aber auch nicht über Paradoxien. So, indem sie uns materialistischer Mentalität zeigen, selbst aber keinerlei Hemmung hatten, den Luxus der Wohlstandsgesellschaft auszukosten. Dies war insofern kein Widerspruch, als wir ja, sie in die Welt setzend, die Verpflichtung übernommen hatten, für ihr Bestes zu sorgen.

Doch während die Mehrzahl der Mütter hoffen durfte, diesen Spuk bald verschwinden zu sehen, wälzten sich andere schlaflos in ihren Betten. Sie standen vor wirklichen Problemen: Die Töchter hatten feste Freunde, die schon irgendwo ein Zimmer hatten. Je jünger die Mädchen waren, um so drängender forderten sie die Pille, um so schneller wollten sie mit dem Freund zusammenleben, oft sogar die Schule abbrechen. Die Eltern standen vor der Alternative, sie gewähren zu lassen und damit in Kauf zu nehmen, später mit dem Vorwurf bedacht zu werden, an ihrem Unglück mitschuldig zu sein, oder aber das Vorhaben rigoros zu verbieten (nachdem gutes Zureden ohnehin fruchtlos blieb), was bedeutete, jahrelang den Haß der Tochter erdulden zu müssen, vielleicht sogar nie wieder vertrauten Kontakt mit ihr zu bekommen.

Völlig verzweifelt aber waren jene Eltern, deren Kinder einfach weggelaufen waren. Nicht, weil die Lage so aussichtslos gewesen wäre, sondern weil sie nie gelernt hatten, Schwierigkeiten durchzustehen, komplizierte Situationen zu meistern. Denn war es nicht verpönt gewesen, den Kindern Durchhaltevermögen anzuerziehen? Hatten wir ihnen nicht jeden Stein aus dem Wege räumen müssen?

Es gab aber auch Jugendliche, die das neueste Motto, »ein alternatives Leben führen« als »aus der kapitalistischen Gesellschaft aussteigen« verstanden und sich dazu verleiten ließen, in Sekten einzutreten, die ihnen angeblich all jene Werte vermitteln, die in unserer Gesellschaft mit Füßen getreten wurden. Nur selten konnten sie sich aus den Schlingen der dogmatischen Fanatiker, der radikalen Eiferer, die blinden Gehorsam und totale Selbstaufgabe forderten und jedwede Besitztümer einkassierten, wieder lösen...

Inzwischen sind aus den Heranwachsenden Erwachsene geworden. Erstaunlicherweise scheint das Gros von ihnen die jahrelange Behandlung als Versuchskaninchen unbeschadet überstanden zu haben. Unsere Alpträume haben sich verflüchtigt. Die Vernunft hat allenthalben gesiegt. Unsere Jugend ist kritisch geblieben, aber sie hat zu differenzieren gelernt. Und so bleibt nur zu hoffen, daß sie schneller als die Älteren die suggestive Kraft der Stereotype erkennt, daß sie skeptisch bleibt, um keiner Massenpsychose zu verfallen, daß sie sich gegen den gängigen Defätismus wehrt, da er nur zur Flucht animiert, wo Initiative vonnöten ist.

Und sie protestiert immer noch. Zwar nicht mehr gegen unser Gesellschaftssystem ganz allgemein, sondern gegen Mißstände in dieser Gesellschaft, gegen Ungerechtigkeiten und gegen Gefahren, die ihre Zukunft bedrohen.

Gibt sie uns damit nicht Anlaß zu Optimismus? (Schwelien 1982, S. 54-62).

In diesen Aufsätzen kommt mit oft nicht verbergbarer Bitterkeit zum Vorschein, daß der Generationenkonflikt darin bestehen kann, daß ganze Lebensführungskulturen der Eltern von den Kindern nicht mehr akzeptiert werden. Hier sind Eltern natürlich nur Repräsentanten solcher Kulturen der Lebensführung, die tiefer sozialgeschichtlich und kulturgeschichtlich eingewurzelt sind. Damit steht aber auch die Akzeptanz einer kulturellen Tradition auf dem Spiel, die für Eltern deshalb so wichtig ist, weil deren

Ablehnung in ihren Augen zu schwerwiegenden Lebensbewältigungsproblemen führen kann. Beide Mütter aktivieren hier ein Beurteilungsschema, das von der *Akzeptanz bzw. Distanz* zu Mustern der Lebensbewältigung ausgeht, die sie in ihrer eigenen Lebensgeschichte als glückliches Ereignis angesichts von Not und Elend erlebt haben. Daß sich gerade die eigenen Kinder davon distanzieren sollten, dies wollte ihnen »nicht in den Kopf« – es wird als Lebenssorge und Lebenskränkung empfunden.

Sind solche Aussagen, so müssen wir uns bei generalisierenden Forschungsabsichten fragen, lediglich persönliche und individuelle Wahrnehmungen? Oder stehen dahinter sozialgeschichtliche Änderungen der Bedingungen des Aufwachsens und von Jugendgestalten?

Dies ist das Thema dieser Arbeit, die – sollte sie gelingen – vom Ende her ein besseres Verständnis des Anfangs erlaubt, wie es einer Wirklichkeitswissenschaft zusteht, die auf dem Hintergrund von Systematisierungen und Zusammenhangwissen ein besseres Verständnis einer konkreten historischen Wirklichkeit ermöglichen sollte.

Eine ganz andere Sicht der Dinge wird dort offenbar, wo Heranwachsende selber ihre Erfahrungen des Großwerdens in einer bestimmten historischen Phase der Bundesrepublik Deutschland schildern. Besonders aufschlußreich sind dabei Berichte von Jugendlichen, die Eltern hatten (oder meist nur einen Elternteil), welche sich selber mit der Wirklichkeit der Bundesrepublik nicht identifizierten und auch ihre Kinder zur Deidentifikation erzogen. Eine Sammlung solcher Wahrnehmungen verdanken wir Siebenschön (1986). Diese eindrucksvollen Erfahrungsberichte sind eine weitere Quelle, um die Spannweite des Möglichkeitsraumes, die historische Wirklichkeit zu erleben und zu ihr gestaltend Stellung zu nehmen, zu illustrieren. Der »Normalentwurf« der Lebensbewältigung wird dabei über seine Ablehnung ebenso sichtbar wie die Attraktivität und Problemstruktur von »Gegenentwürfen«.

2. Bedingungen des Aufwachsens und veränderte Jugendgestalten aus der Sicht kulturkritischer und zivilisationskritischer Positionen

In einem zweiten Schritt möchte ich die Thematik der Verschränkung von Lebensbedingungen und generationalen Bewältigungsstilen durch normativ geleitete Systematisierungsversuche illustrieren. Dieser Ansatz entspringt der Überzeugung, daß die wertende Stellungnahme zur Wirklichkeit eine erkenntniserschließende Bedeutung hat. Erst auf einer normativen Folie, die die vorgefundene Wirklichkeit mit einer erwünschten konfrontiert, wird das Faktische uns in seinem spezifischen Sosein bewußt. Weltanschauliche Positionen bündeln gleichzeitig solche Wirklichkeitswahrnehmungen, so daß wir gut beraten sind, zur Vermeidung konturloser Wirklichkeitsdarstellungen solchen Bündelungen nachzugehen, da wir am Ende ja auch aufgefordert sind, uns wertend und handelnd zu dieser Wirklichkeit zu verhalten.

Wir sind aber auch gut beraten, die Wirklichkeitserschließungen *verschiedener* weltanschaulicher Positionen vergleichend darzustellen, um so einen akzentuierten Erwartungshorizont für die Systematisierung unseres Wissens über faktische Änderungen der Bedingungen des Aufwachsens und der generationell unterschiedlichen Bewältigung durch Heranwachsende aufzubauen.

Ich möchte hier zwei an pädagogischem und politischem Handlungsbedarf orientierte Versuche einander konfrontieren, Veränderungen in Bedingungen des Aufwachsens, insbesondere im Erziehungsbereich und im Habitus der Heranwachsenden, ans Licht zu bringen.

2.1 Zum Bedeutungsschwund von Leistung, Arbeit, Tradition und Vaterlandsliebe: Noelle-Neumann, Lübbe, Klages und andere

Soweit ich sehe, lassen sich zwei Quellen einer Kritik der gegenwärtigen Formen und Bedingungen des Aufwachsens identifizieren, einer Kritik, die gemeinhin als »konservativ«, häufig als »neokonservativ«[3] gilt.

Die eine Quelle ist die philosophische Schule, die im Umkreis von Arnold Gehlen, Joachim Ritter und den heute herausragenden Vertretern Hermann Lübbe und Robert Spaemann entstanden ist. Um diesen Kern haben sich, vereinigt in den Publikationen des Verlages Interform & Styria andere Autoren mit ähnlichen Ansichten gruppiert. Exemplarisch dafür steht die Publikationsreihe »Herkunft und Zukunft«. Hier scheint bereits in der Programmatik das alte Denkmuster von Arnold Gehlen durch, das – ausgehend von der Orientierungsbedürftigkeit des Menschen infolge mangelnder Instinktbindung – die Bedeutung der Einbindung des Menschen in sinnstiftende Traditionen, die Orientierung und Ziele vermitteln, als leitenden Gesichtspunkt betont.

Die zweite Quelle dieses Denkens ist eine empirische und besonders im Umkreis der Wertwandelanalysen des Allensbacher Institutes von Frau Noelle-Neumann angesiedelt.

Hier laufen nun zwei Richtungen zusammen. Die Zeitreihenuntersuchungen über die Entwicklung der Bundesrepublik nach Noelle-Neumann machen deutlich, daß insgesamt ein Prozeß der Erosion von Traditionen, von Institutionsbindung, hauptsächlich indiziert durch die Kirchenbindung und die zunehmende Freizügigkeit in der Sexualmoral, stattgefunden hat. Soweit ich sehe, hat dies Klages (1984) Akzeptanzwerte (s. Abbildung 1) genannt und diese den sogenannten Selbstentfaltungswerten gegenübergestellt. Erstere gingen von den fünfziger Jahren bis in die beginnenden achtziger Jahre kontinuierlich zurück, um seit diesem Zeitpunkt stabil zu bleiben.

Auch wenn Klages einer Wertsynthese zwischen diesen Berei-

---

3 Für eine Darstellung der Weltbilder der neokonservativen Pädagogik s. Fend 1984.

Abbildung 1 Hauptsächlich am Wertewandel beteiligte Wertegruppen

	Selbstzwang und -kontrolle (Pflicht und Akzeptanz)		Selbstentfaltung	
Bezug auf die Gesellschaft	»Disziplin« »Gehorsam« »Leistung« »Ordnung« »Pflichterfüllung« »Treue« »Unterordnung« »Fleiß« »Bescheidenheit«	idealistische Gesellschaftskritik	»Emanzipation« (von Autoritäten) »Gleichbehandlung« »Gleichheit« »Demokratie« »Partizipation« »Autonomie« (des Einzelnen)	
Bezug auf das individuelle Selbst	»Selbstbeherr-schung« »Pünktlichkeit« »Anpassungsbereit-schaft« »Fügsamkeit« »Enthaltsamkeit«	Hedonismus	»Genuß« »Abenteuer« »Spannung« »Abwechslung« »Ausleben emotionaler Bedürfnisse«	
		Individualismus	»Kreativität« »Spontaneität« »Selbstverwirklichung« »Ungebundenheit« »Eigenständigkeit«	

Quelle: Klages 1984, S. 18.

chen das Wort spricht, so steht doch angesichts der wahrgenommenen Bedrohung der Stabilität von Traditionen und von Grundbeständen des Orientierungswissens die Wiederherstellung der kulturellen Festigkeit im Vordergrund.

In den Arbeiten von Lübbe (1983) kommt dies immer wieder durch die Kritik an folgenden »Zeiterscheinungen« zum Ausdruck:

– durch die Kritik an der Kultivierung politischer Distanzgefühle, da es sich nach Ansicht von Lübbe eine politische Kultur nicht leisten kann, ihre zentralen normativen Grundlagen folgenlos zur Disposition zu stellen;

– durch die Kritik an der zunehmenden Unfähigkeit zur Akzeptanz von Anforderungen und Werten, die nicht dem eigenen Einverständnis und der eigenen Lustorientierung entsprechen;

– durch die Kritik an einer zivilisationsskeptischen und wissenschaftsskeptischen Haltung, die nicht so sehr die Folgelasten dieser Entwicklung und ihre Beherrschbarkeit zum Ziel hat, sondern tendenziell den technisch-zivilisatorischen Prozeß umdrehen will.

Auf diesen Folien betont Lübbe die stabilisierende Bedeutung von traditionsgebundenen Selbstvergewisserungen, die Bedeutung der Herstellung kulturellen Einverständnisses zur Abfederung des zivilisatorischen und technischen Entwicklungstempos und die Bedeutung komplementärer Zonen der Privatheit zur rationalistischen und wachstumsorientierten ökonomischen Entwicklung.

Das generelle Muster, das wir in einem nächsten Schritt durch die Rekonstruktion der Position von Max Weber noch genauer verstehen werden, besteht also darin, *den zivilisatorisch-ökonomischen und politischen Rationalisierungsprozeß zu akzeptieren und ihn durch Sicherheiten im politisch rechtlichen Rahmen (innere Sicherheit, Rechtssicherheit, Verteidigung) und durch die Schaffung von Sicherheiten im kulturellen Bereich (Stabilität durch Vergewisserung der wertmäßigen Herkunftsbezüge) zu ergänzen.*

Daß die Geschichte des jugendlichen Habitus in der Nachkriegszeit in dieser Perspektive eine *Verfallsgeschichte von Tugenden* ist, eine Erosion des kulturellen Bestandes an Selbstverständlichkeiten von Fleiß, Ordnungsliebe, Disziplin und Verantwortungs-

bewußtsein auf Kosten des Anwachsens hedonistischer Orientierungen und von Ansprüchen an Selbstverwirklichung und Selbständigkeit, kommt in den Arbeiten von Noelle-Neumann noch
deutlicher zum Ausdruck.

Sie lokalisiert diese Verfallsgeschichte im Rückgang der Bedeutung von Arbeit, in der Auflösung des herkömmlichen Verbandes
der Familie durch das Anwachsen nichtehelicher Lebensgemeinschaften und vorehelichen Zusammenlebens, im Rückgang der
Vaterlandsliebe und der damit implizierten Kraftlosigkeit der
männlichen jungen Generation durch mangelndes Engagement in
öffentlichen Aufgaben (s. Piehl und Noelle-Neumann 1983), in
Technikfeindlichkeit und damit in einer Rückzugshaltung gegenüber den anspruchsvollen wissenschaftlichen Rationalitäten
und schließlich in der auch im internationalen Vergleich geringeren Autoritätsakzeptanz junger Deutscher (Noelle-Neumann
1985).

Was Noelle-Neumann als Wunschbild, und darin spiegelt sich
auch ihre Kritik an der gegenwärtigen jungen Generation, vor
Augen hat, ist der optimistische, tatkräftige, die Herausforderun-
gen akzeptierende, den Wettbewerb aufnehmende junge Mensch,
der unseren ökonomischen, politischen und wissenschaftlichen
Entwicklungen positiv gegenübersteht, der sich in entsprechende
Anforderungszusammenhänge einordnen kann, »monotoniefest«
und widerstandsfähig ist, der seine nationale Identität durch historische Selbstvergewisserung in positiver Weise festigt und
seine Lebensorientierung, wenn nicht im Bereich der Religion, so
doch im Umkreis eines festen Kodex von Sittlichkeit, von Treue
und Verpflichtung, von Bindungsbereitschaft und persönlicher
Fürsorge im Privatbereich der Familie sucht. Auch hier steht also
der Dynamisierung im Ökonomischen die Stabilisierung im kulturellen Sektor gegenüber.

2.2 Der gesellschaftskritische Horizont in der Analyse des historischen Wandels von Lebensbedingungen und jugendlichem Habitus

Während in der konservativen Kulturkritik der Tugend- und
Kulturverfall in der heranwachsenden Generation, induziert
durch problematische kulturelle Wandlungen und gefördert

durch eine reformerische oder revolutionäre Linke, im Vordergrund steht, konzentriert sich das Kontrastbild dazu auf die *veränderten Lebensbedingungen*, die es zunehmend erschwert haben, daß die alten kulturellen Bestände und die alten Idealentwürfe wünschenswerten Aufwachsens, etwa jene der »Kulturpubertät«, noch akzeptiert werden können. Die Argumentationsfigur bezieht sich hier auf die *Pathologie der Lebensumstände* sowie auf die Bedingungen des Aufwachsens und führt einen problematischen kindlichen oder jugendlichen Habitus auf problematische Umstände zurück.

Ich möchte hier zeigen, wie sich eine aus dem amerikanischen Forschungsbereich stammende Kritik der Bedingungen des Aufwachsens mit einer spezifisch europäischen verbindet und zu einem Bild veränderter Lebensumstände mit entsprechenden Gegenreaktionen der jungen Generation führt, das mit den konservativen Wahrnehmungen der heutigen Probleme von Erziehung und Aufwachsen in der Moderne teils kontrastiert, teils aber auch konvergiert.

Die amerikanische Analyse hat sich insbesondere in der Stellungnahme des sogenannten *Panel on Youth* des *Science Advisory Committee* aus dem Jahre 1974 kristallisiert. In diesem Bericht wird das Aufwachsen in der Vormoderne und in der Moderne typologisch kontrastierend beschrieben. Den Hauptunterschied sehen die Autoren darin, daß früher Heranwachsende schnell und oft übergangslos in die ökonomisch bedingten Lebensführungskulturen sozialisiert wurden, daß ihre Arbeit früh überlebensnotwendig war und sie somit auch bereits in jungen Jahren einen hohen Stellenwert und eine hohe Wertschätzung im Leben der Gemeinschaft erfahren haben.

Dagegen ist das Aufwachsen in der Moderne für immer mehr Jugendliche gekennzeichet durch die Ausdehnung der Schulzeit. Dies ist aber auch mit einer zunehmend »pädagogisierten« Umwelt in der Schule, bei Altersgleichen und sogar in der Familie verbunden, welche die sukzessive Einübung in verantwortliches Handeln und die Erfahrung des eigenen Wertes auf der Grundlage der sichtbaren Nützlichkeit der eigenen Tätigkeiten erschwert.

Dieses Muster der Modernisierung, das sich u. a. in einer Entfaltung von Bildungs- und Lernmöglichkeiten niederschlägt, ist uns allen bekannt. Die pädagogische und politische Einschätzung zunehmender Bildungsmöglichkeiten, insbesondere auch im Wertungszusammenhang der Arbeiterbewegung, ist uns ebenfalls vertraut. Die positiven bis enthusiastischen Töne in der Beurteilung gestiegener Lern- und Bildungschancen »klingen« uns noch so in den Ohren, daß die vom Youth Panel vorgetragene Analyse der Erziehungsprobleme bei verlängerter Schulzeit eine eigenartige Dissonanz hervorruft.

Die Mitglieder des Youth Panel kontrastieren nun moderne Umwelten des Aufwachsens, insbesondere die pädagogisch hergestellten Lebensräume der Schule, mit *Erfahrungsnotwendigkeiten*, die unerläßlich sind, wenn sich Heranwachsende zu reifen und verantwortungsbewußten Persönlichkeiten entwickeln sollen.

Die Ausfälle, die aufgrund der beschränkten Erfahrungsräume von Schule und Altersgruppe heute drohen, sehen die Autoren darin, daß das Schwergewicht auf der Übung kognitiver Fähigkeiten liegt und sehr viele Tugenden und Fähigkeiten ausgeblendet werden, die für die Lebensbewältigung im persönlichen und sozialen Bereich unerläßlich sind. Dazu gehören vor allem Fähigkeiten, die eigenen Lebensumstände aktiv zu bewältigen, die Konsequenzen für eigene Handlungen abzuschätzen und Verantwortung für sie zu übernehmen und zu einer methodischen und selbstverantwortlichen Lebensplanung zu kommen.

In einer zweiten Klasse von Erfahrungen, die sich auf andere Personen und auf die Gemeinschaft insgesamt beziehen, sehen die Autoren besonders schwerwiegende Ausfälle. Sie betreffen vor allem die Erfahrung, daß andere von den eigenen Handlungen abhängig sind, also Erfahrungen, für andere sorgen zu müssen. Diese sind heute ebenso selten wie jene, daß die eigenen Handlungen verantwortlich mit denen anderer koordiniert werden müssen, um gemeinsame Ziele zu erreichen. Nur wenige machen heute die Erfahrung der Notwendigkeit von Führung und Verantwortung.

Dies ist die Folie, die das Youth Panel zu Überlegungen bewegt, wie der gesamte Erfahrungsraum von Heranwachsenden, also nicht nur das kognitive schulische Training, gestaltet sein müßte, um die junge Generation zur Übernahme einer verantwortlichen Lebensführung und des gemeinsamen kulturellen und sozialen Erbes zu bringen. Ihre Vorschläge laufen vor allem auf eine Integration der Altersgruppen hinaus, also auf eine Gegenwirkung zum beobachteten Trend, daß immer häufiger Jugendliche in altershomogene Gruppierungen eingeteilt werden und nurmehr Erfahrungen mit Gleichaltrigen machen. Ältere Jugendliche sollen mehr Verantwortung für Jüngere übernehmen, sie sollen für deren Betreuung verantwortlich sein. Was in Großfamilien bis zum Beginn unseres Jahrhunderts üblich war, muß heute bewußt eingerichtet werden. Ferner sollen Heranwachsende mit steigendem Alter stärker in solche Tätigkeiten eingebunden werden, die Selbstverantwortung und soziale Verantwortung erfordern. Dazu gehören auch Arbeitserfahrungen, dazu gehören Erfahrungen mit ernsthaften Tätigkeiten in der größeren lokalen Gemeinschaft.

Neben der Schilderung konkreter Problemlagen ist hier eine wichtige Perspektive der Dauer-Beobachtung von Problemen des Aufwachsens in der Moderne formuliert. Sie besteht darin, daß die *Erfahrungsbereiche, die für persönliche und soziale Reifungsprozesse unerläßlich sind, genauer benannt* und den tatsächlichen »Edukatopen« in Schule, Familie und Gesellschaft gegenübergestellt werden. Dabei wird u. a. sichtbar, daß der Prozeß der zunehmenden gesellschaftlichen Differenzierung und der Prozeß der ökonomisch-technischen Entwicklung nicht von selbst zu solchen Bedingungen des Aufwachsens führen, die eine bestmögliche Entwicklung der heranwachsenden Generation gewährleisten.

Eine solche Analyse bleibt nicht kurzatmig bei der Feststellung von Tugendverfall in der Jugend stehen, sie versucht vielmehr, Veränderungen in der gesellschaftlichen Entwicklung in ihren Auswirkungen auf Lebensräume des Aufwachsens zu identifizieren und Ausfallerscheinungen in der heranwachsenden Generation auf diesem Hintergrund zu verstehen.

Für die deutsche Situation hat Andreas Flitner (1985) in ähnlicher Absicht Veränderungen von Lebensverhältnissen mit generational unterschiedlichen Jugendstilen konfrontiert.

Flitners Ausgangspunkt wurzelt in alten reformpädagogischen Erwartungen, wie Jugendzeit idealiter verläuft. Diese haben sich im Begriff der »Kulturpubertät« kristallisiert und bestehen darin, daß mit zunehmender Bildung immer mehr junge Menschen die Möglichkeit erhalten sollten, sich auf einem hohen intellektuellen Niveau mit den entscheidenden Lebensfragen und der eigenen Stellung in der eigenen Kultur und Gesellschaft auseinanderzusetzen. Diese Vorstellung ist von Eduard Spranger (1963) in seiner *Psychologie des Jugendalters* paradigmatisch entfaltet und von Wilhelm Flitner (1961) fürs Gymnasium in eine *Bildungstheorie* umgesetzt worden, die die Initiation in die großen kulturellen Traditionen des Abendlandes als Zielpunkt hatte. Dies war ein großer und bis in die sechziger Jahre hin gültiger bildungstheoretischer Entwurf der Gestaltung der Jugendphase, in dem die schulische Bildung eine unbezweifelt positive Stellung innehatte. Andere Formen von Jugendgestalten wurden – gemessen an diesem Ideal – nurmehr als defizitär eingeschätzt. Die Bezeichnung »Primitivpubertät« bringt dies besonders deutlich zum Ausdruck. Nicht selten war damit der Verlauf von Jugend gemeint, der bei Hauptschülern und der Arbeiterjugend festzustellen war. Die Gegenüberstellung in Abbildung 2 soll dem Leser, der mit dieser Tradition nicht so vertraut ist, nochmals deutlich machen, was mit diesen Begriffen gemeint war.

Eine solche Kulturpubertät erfordert natürlich mehr Freiheit, mehr Entwicklungsmöglichkeiten, mehr Bildung und geistige Auseinandersetzung. Sie enthält auch das Postulat der Aufschiebung des raschen Lebensgenusses und der zu frühzeitigen Einmündung in Arbeitszwänge.

Diese Leitbilder wurden in einer historischen Phase formuliert, in der das Bildungswesen als Hauptträger des »Projektes der Moderne« eine unbezweifelt positive Bedeutung hatte, eine Phase, in der die Befreiung von lebensgeschichtlich frühen und alle Kräfte in Anspruch nehmenden Arbeitzwängen ein unbezweifeltes pädagogisches und gesellschaftspolitisches Ideal repräsentierte.

Dies steht auf den ersten Blick in einem eigentümlichen Kontrast zur Stellungnahme des Youth Panel, welches gerade die Ausfälle in der Persönlichkeitsentwicklung beklagt hat, die aus diesem jahrelangen, auschließlich schulbezogenen Edukatop resultieren.

Andreas Flitners Einschätzung moderner Entwicklungen auf dem Hintergrund des alten reformpädagogischen Ideals, der beobachteten gesellschaftlichen Entwicklungen und der aus Jugendforschungen bekannten Jugendstile führt ihn zum Schluß, daß das Hauptmerkmal der gegenwärtigen Situation darin liegt, daß die bildungstheoretisch begründete Kulturpubertät nicht mehr akzeptiert wird. Flitner geht implizit noch weiter und unterstellt, daß insgesamt der »gesellschaftliche Normalentwurf« einer wünschenswerten Lebensführung durch einen subkulturellen Gegen-

Abbildung 2 Typologie von Pubertätsverläufen

Primitivpubertät

1. Die Liebesbeziehungen bleiben im Vital-Sexuellen stecken. Keine erotischen Überhöhungen der geschlechtlichen Beziehungen. Bestenfalls äußerliche Zweckbindungen ohne innerliche Verpflichtungsgefühle.

2. Die Strebungen und Interessen entwickeln sich kaum über die rein zweckhaften Befriedigungen der elementarsten Bedürfnisse hinaus.

3. Das Denken bleibt im Bereich des Konkret-Anschaulichen. Keine oder wenig Beziehung zum Sinn- und Werthaften, zum Ideologischen, Weltanschaulichen usw.

4. Die verantwortliche Fürsorge für andere Menschen bleibt instinkthaft beschränkt auf die eigene Person und die nächsten Familienangehörigen im Zuge der eigenen Selbsterhaltung und Selbstbehauptung.

5. Die Beziehung zu anderen Jugendlichen vollzieht sich in Form von kürzer oder länger andauernden Bandenbildungen.

6. Der Beruf bleibt bloße Versorgungsbasis und kann beliebig gewechselt werden. Es entsteht weder ein innerer Kampf um einen sinnvolleren Beruf noch das Bemühen um einen Freizeitausgleich.

7. Die Freizeit wird zum Tummelplatz der Erfüllung vitaler Genüsse, wie sie das moderne Leben für alle Sinne bietet.

Kulturpubertät

1. Die Liebesbeziehungen werden erotisch überhöht. Das Auseinanderfallen von Eros und Sexus macht innerlich zu schaffen. Es wird eine Synthese gesucht. Das Auseinanderbrechen einer Liebesbeziehung geschieht im Hinblick auf nichterfüllte Hoffnungen im gesamtmenschlichen Verstehen.

2. Auf mindestens einem Gebiet oder in einem Bereich wird die Beziehung zum Geistigen, Werthaften, Bedeutungshaften gesucht und gefunden und als passive oder aktive kulturelle Anteilnahme gepflegt und kultiviert.

3. Das Denken stößt zum Gebrauch höherer abstrakter Begriffe vor. Ein Zugang zur theoretischen Betrachtung, zum Verstehen von Weltbildern und Weltanschauungen wird gesucht. Ein Lebenssinn, eine Lebensphilosophie leuchtet zumindest auf.

4. Die verantwortliche Fürsorge erweitert sich über die Familie hinaus. Eine Verantwortung für überindividuelle und überfamiliäre Verpflichtungen im öffentlichen Leben wird gesehen und übernommen.

5. Die Beziehung zu anderen Jugendlichen erweitert sich zu einer kultivierten Jugendgesellingkeit in Jugendgruppen, Bünden, Freundschaften, Vereinen und dergleichen.

6. Der Beruf ist Hoffnung auf eine Lebenserfüllung und sei es auch nur in einem durch das Familienschicksal vorgezeichneten engen Rahmen. Ein Zwiespalt zwischen Brotberuf und Wunschberuf wird erlebt. Ein Ausgleich in der Freizeit wird gesucht.

7. Die Freizeit wird Anreiz zum Ausgleich, zur Interessenbetätigung, zur Hobbypflege, zur Geselligkeit, zur Weiterbildung, zur Heimgestaltung usw.

Quelle: Roth 1961, S. 38–40.

entwurf konterkariert wird. Dies führt zu Verständigungsproblemen zwischen den Generationen, wie sie beispielhaft in den zitierten Elternreden zum Abitur zum Ausdruck kommen.

Wieder an der Oberfläche könnte man die Lebensführung und das Weltverständnis, das im »gesellschaftlichen Normalentwurf« enthalten ist und das Gegenmuster der jungen Generation mit einer wie in Abbildung 3 skizzierten Gegenüberstellung festhalten.

Daraus wird ersichtlich, daß etablierte kulturelle Bestände, wie die Wissenschaftsorientierung, die technisch-ökonomische Zivilisation insgesamt, die Ausrichtung am Leistungsprinzip, die Wettbewerbsorientierung der Wirtschaft, die rationale bürokratische Planung, die Hierarchisierung und Atomisierung von Arbeitsabläufen, die gestuften repräsentativen demokratischen Partizipationsformen u. v. a. ihre Überzeugungskraft verloren haben und von der jungen Generation mit anderen Wertentwürfen konfrontiert werden, die Sinnlichkeit und unmittelbare Erfahrung betonen, die die Gegenwartsbezogenheit, die Akzeptanz der eigenen Triebe und die Ablehnung langfristiger Zukunftsplanungen zum Inhalt haben, die Betroffenheit und Ganzheitlichkeit der Lebensbezüge, also Entspezialisierung und Entdifferenzierung anstreben. Gegen die hierarchischen Regelungen, gegen die indirekten Verantwortlichkeiten und gegen die interessenbezogenen Vergesellschaftungsformen treten Entwürfe von Gemeinschaftlichkeit und sozialer Nähe, von bedingungsloser Akzeptanz und Sensibilität für den anderen. Die eigene Triebstruktur, die eigene Motivationsstruktur und die eigene Identität werden zum letzten Bezugspunkt der Rechtfertigung von Anstrengung, die gegenseitige Verständigung und der Konsens wird zur einzig legitimen Form der Begründung von Normen.

An dieser Stelle kann noch nicht auf die Herkunft der in diesen Gegenüberstellungen oft vermischten kulturellen Traditionen eingegangen werden. Wichtiger erscheint vielmehr die in Beobachtungen von Pädagogen zum Ausdruck kommende Überraschung und auch Sorge, daß das, was in den sechziger und frühen siebziger Jahren als Kernpunkt des gesellschaftlichen Fortschrittes angesehen wurde, die Ermöglichung von immer mehr Bildung für immer mehr Menschen und die Freisetzung für selbständige kulturelle Auseinandersetzungsprozesse, in ganz anderer Weise beantwortet wird, als dies im Idealentwurf gedacht war. Allerdings darf dabei die spezifische Differenz zwischen den von Päd-

Abbildung 3 Zum Kulturkonflikt zwischen dem gesellschaftlichen »Normalentwurf« und dem »Gegenentwurf«

GESELLSCHAFTLICHER »NORMALENTWURF«	SUBKULTURELLER GEGENENTWURF
Schulisches Curriculum der »*Kulturpubertät*«	*Gegenentwurf der* »*Wertorientierung*«:
Gekennzeichnet durch: – Wissenschaftsorientierung – Traditionsorientierung	Gekennzeichnet durch: – Sinnlichkeit und Antiintellektualismus – Gegenwartsorientierung, Zukunftsskepsis – Betroffenheit und Ganzheitlichkeit
Ausgerichtet an der Verfassung und an Akzeptanzwerten	
Differenzierung in eine Vielfalt von Fächern und Einzelerkenntnissen (Verlust des Kanons)	

Systemrationalität

Individualistische Leistungsorientierung	Gemeinschaftlichkeit und soziale Nähe; bedingungslose Akzeptanz
Instrumentalität des zu Lernenden für berufliche Karriere	Forderung nach unmittelbarer Sinnhaftigkeit, »sich wiederfinden können«
Konkurrenz	Beziehung
Planung, Vorausschau, Bedürfnisaufschub, Askese, Pflicht, Leistungswillen, instrumentelle Lebensbewältigung	Spontaneität und Sensibilität »Bock«-Orientierung Autonomie
Partialisierung von Arbeitsabläufen	Ganzheitlichkeit
Strategisches Handeln, indirekte politische Partizipation (repräsentative Demokratie)	Kommunikation und Verständigung Basisdemokratie Wahrhaftigkeit, Ehrlichkeit, Offenheit

agogen konzipierten Jugendgestalten im Sinne der Kulturpubertät und den Lebensformen, die unserer Zivilisation insgesamt innewohnen, nicht übersehen werden.

Mit dieser Bemerkung können wir bereits zu den Suchprozessen übergehen, die Flitner zur Analyse der Bedingungen des Aufwachsens heute führen und die ihn davor bewahren, in einfacher Klage, daß die Welt im argen liege, zu verharren.

Fehlentwicklungen sieht Flitner hier nun einmal in den pädagogischen Institutionen selber. Der Trend, der hier zu beobachten sei, ist der, daß der »pädagogische Zugriff« auf Heranwachsende in immer höherem Maße spezialisiert wird. Parallel zur Differenzierung und Verfeinerung der Arbeitsteilung im industriellen Bereich habe sich auch eine solche Verästelung vereinzelter pädagogischer Zugriffe auf Kinder und Heranwachsende vollzogen. Kinder und Jugendliche sind damit einerseits immer stärker aus dem Gesamtzusammenhang sinnvollen und verantwortlichen Lebens ausgegliedert worden – hier trifft sich Flitner mit der Kritik des Youth Panel – und zum andern sind innerhalb der Institutionen alle möglichen Erfahrungen reglementiert worden. Die ganzheitlichen Lebenszusammenhänge in Familien sind immer mehr durch öffentliche Institutionen ersetzt und begleitet, wobei jeder Verantwortliche nur eine ganz spezifische Sequenz des Aufwachsens betreut oder für ganz spezifische Förderungen und Probleme verantwortlich ist.

Dies bringt nach Flitner in der heranwachsenden Generation das Bedürfnis hervor, in der Altersgruppe selber ganzheitliche Lebenszusammenhänge zu organisieren, aus funktionalisierten und instrumentalisierten partialen Lebenszusammenhängen auszusteigen und Sinn im Nahraum der Gemeinschaft und unmittelbar einsehbarer Problemzusammenhänge (Frieden, Umwelt) zu suchen, die pädagogische »Entfremdung« durch gesteigerte pädagogische Arbeitsteilung aufzuheben.

Die Konsequenz liegt auf der Hand: Bildungseinrichtungen müssen wieder stärker so organisiert sein, daß Heranwachsende eine überschaubare Anzahl von Erwachsenen erleben, mit denen sie über längere Zeiträume verantwortlich zusammenleben. Edukatope dürfen nicht parallel zu hochspezialisierten Industriebetrieben organisiert werden, hier gelten nicht die Leitlinien der rationalen, ökonomischen, immer differenzierteren Gestaltung von Verantwortlichkeiten.

Ferner: Der zunehmende Rückgang von Erfahrungen der *Konsequenzen eigenen Handelns* muß ein Gegengewicht in der Organisation von selbstverantwortlichen Lebenszusammenhängen erfahren – dieser Vorschlag läuft auch mit jenem vom Youth Panel parallel.

Nach Flitner sind aber nicht nur die Veränderungen in den Edukatopen für problematische Entwicklungsprozesse verantwortlich, sondern gesellschaftliche Entwicklungsprozesse insgesamt. Dazu zählt Flitner in erster Linie die Problematik der Jugendarbeitslosigkeit, also die Erfahrung für viele Heranwachsende (in den Ländern der Europäischen Wirtschaftsgemeinschaft waren 1983 nach Auskunft des Genfer Arbeitsamtes sieben Millionen Jugendliche ohne Arbeit), daß sie gesellschaftlich unnütz sind und daß sie nicht für ihren eigenen Lebensunterhalt sorgen können. Es wird damit sowohl die Erfahrung der Selbstverantwortlichkeit geschwächt als auch die Möglichkeit untergraben, Erfahrungen sozialer Nützlichkeit zu machen. Die moralische Zerstörung, die damit verbunden sein kann, ist wohl kaum überschätzbar.

Die weiteren, pädagogisch problematischen gesellschaftlichen Entwicklungen stehen nach Flitner im Zusammenhang mit der Universalisierung der *Konsumkultur* und der Überhandnahme von Sekundärerfahrungen über allgegenwärtige Medien. Sie behindern unmittelbare, direkte Erfahrungen und befördern ein Leben aus zweiter Hand. Das produktive Selbermachen gehe dadurch ebenso zurück wie die Auseinandersetzung mit den in abendländischen Kulturtraditionen aufgehobenen Existenzerfahrungen des Menschen.

Auf dem Hintergrund dieser Entwicklungen ist es nach Flitner verständlich, wenn eine immer größere Distanz zwischen den zivilisatorischen Normalentwürfen, was Lebensführung und Weltanschauung angeht, und den spontanen Sinngebungsprozessen in der jungen Generation entsteht. Flitner formuliert hier somit eine pädagogische Variante der »Entfremdung«.

Zwischenbetrachtung

Wenn man diese wertenden Betrachtungsweisen der gesellschaftlichen Verhältnisse und des jugendlichen Habitus systematisiert, dann ergibt sich, daß je nach der Kritik an den Existenzbedingungen oder an der Generationsgestalt der Jugend unterschiedliche Positionen entstehen. Noelle-Neumann und Lübbe werten unausgesprochen die Existenzbedingungen positiv und den Generationshabitus der Jugend negativ. Flitner äußert sich kritisch über die Existenzbedingungen der Jugend (also über deren Generationslage) und empfindet Sympathie und Verständnis für gegenkulturelle Reaktionen. Es wäre aber auch die Position denkbar, daß Veränderungen im Habitus der Jugend als funktionale (positiv bewertete) Reaktionsformen auf geänderte Existenzbedingungen (positiv bewertete) betrachtet werden. Erstaunlicherweise findet sich diese Position eher selten. Wir haben es hier also mit einer Auswahl aus einem einfachen Vierfelderschema der folgenden Art zu tun:

| | | Wertung der jugendlichen Haltungen | |
		positiv	negativ
	positiv	Funktionalitätsposition	Jugendkritische Position
Wertung der Lebensverhältnisse			
	negativ	Gegenkulturelle Position	Gesellschaftskritische und jugendkritische Position

Es liegt auf der Hand, daß eine nüchterne und detailreiche Analyse die Aufforderung enthält, differenziert nach problematischen Entwicklungen in den Existenzbedingungen der Jugend und in den Bewältigungsmodalitäten durch die heranwachsende Generation zu suchen. Hier wird somit das Gesamtprogramm sichtbar, das es zu bearbeiten gilt, wenn man die *Frage der gelungenen oder problematischen »sozialen Reproduktion«* beantworten möchte und wenn man den sozialen und kulturellen Habitus der jetzigen Generation nicht nur in seinem inneren Zusammenhang verstehen will, sondern auch in seiner Entstehungsgeschichte, durch Rückführung auf gesellschaftliche Veränderungsprozesse, erklären möchte. Wir bedürfen dazu vor allem eines Verständnisses unseres sogenannten »zivilisatorischen Normalentwurfes« der Existenzbewältigung, um auch die Abweichungen davon besser zu verstehen. Nach langen Suchbewegungen habe ich dazu in M. Webers (1920) Theorie des okzidentalen Rationalismus (s. z. B. auch Schluchter 1979) den überzeugendsten Ansatz gefunden. Ohne eine genaue Kenntnis der Besonderheiten des okzidentalen Rationalismus sind die verschiedenen kulturellen Strömungen der Gegenwart, an denen die junge Generation teilhat, nicht verständlich. Es bleibt vor allem unbegriffen, was mit »kulturellem Normalentwurf« gemeint sein könnte und wie »Gegenentwürfe« einzuordnen sind. Es ist also ein weiter Weg erforderlich, um zu einer zutreffenden Diagnose der gegenwärtigen Wirklichkeit, und sei es nur im Bereich von Erziehung und Aufwachsen, zu kommen. Dieser weite Weg ist aber unumgänglich, wenn man die These akzeptiert, daß sich jede Generation nicht mit irgend etwas völlig Fremdem oder Neuartigem auseinandersetzt, sondern mit den weltanschaulichen Grundlagen jener Lebensformen, in die auch Erwachsene eingebettet sind. Diese weltanschaulichen Grundlagen hat für den abendländischen Raum Max Weber durch den typologischen Vergleich verschiedener Weltreligionen am prägnantesten herausgearbeitet. Da diese geistigen Grundlagen in den letzten Jahren wie seit langem nicht mehr zur Debatte standen, ist der Rückgang auf Max Weber in meinen Augen die zur Zeit beste Möglichkeit, den »Normalentwurf« der Lebensgestaltung und der Weltzuwendung in unserer Gesellschaft und Kultur zu verstehen und damit auch die sich davon abgrenzenden Gegenentwürfe richtig einzuschätzen.

II
Der zivilisatorische Normalentwurf der Moderne

1. Max Webers kulturgeschichtliche Analyse des modernen okzidentalen Rationalismus: Weltbilder und Kulturen der Lebensführung

Bei der Suche nach Möglichkeiten, die neueren sozialen Bewegungen mit ihren basisdemokratischen Ansprüchen, antirationalistischen Tendenzen, mit ihrer Wissenschaftsfeindlichkeit und dem Technikskeptizismus, mit dem Pazifismus und dem neuen Gemeinschaftsdenken, mit Brüderlichkeitsphilosophien und Eudämonismus-Ansprüchen zu verstehen, bin ich immer unausweichlicher auf die Analyse des in diesen Bewegungen mitgemeinten Kontrastbildes verwiesen worden. Und eben dieses Kontrastbild hat wohl niemand universalhistorisch präziser, andere Kulturentwicklungen zum Vergleich heranziehend beschrieben als Max Weber. Auf den ersten Blick mag es unverständlich erscheinen, wenn man behauptet, daß die Weltbilder der neueren sozialen Bewegungen und damit weite Bereiche der Jugend in ihrer Eigenart verständlich werden, wenn man sie auf dem Hintergrund der Erkenntnisse der Religionssoziologie von Max Weber analysiert. Dennoch bilden sie einmal eine ideenreiche Grundlage für das Verständnis des »zivilisatorischen Normalentwurfes« unserer Existenzbewältigung, und zum anderen ermöglichen sie auch eine Typologie von »Gegenentwürfen«. Auf sie möchte ich mich im folgenden deshalb beziehen, wenngleich dieser Bezug notwendigerweise sehr skizzenhaft und vereinfacht bleiben muß. Für mein eigenes Verständnis gelungener bzw. problematischer sozialer Reproduktion bzw. für mein Verständnis der im Prozeß der Erziehung und der »Menschwerdung« unter »modernen Lebensbedingungen« zu bearbeitenden Probleme war M. Webers Analyse des okzidentalen Rationalismus sehr hilfreich. Diese eigene Erfahrung veranlaßt mich hier, auch dem Leser dieses Angebot zu machen, wenngleich dadurch nicht allen Verästelungen der universalgeschichtlichen Analysen M. Webers, geschweige denn den kritischen Rezeptionen (s. Habermas 1981) nachgegangen werden kann.

So richtig es ist, die Eigenart jugendlicher Lebensführung im Kontrastbild der »Normalentwürfe« in unserer Epoche zu spiegeln und dadurch verstehen zu wollen, so formal und damit auch nur beschränkt hilfreich bleibt diese Gegenüberstellung. Was erforderlich ist, liegt auf der Hand: eine kulturvergleichend und gesellschaftshistorisch inspirierte Explikation dessen, was der Normalentwurf unserer individuellen und kollektiven Lebensbewältigung in der derzeitigen historischen Phase ist. Dies ist der Punkt, an dem wir so etwas wie eine Darstellung der okzidentalen Moderne brauchten, und dies ist der Punkt, an dem die Analysen von Max Weber nach meiner Ansicht die wichtigsten Einsichten vermitteln können.

Ohne das inhaltliche Verständnis der »Moderne«, wie es Max Webers universalhistorische und kulturvergleichende Analysen verschiedener Weltreligionen und ihrer Wirtschaftsethik vermitteln können, bleiben meines Erachtens alle »Normalentwürfe« der Lebensführung unserer historischen Epoche ebenso unverstanden wie die sich in der jungen Generation immer wieder artikulierenden Gegenentwürfe, welche sich aus den Spannungen des modernen okzidentalen Rationalismus mit von ihm nicht berücksichtigten Lebensbedürfnissen und Weltorientierungen ergeben.

Seit Max Weber gehört es zum Standardwissen der Soziologie, daß die Moderne vor allem durch einen Begriff zu charakterisieren ist: den der Rationalisierung. Dieser sehr vieldeutige Begriff enthält in allen Varianten zumindest eine gemeinsame Komponente: die der *methodischen Bearbeitung eines Problems*, wobei sich die Methode sowohl auf die Lebensführung, die Organisation einer Institution, die Erkenntnisgewinnung, als auch auf die Erlangung des ewigen Heils beziehen kann.

Bei Max Weber steht aber eine Form der Rationalisierung deutlich im Vordergrund: jene, die sich auf die Lebensführung selbst bezieht und die in eine methodisch durchrationalisierte, disziplinierte Berufsethik einmündet. Durch den Vergleich der Weltreligionen versucht nun Max Weber herauszufinden, wie die singuläre okzidentale Entwicklung beschaffen und wie sie zu verstehen ist. In den Vorbemerkungen der *Gesammelten Aufsätze zur Religionssoziologie* charakterisiert Weber (1920) die Fragestellung selber in unvergleichlicher Weise, weshalb sie hier in zwar verkürzter Form, aber doch umfassender als üblich zitiert werden soll:

Universalgeschichtliche Probleme wird der Sohn der modernen europäischen Kulturwelt unvermeidlicher- und berechtigterweise unter der

Fragestellung behandeln: welche Verkettung von Umständen hat dazu geführt, daß gerade auf dem Boden des Okzidents, und nur hier, Kulturerscheinungen auftraten, welche doch – wie wenigstens wir uns gern vorstellen – in einer Entwicklungsrichtung von universeller Bedeutung und Gültigkeit lagen?

Nur im Okzident gibt es »Wissenschaft« in dem Entwicklungsstadium, welches wir heute als »gültig« anerkennen. Empirische Kenntnisse, Nachdenken über Welt- und Lebensprobleme, philosophische und auch... theologische Lebensweisheit tiefster Art, Wissen und Beobachtung von außerordentlicher Sublimierung hat es auch anderwärts... gegeben. Aber: der babylonischen und jeder anderen Astronomie fehlte... die mathematische Fundamentierung, die erst die Hellenen ihr gaben. Der indischen Geometrie fehlte der rationale »Beweis«: wiederum ein Produkt hellenischen Geistes, der auch die Mechanik und Physik zuerst geschaffen hat. Den nach der Seite der Beobachtung überaus entwickelten indischen Naturwissenschaften fehlte das rationale Experiment: nach antiken Ansätzen wesentlich ein Produkt der Renaissance... Eine rationale Chemie fehlt allen Kulturgebieten außer dem Okzident. Für eine *rationale Rechtslehre* fehlen anderwärts trotz aller Ansätze in Indien (Mimamsa-Schule), trotz umfassender Kodifikationen besonders in Vorderasien und trotz aller indischen und sonstigen Rechtsbücher, die streng juristischen Schemata und Denkformen des römischen und des daran geschulten okzidentalen Rechtes. Ein Gebilde ferner wie das kanonische Recht kennt nur der Okzident...

Produkte der Druckerkunst gab es in China. Aber eine gedruckte: eine nur für den Druck berechnete, nur durch ihn lebensmögliche Literatur: »Presse« und »Zeitschriften« vor allem sind nur im Okzident entstanden. Hochschulen aller möglichen Art, auch solche, die unsern Universitäten oder doch unsern Akademien äußerlich ähnlich sahen, gab es auch anderwärts (China, Islam). Aber rationalen und systematischen Fachbetrieb der Wissenschaft: das eingeschulte Fachmenschentum, gab es in irgendeinem an seine heutige kulturbeherrschende Bedeutung heranreichenden Sinn nur im Okzident. Vor allem: den Fachbeamten, den Eckpfeiler des modernen Staats und der modernen Wirtschaft des Okzidents. Für ihn finden sich nur Ansätze, die nirgends in irgendeinem Sinn so konstitutiv für die soziale Ordnung wurden wie im Okzident. Natürlich ist der »Beamte«, auch der arbeitsteilig spezialisierte Beamte, eine uralte Erscheinung der verschiedensten Kulturen. Aber die absolut unentrinnbare Gebanntheit unserer ganzen Existenz, der politischen, technischen und wirtschaftlichen Grundbedingungen unseres Daseins, in das Gehäuse einer fachgeschulten Beamtenorganisation, den technischen, kaufmännischen, vor allem aber den juristisch geschulten staatlichen Beamten als Träger der wichtigsten Alltagsfunktionen des sozialen Lebens, hat kein Land und keine Zeit in dem Sinn gekannt, wie der moderne Okzident... Und vollends Parlamente von periodisch gewählten »Volksvertretern«, den Demagogen und die Herrschaft von Parteiführern als parlamentarisch verantwortliche »Minister« hat – obwohl es natürlich »Parteien« im Sinn von Organisationen zur Eroberung und Beeinflussung der politischen Macht in aller Welt gegeben hat – nur der Okzident hervorgebracht. Der »Staat« überhaupt im Sinn einer politischen Anstalt, mit rational gesatzter »Verfassung«, rational gesatztem Recht und einer an rationalen, gesatzten Regeln: »Gesetzen«, orientierten Verwaltung durch Fachbeamte, kennt, in dieser für ihn wesentlichen Kombination der entscheidenden Merkmale, ungeachtet aller anderweitigen Ansätze dazu, nur der Okzident.

Und so steht es nun auch mit der schicksalsvollsten Macht unseres modernen Lebens: dem Kapitalismus.

»Erwerbstrieb«, »Streben nach Gewinn«, nach Geldgewinn, nach möglichst hohem Geldgewinn hat an sich mit Kapitalismus gar nichts zu schaffen. Dies Streben fand und findet sich bei Kellnern, Ärzten, Kutschern, Künstlern, Kokotten, bestechlichen Beamten, Soldaten, Räubern, Kreuzfahrern, Spielhöllenbesuchern, Bettlern: – man kann sagen: bei »all sorts and conditions of men«, zu allen Epochen aller Länder der Erde, wo die objektive Möglichkeit dafür irgendwie gegeben war und ist. Es gehört in die kulturgeschichtliche Kinderstube, daß man diese naive Begriffsbestimmung ein für allemal aufgibt. Schrankenloseste Erwerbsgier ist nicht im mindesten gleich Kapitalismus, noch weniger gleich dessen »Geist«. Kapitalismus kann geradezu identisch sein mit Bändigung, mindestens mit rationaler Temperierung, dieses irrationalen Triebes...

...Aber der Okzident kennt in der Neuzeit daneben eine ganz andere und nirgends sonst auf der Erde entwickelte Art des Kapitalismus: die rational-kapitalistische Organisation von (formell) freier Arbeit...

In einer Universalgeschichte der Kultur ist also für uns, rein wirtschaftlich, das zentrale Problem letztlich nicht die überall nur in der Form wechselnde Entfaltung kapitalistischer Betätigung als solcher: des Abenteuertypus oder des händlerischen oder des an Krieg, Politik, Verwaltung und ihren Gewinnchancen orientierten Kapitalismus. Sondern vielmehr die Entstehung des bürgerlichen Betriebskapitalismus mit seiner rationalen Organisation der freien Arbeit. Oder, kulturgeschichtlich gewendet: die Entstehung des abendländischen Bürgertums mit seiner Eigenart, die freilich mit der Entstehung kapitalistischer Arbeitsorganisation zwar im nahen Zusammenhang steht, aber natürlich doch nicht einfach identisch ist. Denn »Bürger« im ständischen Sinn gab es schon vor der Entwicklung des spezifisch abendländischen Kapitalismus. Aber freilich: nur im Abendlande. Der spezifisch moderne okzidentale Kapitalismus nun ist zunächst offenkundig in starkem Maße durch Entwicklungen von technischen Möglichkeiten mitbestimmt. Seine Rationalität ist heute wesenhaft bedingt durch Berechenbarkeit der technisch entscheidenden Faktoren: der Unterlagen exakter Kalkulation. Das heißt aber in Wahrheit: durch die Eigenart der abendländischen Wissenschaft, insbesondere der mathematisch und experimentell exakt und rational fundamentierten Naturwissenschaften. Die Entwicklung dieser Wissenschaften und der auf ihnen beruhenden Technik erhielt und erhält nun andererseits ihrerseits entscheidende Impulse von den kapitalistischen Chancen, die sich an ihre wirtschaftliche Verwertbarkeit als Prämien knüpfen. Zwar nicht die Entstehung der abendländischen Wissenschaft ist durch solche Chancen bestimmt worden. Gerechnet, mit Stellenzahlen gerechnet, Algebra getrieben haben auch die Inder, die Erfinder des Positionszahlensystems, welches erst in den Dienst des sich entwickelnden Kapitalismus im Abendland trat, in Indien aber keine moderne Kalkulation und Bilanzierung schuf. Auch die Entstehung der Mathematik und Mechanik war nicht durch kapitalistische Interessen bedingt. Wohl aber wurde die technische Verwendung wissenschaftlicher Erkenntnisse: dies für die Lebensordnung unsrer Massen Entscheidende, durch ökonomische Prämien bedingt, welche im Okzident gerade darauf gesetzt waren. Diese Prämien aber flossen aus der Eigenart der Sozialordnung des Okzidents. Es wird also gefragt werden müssen: aus welchen Bestandteilen dieser Eigenart, da zweifellos nicht alle gleich wichtig gewesen sein werden. Zu den unzweifelhaft wichtigen gehört die rationale Struktur des Rechts und der Verwaltung. Denn der moderne rationale Betriebskapitalismus bedarf, wie der berechenbaren technischen Arbeitsmittel, so auch des berechenbaren Rechts und der Verwaltung nach formalen Regeln, ohne welche zwar Abenteurer- und spekulativer Händlerkapitalismus und alle möglichen Arten von politisch bedingtem Kapitalismus, aber kein rationaler privatwirtschaftlicher Betrieb mit stehendem Kapital und sicherer Kalkulation möglich ist. Ein solches Recht und eine solche Verwaltung nun stellte der Wirtschaftsführung in dieser rechtstechnischen und formalistischen Vollendung nur der Okzident zur Verfügung. Woher hat er jenes Recht? wird man also fragen müssen. Es haben, neben anderen Umständen, auch kapitalistische Interessen ihrerseits unzweifelhaft der Herrschaft des an rationalem Recht fachgeschulten Juristenstandes in Rechtspflege und Verwaltung die Wege geebnet, wie jede Untersuchung zeigt. Aber keineswegs nur oder vornehmlich sie. Und nicht sie haben jenes Recht aus sich geschaffen. Sondern noch ganz andre Mächte waren bei dieser Entwicklung tätig. Und warum taten die kapitalistischen Interessen das gleiche nicht in China oder Indien? Warum lenkten dort überhaupt weder die wissenschaftliche noch die künstlerische noch die staatliche noch die wirtschaftliche Entwicklung in diejenigen Bahnen der Rationalisierung ein, welche dem Okzident eigen sind?

Denn es handelt sich ja in all den angeführten Fällen von Eigenart offenbar um einen spezifisch gearteten »Rationalismus« der okzidentalen Kultur. Nun kann unter diesem Wort höchst Verschiedenes verstanden werden – wie die späteren »Rationalisierungen« der mystischen Kontemplation, also: von einem Verhalten, welches, von anderen Lebensgebieten her gesehen, spezifisch »irrational« ist, ganz ebenso gut wie Rationalisierungen der Wirtschaft, der Technik, des wissenschaftlichen Arbeitens, der Erziehung, des Krieges, der Rechtspflege und Verwaltung. Man kann ferner jedes dieser Gebiete unter höchst verschiedenen letzten Gesichtspunkten und Zielrichtungen »rationalisieren«, und was von einem aus »rational« ist, kann, vom andern aus betrachtet, »irrational« sein. Rationalisierungen hat es daher auf den verschiedenen Lebensgebieten in höchst verschiedener Art in allen Kulturkreisen gegeben. Charakteristisch für deren kulturgeschichtlichen Unterschied ist erst: welche Sphären und in welcher Richtung sie rationalisiert wurden. Es kommt also zunächst wieder darauf an: die besondere Eigenart des okzidentalen und, innerhalb dieses, des modernen okzidentalen, Rationalismus zu erkennen und in ihrer Entstehung zu erklären. Jeder solche Erklärungsversuch muß, der fundamentalen Bedeutung der Wirtschaft entsprechend, vor allem die ökonomischen Bedingungen berücksichtigen. Aber es darf darauf auch der umgekehrte Kausalzusammenhang darüber nicht unbeachtet bleiben. Denn wie von rationaler Technik und rationalem Recht, so ist der ökonomische Rationalismus in seiner Entstehung auch von der Fähigkeit und Disposition der Menschen zu bestimmten Arten *praktisch-rationaler Lebensführung* überhaupt abhängig. Wo diese durch Hemmungen seelischer Art obstruiert war, da stieß auch die Entwicklung einer wirtschaftlich rationalen Lebensführung auf schwere innere Widerstände. Zu den wichtigsten formenden Elementen der Lebensführung nun gehörten in der Vergangenheit überall die magischen und religiösen Mächte und die am Glauben an sie verankerten ethischen Pflichtvorstellungen. Von diesen ist in den nachstehend gesammelten und ergänzten Aufsätzen die Rede... (Weber 1920, 1 ff.)

Es ist nun gewiß ein unvergleichliches geistiges Abenteuer, Max Weber und seinen kulturvergleichenden und historischen Analysen des Zusammenhanges zwischen Religionen und Wirtschaftsethik zwischen *Weltanschaungsanalyse, Institutionsanalyse* und der Analyse von *Alltagsformen der Lebensführung* zu folgen. Dies müssen wir uns hier aus verständlichen Gründen versagen.
Das lange Zitat oben verdeutlicht aber, was die gesamte hier vorgestellte Arbeit prägen wird: das Verständnis unserer gesellschaftlichen Ordnung, unserer Kultur und Zivilisation als Ausdruck des »modernen okzidentalen Rationalismus«, welcher primär durch die Elemente der *Methodisierung, Berechenbarkeit* und *Disziplinierung* charakterisierbar ist.
Doch auch für das Verständnis der »Gegenkulturen« wird die Analyse von Max Weber hilfreich sein, insbesondere wenn es um

die vom okzidentalen Rationalismus selbst hervorgebrachten *Probleme universaler Sinngebung* geht, wenn es um das Spannungsverhältnis einer Brüderlichkeitsethik mit dem aktiven Weltbeherrschungsimperialismus geht und wenn Fragen der universalen Rationalität angesichts der möglichen gigantischen Irrationalität partikularer Rationalismen aufgeworfen werden. Dies sei hier, einem möglichen Mißverständnis vorbeugend, schon vorweggenommen. Max Weber versteht, anders als seine Nachfolger, seine Schilderung des modernen okzidentalen Rationalismus nicht als Apologetik, sondern als streng empirische Schilderung eines einmaligen historischen Entwicklungsprozesses.

Die Kultur des modernen okzidentalen Rationalismus ist, dies geht aus obigem hervor, im Kern eine der rationalen Beherrschung und Methodisierung aller Lebensbereiche auf der Basis der rational gegründeten Berechenbarkeit. Diese aktive Weltbeherrschungsmentalität steht in schroffem Gegensatz etwa zur östlichen Weltflucht und den verschiedensten Formen der Weltablehnung. Webers Hauptwerk besteht nun darin, die Eigenart dieser Kultur deutlich zu machen und ihre Ursprünge aus religiösen Quellen nachzuweisen. Bekanntlich rekurriert dabei Max Weber auf den asketischen Protestantismus, den er als eine wichtige Quelle der Entstehung einer innerweltlichen Berufsaskese und einer kapitalistischen Betriebsführung sieht. Diese ist gerade nicht auf Genuß des erzielten Gewinnes, auf Hedonisierung der Lebensführung ausgerichtet, sondern die disziplinierte Berufsarbeit und Investitionspolitik steht im Dienste der religiösen Heilsgewinnung, die wohl eine permanente Reinvestition der erzielten Gewinne ermöglicht und lizenziert, aber deren Genuß negativ sanktioniert.

Diesen Thesen müssen wir hier zum Verständnis der gegenwärtigen Situation des Aufwachsens in der Moderne nicht näher nachgehen. Schon die wenigen Hinweise machen aber deutlich, daß wir es bei der in den letzten Jahren so häufig formulierten Wertwandelthese weniger mit einer durch Verschiebungen in der individuellen Bedürfnishierarchie (nach Maslow) erklärbaren Problematik zu tun haben (s. Inglehart 1977), sondern mit der Auseinandersetzung der heranwachsenden Generation mit Elementen einer Kultur der Lebensführung, die noch in hohem Maße verzichtorientiert, asketisch und auf rationale Sicherung grundlegender Lebensbedürfnisse ausgerichtet ist. An der Oberfläche erscheint diese Auseinandersetzung heute als um die Akzeptanz des Leistungsprinzips zentriert. Was die Eltern, die einleitend zitiert wurden, schildern, ist der Konflikt zwischen den klassischen Elementen der Lebensführung im Sinne der Berufsethik des okzidentalen Rationalismus mit Ausschließungen, welche dieser Kultur selber innewohnen: mit Ausschließung der Akzeptanz von Lebensfreude und unmittelbarem Lebensgenuß sowie den kontemplativen Elementen des »Seins« und des nicht leistungsorientierten Gestaltens, der brüderlichen Vergemeinschaftung und der nicht konkurrenzorientierten Lebensbewältigungsmentalität.

Vieles, was an Kulturkritischem und Gesellschaftskritischem aus der Frankfurter Schule (s. Habermas 1986) kommt, ist eine implizite, jüngst auch explizite Auseinandersetzung mit dieser historischen Entwicklung. Gerade in der genannten Tradition wird ja ein Grundproblem unserer Lebensform darin gesehen, daß sich die wissenschaftliche Beherrschungs- und Berechnungsmentalität in sozialer Herrschaft und in einer Erziehung fortsetzt, die eine Beherrschung und Vergewaltigung der inneren Natur des Menschen bedeutet. Im Zusammenhang damit, oder auch einfach parallel dazu, sind »alternative« Tendenzen entstanden, die sich heute an der Oberfläche als Zivilisationskritik, als Kritik des technisch-ökonomischen Systems, als Wissenschaftsfeindlichkeit, als Herrschaftskritik auf der Folie eines »herrschaftsfreien Dialogs« und als Erziehungskritik auf dem Hintergrund von Vorstellungen einer »antiautoritären Pädagogik« präsentieren.

War Max Weber vor allem an den Spannungsverhältnissen verschiedener Religionen zur Welt orientiert, z. B. an den Spannungsverhältnissen der religiösen Brüderlichkeitsethik und der religiösen Vergemeinschaftungsformen mit machtpolitischen Weltgestaltungsprinzipien, am Spannungsverhältnis der Religion zur ökonomischen Sphäre, an den Spannungen der Religion zum ästhetischen und erotischen Bereich und insbesondere zur Sphäre des denkenden Erkennens, so wird uns hier vor allem die Frage interessieren, *ob Gegenentwürfe zu unserer dominanten okzidentalen Kultur vor allem aus Spannungsverhältnissen des okzidentalen Rationalismus zu Lebensbereichen resultieren, die »quer« zu einer rationalistischen Weltbeherrschungsmentalität stehen.*

Es werden dies besonders Spannungsverhältnisse des Rationalismus zu vier Bereichen sein:

– Spannungsverhältnisse des Rationalismus mit einer *Brüderlich-*

keitsethik, die sich heute häufig in Abgrenzung zur leistungsorientierten Konkurrenzmentalität und Weltbeherrschungsphilosophie artikuliert;

– zur Frage der *substantiellen Rationalität* und Humanität, die
insbesondere im Anschluß an Habermas als eine Vernünftig-
keit rationalisierter Lebenswelt formuliert und den globalen
Irrationalitäten partikularistischer Rationalität (s. den Rü-
stungswettlauf) gegenübergestellt wird;

– Spannungsverhältnisse zum *Freiheitsbedürfnis* des Menschen,
zu seinen personalen Akzeptanzwünschen, die jenseits der instrumentalisierten Verwendung des Menschen im Rationali-
tätszusammenhang der Wirtschaft, der Schule und der Politik
entstehen;

– Spannungsverhältnisse zu *allgemeinen Sinnbedürfnissen*, die
teils eine Frucht des Rationalismus sind, teils aber auch als von
diesem nicht beantwortbare Probleme bestehen bleiben und zu
neuen Formen der ganzheitlichen, gemeinschaftlichen und
kontemplativen Sinnsuche führen können.

Aus diesen Spannungsverhältnissen heraus sind meines Erachtens
immer wieder auftauchende mentale Polarisierungen in unserer
Kulturentwicklung, an denen auch die »kulturellen Neulinge«
teilhaben, verstehbar. Ihr wird ja teils vorgeworfen, teils in ver-
ständnisvoller Attitüde konzediert, daß sie, an der Oberfläche in
der Form von Leistungsskeptizismus, Technologieskeptizismus,
Staatsskeptizismus und Wirtschaftsfeindlichkeit, gerade die zivilisatorischen Grundleistungen ablehnt, die zum gegenwärtigen
Wohlstand und zur gegenwärtigen Form der Lebensführung geführt haben. Warum sie aber gerade an Gegenentwürfen, die aus
den Ausblendungen und Spannungspotentialen des modernen
okzidentalen Rationalismus resultieren, in so hohem Maße partizipiert, ist das erklärungsbedürftige Phänomen. Die Beantwor-
tung dieser Frage wäre somit ein Schlüssel für das Verständnis der
gegenwärtigen epochalen Jugendgestalt. Eine erste These dazu
könnte lauten, daß der moderne okzidentale Rationalismus
gleichzeitig *Ansprüche* produziert und ihre Verwirklichung erschwert:

Es sind dies insbesondere Provokationen und Ausblendungen
von Ansprüchen an Autonomie, Sinnerfüllung und Selbstentfaltung, von Ansprüchen sozialer Gerechtigkeit und Brüderlichkeit,
aber auch von Ansprüchen an Erleben, an Glück, an Akzeptanz

und auch an Irrationalem, deren Pflege zu neuen Kulturen der Lebensführung in verschiedenen Sektoren der Gesellschaft, insbesondere auch bei Jugendlichen, geführt haben. Das wichtigste Spannungsmoment ist jenes zum *Individualisierungsschub*, also zur sozialhistorischen Entfaltung der Autonomie der Person, die der okzidentale Rationalismus selbst mitgestaltet hat.

Da mich die Analyse von Max Weber durch die gesamte Arbeit hindurch begleiten wird, sei hier die Darstellung des modernen okzidentalen Rationalismus mit seinen Ausblendungen und Gegenprogrammen durch die folgende typologische Gegenüberstellung vorläufig abgeschlossen (s. Abbildung 4). In dieser Konfrontation werden schon verschiedene Weltbilder und Lebensführungskulturen sichtbar, die für das Verständnis verschiedener Generationsgestalten von Jugend und für das Verständnis verschiedener Sektoren innerhalb der heutigen Jugend sehr wichtig sein werden. Dabei tritt nochmals zutage, daß wir es hier mit einer »Weltbeherrschungskultur« zu tun haben, die auf die rationale Kontrolle der Lebensumstände, auf die Schaffung von Sicherheit, Berechenbarkeit und Kontrolle ausgerichtet ist. Diese Formen der Rationalisierung haben sich in den letzten Jahrzehnten nicht nur auf das Verhältnis des Menschen zur Natur bezogen, sondern auf die Lebensverhältnisse insgesamt, z. B. auf den Bereich der Wirtschaft durch die Wirtschaftswissenschaften, auf den Bereich der Erziehung durch die Humanwissenschaften, auf den Bereich der Politik in den Politikwissenschaften usw. Einen letzten Höhepunkt hat diese Kontrollmentalität wohl dadurch erhalten, daß es gelungen ist, die biologische Reproduktion durch die Empfängsnisregelung methodisch zu kontrollieren. Den folgenden Analysen vorgreifend könnte man sogar behaupten, daß der moderne okzidentale Rationalismus in der Geschichte der Nachkriegszeit in den frühen sechziger Jahren – bis zum ersten Ölschock und der Studentenbewegung – den historisch wahrscheinlich nie mehr erreichbaren Höhepunkt an Akzeptanz erfahren hat. Es schienen zu diesem Zeitpunkt nicht nur die wirtschaftlichen Probleme endgültig kontrollierbar, die politischen durch globale Verständigung lösbar, sondern auch die psychologischen und zwischenmenschlichen Verhältnisse schienen einer Rationalisierung zugänglich, die eine globale Befreiung von Existenznöten, Unsicherheiten und Existenzsorgen versprach (s. auch Owemeyer 1979).

Abbildung 4 Moderner okzidentaler Rationalismus und
»Gegenentwürfe«

MODERNER OKZIDENTALER RATIONALISMUS	»GEGENENTWÜRFE«
Lebensordnungen (Institutionen)	
Wissenschaftsbetrieb Auf Wissenschaft gegründete Technik	Wissenschafts- und Technikskeptizismus (festgemacht an Folgen: Überrüstung, Umweltzerstörung); Entwicklung »sanfter Technologien«
Universales Bildungswesen	Freies, erfahrungsoffenes Lernen jenseits rationalistischer »Beschulung«
Parlamentarische Demokratien	Basisdemokratisches Beteiligungsmodell oder »keine Macht für niemand«
Freies Pressewesen	
Beamtentum mit fachlicher Schulung	Mitsprache und Mitentscheidung aller Bürger: *Bürgerinitiativen*
Kapitalistische Wirtschaftsordnung	alternative, selbstverwaltete Betriebe, Urgemeinde-Kommunen
Rationales Recht	Substantielle Rationalität
Weltbilder	
Weltbild der aktiven Weltbeherrschung, der rationalen Berechnung und Kontrolle	Entwicklung der Ansprüche an Selbstentfaltung, Autonomie und Sinnerfüllung
– Methodisierung im Bereich des denkenden Erkennens: – Entwicklung mathematischer Wissenschaften – Entwicklung empirischer Wissenschaften	Entwicklung von Ansprüchen an personale Akzeptanz und personale Integrität, Ansprüche an Glück und Erfüllung »Asiatisierung« des Denkens, Entwicklung neuer Formen der Kontemplativität, der Orientierung am »Sein« und nicht am »Leisten« Entwicklung nicht-rationalistischer

Formen des Zugriffes auf die Welt, Entdeckung neuer Wahrnehmungsformen in der Kunst, Akzeptanz des Sinnlichen, des nicht rational Instrumentalisierten, Entwicklung neuer Formen gemeinschaftlicher Mystik

Aufkommen neuer Formen des Versöhnungsdenkens zwischen Mensch und Natur

Kulturen der Lebensführung

Methodisch geplante und rationale Lebensführung	Spontaneität, Kreativität, Selbstentfaltung
Methodisch-disziplinierte Lebensgestaltung – auf dem Gebiet der Gesundheit – auf dem Gebiet des Sports – auf dem Gebiet des kontrollierten Genusses	
Asketische Berufsethik	Hedonismus und Eudämonismus
Rationalisierter Kampf (Konkurrenz)	Ethik der Brüderlichkeit und Solidarität

Schon die typologische Gegenüberstellung in Abbildung 4 macht deutlich, daß es nicht sinnvoll ist, die These aufzustellen, daß die heranwachsende Generation jeweils die Erfinderin neuer kultureller Gegenströmungen ist. Ich werde im kommenden eher die These vertreten, daß sie an kulturellen Strömungen in besonderer Weise, die uns durch die Generationstheorie von Mannheim (1928) deutlich werden wird, teilhat und aus bestimmten Gründen an bestimmten Kultursegmenten in besonderer Weise partizipiert. Wir stoßen an dieser Stelle aber an deutliche Grenzen, wenn wir die Bedingungen des Aufwachsens heute und entsprechende Lebensführungskulturen bei Erwachsenen und bei Heranwachsenden durch globale typologische Gegenüberstellungen zwischen verschiedenen kulturellen Entwicklungssträngen von der Vormoderne hinein in die Moderne charakterisieren wollen.

Die Eigenart des gegenwärtigen Zeitalters tritt nur dann plastisch hervor, wenn wir auf konkrete gesellschaftliche Entwicklungen, aber auch auf Veränderungen in den Lebensordnungen, Weltbildern und Lebensführungskulturen zu verschiedenen Zeiten in der unmittelbaren Vergangenheit verweisen. Zur Rechtfertigung des Rekurses auf Max Weber sei aber nochmals erwähnt, daß man meines Erachtens die kurzen historischen Zeiträume wie die Nachkriegszeit nur verstehen kann, wenn man sich die längeren Wellen historisch und kulturvergleichend vergegenwärtigt.

Es ist nämlich unübersehbar, daß der moderne okzidentale Rationalismus als System der kollektiven Weltbeherrschung und der individuellen Lebensbewältigung in vielen Punkten Ausblendungen, Grenzerfahrungen und Spannungen zu anderen Sphären enthält.

Überdeutlich ist in den letzten Jahren geworden, daß eine politisch ungezähmte Wirtschaftsentwicklung selbstdestruktiv werden kann und dies in einem Maße, daß die Grundlagen der eigenen Existenz zerstört werden können. Die vieldiskutierte mögliche ökologische Katastrophe verweist auf diese Gefahren.

Am eindrucksvollsten wird der partiale Zugriff der technischen Rationalität zur Gestaltung des Humanen dort sichtbar, wo als Folge der technisch fundierten Rüstung die kollektive Selbstvernichtung der Menschheit als reale Möglichkeit erscheint. Daß sich der Sonderweg des modernen okzidentalen Rationalismus in ein schon durch die Weltkriege demonstriertes Vernichtungspotential hineinbewegt und am Endpunkt die Selbstvernichtung möglich macht, ist die Erfahrung, die vor allem und über allem die Bedeutung der *humanen und politischen Beherrschung* der technischen Zivilisation als Aufgabe erscheinen läßt.

Weber selbst bezeichnet an mehreren Stellen den Rationalismus als die zur Weltherrschaft gelangte Unbrüderlichkeit. Er kommt zu diesem Schluß auf dem Hintergrund der historischen Rekonstruktion verschiedener Formen von Gemeinschaftsdenken, von Gemeinschaftsethik, von Philosophien der Caritas, der sozialen Gerechtigkeit und der Menschenliebe. In der Geschichte des Abendlandes sind diese Traditionen tief in das Christentum eingewurzelt, wenngleich gerade die Ideen der Humanität und der sozialen Gerechtigkeit im 19. Jahrhundert teilweise gegen die Politik der Amtskirche zur Geltung gebracht werden mußten. Rationale Weltbeherrschung, methodische Lebensführung und Perfektionierung des Verhältnisses von Zielen und Mitteln sind Handlungsstrategien, die auf Durchsetzung, auf Besser-sein, auf Effizienter-sein als andere, auf Durchsetzung des Tüchtigen und Starken hinauslaufen. Die Verbesserung der eigenen Chancen für Gewinnmaximierung, für Tausch auf dem Markt, wird jeweils in Konkurrenz zu anderen realisiert. Der Sieg des einen ist somit häufig die Niederlage des anderen – nirgends wohl so rein und perfekt demonstrierbar wie im Sport. Der asketische Protestantismus hatte dies in der Prädestinationslehre gerechtfertigt, so daß Max Weber zu dem bekannten Schluß von der Weltherrschaft der Unbrüderlichkeit kommen konnte.

Dem stehen natürlich die vielen Erfahrungen der in Liebe gestalteten Gemeinschaftsbeziehungen gegenüber, denen jedes Überwältigungsdenken, Beherrschungs- und Kontrolldenken fremd ist.

Die vielleicht zentralste Ausblendung des okzidentalen Rationalismus, die Max Weber selber auch herausgearbeitet hat, ist die der Sinngebung im ganzen. Rationales Denken treibt von sich aus die Frage hervor, ob, wenn Teile sinnhaft organisiert sind, nicht auch das Ganze einen Sinn haben müsse. Diese Erfahrung hat früher die Religion verarbeitet, die im Prozeß der Entzauberung durch die Wissenschaft aber der Möglichkeit verlustig gegangen ist, auf intellektuellem und rationalem Wege diese Sinnvermittlung zu leisten. Seitdem vagabundiert das ganzheitliche Sinnbedürfnis ziellos durch die Zeiten. Wer das Opfer des Intellekts nicht mehr bringen kann, wer in den Armen der Kirche nicht mehr glücklich werden kann, der ist der Problematik ausgesetzt, mit dem Problem der Sinnhaftigkeit im ganzen persönlich ebenso fertig werden zu müssen wie mit dem Problem der Sinnhaftigkeit der eigenen Existenz. Letztere steht nun gerade in einem Gesellschaftssystem und einer Kulturtradition technisch rationaler Perfektionierung unter vielen Anfeindungen. Wer dem Kanon an Werthaftigkeit unserer Normalkultur nicht entspricht, wer krank, schwach, wer behindert und nicht erfolgreich ist, der hat große Schwierigkeiten, seine eigene innerweltliche Existenz sinnvoll zu begründen. Wenn bis in die höchsten Verfeinerungen eine Kultur der Kontrolle und des Verfügbaren gepflegt wird, dann müssen Unverfügbarkeiten des persönlichen Schicksals und letztlich des Todes Stachel bleiben. Wenn das Unkontrollierbare, das Schicksalhafte nurmehr als defizienter Modus des eigentlich Sinnvollen erlebt wird, dann kann sich auch keine Kultur des positiven Umgangs mit dem Unkontrollierbaren entwickeln.

Diese Gegenüberstellung des Normalentwurfes unserer Modalität der Existenzbewältigung im Sinne des modernen okzidentalen Rationalismus mit Gegenentwürfen erlaubt sowohl eine Einordnung der lebensweltlichen Schilderung von Konflikten der Eltern mit ihren heranwachsenden Kindern als auch eine Einordnung der konservativen Kulturkritik und ihrer gesellschaftskritischen Gegenpositionen.

Die eingangs zitierten Wahrnehmungen der Eltern entsprechen in etwa den konservativen kulturkritischen Positionen und bedeuten, daß der Modus der Existenzbewältigung im Sinne des Rationalismus als *gefährdet* angesehen wird. Es wird hier nicht als selbstverständliche Gegebenheit unterstellt, daß der Wohlstand erhalten bleibt, daß die Anstrengungsbereitschaft im Sinne der protestantischen Berufsethik gesichert sind, daß die Rationalität und Objektivität wissenschaftlicher Forschung garantiert ist, daß innerer und äußerer Friede besteht, daß Interessenskonflikte auf demokratische Weise gelöst werden, daß das Gemeinwohl eine Perspektive kollektiven Handelns ist, daß rationales Bewältigungshandeln und nicht irrationale Weltflucht vorherrschend ist.

Die konservative kulturkritische Position konzentriert sich in ihren besten Teilen – dort, wo sie nicht platte Verteidigung des Status quo oder gar leicht durchschaubare Verteidigung von Privilegien ist – heute mehr oder weniger explizit auf die Verteidigung des Rationalismus und seiner Errungenschaften gegen Anfeindungen und Rückfälle in Irrationalitäten.

Die Gegenposition, die ich hier unzureichend als »gesellschaftskritische« etikettiert habe, ist an den problematischen Implikationen des Rationalismus im Sinne immanenter Tendenzen zur Selbstzerstörung orientiert, und sie konzentriert sich auf Ausblendungen einer rein rationalen und instrumentalen Weltgestaltung. Sie geht in diesem Sinne auch von einem weiteren Begriff des Humanen aus.

Meine eigene Position in diesem Widerstreit von Interpretationsmustern ist die, daß ich die zentralen Implikationen beider Ansätze nicht für unversöhnbar halte, ja daß ein vernünftiger Umgang mit unserem zivilisatorischen Normalentwurf bedeutet, die Gefährdung wichtiger Errungenschaften immer im Auge zu be-

halten, eine Wehrhaftigkeit in der Verteidigung des Wünschenswerten zu bedenken, überlebensnotwendige Weiterentwicklun-
gen zu tragen, immanente Fehlentwicklungen zu korrigieren und
Ausblendungen erkennend zu kompensieren. Die Problematik
sehe ich also nicht so sehr in den Implikationen beider Ansätze,
sondern in den Verkrustungen und Fanatisierungsprozessen konservativer oder gesellschaftskritischer Positionen selbst.[4]

4 Für erzieherisches Handeln in der Schule habe ich eine solche Position umzuset-
zen versucht (Fend 1984).

2. Aufwachsen in der Moderne, der Vormoderne und der »Postmoderne«

Wer die Diskussion über gesellschaftliche Entwicklungen der letzten Jahre verfolgt hat, dem wird in der Gegenüberstellung von Merkmalen des modernen okzidentalen Rationalismus mit Lebensformen und Weltbildern, die aus Ausblendungen und Spannungen der Moderne selbst resultieren, eine implizite Schilderung der sogenannten »Postmoderne« erkannt haben.

Zur adäquaten Einschätzung der Moderne wird der Soziologe aber auch darauf verweisen wollen, aus welchen Lebensformen heraus sich der moderne okzidentale Rationalismus entwickelt hat. Dies geschieht heute häufig nicht so sehr in kulturvergleichender und konkret historisierender Weise wie bei Max Weber, sondern in einer typologischen Gegenüberstellung der Lebensverhältnisse, Weltbilder und Lebensformen der sogenannten Vormoderne mit der Moderne. Zur Kennzeichnung der gesellschaftlichen Entwicklung begegnet uns deshalb häufig der Dreischritt: Vormoderne – Moderne – Postmoderne. Damit wird implizit häufig ein Evolutionsmechanismus unterstellt, der nicht unumstritten ist (s. Schluchter 1979). Ohne in diese Diskussion problemlösend eingreifen zu können, sei die typologische Gegenüberstellung hier übernommen. Ich möchte dabei aber betonen, daß es mir nur um eine Illustration der langen historischen Wellen geht, damit auf dieser Folie die, zeitlich gesehen, eher kurzen Entwicklungsvorgänge in der Nachkriegszeit der Bundesrepublik Deutschland besser verstanden werden. Meine methodologischen Präferenzen gehen ganz im Sinne von Max Weber eher dahin, die konkreten historisch-gesellschaftlichen Konfigurationen einer Kultur und Gesellschaftsentwicklung nachzuzeichnen. Nichtsdestoweniger macht aber die typologische Gegenüberstellung eine Entwicklungsrichtung deutlich, die am Beispiel des Aufwachsens und der Erziehung sogar noch in diesem Jahrhundert nachvollzogen werden kann. Die Schilderungen des Aufwachsens, wie sie Ulrich Herrmann (1984) für die schwäbischen Dörfer am Beginn dieses Jahrhunderts vorführt, machen solche Züge der Vormoderne noch sehr deutlich. Unbestritten bleibt, daß viele Beobachter der historischen Entwicklung die neuen sozialen Bewegungen mit ihren alternativen Lebensformen der Postmoderne zurechnen würden. Das erwähnte Dreier-Schema ist somit eine illustrative Typologie, wenngleich es nicht zum Ersatz für konkrete sozialgeschichtliche Forschungen und Analysen werden darf.

Der Vergleich von Vormoderne, Moderne und Postmoderne ist aber auch hilfreich, um zu einem besseren Verständnis der *gesellschaftskritischen* bzw. *konservativen* Sichtweise von veränderten Jugendgestalten in den letzten Jahrzehnten zu gelangen. Bei beiden Positionen stehen Probleme der Moderne implizit im Hintergrund, die von der gesellschaftskritischen Sicht durch den Verweis auf die Postmoderne diskutiert werden und die von der konservativen Position durch Rückgriff auf die Vormoderne einer Lösung zugeführt werden sollen. Die beklagten Jugendgestalten repräsentieren aber immer einen Modus der Abarbeitung von Spannungen, die aus der Kultur der Moderne resultieren, Spannungen, die sich aus dem Konflikt zwischen dem modernen okzidentalen Rationalismus mit seinem aktiven, konkurrenzorientierten Kampfmodus der Lebensbewältigung und Postulaten der Brüderlichkeit, der Sinngebung insgesamt und der kontemplativen Akzeptanz seiner selbst und des Seins ergeben. In konservativer Sicht repräsentieren Jugendgestalten Gefährdungen dieses Rationalismus und instrumentalen Weltbewältigungsmodus selbst. Wenn die erwähnten Konflikte auftauchen, dann möchte der Konservatismus Stabilität durch den Rückgriff auf »vormoderne« Kulturbestände, z. B. durch religiöse Sinnbestände, die er vor der Entzauberung schützen will, herstellen.

Welche Gesamtkonfiguration verschiedener Aspekte der Gesellschaftsentwicklung und Zivilisationsgeschichte die Typologie von Vormoderne, Moderne und Postmoderne jeweils umfaßt, ist in Abbildung 5 schematisch festgehalten.

Die Vormoderne mit den überwiegend agrarischen Produktionsverhältnissen ist vor allem dadurch charakterisiert, daß die heranwachsende Generation sehr früh in lokal abgegrenzten Sozialstrukturen und Lebensführungskulturen in Arbeitsprozesse eingeführt wurde. Die Dominanz der Lebensnotwendigkeiten, die sich aus unmittelbaren Existenzsicherungszwängen ergeben, gestattet wenig Freiheitsspielräume, gibt wenige alternative Lebensgeschichten vor. Alter und Geschlecht sowie Stellung in der So-

Abbildung 5 Formen des Aufwachsens in der Vormoderne, Moderne und Postmoderne

Vormoderne	Moderne	Postmoderne
Weltbilder		
Bindung von Erziehung an umfassende, traditionale Weltbilder: Prägung und Methodisierung von Erziehung durch die christliche Kultur	Autonomisierung des Menschen, Herauslösung aus Traditionen, Prozeß der Entzauberung, Selbstdenken und qualifikationsbezogene Lebensbewältigung und »Weltbeherrschung«	Radikalisierung der Subjektivität
		Meditative Asiatisierung des Denkens Selbstvergewisserung und nicht Rationalität
Austreibung des Bösen durch Strenge und harte Strafen	Askese im Dienste rationaler Lebensführung und Lebensbewältigung Wissenschaftsorientierung	
Mythos, Religion		
	Universalität der Vernunft	Einordnung in die Welt und nicht Gestaltung der Welt
	»Erste Entzauberung«: Religion	»Aufklärungsverdruß«
		»Theorie-Ekel«
		Abschied von der Hoffnung auf Erlösung durch Rationalität: Pessimismus »Zweite Entzauberung«: Wissenschaft befreite Subjektivität (Nietzsche-Renaissance)
		Systematisierungsfeindlichkeit

Vormoderne	Moderne	Postmoderne
Soziale Struktur und Mobilität		
Lokale Stationarität Aufwachsen in und für homogene Lebenskreise, geringe geographische Bewegung. Mobilität als »Auswandern« Differenzierung hauptsächlich nach Alter – Geschlecht – Stand	Mobilität als Regel Geographische und soziale Mobilität Häufig Lebensbewährungsnotwendigkeiten in neuen, selbstgestalteten sozialen Lebenskreisen Ablehnung der Askriptivität in der Privilegienverteilung	Neue Formen der gemeinschaftlichen Stationarität – Stabilität der »brüderlichen Gemeinde« gesucht
Methodisierung von Erziehung und Lernen		
Methodisierung als Teil der Rationalisierung religiös bestimmter Lebensführung – Dominanz der Lebensformen der Erwachsenen Dominanz der Lebensnotwendigkeiten	Zunehmende Methodisierung auf wissenschaftlicher Grundlage durch systematische Berücksichtigung der Eigenart von Kindern und Jugendlichen und der rational begründeten Wirksamkeit von Erziehung und Unterricht Dominanz der Lebens- und Selbstgestaltungsmöglichkeiten	Methodisierung als Form der Vergewaltigung der menschlichen Natur Entprofessionalisierung der Erziehungstätigkeit Alltagsorientierung der Wissenschaft Erziehung als Beziehung und Symbiose Absage an zielbestimmte pädagogische Interventionen
Strukturen des Lebenslaufs		
Dauergefährdung durch Tod und Krankheit Unsicherheit und Unvorhersehbarkeit durch Allgegenwart von Katastrophen	Verstetigung, Vorhersagbarkeit, langfristige Planungsmöglichkeiten in Form von asketischer Lebensführung mit innerer Kontrolle von Bedürfnissen	Entdifferenzierung der Lebensphasen: jugendliche »Alte« und »alte« Jugendliche

Geringe Individualisierungsmöglichkeiten, geringe Spielräume für Bedürfnisexplikation	Verinnerlichte Leistungs- und Berufsethik Gliederung des Lebenslaufs mit Betonung von Eigenarten und Eigenrechten jedes Lebensabschnittes Individualisierungsschübe, Betonung von eigenen Ansprüchen und Eigenverantwortungen Lebensplan und Lebensbilanz Universalisierung des Strebens nach innerweltlicher Erfüllung	Entdifferenzierung von »Leben« und »Lernen«

Jugendphase

Wenige Fertigkeitsgrade – unmittelbare Einmündung in Arbeit, besonders auf dem Lande	Verlängerung der Lernzeiten und Bildungsmöglichkeiten	

Lebensführungskulturen

Tugenden: Gehorsam (gegen Eltern und andere Autoritäten) Fleiß und Bereitschaft zur Mithilfe Achtung vor dem Besitz Leben um Arbeit und soziale Einordnung organisiert Erfahrung des eigenen Wertes durch unmittelbare »Nützlichkeit«	Selbständigkeit, methodisch-rationale Lebensgestaltung (innere Disziplin) und Kompetenzen (Qualifikation, Wissen) Selbstvervollkommnung als Selbstrealisierung Kulturen der aktiven Selbstgestaltung Bescheidenheit, Askese, innere Disziplin Entstehung einer »Selbstverwirklichungskultur«	Lebensführungsethik (Lebensstile) Betonung der Ganzheitlichkeit des Menschen Ablehnung von Segmentierungen der Befriedigung in Arbeit und Freizeit, Beruf und Selbstbestimmtheit Ästhetisierung, Orientierung am Lebensstil, Ironie, Hedonismus, Glücksstreben

Vormoderne	Moderne	Postmoderne
Bescheidenheit	Variante: Weltgestaltungswille aus der Vision einer »besseren Welt«	Orientierung am »Sein« und nicht am »Werden«
Achtung vor der Autorität, vor Traditionen	Arbeitsfanatismus	»Lebensform«
Ritueller Höflichkeitskodex	Innenlenkung	Spielerisch-ironischer Umgang mit der Realität
Traditions-Lenkung (Riesman)		Ironischer Hedonismus
		Außenlenkung

Formen der Vergemeinschaftung

Vormoderne	Moderne	Postmoderne
Familie, Verwandtschaft, Dorf, Kirche	Freundschaften, eheliche Partnerschaft, »Berufskollegen« und Freizeitpartner	Neue Formen der »Brüderlichkeit« und der »Gemeinde« in selbstgewählten Gruppen; Selbsterfahrung in kommunikativen Lebenszusammenhängen; Wohngemeinschaften, Freie Schulen

Beziehungen zur inneren Natur des Menschen

Vormoderne	Moderne	Postmoderne
Kultur der Bedürfnislosigkeit, des Ausblendens und der Unterdrückung von Sinnlichkeit	Ethisch-methodische Beherrschung der inneren Bedürfnisse, insbesondere der Sexualität; Disziplinierung der »inneren Natur« (Essen, Trinken, Schlafen, Müdigkeit, Sexualität); Unterwerfung des Körpers unter den »Willen«	Pflege der Sinnlichkeit als eigener Erlebensform; Neue Tendenz: Askese als neue Selbsterfahrung von »Kontrolle« und von Ent-Alltäglichung; Heilfasten als rituelles Reinigungserlebnis; Aufhebung der Herrschaft des Intellek-

Gefahrenkataloge und Formen der Existenzsicherung

Gefahren von nicht kontrollierbaren Existenzkrisen: Hunger, Krankheit, Krieg
Tod in allen Lebensphasen gleich wahrscheinlich
Sittliche Verwahrlosung, Aberglauben, Trunksucht
Leben am Rande des Existenzminimums
Überleben durch harte Arbeit

Gefahren des Leistungsversagens und der gefährdeten Einmündung ins Berufsleben
Gefährdete Selbstverwirklichung durch Berufsarbeit
Gefahren der sozialen Isolierung
Gefahren des Scheiterns von Lebensplänen
Suchtproblem, Depressionsprobleme
Kollektive Gefahren: Globale Selbstvernichtung, Wirtschaftskrisen, mangelnde Wettbewerbsfähigkeit
Aktives persönliches und politisches Bewältigungshandeln

tualismus über die innere Natur des Menschen
Pflege der Erotik, »Neue Sinnlichkeit« Legitimation des »Rauschhaften«

Verlust des Selbst im Gestalten-Wollen und im Haben-Wollen
Kollektive Selbstverhirtung und Umweltzerstörung als Folge der kapitalistischen »Weltbeherrschung«

Gesellschaftsbezug

Einordnung in die politischen Gegebenheiten
Gesellschaft als gottgewollte Ordnung

Weltgestaltungswille nach universalen normativen Ansprüchen
– Effektivierung der Güterproduktion

Meditative Haltung und Selbst-Gestaltung als Gegenentwurf
Autonome Subsysteme der Versorgung

65

Vormoderne	Moderne	Postmoderne
	– Soziale Verteilung nach universalen Rechten und nach Bedürftigkeiten Freiheit von politischer und religiöser »Vergewaltigung« (Emanzipation) Konkurrenzprinzip und Leistungsprinzip *Ethische Weltbilder:* Universale Ansprüche und emphatisches Mitleiden »Aufforderung zum Klassenkampf«	Selbsthilfe-Gruppen Individualansprüche anstatt Gruppenansprüche Utopieskepsis Gestaltung des eigenen Lebens (»Stilsuche«)

Politisches System

Vormoderne	Moderne	Postmoderne
Traditionale und/oder charismatische Herrschaft mit entsprechender Legitimation	Rationale Herrschaft im Rahmen demokratischer Entscheidungsprozesse und Gewaltenkontrolle Rationale Entscheidungsfindung und Interessenkoordination Bürokratien und Beamtentum im Dienste des Wohlfahrtsstaates Anerkennung der Regierung nach kritisch-rationaler Prüfung in Wahlakten Anerkennungsgrund: Problembewältigungs-Kompetenz der Regierung und normative Kongruenz mit der eigenen Position	Basisdemokratische Gesinnungsethik als Modus der Aufhebung der Herrschaft des Menschen über den Menschen Ablehnung von Hierarchie und Organisation und vergesellschaftetem (interessenbezogenem) politischen Handeln

Kultur des Umgangs mit dem Nicht-Kontrollierbaren

Vormoderne	Moderne	Postmoderne
Große Bedeutung von »Heils-Interessen«, von Glück im Außerirdischen	Unbewältigte Residualkategorie	Öffnung für anschauende Erfahrungen

zialstruktur insgesamt sind die Hauptkriterien zur Differenzierung von Erwartungen und Anforderungen.

Erziehung ist legitimiert und geleitet von geschlossenen religiösen Weltbildern, die den Gesamtzusammenhang des Lebens deuten und rechtfertigen. Im Rahmen christlicher Traditionen gilt dabei die Domestizierung der verderblichen Natur des Menschen durch Arbeit und Disziplin mit dem Ziel der Erlösung und Heilsfindung jenseits dieser Welt als jahrhundertealtes Leitbild.

Die Kontrolle des Verhaltens ruht hier also vornehmlich in den lokalen kulturellen Erwartungskontexten, sie ist in hohem Maße äußerlich, traditional und rituell.

Erziehungsverhältnisse in der Moderne sind demgegenüber an der Oberfläche vor allem durch Unübersichtlichkeit gekennzeichnet. Erziehungskontexte werden in weit stärkerem Maße aus ganzheitlichen Lebenszusammenhängen ausgegliedert, spezialisiert und über Jahre hinweg methodisiert. Lernprozesse werden über langjährige Lehrprogramme veranstaltet, sie sind auf langfristige Vorbereitung für hochkomplexe Aufgaben ausgerichtet. Die lokale Bindung geht zurück, die soziale Mobilität steigt, Arbeit und Bewährung in einem von Eltern nur schwer antizipierbaren Lebenskontext ist vielfach die Regel. Die Weltbilder sind in hohem Maße ausdifferenziert, eine allgemeine Sinngebung durch die Religion geht zurück, die Wissenschaft hat den Gesamtzusammenhang sinnhafter Ausrichtung allen Geschehens durch methodische und rationale Überprüfungsregeln entzaubert.

In die Weltbilder der hier beschriebenen Konfigurationen der Lebensorganisation sind jeweils Bilder des »gelungenen Lebens«, Visionen von lebensgeschichtlichen Katastrophen und Gefahren eingewoben, die die Vorbereitung »auf das Leben«, Erziehung und Charakterprägung leiten. In der Vormoderne ist der Tod ein Phänomen, das zu allen Lebenszeiten beinahe gleich wahrscheinlich ist, während dieser in der Moderne auf das hohe Lebensalter konzentriert wird. Wenn nur etwa 50% aller Heranwachsenden in der Vormoderne die Geschlechtsreife erreichen, so wird verständlich, warum die Wertschätzung des individuellen Lebens nicht so hoch ist und warum die Perspektive einer jenseitigen Fortsetzung des Lebens große Bedeutung hat. In der Moderne kann über längere biographische Zeiträume die Vorstellung aufrecht erhalten werden, daß der Tod noch weit entfernt ist und das Leben noch vor einem liegt. Die Erhaltung des Lebens erscheint in hohem Maße kontrollierbar. Das so entstehende Kontrollbewußtsein in bezug auf lebensbedrohende Gefahren schafft eine *Existenzsicherheit*, die in der Vormoderne unbekannt ist. Die Zufälligkeit der einzelnen Lebensereignisse wird abgelöst durch gesteigerte Vorhersehbarkeit, durch gesteigerte Rationalisierung und Methodisierung auch des eigenen Lebensentwurfs (s. Kohli 1985). Die *Methodisierung der Erziehung* erfährt somit eine Parallele in der Methodisierung und *Planung* des individuellen Lebenslaufes. Äußere Kontrolle und soziale Normierungen des Alltags gehen zurück und werden ersetzt durch zunehmende Innenleitung, durch zunehmende Individualisierung und Selbstkontrolle.

Die stärkere Berücksichtigung der *Individualität* jedes Menschen und die Definition berechtigter Ansprüche sowie die Erforschung der individuellen Eigenart jedes einzelnen führen dazu, daß sich die »Katastrophentheorien« verlagern. Es sind nicht mehr so sehr die externen Ereignisse, die zerstörend in das Leben eingreifen, sondern selbstverschuldete Probleme der eigenen Lebensbewältigung. Einem hohen Anspruch an »erfülltem Leben«, an Selbstentfaltung und Selbstverwirklichung nicht entsprechen zu können, wird zum Maßstab für die Beurteilung möglicher Gefahren. Sie werden darin gesehen, die eigene Entfaltung im Beruf und Leistungsbereich zu verfehlen, der sozialen Zugehörigkeit im Rahmen selbstinitiierter sozialer Kontakte verlustig zu gehen und damit auch dem hohen Anspruch an den eigenen Wert nicht gerecht zu werden. Das eigene Leben wird somit zu einer selbstverantworteten Leistung, die man langfristig plant und die man zu verschiedenen Zeitpunkten des Lebens bilanziert.

Individualisierungsprozesse, Verstetigung und Methodisierung von Erziehung (»Professionalisierung«) sind Folgen dieser Rationalisierung, und sie charakterisieren gesellschaftliche Bedingungen des Aufwachsens in der Moderne. Auf dieser Folie werden die geschilderten Ausblendungen von *Sinnfindungsbedürfnissen* und von *Vergemeinschaftungswünschen* des nun freigesetzten, aber auch potentiell vereinsamten und »haltlosen« Individuums deutlich. Solche Tendenzen hatte bereits Weber vorhergesehen.

Sie führen zu neuen Formen der Vergemeinschaftung, der ganzheitlichen Lebensführung und der Pflege der eigenen Subjektivität. Daraus kann sich ein Habitus der Ablehnung des okzidentalen Rationalismus entwickeln, eine Ablehnung des Kontrolldenkens, des Konkurrenzprinzips, des Leistungsprinzips, der methodischen Lebensführung, der Differenzierung der Lebensbereiche und der ethischen Kontrolle der Sinnlichkeit. Die sich dabei abzeichnenden neuen Kulturen der Lebensführung und Weltbilder werden in den letzten Jahren mit dem Begriff der »Postmoderne« etikettiert (Baacke 1985, Wellmer 1985).

Die »Weltbeherrschungsphilosophie« des okzidentalen Rationalismus blendet aber nicht nur andere Formen der »Weltzuwendung« und des Erlebens aus, sie tritt zu ihnen vielmehr in oft schwer aufhebbare Spannungsverhältnisse. Sie entläßt aus ihrem Schoß vielfältige Ansprüche und schafft Lebensbedingungen, die häufig antinomischen Charakter haben.[5]

– Die Zunahme von Individualitätsansprüchen und Selbstentfaltungsansprüchen vergrößert, um eine erste Spannung zu nennen, die Problematik der Berufseinmündung und läßt die Unterwerfung unter »entfremdete Arbeit« im Rahmen arbeitsteiliger Prozesse, die auch eine Folge der »Moderne« sind, problematisch erscheinen.

– Die im Rahmen des Individualisierungsschubes sich entwickelnde Akzeptanz der individuellen Besonderheit und personalen Einmaligkeit jedes heranwachsenden Menschen kann in

5 Die folgenden Vorstellungen sind im Kern jenen von der Kolonialisierung der Lebenswelt von Habermas (1981) nicht unähnlich. Die Unterschiede liegen vor allem darin, daß ich meine, bestimmte Wertungsimplikationen von System (okzidentalem Rationalismus) und Lebenswelt (personale Lebensansprüche) vermeiden zu müssen. Es wäre meines Erachtens falsch, auf der Folie einer »rationalisierten Lebenswelt« zu einer Ablehnung des »Systems« zu kommen. Wenngleich Habermas natürlich instrumentale und funktionalistische Vernunft nicht als solche ablehnt, sondern nur deren Universalitätsansprüche zurückweist, so hat die Rezeption nicht selten dazu geführt, dem System keine »substantielle Rationalität« mehr zuzugestehen. Dies wäre natürlich ein gefährlicher Umgang mit unserer kulturellen und zivilisatorischen Entwicklung. Ein zweiter Unterschied zur Konzeption von Habermas liegt in der inhaltlichen Fassung dessen, was er »Lebenswelt« nennt. In meinen Augen ist diese weniger gut durch eine Universalpragmatik des herrschaftsfreien Dialogs zu charakterisieren, sondern inhaltlich und historisch besser zu füllen, wenn man auf kulturelle Entwicklungen rekurriert, die ins abendländische, aber auch ins asiatische Denken eingewoben sind. Ich denke insbesondere an die verschiedenen historischen Wurzeln der Brüderlichkeitsethik und an die Entfaltungen des Begriffes der Humanität sowie des darin eingewobenen Begriffes von der Selbstzweckhaftigkeit des Menschen, wie er im deutschen Idealismus und in der Aufklärung entfaltet worden ist. Ob diese Traditionen in den universalpragmatischen Bedingungen des herrschaftsfreien Diskurses genügend aufgehoben sind, ist meines Erachtens eine offene Frage.

ein Spannungsverhältnis zu Auswahlprozessen für Schullaufbahnen und Berufslaufbahnen geraten, wenn letztere nach universalistischen Kriterien vergleichbarer Leistungen und Tüchtigkeiten erfolgen.

– Die Selbstverantwortung für die eigene Lebensplanung läßt die Gefahr *selbstverschuldeten* Versagens deutlicher hervortreten und gerät damit potentiell in Konflikt mit Bedingungen der Selbstakzeptanz. Dies kann sich sowohl auf die anfangs schulisch vermittelten und später berufsbezogenen Anforderungen beziehen als auch ausdehnen auf die »Leistungen« im Sinne der Gewinnung und Erhaltung von Freundschaften und sozialen Netzwerken.

– Spannungsverhältnisse zwischen individuellen Ansprüchen auf Beteiligung und Verständigung und hochspezialisierten, verfachlichten politischen Entscheidungsprozessen werden bei der gemeinschaftlichen Gestaltung der gemeinsamen Lebensverhältnisse sichtbar.

Das generellste innere Spannungsmoment im okzidentalen Rationalismus sehe ich aber darin, daß die gesteigerte Kontrolle über die Lebensbedingungen und das begleitende Bewußtsein, eine große Vorsorgesicherheit in der eigenen Lebensplanung erreicht zu haben, unversehens von dem Sachverhalt gestört werden, daß die Menschheit als Pendant zu dieser Kontrolle auch die Möglichkeit der kollektiven Selbstvernichtung erworben hat. Die Instrumente, denen der Mensch seine Kontrolle über sein Leben verdankt, können ihn urplötzlich selbst vernichten.

Aber auch die Sicherheit in den persönlichen Lebensplanungsprozessen, die in einer bestimmten historischen Phase der Nachkriegszeit erreicht schien, kann plötzlich zusammenbrechen. Nicht nur neue Krankheiten, die jederzeit einbrechen können, und tödliche Unfälle zerstören die Illusion der sicheren Lebensplanung, sondern noch mehr die Gefährdungen eines »gelungenen Lebens«, etwa in der Form der Gefährdung des Einmündens in selbstverwirklichungsrelevante berufliche Laufbahnen und partnerschaftliche Lebensgemeinschaften. Methodisierung, Planung, instrumentelle Rationalität und unbefriedigte Sinnbedürfnisse prallen hier auf neue Weise aufeinander.

Es wird das Thema dieser Arbeit sein, Abarbeitungen dieser modernen Lebensbedingungen heute in den Generationsgestalten der »Kulturneulinge«, also der Jugend, zu suchen.

III
Modernitätsentwicklung und Bedingungen des Aufwachsens in der Nachkriegszeit

Ein typologisches Vorgehen in der Schilderung moderner Lebensverhältnisse und damit von Bedingungen des Aufwachsens ersetzt konkrete historische Darstellungen nicht. Da eine umfassende Sozialgeschichte des Aufwachsens hier natürlich nicht realisiert werden kann, möchte ich der Aufforderung, »historisch konkreter« zu werden, zumindest paradigmatisch entsprechen und Veränderungen in Bedingungen des Aufwachsens in der Geschichte der Bundesrepublik, die aber stellvertretend für ähnliche Veränderungen in den Industrienationen des Westens stehen, beschreiben. Dabei gehe ich von einer These aus, die die orientierende Funktion typologischer Schilderungen zu bewahren und mit konkreten historischen Forschungen zu verbinden sucht. Sie besteht in der Behauptung, daß in der Entwicklung der Lebensbedingungen der Nachkriegszeit und den darin eingewurzelten Bedingungen des Aufwachsens in beschleunigter Form der Prozeß der Modernisierung im Sinne des Universalwerdens des modernen okzidentalen Rationalismus feststellbar ist. Diese Beschleunigung erreicht in der Mitte der sechziger Jahre ihren Höhepunkt und führt zu einer universalen Geltung des Bewußtseins von der Kontrollierbarkeit und Beherrschbarkeit der Lebensumstände und damit zu einer universalen Akzeptanz dieses Entwicklungsprozesses. *Im Prozeß der Vervollkommnung der Rationalisierung aller Lebensverhältnisse werden aber gleichzeitig die Spannungen verschärft, die aus der Entzauberung der Welt und aus der »Weltherrschaft der Unbrüderlichkeit« resultieren.* Daraus ergeben sich in den siebziger und achtziger Jahen heftige Ablehnungen des okzidentalen Rationalismus, und es entstehen Gegenkulturen, die an den Spannungsverhältnissen des okzidentalen Rationalismus zu einer personalen und gemeinschaftlichen Regelung menschlicher Verhältnisse im Sinne einer »substantiellen« Vernunft ansetzen.

Dies ist in meinen Augen auch das zentrale, erklärungsbedürftige Phänomen der gesellschaftlichen Entwicklung in der Nachkriegszeit. Wie ist es möglich, daß gerade in einer Situation der »Weltherrschaft« des modernen okzidentalen Rationalismus die schärfste Gegenbewegung entsteht? Niemand hatte diese Gegenbewegung vorhergesehen, niemand hatte die Studentenbewegung prognostiziert. Wenige Jahre, ja sogar wenige Monate zuvor hatte der Leiter der größten Jugendforschungsprojekte der Nachkriegszeit noch ein Buch mit dem Titel publiziert: *Die unbefan-*

gene Generation (Blücher 1966). Unbefangen war diese Generation in der Akzeptanz der wirtschaftlichen Entwicklung, der zunehmenden Lebens- und Konsummöglichkeiten, in der Identifikation mit den demokratischen politischen Strukturen, in der Wissenschaftsgläubigkeit und in der Fortschrittserwartung.

Seit diesem Zeitpunkt finden wir aber immer wieder neue Wellen von Gegenprogrammen, die zu einer großen Heterogenität in den Bewältigungsstilen der Moderne durch Erwachsene und bei der heranwachsenden Generation geführt haben.

Wie bereits erwähnt, kommen wir diesen Problemen der Veränderung von Weltbildern und Lebensformen, insbesondere in der jungen Generation, nicht auf die Spur, wenn wir davon ausgehen, daß der okzidentale Entwurf der »Weltbewältigung« und der Existenzsicherung eine innere Einheit, Selbstverständlichkeit und Universalität hat, die alle Probleme zu lösen hilft. An die realen gesellschaftlichen Entwicklungen können wir uns besser annähern, wenn wir die Spannungsmomente bedenken, die dieser Modus der Existenzbewältigung teils intern, teils extern erzeugt. Interne Spannungsmomente liegen dort vor, wo deutlich wird, daß handelnde Weltbewältigung, disziplinierte Lebensführung und Zukunftsvorsorge Ausblendungen anderer Bedürfnisse menschlichen Daseins, z. B. solcher nach Zusammengehörigkeit, nach unmittelbarem Genuß, nach leistungsunabhängiger Selbstakzeptanz implizieren. Externe Spannungsmomente entstehen überall dort, wo gesellschaftliche Entwicklungen tradierte Formen der rationalen Weltbewältigung problematisch erscheinen lassen.

Wir müssen also, und dies wird die Strategie der Darstellung im folgenden sein, vielfältige gesellschaftliche Entwicklungsprozesse, die teils parallel verlaufen, teils aber auch in gegenseitigen Verursachungsverhältnissen stehen, analysieren. Wir betreiben damit konkrete Gesellschaftsgeschichte in der Form, wie sie Schluchter (1979) in Abgrenzung zu evolutionstheoretischen Modellen und auf Ereignisgeschichte konzentrierten Geschichtsschreibungen vorschlägt. Diese Geschichtsschreibung betrifft die verschiedensten Ebenen der Entwicklung in der Nachkriegszeit, z. B. die demographische Entwicklung, die Wirtschaftsentwicklung, die Entwicklung des politischen Systems, Entwicklungen im Bereich von Institutionen wie dem Bildungswesen und der Familie, Entwicklungen von Alltagskulturen und Weltbildern.

Es liegt auf der Hand, daß wir in diesem Bereich keine eigenständige Forschung berichten können. Auch steht im folgenden naturgemäß nicht zur Debatte, wie diese Entwicklungen allgemein zu beurteilen sind. Uns muß und kann hier nur interessieren, *welche Bedeutung ihnen jeweils für Prozesse des Aufwachsens zukommt, welche erzieherische Relevanz* sie also haben. In dieser Zuspitzung möchte ich Ergebnisse zentraler epochaler Untersuchungen berichten, um so eine Folie für das Verständnis generationsspezifischer Bewältigungsstile und Orientierungsformen zu entwickeln.

Bei allen Analysen unterstellen wir aber als selbstverständlich, daß Bedingungen des Aufwachsens und Formen der Erziehung tief in gesellschaftliche Modalitäten der Existenzsicherung und in den historischen Entwicklungsstand eben dieser Gesellschaft eingewoben sind. Erscheinungsformen von Kindheit und Jugend, von Kindgestalten und Jugendgestalten sind so nur verstehbar, wenn man sie als Modalitäten der Auseinandersetzung mit den jeweiligen Bedingungen des Aufwachsens und damit auch mit Bedingungen der Lebensbewältigung begreift.

Lebensbewältigung darf dabei aber nicht schlicht auf ökonomisches und materielles Überleben reduziert werden. Wie dieses Leben zu bewältigen ist, was ein »gutes« und was ein »verfehltes« Leben ist, ist vielmehr tief in die kulturellen – in der Vergangenheit meist religiösen – Verständnishorizonte unserer Existenz eingeflochten.

1. Ereignisgeschichte,
Gesellschaftsentwicklung und Kindheitsphasen im 20. Jahrhundert

Wir müssen heute nicht mehr auf primitive Kulturen und ferne Länder ausweichen, wenn uns daran gelegen ist, die Selbstverständlichkeit des Aufwachsens heute durch *Kontrastbilder anderer Lebensbedingungen* zu entschleiern.[6] Durch historische Rückblicke, besonders auf die letzten vier Jahrhunderte, gewinnen wir einen immer besseren Einblick in die Besonderheiten des Aufwachsens, der Kindgestalten und des Jugenddaseins heute. Die Erweiterung des Blickes von der Geschichte der Erziehungstheorien, den Methodisierungsformen der Erziehung (institutionelle Erziehung in Klöstern, Gelehrtenschulen, Stadtschulen usw.) auf die *Alltagsformen kindlichen Lebens*, familiären Zusammenseins und gemeinsamer Lebensbewältigung in der Stadt und auf dem Lande geben uns neue Einblicke, wie bedrohlich und bedrückend Aufwachsen sein konnte (de Mause, *Hört ihr die Kinder weinen*, 1977) bzw. wie integriert in den Zusammenhang des Lebens der Erwachsenen Kinder aufwachsen konnten (s. Aries, *Geschichte der Kindheit*, 1975). Dabei wird sichtbar, daß selbst so etwas wie kindliche und jugendliche Lebensphasen erst im Laufe der Jahrhunderte konstituiert wurden (s. Kohli 1985).

Daß Aufwachsen für den Großteil der Bevölkerung bis zum Beginn dieses Jahrhunderts von den bäuerlichen und ländlichen Produktionsweisen und religiösen Weltbildern geprägt war, führen die Untersuchungen im Umkreis von Ulrich Herrmann (1984) über die schwäbischen Dörfer plastisch vor Augen. Hier

---

6 Dieser Rückgang auf die eigene Sozialgeschichte von Aufwachsen, von Kindheit und Jugend hat in den letzten Jahren eine explosionsartige Entwicklung erlebt. War am Beginn der siebziger Jahre Ulrich Herrmann einer der wenigen, der sich mit sogenannter historischer Sozialisationsforschung beschäftigt hat, so ist inzwischen die Entwicklung der Familie, die Sozialgeschichte der Mutter-Kind-Beziehung und der Mutterliebe, die sozialhistorische Darstellung des Lebenslaufs, die Geschichte von Jugend und Kindheit zu einem zentralen Forschungsgegenstand vieler Kollegen geworden (s. Herrmann u.a.1980).

wird in der Erinnerung heute noch lebender Personen die Kultur der Bescheidenheit und Bedürfnislosigkeit, das wenige Freiheitsgrade bietende Eingeordnetsein in den dörflichen Sozialzusammenhang und die landwirtschaftlich bestimmte Produktionsweise mit ihren Anforderungen an harte Arbeit, an frühzeitige Beteiligung der Kinder sichtbar. Schilderungen von Zeitgenossen, insbesondere solcher, denen die »soziale Frage« auf den Nägeln brannte, illustrieren für das 19. und für den Beginn des 20. Jahrhunderts, welche Schicksale Kinder im Rahmen der Industrialisierung, der Kinderarbeit, der Armut in der Arbeiterschaft erleben mußten (s. z. B. Rühle 1922). Aufwachsen ist in diesen Zeiten noch für viele Kinder und Jugendliche ein Hineinwachsen in die Not, die bis zu regelmäßigen Wanderungsbewegungen, also zu »Gastarbeitertätigkeiten« von Kindern, z. B. im Rahmen der Schwabenkinder in Süddeutschland, geführt hat (s. Uhlig 1978).

Neben der *bäuerlichen Kindheit und Jugend* und der *proletarischen Form des Aufwachsens* hat die historische Jugendforschung insbesondere die Entstehung *gebildeter Jugendkreise* analysiert, die es seit dem Ende des 18. Jahrhunderts in zunehmend größerem Umfange gegeben hat (s. Gillis 1974, Hornstein 1966). Durch die Gegenüberstellung dieser Jugendgestalten ist die *sozialstrukturelle Gliederung* des Aufwachsens sichtbar geworden. Als Kind eines Knechtes auf dem Lande aufzuwachsen, war etwas anderes, als Kind eines Berliner Arbeiters um die Jahrhundertwende oder gar Sohn aus »gebildetem« Hause zu sein. Mit der bürgerlichen Jugend hat sich die historische Jugendforschung anfänglich sehr intensiv beschäftigt, ihre verschiedenen Wandlungen im 19. Jahrhundert beschrieben und sich dann insbesondere auf ihre erste große historische Ausgestaltung in der Jugendbewegung am Beginn des 20. Jahrhunderts konzentriert (s. auch Spranger 1924).

Am Beginn dieses Jahrhunderts finden wir nicht nur *im Vergleich zu heute* extrem unterschiedliche Bedingungen des Aufwachsens, sondern auch *sozialstrukturell* und *geschlechtsspezifisch* große Diskrepanzen in den »Möglichkeitsräumen« des Handelns.

2. Gesellschaftliche Entwicklungen
im 20. Jahrhundert
und die darin eingebetteten Generationen

Die Verschachtelung verschiedener gesellschaftlicher Entwicklungsstränge in diesem Jahrhundert und deren Auswirkungen auf den jeweiligen Erfahrungshorizont und die Handlungsspielräume jugendlicher Kohorten soll einleitend mit einer Abbildung von Martin Kohli (1980) illustriert werden (s. Abbildung 6).

In diesem Schema ist sowohl die Ereignisgeschichte als auch die Gesellschaftsentwicklung mit zentralen Indikatoren beschrieben. Die Dramatik der Veränderung von Bedingungen des Aufwachsens geht schon aus dem einfachen Sachverhalt hervor, daß die Schulzeit der 1890 Geborenen, also unserer Großväter, noch in das Kaiserreich gefallen ist, jene, die 1910 geboren wurden, haben während ihrer Schulzeit noch das Ende des Ersten Weltkrieges und die Weimarer Republik erlebt. Die Jugend der 1930 Geborenen fiel voll mit der Phase des Zweiten Weltkrieges zusammen. Mehr Glück hatte schließlich jene Jugend, die zwischen 1945 und 1950 das Licht der Welt erblickte: sie erlebte die Phase der größten Prosperität und der besten Berufschancen. In einer ganz anderen Situation sind heute die zwischen 1960 und 1970 Geborenen, die in ihrer Jugendzeit eine schwierige Phase der Eingliederung in das Beschäftigungssystem erleben.

Aus der Abbildung 6 gehen auch viele Veränderungen im Bereich der Wirtschaft, der Medien, aber auch in der Lebenserwartung und der Geburtenzahl hervor. Die Bevölkerungsexplosion ist ebenso eindrucksvoll wie der Rückgang der Geburtenziffern und der Säuglingssterblichkeit. Als sozialgeschichtlich bedeutsames Faktum muß auch der Anstieg der Lebenserwartung gelten. In diesem kurzen Zeitraum von 100 Jahren hat sich die Lebensspanne in hohem Maße verstetigt, sie ist vorhersagbarer geworden. Gleichzeitig war die Lebensspanne dieser Generation von politischen Krisen ungeheuren Ausmaßes und von Einbrüchen gewaltsamen Todes durch die Weltkriege geprägt. Auch die Wirtschaftsentwicklung ist nicht stetig und krisenlos verlaufen. Sie war insbesondere nach dem Ersten Weltkrieg durch Inflationen,

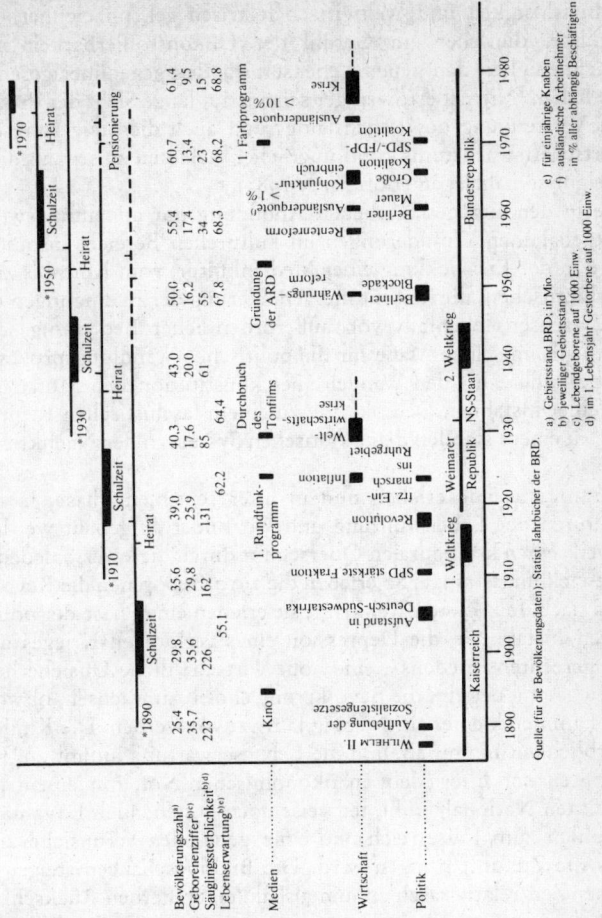

Abbildung 6 Der Lebenslauf einiger Geburtskohorten bezogen auf historische Änderungen in der BRD

Quelle: Kohli 1980, S. 308.

Arbeitslosigkeit und Weltwirtschaftskrisen gekennzeichnet, Ereignisse, die eher ein Gefühl der Unkontrollierbarkeit und Machtlosigkeit den neuen Lebensumständen gegenüber geschaffen haben. Nichtsdestoweniger scheint auf lange Sicht der Prozeß der Verstetigung des Lebenslaufes und auch die Steigerung des Wirtschaftswachstums kontinuierlicher verlaufen zu sein als diese Ereignisse nahelegen (Borchardt 1983).

Die in der hier beschriebenen Abbildung nur andeutungsweise festgehaltenen Veränderungen im kulturellen Bereich, insbesondere in der Entwicklung einer Medienkultur, vom Kino bis zum Farbfernsehen, dürften für die Veränderung der Bedingungen des Aufwachsens ebenfalls von außerordentlicher Bedeutung sein. Dies gilt im selben Maße für die politischen Wandlungsprozesse, insbesondere für den Wandel einer konstitutionellen Monarchie zu einer instabilen Demokratie, zu einem faschistischen Regime, hin zu einem stabilen demokratischen System in der Nachkriegszeit.

Heranwachsende erleben nun in ihrer sensiblen Phase, in der Kulturen der Lebensführung und Weltbilder aufgebaut werden, jeweils einen konfiguralen Querschnitt durch diese verschiedenen Entwicklungsstränge. So erleben die 1910 Geborenen die Revolution nach dem Ersten Weltkrieg, sie erleben eine Phase der politischen Instabilität, die Depression eines verlorenen Krieges und »ungerechten Friedens«, eine hohe wirtschaftliche Unsicherheit. Gleichzeitig beginnt die Bevölkerung enorm zu wachsen, obwohl die Familien kleiner als zwanzig Jahre zuvor werden. Die Kindersterblichkeit nimmt ab, und die Lebenserwartung nimmt zu. Ein Großteil der Eltern lebt in ökonomischer Not, mit einem gekränkten Nationalgefühl, teilweise noch bestehenden Loyalitätsgefühlen zum Kaiserreich und einer generellen Verunsicherung, was die Zukunft bringen wird. Die Bildungschancen steigen in dieser Zeit relativ rasch an, um alsbald einen herben Rückschlag, was die Verwertbarkeit der mühselig erworbenen Qualifikationen betrifft, zu erleben. Insbesondere der Lehrerüberschuß wird in der Weimarer Republik zu einem zentralen Problem. Dies nur als *ein* Beispiel für den »konfiguralen Querschnitt«, den die Jugendgeneration nach dem ersten Weltkrieg erlebt hat.

3. Ereignisgeschichte der Bundesrepublik. Randnotizen zur politischen Entwicklung

Es ist in der Zwischenzeit zu einer akzeptierten Selbstverständlichkeit geworden, die Nachkriegszeit in mehrere politische Phasen einzuteilen. Die erste, die sogenannte Adenauer-Ära, stand unter den Leitmotiven »Wiederaufbau der sozialen Marktwirtschaft« und »Integration in das westliche Bündnissystem«. Im Rahmen dieser Formeln sind eine beispiellose politische Konsolidierung und ein beispielloser wirtschaftlicher Aufschwung erfolgt. In der Mitte der sechziger Jahre ist dieses Ziel in einem Maße erreicht, daß in der Bevölkerung eine große Gewißheit über die Richtigkeit dieses Weges besteht. Die Segnungen der Technik werden ebenso wenig bezweifelt wie die Regierungsform der parlamentarischen Demokratie. Es ist dies der Höhepunkt des »Glaubens an die rationale und demokratische Weltbeherrschung« bzw. Existenzsicherung. Der Glaube an die Möglichkeiten und Segnungen der Technik erreicht besonders mit dem Mondflug (1969) einen nachher nicht mehr zu beobachtenden Höhepunkt.

Für die junge Generation heute ist dies lediglich Geschichte, es ist das, was sie über Erzählungen ihrer Eltern erfahren können. Welche inneren Einstellungen dieser Entwicklung entsprachen, haben die Mütter in den einleitend zitierten Abiturreden sehr prägnant zum Ausdruck gebracht.

Auf die Phase der Adenauer-Regierung folgte in raschen Übergängen die Regierung des Kanzlers Erhard und dann die große Koalition. In dieser Übergangsphase vollzog sich bereits ein erster politischer Gewißheitsschwund; insbesondere der Vietnam-Krieg hat die vorher unbezweifelte Integrität und die moralische Überlegenheit des westlichen politischen Systems in Frage gestellt. Es ist dies die Zeit der heute schon fast nicht mehr nachvollziehbaren »Studentenrevolte«. Der von ihr mitgetragene Selbstgewißheitsschwund hat sich von Problemen der internationalen Politik (Vietnam) rasch auf die innenpolitische Situation verlagert. Wir finden gegen Ende der sechziger Jahre eine große Welle der »Vergangenheitsbewältigung«, der Beschäftigung mit der Nazigeschichte vieler Politiker und herausragender Persönlichkeiten des öffentlichen Lebens. Damit wird die dünne Decke der moralischen Selbstrechtfertigung durchstoßen. Gesellschaftstheoretische Analysen bringen in dieser Zeit auch wieder deutlich die soziale Ungleichheit in der eigenen Gesellschaft zum Vorschein und entlarven die soziale Partnerschaftskonzeption als Ideologie. Das universale Gemeinschaftsgefühl, erwachsen aus der gemeinsamen Not der Nachkriegszeit, beginnt besonders in der jungen Generation zu zerbrechen. Andererseits sind aber gerade in dieser Phase die moralischen Standards und die moralischen Ansprüche an die Verwirklichung der Verfassungsnormen und an die Verwirklichung sozialer Gleichheit und Demokratie sehr hoch. Aus diesen Ansprüchen heraus entwickeln sich Zweifel bezüglich der moralischen Qualität unserer Lebensordnungen, die teils zu Reformaktivitäten aber auch zu terroristischen Bewegungen führen. Das Zusammenbrechen des massierten Antikommunismus der fünfziger und frühen sechziger Jahre eröffnet auch neue Möglichkeiten der Aussöhnung und Auseinandersetzung mit den kommunistischen Nachbarn. Auf diesem Hintergrund entsteht die Entspannungspolitik der sozialliberalen Koalition und entsteht das Programm der Reformpolitik für die siebziger Jahre.

Das politische System der BRD, die demokratischen Institutionen, konsolidieren und bewähren sich aber in dieser Phase ebenso, wie die Überzeugung steigt, daß ein revolutionärer Umsturz der Wirtschaft im Sinne einer sozialistischen Planwirtschaft keine wünschenswerte Alternative wäre. Ein Großteil des kritischen Potentials wird in Reformaktivitäten integriert, Teile davon isolieren sich in revolutionär-marxistischen Umsturzbewegungen bzw. in Rückzugsbewegungen der Gestaltung autonomer Lebensräume.

Unerwartet entsteht jedoch am Beginn der achtziger Jahre eine neue Oppositionsbewegung, entsteht neben diesen Konsolidierungsprozessen ein neuer Gewißheitsschwund. Er bezieht sich diesmal vor allem auf das wirtschaftliche Wachstum und auf die technische Entwicklung selbst. Die Folgewirkungen der Technik in der Form der Umweltzerstörung, die ungewollten Nebenwirkungen einer wirtschaftlichen Expansion in der Form der Erschöpfung der natürlichen Ressourcen und der Ausbeutung der Dritten Welt, die potentiellen Gefahren auch der friedlichen Nutzung der Atomenergie führen insgesamt zu einer Kristallisation oppositioneller Bewegungen, die schließlich in der Gründung der Partei der Grünen gipfelt. Wieder steht hier somit ein Kernpunkt des modernen okzidentalen Rationalismus zur Diskussion: die auf Wissenschaft und Technik beruhende Existenzbewältigung und »Weltbeherrschung«. Die Schlüsselereignisse, die diese Entwicklung markieren, sind einmal der Ölschock aus dem Jahre 1973, die terroristischen Anschläge in der BRD und in anderen Ländern (insbesondere der Anschlag bei den Olympischen Spielen in Münschen im Jahre 1972), die Terrorismusszene in den Jahren 1977 und 1978, die Reaktorunfälle in Harrisburg und Tschernobyl, die sich verdichtenden Meldungen über das Waldsterben, die Anti-Atomkraft-Demonstrationen und die Friedensdemonstrationen im Zusammenhang mit der Nachrüstung.

In der politischen Ereignisgeschichte kommt dem Machtwechsel von der sozialliberalen Koalition zu einer konservativen Regierung im Jahre 1982/83 eine besondere Bedeutung zu. Auf dem Hintergrund der steigenden Wirtschaftsprobleme und der sich verschärfenden Arbeitslosigkeit und Staatsverschuldung wird eine Politik formuliert, die im Kern eine Wiederinstallierung der aktiven, optimistischen Weltbewältigung bedeutet, also eine Stärkung der Handlungsfähigkeit der Regierung und eine Stärkung des Staates, eine Wiederbelebung der sozialen Marktwirtschaft, eine unbezweifelte Befürwortung wissenschaftlich rationaler und technischer Lebensbewältigung bei gleichzeitiger Betonung kultureller Stabilität durch die Wiederbelebung von Traditionsbeständen über eine entsprechende Kulturpolitik der Medien und insbesondere über das Bildungswesen. Familie, Vaterland und Arbeitseifer sollen als kulturelle Grundbestände jene Stabilität erzeugen, die als Pendant zur beschleunigten industriellen und wirtschaftlichen Entwicklung notwendig ist.

4. Gesellschaftsgeschichte in der Nachkriegszeit[7]

Ereignisgeschichte, politische Geschichte und Geistesgeschichte erschöpfen in keiner Weise die für die Bedingungen des Aufwachsens relevanten Veränderungen in der BRD nach dem Zweiten Weltkrieg. Da ich mich im folgenden auf jene Bedingungen konzentrieren muß, die für die Erziehung und für Bedingungen des Aufwachsens relevant sind, können die allgemeinen gesellschaftlichen Entwicklungsprozesse nur in Stichworten angedeutet werden.

4.1 Wirtschaftsentwicklung

Hier scheint die Geschichte einfach beschreibbar: Nach der Währungsreform setzte in der BRD ein beispielloser wirtschaftlicher Aufschwung ein (siehe Borchardt 1983). Von 1950 bis 1975 steigt das reale Sozialprodukt je Einwohner in der Bundesrepublik auf das Dreifache. In der gleichen Zeit ging der Anteil der Beschäftigten in der Landwirtschaft von ca. 34% auf gut 7% zurück, und es verminderte sich der Anteil der Steinkohle als primärer Energiequelle von über 70% auf etwa 20%. Abgesehen von dem kurzfristigen Einbruch durch den ersten Ölschock in den Jahren 1974 und 1975 (siehe Abbildung 7) hat sich dieser Prozeß bis in die Gegenwart fortgesetzt, wenngleich sich die Zweifel über die segensreichen Auswirkungen des kontinuierlichen Wirtschaftswachstums mehrten. Am Beginn der achtziger Jahre entsteht die erste große Verunsicherung in der Geschichte der Bundesrepublik, was die Möglichkeiten der Steigerung des Wohlstandes angeht. Sie resultiert aus verschiedenen Quellen, unter anderem

7 In der Zwischenzeit gibt es in der Bundesrepublik eine Reihe hervorragender sozialgeschichtlicher Arbeiten zur Veränderung der Lebensverhältnisse. Zu den wichtigsten Arbeitsgruppen gehört das ehemalige Vasma-Projekt in Mannheim um W. Müller (1985), das sich mit Änderungen der Sozialstruktur beschäftigt hat. Sehr wichtig sind in diesem Zusammenhang auch die Arbeiten zur Wohlfahrtsentwicklung um Zapf (z.B. 1977, Glatzer und Zapf 1984). Zu den zentralen laufenden Projekten zählt einmal jenes über Kohorten (1920, 1930, 1940, 1950 Geborene) und deren Lebensläufe im Max Planck Institut in Berlin (U. Mayer) sowie jenes der Dauerbeobachtung von familiären Entwicklungen im Deutschen Jugendinstitut (H. Bertram).

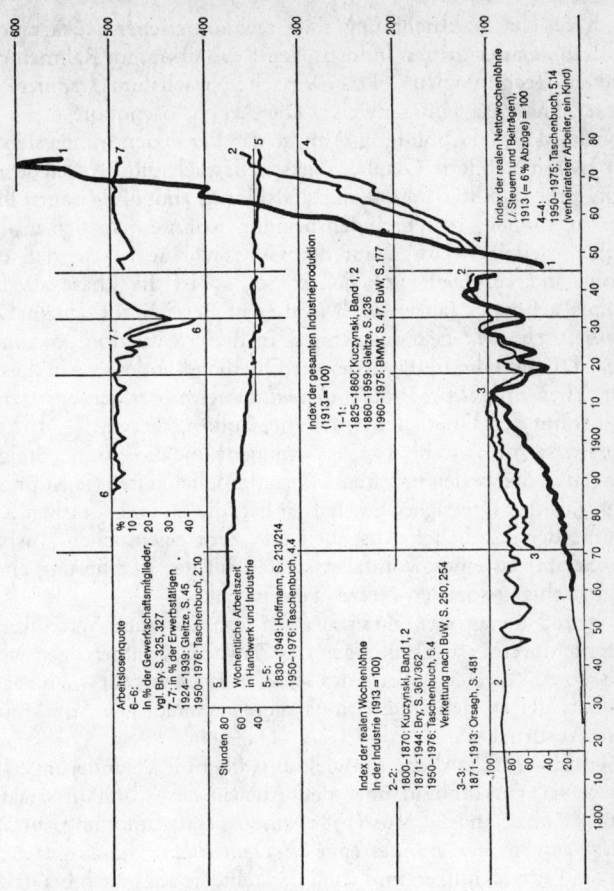

Abbildung 7 Die Wohlfahrtsentwicklung in Deutschland seit der Mitte des 18. Jahrhunderts

Quelle: Borchardt 1983, nach: Conze/Lepsius 1983, S. 49.

auch aus der Wahrnehmung eines technologischen Rückstandes im Rahmen der dritten industriellen Revolution, im Rahmen der »neuen Technologien«. Das Wirtschaftswachstum stagniert in dieser Phase, ja fällt teilweise. Die Arbeitslosenquote steigt in hohem Maße (s. Abbildung 8) an, so daß der in den frühen siebziger Jahren etablierte Glaube, Wirtschaftswachstum, Arbeitslosigkeit, Preisstabilität und Wohlstandsniveau endgültig kontrollieren zu können, zu schwinden beginnt. Konnte man sich in den frühen siebziger Jahren auf der Gewißheit ausruhen, daß der Wohlstand auf Dauer zu sichern sei, so ist die Phase ab den frühen achtziger Jahren auch in diesem Bereich von einem *Gewißheitsschwund* gekennzeichnet. In dieser Situation gewinnen die CDU und die FDP wieder die Oberhand, indem sie in diesen Bereichen ein *aktives Problembewältigungsmuster* demonstrieren und somit den Überlebenswillen des Volkes stützen.

Die Phase von 1950 bis 1975 ist wohl jene, die die größten Steigerungen in den realen privaten Konsummöglichkeiten (je Kopf um mehr als das Dreifache) geschaffen hat, die zu einer starken Zunahme der staatlichen Ausgaben und zum eigentlichen Ausbau des Staates als eines Wohlfahrtsstaates mit der Etablierung eines engmaschigen sozialen Netzes geführt hat.

Aufgrund der großen Zuwachsraten konnten auch Verteilungskämpfe durch Neuverteilungen des Zuwachses aufgefangen werden, so daß dies eine Phase des *sozialen Friedens* war – ein Sachverhalt, der in den international gesehen niedrigen Streikraten zum Ausdruck kam.

Über die wirtschaftliche Entwicklung, über die Veränderungen in der Sozialstruktur und über den Ausbau des Wohlfahrtsstaates haben Conze und Lepsius (1983) eine Aufsatzsammlung zur *Sozialgeschichte der Bundesrepublik Deutschland* herausgegeben, die die Entwicklungen im Detail darstellt, sie aber auch bis in die Mitte des letzten Jahrhunderts zurückprojiziert. Dabei zeigt sich in vielen Bereichen eine erstaunliche Kontinuität in den letzten 120 Jahren.

Abbildung 8 Entwicklung des Arbeitsmarktes 1950-1982

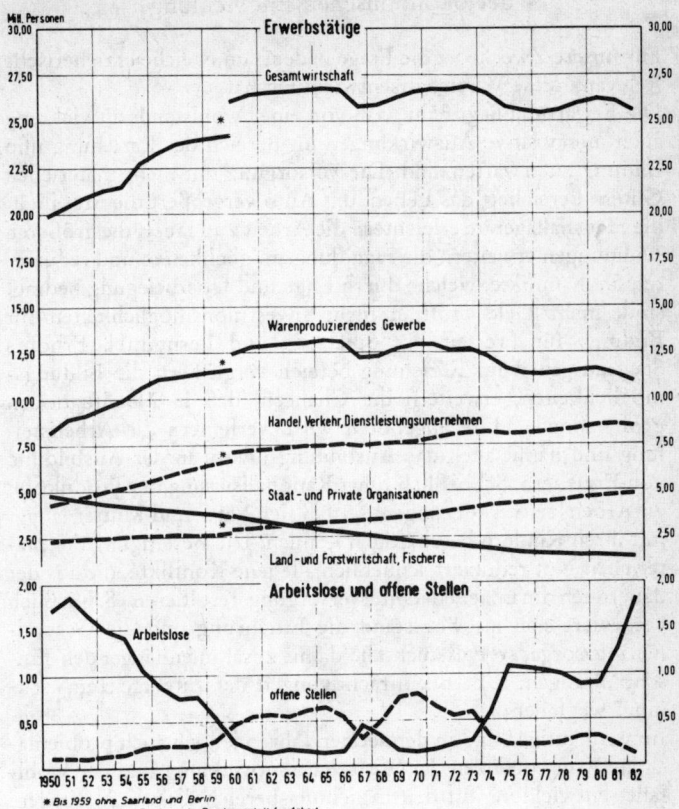

Quelle: Tully/Wahler 1984, S. 50.

4.2 Die erzieherische Relevanz
der ökonomischen Entwicklung

Für unsere Zwecke ist die Frage bedeutsam, welche erzieherische Relevanz diese Wirtschaftsentwicklung hat.

Die Erwartung liegt nahe, daß von einer Wohlstandsentwicklung auch nur positive Auswirkungen im Bereich der Erziehung und Bildung zu erwarten sind. Die Versorgung mit mehr materiellen Gütern bereichert das Leben, das Auto vergrößert die Mobilität, die Haushaltsgeräte erleichtern die Arbeit zu Hause, die größeren Wohnungen erweitern die Handlungsmöglichkeiten und reduzieren die Konflikte, welche durch Enge und Überbelegung bedingt sind, mehr Geld eröffnet mehr Investitionsmöglichkeiten für Bildung, für Freizeit, für Spielzeug und Lernmittel. Erhöhte Staatsausgaben im Erziehungsbereich vergrößern die Bildungsmöglichkeiten, erweitern die Chancen, daß in Notsituationen professionelle Hilfe angeboten wird, verfeinern die Arbeitsteilung und damit auch das Ausbildungsniveau in der Ausbildung von Erziehern. Schließlich führt Rationalisierung der Produktion zu Arbeitszeitverkürzungen, so daß sich Väter und Mütter länger mit ihren Kindern beschäftigen können. Die Beseitigung der materiellen Not reduziert schließlich alle jene Konflikte, die aus der dauernden finanziellen Unterversorgung resultieren. Schließlich verbessert sich im Wohlstand die Ernährung und die Gesundheitsvorsorge, so daß auch alle damit zusammenhängenden Einschränkungen, z. B. Beeinträchtigungen der Intelligenzentwicklung, wegfallen.

Immer häufiger sind in den letzten Jahren jedoch auch problematische Konsequenzen der Wirtschaftsentwicklung und der Wohlfahrtsentwicklung für den Erziehungsbereich diskutiert worden. Die Argumentationslinien seien hier exemplarisch angeführt.

1. Viele Beobachter des Zeitgeschehens haben die Befürchtung formuliert, daß unter Bedingungen des Wohlstandes schwerer zu erziehen ist. Sie unterstellen dabei, daß Erziehung zur selbständigen Lebensbewältigung auch immer impliziert, zu langfristigen Planungen mit entsprechendem Verzicht und mit entsprechender methodischer Lebensführung fähig zu sein. Haben früher einfach die situativen Gegebenheiten eine entsprechende Bedürfnislosigkeit, Bescheidenheit und Askese erzwungen, so muß dies heute angesichts einer optimalen Güter-

versorgung häufig auf verbalem Wege mit geschickten Motivationstechniken erreicht werden. Worte sind aber weit weniger wirksam als die Gewalt der Lebensverhältnisse. Somit stellt sich einer Wohlstandsgesellschaft die schwer zu lösende Aufgabe, in der heranwachsenden Generation produktive Kräfte zu aktivieren, innere Disziplin und langfristige Planungsfähigkeit angesichts komfortabler Lebensbedingungen und allgegenwärtiger Verführungen zum Genuß »herzustellen«.

2. Da die Einschätzung der eigenen Situation sowohl von der Erinnerung an vergangene Beschwernisse als auch von der Antizipation erwünschter Lebensmöglichkeiten beeinflußt ist, ist der Sachverhalt sehr entscheidend, ob man in seiner eigenen Biographie eine Phase des gesteigerten Wohlstandes erlebt und aktiv mitgestaltet hat bzw. ob man in eine Phase des Wohlstandes in der Kindheit und Jugend hineingewachsen ist, aber mit einer problematischen Sicherung der erwünschten Lebensmöglichkeiten rechnen muß. Die erwachsene Generation, die in der Nachkriegszeit aufgewachsen ist, hat diesen Prozeß des gesteigerten Wohlstandes bewußt erlebt und aktiv mitgestaltet. Die heutige junge Generation ist in Wohlstandsverhältnisse hineingewachsen, ohne die Armutsbedingungen noch persönlich erlebt zu haben. Für sie kann sich durchaus ein schmerzhafter Prozeß vom gewohnten Wohlstand, der gewissermaßen als Rechtsanspruch internalisiert wurde (siehe Zapf 1983, S. 61), in eine relative Armut vollziehen. Heranwachsende müssen heute also mit einer ganz anderen Situation fertig werden als früher.

3. Als Begleiterscheinung zu dem Kindern und Jugendlichen selbstverständlich erscheinenden Wohlstand hat sich für viele Beobachter der Nachkriegsentwicklung die Gefahr ergeben, daß eine entsprechende Versorgung als *Anspruch* definiert wird, dem keine entsprechenden Gegenleistungen, was eigene Anstrengung und eigene Mitgestaltung des Wohlstandes betrifft, entsprechen. Hier wird die Befürchtung formuliert, daß die Arbeitsethik und die Berufsethik, die hinter der Wirtschaftsentwicklung gestanden haben, nicht mehr internalisiert werden, wohl aber der Genuß der Ergebnisse dieser Anstrengungen beansprucht wird.

Das Problem, das damit angedeutet ist, hat Bell (1979) in *The Cultural Contradictions of Capitalism* so formuliert, daß der Erfolg des Kapitalismus gleichzeitig seine eigenen Grundlagen zerstören kann: die Leistungs- und Berufsethik, die ihn getragen hat, wird durch die Ausrichtung an ihren Produkten, am Konsum und Genuß der durch den Kapitalismus geschaffenen Lebensmöglichkeiten, untergraben.

Ohne daß ich mich dieser These hier anschließen möchte, sei als Perspektive für die Darstellung der Jugendgenerationen die Frage formuliert, ob es im Rahmen der Wohlstandsentwicklung nicht zunehmend schwieriger wird, die motivationalen Grundlagen für ihre Erhaltung zu schaffen. Letztere sehe ich unter anderem in dem, was Max Weber den modernen okzidentalen Rationalismus genannt hat, die aktive, methodische Weltbeherrschungsmentalität in der Form von Wissenschaft und Technik sowie von methodisch-rationaler und disziplinierter Lebensführung.

An diesem Punkt eröffnen sich auch die derzeit diskutierten Visionen: Kann die Entwicklung der Moderne im Sinne des Ausbaus des Wohlfahrtsstaates und der Steigerung des Wirtschaftswachstums in der bisherigen Form weitergehen oder sind grundsätzliche Neuentwicklungen einzuleiten? Die Gegenprogramme, die sich manchmal um das Schlagwort der Postmoderne gruppieren, verweisen auf solche Überlegungen, die keine lineare Fortschreibung des Wirtschaftswachstums und der technischen Entwicklung bedeuten, sondern neue Gestalten humanen Daseins auf der Grundlage politischer Entscheidungen im Auge haben. Vorläufer dieser Prozesse können wir in der kulturellen Infrastruktur künstlerischer Ausdrucksformen finden, in Veränderungen der Kulturen der Lebensführungen und der Weltbilder.

Die Szenarien beginnen sich zu polarisieren. Im einen wird, heute glaubhafter als noch in den sechziger und siebziger Jahren, beschrieben, wie rasch eine Gefährdung des erreichten Wohlstandes durch eine nachlassende Anstrengungsbereitschaft, durch einen nachlassenden »Überlebenswillen« über sinkende internationale Konkurrenzfähigkeit einsetzen kann. Im anderen steht die Vision bescheidener, aber humane Qualitäten betonender Lebensverhältnisse im Vordergrund. Mit solchen Polaritäten werden heute Heranwachsende konfrontiert, wenn sie in unsere Lebensverhältnisse hineinwachsen. Der Kampf um ihre Herzen muß in jeder Generation neu entschieden werden.

5. Veränderungen von Kulturen der Lebensführung und von Weltbildern

Wir bewegen uns auf weit weniger durch exakte Informationen absicherbarem Boden, wenn wir Veränderungen in der Alltagskultur, in den Kulturen der Lebensführung und den Weltbildern für die letzten vierzig Jahre beschreiben wollen. Dazu bräuchten wir Zeitreihendaten, die Aufschluß über veränderte *Handlungsmuster im Alltag*, über veränderte Weltbilder und Weltorientierungen geben.

Die wichtigste Quelle, neben sich zur Zeit häufenden qualitativen Illustrationen der fünfziger Jahre, die dafür zur Verfügung steht, ist die kontinuierliche Meinungsbefragung der Bevölkerung. Neben der Zeitreihe über die Veränderung von Erziehungswerten durch das Emnid-Institut hat vor allem das Institut für Demoskopie in Allensbach Daten zu diesem Problemkreis gesammelt. Etwas anders liegt die Situation in der Jugendforschung, der Familienforschung und der Bildungsforschung. Auf sie wird später rekurriert werden.

Für die Wandlung von Alltagskulturen und Kulturen der Lebensführung liegt jedoch eine Untersuchung vor, die die seltene Möglichkeit eines Epochenvergleichs bietet. Im Jahre 1953 ist unter der Leitung von Reigrotzki (1956) eine repräsentative Befragung der deutschen Bevölkerung durchgeführt und im Jahre 1979 durch das Institut in Allensbach (Noelle-Neumann und Piel 1983) wiederholt worden. Diese Studien zählen zu den besten empirischen Grundlagen, um kulturelle Wandlungsprozesse in der Nachkriegszeit empirisch zu belegen. Freilich bedürfen sie der Ergänzung durch einzelne Zeitreihen, die sich auf die Wertwandelthese beziehen (z. B. bei Klages 1984).

Klages hat auch die Begriffe geprägt, mit denen Veränderungen in der kulturellen Infrastruktur gekennzeichnet werden: der Wandel von den Pflicht- und Akzeptanzwerten zu den Selbstentfaltungswerten. Als »Königsindikatoren« für den Beleg dieser Wandlungsprozesse werden immer wieder die Kirchenbindung, die Einstellung zur Arbeit sowie zu Ehe und Familie herangezogen. Dabei ergibt sich an der Oberfläche folgendes Bild:

1. Es läßt sich im Zeitraum von 1953 bis 1979 eine deutlich Abschwächung der traditionellen institutionellen Bindung an die Kirchen feststellen. Dies kommt vor allem darin zum Ausdruck, daß der regelmäßige Kirchenbesuch zurückgegangen ist, und zwar bei jüngeren Jahrgängen stärker als bei älteren. Aus Tabelle 1 geht hervor, daß bei Katholiken 1953 die unter Dreißigjährigen zu 59% regelmäßig die Kirche besucht haben, 1979 aber nurmehr zu 14%. Bei den über 45jährigen und Älteren ging der regelmäßige Kirchenbesuch von 66 auf 47% zurück. Bei Protestanten ist ein ähnlicher Trend feststellbar, wenngleich hier regelmäßiger Kirchenbesuch insgesamt erwartungsgemäß geringer ausfällt.

2. Die Einstellung zur Arbeit hat sich in diesem Zeitraum ebenfalls gewandelt: Die Wertschätzung der Arbeit ist zurückgegangen, die Bedeutung von Freizeit hat zugenommen. Wieder ist bei den jüngeren Jahrgängen diese Entwicklung akzentu-

Tabelle 1 Abwendung von den Kirchen (Protestanten und Katholiken von 18 bis 79 Jahren) (in Prozent)

Kirchenbesuch	Protestanten			
	Unter 30jährige		45jähr. und Ältere	
	1953	1979	1953	1979
Regelmäßig	13	2	25	13
Unregelmäßig	29	14	35	28
Selten	43	55	29	41
Nie	15	29	11	18
	100	100	100	100
	Katholiken			
	Unter 30jährige		45jähr. und Ältere	
	1953	1979	1953	1979
Regelmäßig	59	14	66	47
Unregelmäßig	20	22	18	23
Selten	13	45	10	20
Nie	8	19	6	10
	100	100	100	100

Quelle: Noelle-Neumann/Piel 1983, S. 87.

ierter als bei den älteren. Die Extremgruppen stellen sich hier so dar, daß 1962 66% der älteren Jahrgänge (45 bis 65 Jahre) sowohl die Arbeitsstunden als auch die Freizeitstunden gleich gern gemocht haben (s. Tabelle 2). Dies ist 1974 bei den jüngeren Jahrgängen (16 bis 29 Jahre) nur bei 44% der Fall. Die Beliebtheit der Freizeit steigt bei der jüngsten Vergleichsgruppe von 36% auf 51%.

Nur verwiesen werden kann hier auf die intensive Kontroverse um die These, daß die letzten Jahrzehnte von einem Wandel der Einstellung zur Arbeit, von größerer Arbeitsunlust, von einem Ausweichen vor Anstrengung und Risiko sowie einer Tendenz zu unmittelbarer Befriedigung statt langfristiger Zielplanung gekennzeichnet sind (siehe Noelle-Neumann und Strümpel 1984, Reuband 1985). Hier wird auf die vielen ergänzenden Indikatoren Bezug genommen, etwa auf den, daß 1962 5% der Berufstätigen, 1976 aber 26% die Frage bejahten »Glauben Sie, es wäre am schönsten zu leben, ohne arbeiten zu müssen?« Voll und ganz von ihrer Arbeit befriedigt sind im Jahr 1960 52% der Arbeitenden, dieser Wert klettert 1967 auf 65%, fällt 1975 auf 54% und 1981 gar auf 49%. Ferner wünschen sich 1968 40% der Befragten eine längere Arbeitszeit, während dies in neueren Umfragen nur noch 8% tun. Schließlich hat sich der Anteil derjenigen, die ihr Leben als »Aufgabe« betrachten, von 1956 auf 1982 stark reduziert (von 59% auf 43%) (s. Strümpel in Noelle-Neumann/Strümpel 1984 S. 9 f.).

Strümpel kommentiert dies so: »Arbeit hat sich nicht verschlechtert; dennoch wird sie von immer mehr Arbeitenden wie ein teils lästiges, teils gleichgültiges Stück Inventar behandelt« (S. 15).

Die auf den Beruf fixierte Lebensweise geht nach diesen Daten insgesamt deutlich zurück. Auf breiter Front macht sich eine postmaterielle Haltung breit, die nicht nur Zweifel an der technischen und wirtschaftlichen Entwicklung hegt, sondern auch Zweifel am Sinn mancher beruflicher Leistung sät. Dies gilt insbesondere für die normalen Arbeitnehmer, weniger für Selbständige und freie Berufe.

Andererseits kann auch Noelle-Neumann belegen, daß es an der Arbeit viele Aspekte gibt, die sich positiv entwickelt haben, die auch positiv beurteilt werden. So berichtet sie von einer

Tabelle 2 Wertschätzung von Arbeit und Freizeit (1962 und 1974), Bundesrepublik Deutschland mit West-Berlin, Berufstätige zwischen 16 und 65 Jahren

Frage: »Welche Stunden sind Ihnen ganz allgemein am liebsten, die Stunden während der Arbeit, oder die Stunden, während Sie nicht arbeiten, oder mögen Sie beide gern?«

Es mögen am liebsten die Stunden –	Berufstätige (in Prozent)							
	Insgesamt		16–29 Jahre		30–44 Jahre		45–65 Jahre	
	1962	1974	1962	1974	1962	1974	1962	1974
während der Arbeit	4	3	2	2	5	4	5	4
während deren sie nicht arbeiten	29	39	36	51	26	38	23	27
Es mögen beide gern	59	55	54	44	60	56	66	68
Es sind unentschieden	8	3	8	3	9	2	6	1
	100	100	100	100	100	100	100	100

Quelle: Allensbacher Archiv, IfD-Umfrage 253, 3002, lfd. Nr. der Fragensammlung: C-3:9.

Umfrage, daß sich 1964 nur 48% im Betrieb wohlgefühlt haben und gut mit den Kollegen auskommen, dies 1983 aber von 73% so gesehen wird. Insgesamt berichten die meisten Arbeitenden davon, daß die Arbeit interessanter geworden ist und daß sie nettere Vorgesetzte haben. Dem kontrastiert auf allgemeiner Ebene für die BRD eine sehr viel instrumentalistischere Einstellung zur Arbeit als etwa in Schweden und in den USA, wo zwischen 45 und 50% sagen, daß sie in ihrer Arbeit ihr Bestes geben möchten, unabhängig davon, wieviel sie verdienen. Dies tun in der Bundesrepublik Deutschland nur 25%. Dagegen sagen hier 44% (im Gegensatz zu 20% in den USA), daß sie ihre Arbeit zwar interessant finden, aber es nicht so weit kommen lassen wollen, daß sie das übrige Leben stört.

Die Kontroverse zwischen Strümpel und Noelle-Neumann (1984) auf den Punkt bringend, verweist der erste Autor vor allem darauf, daß sich drei Typen von Arbeitsmotivationen unterscheiden lassen und sich lediglich in den relativen *Anteilen* dieser drei Typen in der Nachkriegszeit Verschiebungen ergeben haben. Der erste Typ ist der Vollidentifizierte, den er als Anhänger der Opferethik bezeichnet, der immer sein Bestes im Beruf geben will. Den zweiten Typus bezeichnet er als Gleichgewichtsethiker. Die Arbeit ist für ihn interessant, aber sie wird nicht so ernst genommen, daß sie das übrige Leben stört. Die dritte Gruppe nennt er die Entfremdeten, für die Arbeit nur eine unangenehme Lebensnotwendigkeit ist. Es fällt sofort auf, daß der erste Typus jener ist, den Max Weber in seinem Buch *Die protestantische Ethik und der Geist des Kapitalismus* geschildert hat. Der zweite Typus repräsentiert nach Strümpel die moderne Form der Arbeitsmotivation, die in stärkerem Maße ein Gleichgewicht zwischen Selbstverwirklichung in der Freizeit und Erfüllung in der Arbeit sucht. Es sind dies Menschen, die an einem erfüllten, interessanten Leben orientiert sind, dieses aber vorwiegend in der Freizeit zu realisieren versuchen. Nach Strümpels Ansicht ist die Veränderung der Arbeitsmotivation vor allem auf eine Verschiebung zugunsten dieses Typs zurückzuführen.

Anders sieht Noelle-Neumann die Entwicklung der Arbeitsmotivation. Für sie steht ein unitärer Stil der Lebensbewältigung im Vordergrund, eine aktive Form der Selbstverwirklichung, der Risikobereitschaft, der Fähigkeit, Belohnungen zurückzustellen, ein Stil der Lebensbewältigung, der »Persönlichkeitsstärke« beinhaltet und dazu führt, daß auch Arbeit in dieser Form strukturiert wird. Wer mit hoher Identifikation bei der Arbeit ist, der ist nach ihren Interpretationen der vorliegenden Ergebnisse auch in der Freizeit aktiver, ist lebenstüchtiger, ist zufriedener und glücklicher. Sie ist also gegen eine Aufteilung der Lebensbefriedigungszonen in Freizeit und Beruf, sie möchte daher auch die beruflichen Lebensbereiche in bezug auf Freiheitserfahrung und Mitbestimmung, in bezug auf Sinnerfahrung und Selbstbestätigung so gestaltet sehen, daß dieser unitäre Lebensbewältigungsstil zum Tragen kommen kann.

Diese beiden Interpretationsmuster werden uns in der Analogie zur Bewältigung »schulischer Arbeit« noch weiter beschäftigen. Dabei wird auch zur Sprache kommen müssen, in welchem Maße es eben nicht nur um eine Veränderung der subjektiven Motivationsstrukturen geht, sondern auch um eine Veränderung arbeitsbezogener und lernbezogener objektiver Bedingungen, die für möglichst viele den aktiven Problembewältigungsstil im Sinne von Noelle-Neumann ermöglichen.

Ich meine, um die eigene Lokalisation in dieser Kontroverse anzudeuten, daß die Beschreibung Strümpels, was die »Vermehrung der Gleichgewichtsethiker« angeht, den Sachverhalt am genauesten trifft. Akzeptanz und Toleranz dieser Haltung gegenüber ist berechtigt. Als Zielperspektive für den Handlungsbedarf halte ich die Position von Noelle-Neumann für wichtig, dies besonders dann, wenn es ihr darum geht, auch die objektiven Arbeitsbedingungen so zu verbessern, daß Lebenserfüllung in der Arbeit gefunden werden kann.

Die Einstellung zur Arbeit ist in die Kultur der Lebensführung und in die entsprechenden Weltbilder eingebettet. Wenn sich die Wertpräferenzen insgesamt verändern, entsteht daraus eine andere Einschätzung der Arbeit. Selbst wenn sich die faktische Arbeitssituation, die Arbeitsabläufe und ihr sozialer Kontext nicht verschlechtern, kann die Arbeit infolge gestiegener Ansprüche an immaterielle Befriedigungen, an Selbstverwirklichung und Kommunikation mit anderen an Bedeutung verlieren.[8] Auf solche allgemeineren Merkmale der veränderten Lebenskultur verweist die Generationenstudie (1953 und 1979), welche oben erwähnt

---

8 Zudem wird Arbeit subjektiv wieder wertvoller, wenn sie knapp wird. In Zeiten von Arbeitslosigkeit ist dies belegt.

wurde (Noelle-Neumann und Piel 1983). Aus ihr ist zu ersehen, daß Erwachsene heute viel geselliger sind als vor drei Jahrzehnten, daß sie mehr Besuche machen, daß sie häufiger Gäste einladen, mehr Kontakte mit den Nachbarn haben, das Vereinsleben intensiv pflegen, sich häufiger zum Stammtisch oder zum Kaffeeklatsch treffen. Von einer zunehmenden Vereinsamung, wie sie häufig in der Kulturkritik der Massengesellschaft beschrieben worden ist, kann danach keine Rede sein. Davon mögen bestimmte Gruppen (Alte, Ledige) in bestimmen Ökologien (Großstädte) ausgenommen sein.

Die eindrucksvollsten Entwicklungen ergeben sich im Freizeitsektor. Die Bedeutung dieses Lebensbereiches ist insgesamt gestiegen und in ihm in besonderem Maße der Wert und die Häufigkeit des Reisens. Es gibt ferner einige Hinweise, daß sich die Familienorientierung verstärkt hat und daß die Gesprächsintensität innerhalb der Familie über die verschiedensten Themen größer geworden ist. Die stärkere soziale Einbettung des einzelnen kommt auch darin zum Ausdruck, daß die Neigung, vom eigenen Wohnort wegzuziehen und den sozialen Lebenskreis zu verlassen, immer geringer wird. Das Hauptproblem wäre dabei, aus dem bestehenden Bekanntenkreis und Freundeskreis herausgerissen zu werden. Die Menschen treffen sich heute also häufiger, sie vertrauen sich gegenseitig mehr, sie legen auf familienübergreifende Kommunikation mehr Wert.

Die Gesprächsintensität und die gestiegene Bereitschaft zur geistigen Auseinandersetzung kommt auch in einem größeren Interesse an Politik und einer größeren Informiertheit über politische Ereignisse zum Ausdruck. Die Zurückhaltung der Nachkriegsgeneration hat sich sichtbar gewandelt. Häufig über Politik haben sich 1953 nur 9% unterhalten, 1979 waren es 21%. Die völlige Abstinenz in politischen Fragen ist von 61 auf 31% gesunken. Besonders deutlich ist dieser Wandel bei den Frauen (Noelle-Neumann und Piel 1983, S. 124 ff.).

Aber nicht nur das Interesse, sondern auch das Wissen über Politik ist in den letzten dreißig Jahren größer geworden. Die Befürwortung des Mehrparteiensystems ist von 50 auf 86% gestiegen, die Bereitschaft zu wählen ist praktisch universal geworden (84 zu 90%). Auch die Bereitschaft, Mitglied von Parteien zu werden, ist angewachsen (von 6 auf 14%), die Gleichgültigkeit gegenüber Wahlausgängen ist zurückgegangen (von 24 auf 15%), und

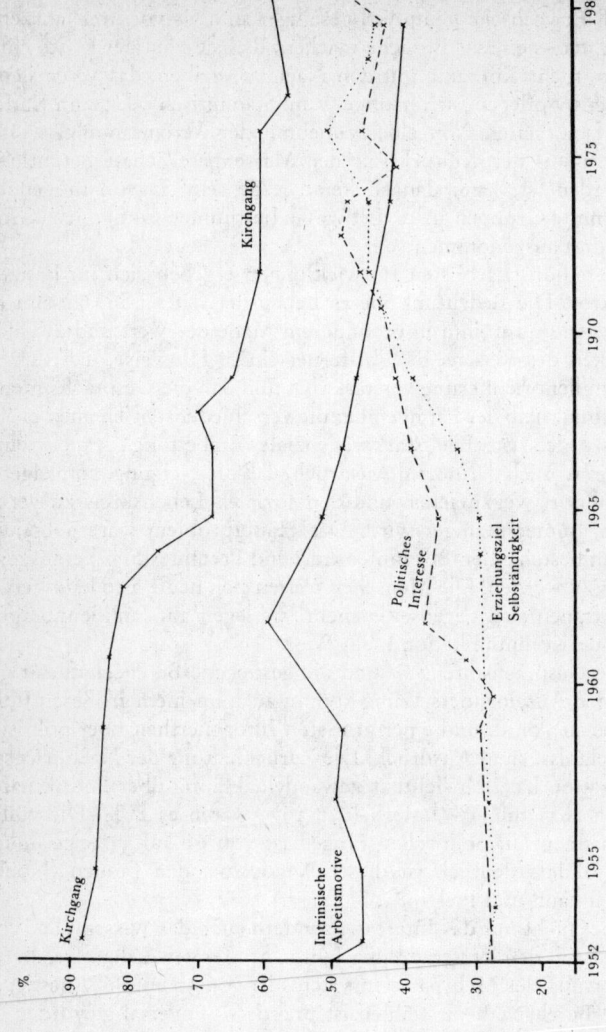

Abbildung 9 Wertewandlungen 1949-1980: Kirchgang, intrinsische Arbeitsmotive, politisches Interesse und Erziehungsziel Selbständigkeit

Quelle: Meulemann 1981.

das Bewußtsein der Machtlosigkeit gegenüber politischen Ereignissen hat sich reduziert.

Wir können das Bild des Wandels, das sich gerade bei dieser Gegenüberstellung von Veränderungen der Leistungs- und Arbeitsethik mit den Kulturen der Freizeitgestaltung als sehr vielschichtig erweist, durch eine Abbildung vervollständigen, die nochmals simultan Veränderungen in der Alltagskultur durch Indikatoren des Kirchgangs, der intrinsischen Arbeitsmotive, des politischen Interesses und des Erziehungszieles Selbständigkeit illustriert (Abbildung 9).

Es hat danach ein rapider Wandel von etwa 1965 bis 1975 stattgefunden, der ab diesem Zeitpunkt stabil geblieben ist. Er ist gekennzeichnet durch die simultane Veränderung der Institutionsbindung und der Arbeitsethik (beide sind zurückgegangen) und der Veränderung des politischen Interesses und des Erziehungszieles Selbständigkeit (beide sind gestiegen).

Simultan muß noch die Veränderung der Sexualmoral berücksichtigt werden, um zu belegen, daß sich unübersehbare Wandlungen in den Normen in bezug auf Ehe und Sexualität vollzogen haben (s. Tabelle 3).

Wer die entsprechende Diskussion kennt, dem wird hier eine gewisse Analogie mit der These Ingleharts (1977), der den Wandel vom Materialismus zum Postmaterialismus behauptet hat,

Tabelle 3 Wandel der Ansichten über die Ehe

Frage: »Wenn ein Mädchen und ein junger Mann zusammenleben, ohne verheiratet zu sein: Finden Sie, daß das zu weit geht, oder finden Sie nichts dabei? (in Prozent)

	Junge unverheiratete Männer		Junge unverheiratete Frauen	
	März 1967	Februar 1973	März 1967	Februar 1973
Finde nichts dabei	48	87	24	92
Geht zu weit	43	5	65	2
Kommt darauf an, unentschieden	9	8	11	6
	100	100	100	100

Quelle: Allensbacher Archiv, IfD-Umfragen 281/R und 2090.

auffallen. Seine These beruht jedoch auf sehr mageren Indikatoren des Materialismus (Eintreten für den Kampf gegen steigende Preise und für die Aufrechterhaltung der Ordnung in der Nation) und des Postmaterialismus (verstärktes Mitspracherecht der Menschen bei wichtigen Regierungsentscheidungen, Schutz der freien Meinungsäußerung), so daß von daher die These des Wertwandels eine schwache Basis hat. Als noch problematischer erweisen sich auf der Grundlage der Sekundäranalysen von Jagodzinski (1984) die Behauptungen von Wandlungsprozessen. Die Nachkriegsgeneration (geboren 1946 bis 1955) ist 1980 (im Alter von 25 bis 34 Jahren) materialistischer als die Kriegsgeneration im gleichen Alter, nämlich 1970. Die von Inglehart behaupteten dauerhaften Generationsdifferenzen existieren danach nicht.

Unabhängig von dieser Kontroverse, die durch die Gegenüberstellung von »Materialismus« und »Postmaterialismus« einen falschen Akzent hat, ist der Wandel in den Alltagskulturen während der letzten Jahrzehnte unübersehbar. Er muß meines Erachtens aber im Rahmen der Modernitäts-Problematik diskutiert werden.

Bei den geschilderten Wandlungsprozessen der Kulturen der Lebensführung darf aber nicht übersehen werden, daß sich diese für unterschiedliche soziale Gruppen verschieden darstellen. Für Unternehmer, Selbständige und freie Berufe, für Beamte und Angestellte und für Arbeiter in hochqualifizierten oder in angelernten und ungelernten Positionen stellt sich die Situation der Arbeit jeweils anders dar. Diese Lagerung nach Berufsgruppen gilt natürlich nicht für die Jugend: sie steht eher in Generationslagerungen, in denen andere Wirkmechanismen die Kultur der Lebensführung bestimmen.

Es ist unübersehbar, daß wir hier auf einen Kernpunkt der »Reproduktion psychischer Infrastrukturen« stoßen. Gelingt es unserer Gesellschaft, jene Haltungen und Mentalitäten in der heranwachsenden Generation zu »erzeugen«, die für ihre Selbsterhaltung unerläßlich sind? Bevor wir uns mit dieser Frage durch den Rekurs auf Jugenduntersuchungen beschäftigen, wenden wir hier den Blick von gesamtgesellschaftlichen Entwicklungen ab und konzentrieren uns auf Veränderungen in jenen Lebensräumen, in denen Heranwachsende den Hauptteil ihrer Lebenszeit verbringen, auf Veränderungen in der Familie, in der Schule, in den Altersgruppen und in der Freizeit.

6. Veränderungen des Eltern-Kind-Verhältnisses in der Nachkriegszeit

Es gibt viele Indikatoren, die uns nahelegen, daß sich parallel zu wirtschaftlichen, sozialen und kulturellen Entwicklungen auch familiäre Bedingungen des Aufwachsens in der Nachkriegszeit stark verändert haben.

6.1 Familienökologien

Dies gilt natürlich vorrangig für sehr viele Äußerlichkeiten wie für die technische Ausstattung des Haushaltes, für die Größe der Wohnung und der Kinderzimmer, die Ausstattung mit Spielwaren, für die Möglichkeiten des Reisens usw. Alle diese Indikatoren dürften jedoch vorwiegend äußerlich mit einer veränderten Gestalt des Jungseins zusammenhängen. Bedeutsamer für veränderte Lebenseinstellungen könnte die Reduzierung der Familiengröße[9] (s. Tabelle 4), das allmähliche Verschwinden der Großelterngeneration aus dem Haushalt und die häufigere Berufstätigkeit der Mutter sein. Gerade in bezug auf den letzten Punkt haben sich in der Nachkriegszeit bedeutsame Entwicklungen vollzogen (s. Abbildung 10).

Wie ein Bericht über Familie und Arbeitswelt feststellt, ist der Anteil der erwerbstätigen Mütter mit Kindern unter 15 Jahren von der Meßzahl 100 im Jahre 1950 auf 193 im Jahre 1981 angestiegen – mit einem besonders ausgeprägten Aufschwung Anfang der siebziger Jahre und einem allmählichen Abflachen nach 1974 (s. *Familie und Arbeitswelt* 1984, 59). Hier deutet sich eine veränderte Rolle der Frau an, die auch ihr Erziehungsverhalten beeinflussen dürfte.

Insbesondere drei Fragen sind es, die die unmittelbare familiäre

---

9 Für eine differenzierte Analyse der Fruchtbarkeitsmuster der Geburtenjahrgänge 1930, 1940 und 1950 s. Tuma und Huinik 1986.

Innenausstattung der Erziehung betreffen und die für Merkmale des »Brutkastens« relevant sind, in dem Kinder und Jugendliche aufwachsen.

1. Hat sich die Bedeutung des Zusammenlebens mit Kindern für Familien verändert?
2. Haben sich die Eltern-Kind-Verhältnisse gewandelt, hat sich insbesondere die Autorität der Eltern verändert?

Tabelle 4 Ehen aus den Jahren 1899 und früher und 1900 bis 1977 nach der endgültigen Zahl der Kinder (Ehen ohne Begrenzung des Heiratsalters)

Eheschließungs-jahre[a]	Von 100 Ehen haben					
	keine Kinder	1 Kind	2 Kinder	3 Kinder	4 und mehr Kinder	Kinder insges.
1899 und früher	9	9	12	12	58	490
1900–1904	9	12	16	15	47	393
1905–1909	10	15	20	17	38	353
1910–1919	12	17	22	17	32	294
1913–1918	14	20	24	17	25	252
1919–1921	16	23	24	15	21	234
1922–1925	18	24	24	15	20	222
1926–1930	17	23	25	15	20	223
1931–1935	16	22	27	17	18	218
1936–1940	14	25	31	17	14	205
1941–1945	13	25	31	17	14	205
1946–1950	13	26	30	17	14	207
1951–1955	13	25	31	17	14	205
1956–1961	13	22	35	19	11	200
1962–1966	13	26	40	15	6	178
1967–1971[b]	15	27	43	10	5	165
1972–1977[c]	15	34	39	8	4	153
Zur Erhaltung des Bevölke-rungsstandes er-forderlich (Schätzung)	15	5	35	35	10[d]	225

Quelle: K. Schwarz, Die Frauen nach der Kinderzahl, in: Wirtschaft und Statistik H. 6, 1974, S. 404 ff. 1951–1977: Unveröffentlichte Berechnungen von Karl Schwarz, Statistisches Bundesamt Wiesbaden.

a 1899 und früher und bis 1912 Ergebnisse der Volkszählung 1933 in Preußen. – 1913 bis 1921 Ergebnisse der Volkszählung 1933 und 1939 im Deutschen Reich. – 1922 bis 1935 Ergebnisse der Volkszählung 1950 (ohne Berlin). – Danach Ergebnisse der Volkszählung 1970 und des Mikrozensus 1977. Hier nur deutsche Ehepaare *und einschließlich der Kinder aus eventuell früheren Ehen*; vorher nur Kinder aus den am Zähltag bestehenden Ehen.

b Kinder nach Mai 1977 geschätzt.

c Kinder nach Mai 1977 zum größten Teil aus den Ergebnissen der Geburtenstatistik geschätzt.

d Unter der Annahme, daß es kaum noch Ehen mit 5 oder mehr Kindern gibt.

---

3. Haben sich Veränderungen in den Wertstrukturen der Eltern vollzogen?

Sporadische Hinweise auf Veränderungen ergeben sich an vielen Stellen, jüngst aber in einer Erhebung an 279 Ehepaaren der Stadt Oldenburg, die drei Eheschließungskohorten (1950, 1970, 1980) repräsentierten (s. Nave-Herz 1984, o. J.). Aus dieser, wegen der begrenzten Stichprobe und dem retrospektiven Ansatz aber mit Vorsicht zu interpretierenden Untersuchung gehen mehrere bedeutsame Entwicklungstrends hervor. Einmal hat sich in den letzten Jahren eine neue Phase im Prozeß der Familiengründung herausgebildet. Vollzog er sich noch in den fünfziger Jahren in den drei Stadien, Begegnung – »Miteinander-Gehen« – Eheschließung –, so ist er 1980 in vier Stadien eingeteilt: Begegnung – »Miteinander-Gehen« – voreheliches Zusammenleben – Eheschließung.

6.2 Ehe wegen Kindern

Diese Zwischenphase des vorehelichen Zusammenlebens wird nun in der Regel dann aufgelöst, wenn ein Kind gewünscht wird. Die Ankunft eines Kindes wird also nicht nur häufiger intensiv gewünscht, sie verändert auch den Verpflichtungsgrad der Partner für zukünftiges Zusammenleben. Gleichzeitig sind aber diese Paare sehr viel stärker als früher in einen größeren Bekanntenkreis eingebunden, also entgegen landläufiger Vorurteile weit weniger isoliert als früher.

Abbildung 10 Frauen nach ausgewählten statistischen Merkmalen
1950 bis 1981; 1950 = 100

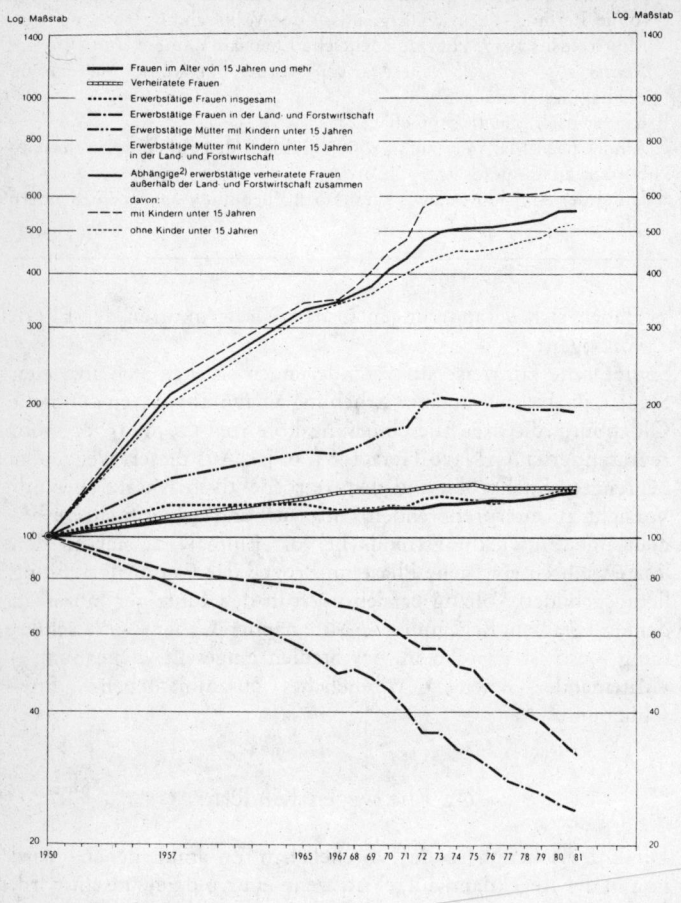

Quelle: Bundesminister für Jugend, Familie und Gesundheit (Hg.) 1984,
S. 58.

In der Veränderung der Bedeutung, die Kinder für Eltern haben, liegt einer der wichtigsten Indikatoren für den sozialen Wandel innerfamiliärer Verhältnisse vor. Er liegt vor allem darin, daß Kinder für die Eltern ihren ökonomischen Nutzen verloren haben, hier eher zu einem Kostenfaktor geworden sind. Dagegen hat der psychologische »Nutzen« der Kinder für die Eltern zugenommen (s. Nauck und Oezel 1986). Wie es dazu kommen konnte, ist unschwer einzusehen: der Grund liegt in der Auslagerung der Altersversorgung aus dem Familienverband in staatliche Institutionen. Diese Auslagerung hat zur Folge, daß eine große Kinderzahl ökonomisch immer dysfunktionaler wird, daß hier die Kosten im Vergleich zum Nutzen immer größer werden. Nauck und Oezel haben diesen sozialen Wandel für türkische Familien in verschiedenen Phasen des Modernisierungsprozesses sehr schön nachgewiesen.

Dabei wird in der Phase der ökonomischen Nutzenkalkulation von den Söhnen eher finanzielle Unterstützung erwartet, von den Mädchen Hilfe im Haushalt und Pflege im Alter. Für erstere ist deshalb die Sicherung der Einkommensverhältnisse von besonderer Bedeutung, für letztere, also für Mädchen, ist es immer bedeutsam, daß zumindest einige ledig und im elterlichen Haushalt bleiben.

Dies hat natürlich gewichtige Konsequenzen für Erziehungsvorstellungen, Autoritätsverhältnisse und Beziehungsverhältnisse in Familien. Steht der ökonomische Nutzen im Vordergrund, dann ist die Aufrechterhaltung von Autoritätsverhältnissen und die Akzeptanz tradierter Ansprüche und Pflichten von zentraler Bedeutung. Beim Wandel zur primär psychologischen Relevanz von Kindern tritt die Aufrechterhaltung eines guten Beziehungsverhältnisses zwischen Eltern und Kindern in den Vordergrund. Zudem wird hier die Funktion der Eltern neu definiert. Sie sind es nun, die für das Kind besondere Leistungen für deren Lebensbewältigung zu erbringen haben, und sie sind es, die langfristig von der »Gunst« und Zuwendung der Kinder abhängig sein werden. Der Erfolg der Kinder außerhalb der Familie gewinnt hier zudem eine zentrale Bedeutung, ein Erfolg, der nicht mehr so stark geschlechtsspezifisch definiert wird. Der psychologische Nutzen von Mädchen und Jungen unterscheidet sich für die Eltern ja nicht.

Bei Nauck und Oezel wird hier sozialer Wandel gewissermaßen

durch den Kulturvergleich simuliert. Sie können durch ihn das unterschiedliche generative Verhalten, also die unterschiedliche Kinderzahl, sehr gut erklären. Bei einer vorwiegend ökonomischen Nutzendefinition von Kindern sind die Anfangskosten hoch, die sich mit zunehmender Kinderzahl aber verringern, so daß hier bei großer Kinderzahl ein positives Nutzen-Kosten-Verhältnis entsteht. Bei der psychologischen Nutzendefinition ist dies genau umgekehrt. Hier steigen mit zunehmender Kinderzahl die psychologischen Nutzwerte nicht, die ökonomischen Kosten nehmen aber zu.

Nauck und Oezel können nachweisen, wie sich aufgrund unterschiedlicher opportunitätsbedingter Nutzwertfunktionen von Kindern geschlechtsspezifische Differenzierungen von Erziehungsprozessen innerhalb der Familie verändern. Es setzt eine sehr viel stärkere »Rationalisierung« in bezug auf optimale medizinische Versorgung bei Kleinkindern ein, und die Intensität der »pädagogisch-intrinsischen« Beschäftigung mit den Kindern steigt. Gleichzeitig sinkt das Ausmaß der Beteiligung der Kinder an familiärer Hausarbeit, insbesondere die Beteiligung der Mädchen. Hier substituiert der Rationalisierungsprozeß in bezug auf Hausarbeit kindliche Arbeitskraft.

6.3 Neue Rolle der Väter

Daß sich tatsächlich die Bedeutung des familiären Zusammenlebens mit Kindern gewandelt hat, kommt vor allem in einem historisch neuen Sachverhalt zum Ausdruck: in der stärkeren Beteiligung des Vaters am Erziehungsprozeß. Väter verbringen nach der Geburt eines Kindes nicht nur mehr Zeit zu Hause, sondern sie spielen auch bedeutend häufiger mit Kindern. Die folgende Tabelle dokumentiert dies eindrucksvoll. Der hauptsächliche Entwicklungsschub findet aber von den fünfziger Jahren in die frühen siebziger Jahre statt – ein Sachverhalt, der uns noch häufig begegnen wird.

Tabelle 5 Spielen der Väter mit ihren Kindern

	1950	1970	1980
Spiele nie, bzw. habe nicht nach Feierabend mit den Kindern gespielt	64%	11%	10%
Ich habe nie gedacht, daß ich meinen Kindern mehr Zeit widmen müßte	71%	38%	40%

Quelle: Nave-Herz 1984, S. 59.

6.4 Stabilität der Partnerbeziehungen

Die Intensität der elterlichen Zuwendung zu Kindern ist im Laufe der Nachkriegszeit gewachsen. Gleichzeitig dürften aber auch die Beziehungen der Ehepartner untereinander weniger stabil geworden sein. In der erwähnten Befragung von Nave-Herz kommt dies etwa in der Aussage zum Ausdruck: »Die Ehe ist ein Bund fürs Leben, daran solltet ihr denken, wenn ihr auch einmal nicht so glücklich seid«. Hier ist die Zustimmung von 1950 bis 1970 von 87% auf 55% zurückgegangen.

Wir haben hier somit sehr viele gegenläufige Entwicklungen vor uns. Nave-Herz drückt dies so aus: »Längere Vertrautheit vor der Ehe und die besseren Wohnungsbedingungen müßten positivere Beziehungsstrukturen, nämlich weniger Konfliktanfälligkeit, bedeuten. Aufgrund der steigenden Ehescheidungszahlen müssen

Tabelle 6 »Die Ehe ist ein Bund fürs Leben, daran solltet Ihr denken, wenn Ihr auch einmal nicht so glücklich seid« (in Prozent)

	1950	1970	1980
Zustimmung	86,8	55,5	41,6
Ablehnung	8,8	28,2	41,6
Unentschlossen	4,4	16,2	16,9
(N)	(68)	(117)	(89)

Quelle: Nave-Herz 1984, S. 61.

jedoch diese günstiger gewordenen Rahmenbedingungen durch andere Faktoren aufgehoben worden sein. Die veränderten objektiven Bedingungen bewirkten weiterhin, daß in zunehmendem Maße eine bestehende partnerbezogene Lebensgemeinschaft in eine kinderbezogene Ehe überführt wird... Verbunden mit dieser veränderten Bedeutungszuschreibung von Ehe und Familie scheint auch eine gewisse Veränderung der inneren Struktur im ersten Familienzyklus gegeben zu sein: die Ausbildung eines Mutter-Kind-Subsystems wird verschoben, der Vater ist nicht mehr nur Beobachter, sondern wird in den Erfahrungsprozeß von Schwangerschaft und Geburt sowie von Sozialisation miteinbezogen« (Nave-Herz 1984, S. 60).

Parallel zu den gestiegenen Erwartungen an die kommunikative und emotionale Qualität der Partnerbeziehungen steigen aber in der Geschichte der Bundesrepublik die Scheidungszahlen (s. Abbildung 11), wobei über 70% aller Scheidungsanträge von Frauen eingereicht werden.

Die beiden charakteristischen Tendenzen sind also die einer größeren emotionalen Intensität des Familienlebens und des Lebens mit Kindern, aber gleichzeitig einer größeren Labilität der Beziehung der Ehepartner. Letzteres wird vornehmlich durch die Entwicklung der Scheidungszahlen indiziert (s. Abbildung 11).

6.5 Geänderte Umgangsformen von Eltern und Kindern

Von entscheidender Bedeutung für veränderte Lebensbedingungen in der Familie sind für Heranwachsende historische Wandlungen in den Umgangsformen der Eltern mit ihren Kindern, die Ausdruck geänderter Autoritätsverhältnisse sind. Man würde nun, angesichts der Bedeutung dieser Frage gerade dazu eine umfassende Datenlage vermuten. Dem ist jedoch leider nicht so. Die einzigen einigermaßen zuverlässigen empirischen Untersuchungen sind im Kontext der Jugendstudien von Emnid durchgeführt worden. Eine zusätzlich interessante Zusammenstellung bietet die Carlberg-Jugendstudie (1976). Aus all diesen Arbeiten geht deutlich hervor, daß die Nachkriegsgeneration noch relativ streng erzogen wurde. Diese Verhältnisse haben sich in den siebziger und achtziger Jahren unübersehbar geändert.

Aus Tabelle 7, die aus den Emnid-Jugendstudien stammt, in der

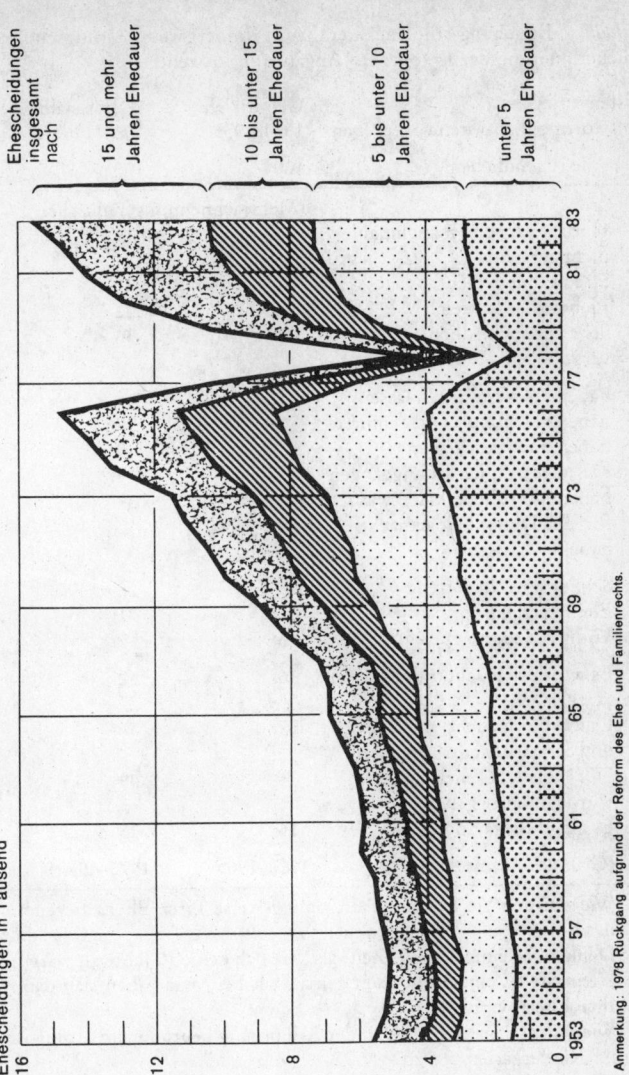

Abbildung 11 Ehescheidungen nach ausgewählter Ehedauer seit 1953

Quelle: Statistisches Landesamt Baden-Württemberg (Hg.) 1985, S. 82.

Tabelle 7 Erziehungsstile in Elternhaus, Kindergarten, Grundschule – Rückerinnerung der Erzogenen (Angaben in Prozent)

Listenvorlage – Antwortmöglichkeiten vorgegeben	Geburtsjahr 1954/1955	Geburtsjahr 1964/1965
Alle Jugendlichen	100	100
	(Mehrfachnennungen möglich)	
1) Hart/Streng und manchmal nicht gerecht	24	14
Streng aber gerecht	31	31
Liebevoll, fast weich	16	22
Sehr unterschiedlich/verschieden	31	36
2) haben mich gewähren lassen	9	8
haben geschimpft und gemurrt	46	37
haben mich geschlagen	21	9
haben gesagt, ich sei ungezogen	14	19
haben mir ruhig erklärt, was ich für eine Dummheit gemacht habe	25	33
3) Sehr streng/eher streng	39	22
Eher freizügig	57	71
Völlig freizügig	3	7
4) Es wurde versucht, mit Prügeln zu erziehen	16	2
Es wurde versucht, mit Strenge und Strafarbeiten zu erziehen	57	36
Das gab es alles nicht, aber es wurde intensiv gelernt	34	49
Es ging lustig und frei zu	15	25
(Grundschulzeit zwischen:	1960–1965	1970–1975)

1) Wie würden Sie heute die Erziehungsweise Ihrer Eltern bezeichnen?
2) Denken Sie einmal an die Zeit, als Sie noch keine 10 Jahre alt waren: Wenn Sie da eine Dummheit gemacht haben, wie haben sich dann Ihre Eltern verhalten?
3) Wie würden Sie das heute in der Erinnerung beurteilen, wie ging es im Kindergarten ... zu?
4) Wie würden Sie die Grundschule beschreiben, in der Sie damals waren?

Quelle: Jugendwerk der Deutschen Shell (Hg.) 1981, S. 96.

Rückerinnerungen an die eigene Erziehung erfragt wurden, wird ersichtlich, daß körperliche Strafen zurückgegangen sind und mehr mit Argumenten und Erklärungen erzogen wird.

Wie die Formulierung der Fragen zeigt, repräsentieren diese Daten Rückerinnerungen, wobei die Kohortenunterschiede auch nicht jenes dramatische Ausmaß haben, das man vermuten würde. Hart und streng bzw. manchmal ungerecht haben die Erziehungsweise der Eltern Jugendliche der Geburtsjahre 1954/55 zu 24% empfunden, zehn Jahre später nur mehr 14%. Unter den »Erziehungsformen« sind allerdings Prügel nur mehr von 9% im Vergleich zu 21% bei den in den fünfziger Jahren Geborenen erwähnt worden, Appelle an die Vernunft haben zugenommen.

Noch lehrreicher und plastischer sind die Ergebnisse der McCann-Studie, die die Bereitschaft, die elterliche Autorität in Frage zu stellen, im Vergleich zwischen 1966 und 1976 erhoben hat. Zinnecker hat diese Ergebnisse zusammengestellt; die entsprechende Graphik ist so informativ, daß sie hier wiedergegeben werden soll.

6.6 Weniger Autorität der Eltern

Abbildung 12 verweist auf einen interpretationsbedürftigen Sachverhalt: die Bereitschaft, die elterliche Autorität in Frage zu stellen, ist in den siebziger Jahren bei den 10- bis 14jährigen so groß, wie sie zehn Jahre davor bei den 15- bis 19jährigen war. Die Abbildung macht aber noch mehr klar. Einmal wird sichtbar, daß 1966 von den damals 10- bis 14jährigen zwei Drittel nicht gewagt hätten, einem Verbot der Eltern zuwiderzuhandeln. 1976 ist dies bei dieser Altersgruppe nur mehr zu 50% der Fall. Mit zunehmendem Alter steigt die Widerstandsbereitschaft der Kinder gegen ihre Eltern. Daneben ist der Geschlechtsfaktor immer am Werke: Mädchen getrauen sich weniger, Widerstand zu zeigen als Jungen.

Mit zunehmendem Alter steigen aber vornehmlich die Widerstandsfähigkeit und die Widerstandsbereitschaft, die Unbeherrschtheit gegenüber Eltern (»Eltern anschreien«) von seiten der Kinder nimmt altersspezifisch nicht so stark zu. Die »Aggressivität« den Eltern gegenüber steigt aber von den sechziger zu den siebziger Jahren von 24% auf 36%. Damit drängt sich die Inter-

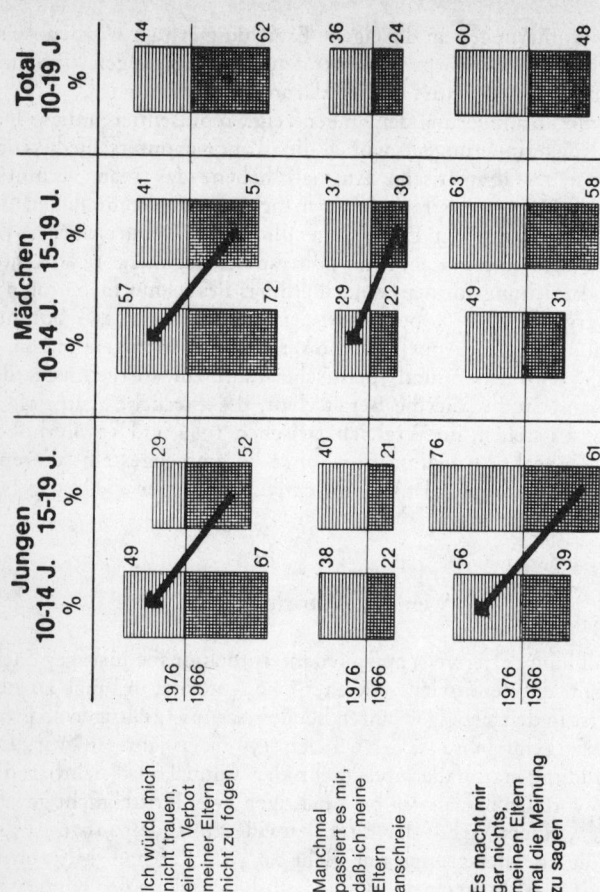

Abbildung 12 Bereitschaft, die elterliche Autorität in Frage zu stellen – Vergleich 1966 und 1976 – 10-19jährige – Bundesrepublik Deutschland

Quelle: Carlberg 1977, nach: Jugendwerk der deutschen Shell (Hg.) 1981, S. 97.

pretation auf, daß es Eltern in dieser Altersphase mit ihren Kindern heute schwerer haben, daß sie heute mehr »Anpöbeleien« zu ertragen haben, daß sie mit mehr Widerstand rechnen müssen.

6.7 Mehr Freiheiten der heutigen Jugend

Jugendliche erkämpfen heute mehr Freiheiten, was sich auch darin ausdrückt, daß ein zentraler Konflikt mit den Eltern, nämlich die Kontrolle des abendlichen Ausgehens, heute anders geregelt wird (s. *Jugend 81*, S. 98). Während 1976 von den 15- bis 19jährigen fast die Hälfte berichtet, daß ihnen bezüglich des abendlichen Ausgehens keine Vorschriften gemacht werden, sagen das 1966 nur etwa 1 bis 2%. Jugend ist heute nicht mehr die autoritätsgebundene und behütete Jugend, die es nicht wagt, gegen die Eltern aufzumucken.

Die Heterogenität in der Jugendgeneration hat sich allerdings vergrößert. Auch 1976 berichtet noch die Hälfte aller Schüler von Ausgehbeschränkungen, und 50% der 10- bis 14jährigen würden sich nicht getrauen, einem Verbot der Eltern zuwiderzuhandeln. Von den 15- bis 19jährigen berichtet das immerhin noch fast ein Drittel der Jugendlichen. Der Rückgang gegenüber 1966 ist zwar unübersehbar, aber auch in den siebziger Jahren gibt es noch große Gruppen von Jugendlichen, die in familiäre Behütung und Autorität eingebunden sind.

6.8 Wertwandel in den elterlichen Erziehungserwartungen

Ist dieser Freiraum der Jugendlichen ihren Eltern mühsam abgerungen, oder stehen dahinter nicht auch Änderungen in den Erwartungshaltungen der Eltern selber? Diese Frage zu stellen bedeutet, nach dem Wertwandel in den elterlichen Erziehungserwartungen zu suchen. Autoritätsverhältnisse und strenge Erziehungspraktiken sind immer mit Erwartungshaltungen des sich Fügens, der Unterordnung und des Gehorsams gekoppelt. Argumentative Erziehungsformen korrespondieren in der Regel mit Erwartungshaltungen der Selbständigkeit, Selbstverantwortung und Rücksichtnahme. Sie zielen auf die psychische Stärkung und

Entscheidungsfähigkeit der Kinder und nicht so sehr auf deren äußerliche Einordnung in autoritätsgestützte Verhältnisse.

Es gibt einige wenige Untersuchungen, die sich diesem Wertwandel, was Erziehungswerte angeht, gewidmet haben. Die wichtigste Zeitreihe repräsentieren die Emnid-Befragungen ab 1951. Drei Erziehungswerte sollten dabei jeweils in ihrer Bedeutung gewichtet werden:

– Gehorsam und Unterordnung
– Ordnungsliebe und Fleiß
– Selbständigkeit und freier Wille.

Im historischen Verlauf wird nun sichtbar, daß das Erziehungsziel »Selbständigkeit und freier Wille« eine Ausbreitung von 28% auf 49% der befragten Bevölkerung erlebt hat. Korrespondierend

Tabelle 8 Gehorsam – Ordnung – Selbständigkeit. Entwicklung der Erziehungsbilder in der Bevölkerung 1951 bis 1981 (BRD) (Angaben in Prozent)

	Gehorsam und Unterordnung	Ordnungsliebe und Fleiß	Selbständig-keit und freier Wille	Sonstige Antworten/ Keine Antworten	
1951	25	41	28	6	*100*
1954	28	43	28	6	105
1957	25	48	32	8	113
1964	25	45	31	7	108
1965	19	53	31	5	108
1967	25	48	37	5	115
1969	19	45	46	7	116
1972	14	37	45	4	*100*
1974	17	44	53	5	119
1976	10	41	51	0	102
1978	12	46	48	1	107
1979	11	43	44	3	101
1981	8	38	52	2	100
1983	9	38	49	4	*100*

Quelle: Emnid-Informationen 6/7 1976; 6/1979; 7/1978; 6/7 1981; 8/9 1983.

Fragetext: »Auf welche Eigenschaften sollte die Erziehung der Kinder vor allem hinzielen: Gehorsam und Unterordnung, Ordnungsliebe und Fleiß oder Selbständigkeit und freien Willen?« (mit Ausnahme einiger Jahre waren Mehrfachnennungen zugelassen).

dazu sank die Betonung von Gehorsam und Unterordnung von 25% auf 9% (s. in Zinnecker 1985, S. 208).

Wenn man von der hier leider nicht näher aufklärbaren Problematik zeitweise erlaubter Mehrfachnennungen absieht und sich vor allem auf ca. 100%-Nennungen konzentriert (1951, 1972, 1976, 1979, 1981, 1983), dann lohnt sich eine differenzierte Betrachtung. Sie zeigt einmal, daß der gewichtigste Wandel von den fünfziger Jahren in die frühen siebziger Jahre stattgefunden hat und 1976 praktisch abgeschlossen war. Aufmerksamkeit verdient auch die über alle Jahre stabil bleibende Bedeutungszuschreibung zu den Erziehungszielen »Ordnungsliebe und Fleiß«. Wenn man der Einschätzung zustimmt, daß diese inhaltlich mit dem Wertsystem »Gehorsam und Unterordnung« mehr übereinstimmen als mit jenem von »Selbständigkeit und freier Wille«, dann können wir vermuten, daß die Erziehungsstile der Eltern heute »widersprüchlicher«, »antagonistischer« geworden sind. Kinder zu erziehen, die aus freien Stücken und innerer Selbständigkeit ordnungsliebend und fleißig sind, dies scheint die schwierige Erziehungsaufgabe zu sein, die sich Eltern heute stellen.

6.9 Jugendliche und Erwachsene 85

Zu den wichtigsten neueren Quellen, um Veränderungen im Eltern-Kind-Verhältnis in der Nachkriegszeit zu belegen, gehört die Studie *Jugendliche und Erwachsene 85*, die Zinnecker (1985) zum Themenbereich des familiären Lebens ausgewertet hat. Allerdings fußen viele Daten auf Rückerinnerungen der Jugendlichen heute und der Erwachsenen heute. Die Berichte der Jugendlichen beziehen sich damit auf das Aufwachsen in den späten siebziger Jahren, die der Erwachsenen auf das Großwerden in den fünfziger und frühen sechziger Jahren.

6.10 Konflikte früher und heute

Schon in der Voruntersuchung zur Jugendstudie 85 (durchgeführt im Jahre 1984) zeigten sich einige auffallende Ergebnisse, die ein bezeichnendes Licht auf entsprechende Veränderungen werfen.

1. Die Intensität der Konflikte im Eltern-Kind-Verhältnis ist heute nicht geringer geworden, als sie vor zwanzig Jahren war, im Gegenteil, die Konflikthäufigkeit ist heute – zumindest gemessen an den *Rückerinnerungen* der Erwachsenen – größer. Die Streitanlässe haben sich allerdings verschoben. Waren es in den fünfziger Jahren Probleme der Unachtsamkeit im Umgang mit wertvollen Gegenständen und Unpünktlichkeit – verständlich auf dem Hintergrund der materiellen Not und der Berufstätigkeit der Mütter, welche eine exakte Abstimmung von Zeitvereinbarungen erforderten –, so sind es heute besonders Konflikte im Umkreis von Unordnung – verständlich bei den vielen Gegenständen, die Jugendliche heute besitzen – und verfeinerte Konflikte um Überheblichkeit, Vergeßlichkeit, Frechheit, Aufsässigkeit usw. Bei Mädchen sind abendliches Ausgehen und das Verhältnis zu Freunden zentrale und dominante Konfliktanlässe, bei Jungen stärker Schulleistungen, Rauchen, Geldverschwendung, Umgangsformen, »Körperstil« und Fernsehen.

2. Besonders interessant sind die altersspezifischen Verschiebungen. Waren in den fünfziger Jahren viele Konflikte, was Ordentlichkeit, Leistungen in der Schule usw. angeht, in der Kindheit lokalisiert, so wandern diese Konfliktstoffe, insbesondere jene der Schulleistungen und der Ordnung, in das Jugendalter. Andererseits verschieben sich Konflikte, z. B. frühe Bekanntschaften mit dem anderen Geschlecht, abendliches Ausgehen und Musikgeschmack, von der Jugendzeit in die beginnende Adoleszenz. Tabelle 9, die aus der Haupterhebung stammt, aber auch Rückerinnerungen enthält, macht die Verschiebungen in den Konfliktwahrnehmungen von den fünfziger Jahren bis heute nochmals zusammenfassend sichtbar.

Geht man von gleichen Erinnerungsgesetzen bei den Erwachsenen und den Jugendlichen aus – dies ist durchaus nicht selbstverständlich und müßte eigens geprüft werden –, dann hat sich die Konfliktintensität insgesamt erhöht. Es geht dabei vor allem um Ordnung, um Leistungen in der Schule, um abendliches Ausgehen und um die Mithilfe zu Hause. Auch Mode, Körperstil und Rauchen, also jugendkulturspezifische Zugehörigkeitssignale, führen zu Konflikten zwischen Eltern und ihren erwachsen werdenden Kindern.

Hinter dem Oberflächenmuster dieser Konflikte dürften Sorgen der Eltern wegen frühzeitigem Sexualverhalten und den daraus resultierenden möglichen problematischen lebensgeschichtlichen Konsequenzen (Frühschwangerschaften) ebenso stehen wie Sorgen, daß die Kinder jene disziplinierte Lebensweise in bezug auf den Genuß von Alkohol und Nikotin bzw. in bezug auf Arbeitsmoral vermissen lassen, die eine langfristige Lebensplanung erfordern würde. Daneben scheint es für Eltern auch nicht leicht zu sein, ein alltägliches Gleichgewicht der Pflichten und Rechte, der Mithilfe der Kinder bei häuslichen Arbeiten und der »Dienste« der Erwachsenen zu erzielen.

Jugendliche mit vielen Konflikten im Elternhaus sind in der Regel

Tabelle 9 Situationen, die in Kindheit und Jugend zu Auseinandersetzungen mit den Eltern führten. Vergleich der Rückerinnerungen von Jugendlichen '84 und Erwachsenen '84 (Mehrfachantworten) (Haupterhebung Mai 1984)

	Jugend der 50er Jahre (n = 729): Erinnerungen			
	Rang	sehr häufig/ häufig %	gele- gent- lich %	nie %
wegen meiner Leistungen in der Schule	1	14	46	40
wegen des Ausgehens abends	2–3	19	37	44
wegen Freundschaften mit Jungen (nur Frauen)	2–3	12	44	44
wegen meiner Unordentlichkeit	4	15	40	45
weil ich zu Hause nicht helfen wollte	5	16	36	49
wegen meiner Kleidung	6	10	39	51
wegen Freundschaften mit Mädchen (nur Männer)	7	7	34	59
weil ich keine guten Umgangsformen hatte	8	5	33	62
wegen meiner Frisur	9	7	23	70
wegen der Musik, die ich hören wollte	10	7	19	74
wegen des Rauchens	11	7	17	76
wegen unterschiedlicher politischer Meinung	12	3	11	86

	Jugend der 80er Jahre (n = 1472): Erinnerungen			
	Rang	sehr häufig/ häufig %	gele-gentlich %	nie %
wegen meiner Leistungen in der Schule	3	31	43	26
wegen des Ausgehens abends	5	34	40	27
wegen Freundschaften mit Jungen (nur Frauen)	7	16	40	43
wegen meiner Unordentlichkeit	1	46	37	17
weil ich zu Hause nicht helfen wollte	2	31	49	21
wegen meiner Kleidung	4	27	41	32
wegen Freundschaften mit Mädchen (nur Männer)	12	8	25	68
weil ich keine guten Umgangsformen hatte	6	16	46	38
wegen meiner Frisur	8	21	34	46
wegen der Musik, die ich hören wollte	9	19	31	50
wegen des Rauchens	10	20	23	58
wegen unterschiedlicher politischer Meinung	11	11	23	65

(Erwachsene: Frage 18; Jugendliche: Frage 13)
Fragetext: »Manchmal haben Kinder und Jugendliche Auseinandersetzungen mit ihren Eltern. Bitte sage mir, ob folgende Situationen irgendwann zu Auseinandersetzungen mit Deinen Eltern geführt haben oder noch führen.«
(Listenvorlage, getrennt für Männer und Frauen)
– Antwortvorgaben: sehr häufig – häufig – gelegentlich – nie

Lesehilfe: die Prozentzahlen sind in der Waagerechten zu lesen. Sehr häufig / häufig + gelegentlich + nie = 100% (kleinere Abweichungen durch Rundungsfehler bedingt).
Die Rangfolge wurde danach bestimmt, ob ein Auseinandersetzungspunkt vorkommt (sehr häufig / häufig + gelegentlich) oder nicht (nie)

Quelle: Jugendwerk der Deutschen Shell (Hg.) 1985, Bd. 3, S. 116.

solche, die früh einen Erwachsenenstatus anstreben, die also früh gegengeschlechtliche Kontakte und Erfahrungen haben, früh rauchen und trinken, mehr Konsumgüter beanspruchen, mehr Selbständigkeit vom Elternhaus wünschen und sich stärker jugendspezifischen Stilen anschließen. Dabei haben sich die erwähnten geschlechtsspezifischen und altersspezifischen Verschiebungen von den fünfziger zu den achtziger Jahren ergeben. Früher und heute standen jedoch zu Hause Themen im Vordergrund, wie die Berufslaufbahn der Kinder gesichert werden kann, wie eine disziplinierte und verantwortliche Lebensführung – um diese Vokabeln aus der Diskussion um die Berufsethik im Anschluß an Weber zu verwenden – etabliert werden könnte.

6.11 Erziehungsstile

Die epochalen Änderungen im Familienleben in der Phase der Jugendzeit bedürfen aber der Ergänzung durch die Charakterisierung der Umgangsformen von Eltern und Kindern miteinander, also einer Ergänzung durch die Schilderung der epochalen Wandlungen in den Erziehungswerten, Erziehungsvorstellungen und Erziehungsformen.

Die Erwartung, die man aus früheren Untersuchungen ableiten kann, läßt sich in die einfache Formel bringen, daß die kulturellen Wandlungsprozesse in der Nachkriegszeit zu einer zunehmenden Liberalisierung, zu einer zunehmend weniger strengen Erziehung geführt haben müßten. Oberflächeninformationen bestätigen dieses Bild, wenngleich sich Jugendliche im Jahre 1955 und Jugendliche im Jahre 1984 nur zu etwa 10% voneinander in der erwarteten Richtung abheben. Erwachsene heute meinen aber, daß sie früher bedeutend strenger erzogen worden sind. Sie haben vergleichende Maßstäbe und kommen deshalb zu einem anderen Urteil. Eine differenziertere Auswertung einzelner Jahrgänge verfeinert aber das Bild. Offensichtlich war die Jugend nach dem Kriege (s. Drexler 1983 und Preuss-Lausitz 1983) so von unmittelbarer Not geprägt, von Vaterverlust und Berufsnot, daß pädagogisch-psychologische Fragen des Eltern-Kind-Verhältnisses eher in den Hintergrund getreten sind und die Kinder weitgehend ohne Kontrolle (s. das »Kontrolloch«, das Drexler behauptet) aufgewachsen sind. Erst für jene Jugendliche, die zwischen 1952

Tabelle 10 Übereinstimmung mit der Erziehung der Eltern. Zeitreihen-Vergleich (Angaben in Prozent)

Es erziehen/ Es würden erziehen	Erw. 54[1] (in Fam.)	Jug. 53 15–24 J.	Jug. 54 15–24 J.	Jug. 55 15–24 J.	Jug. 64 15–24 J.	Jug. 84 15–24 J.	Erw. 84 45–54 J.
	n = 1757	n = 1498	n = 1493	n = 1464	n = 2380	n = 1472	n = 729
Genauso	31	32	34	34	33	12	8
Ungefähr so	41	41	48	46	40	41	39
Anders	21	18	14	12	18	37	41
Ganz anders	5	6	3	6	4	11	13
Keine Antwort	2	3	1	2	5	–	–
	100	100	100	100	100	101	101
			n = 1284			n = 1099	n = 620

1 Erwachsene Bevölkerung, die in Familien lebt (mit oder ohne eigene Kinder)

Quellen: Fröhner (1956 b, S. 418); Emnid (1953, S. 170); Fröhner (1956 a, S. 170); Emnid (1964, S. 82); Frage 9 a, b [Jugend 84]; Frage 9 f (Erwachsene '84)

Fragetext Jugend 53: »Würden Sie Ihre Kinder so erziehen, wie Ihre Eltern Sie erzogen haben, oder würden Sie es anders machen?«

Varianten:

Jugend 55: »... Eltern Sie *selbst* erzogen haben ...«
Jugend 64: »... Ihre Kinder *genauso* erziehen ...«
Jugend 84: (Falls »Habe bereits Kinder«) »Erziehst Du Deine Kinder so, wie Deine Eltern Dich erzogen haben, oder machst Du es anders?«

Erwachsene 84: (Frage nur an Eltern) »Haben Sie Ihre Kinder so erzogen, wie Ihre Eltern Sie erzogen haben, oder haben Sie es anders gemacht?«

Erwachsene 54: »Soll man Kinder so erziehen, wie Sie selbst von Ihren Eltern erzogen worden sind, oder soll man es anders machen?«

Jugend 84: (Frage nur an Jugendliche, die Kinder haben wollen)

Quelle: Jugendwerk der Deutschen Shell (Hg.) 1985, Bd. 3, S. 159.

und 1960 groß geworden sind, dürfte sich wieder eine stärkere Konzentration auf das Eltern-Kind-Verhältnis ergeben haben. Dabei nehmen Jugendliche wahr, daß sie von Eltern streng erzogen werden, wobei diese Formulierung »strenge Erziehung« in der Regel einen positiven Bedeutungshof hat.

Einen unübersehbaren Hinweis auf Wandlungsprozesse liefert uns die Zeitreihe der Antworten auf die Frage, »Würden Sie Ihre Kinder so erziehen, wie Ihre Eltern Sie erzogen haben, oder würden Sie es anders machen?« (s. Tabelle 10).

Während bis in die sechziger Jahre etwa 70 bis 80% der Jugendlichen es genauso bzw. ungefähr so machen würden, sinkt dieser Anteil bei der Jugend in den achtziger Jahren auf 53%. Die Distanzierung von der elterlichen Erziehung hat sich zwischen 1965 und 1975 vollzogen (Zinnecker 1985, S. 160). Für die achtziger Jahre offenbart sich aber eine eigenartige Entwicklung: Die Erwachsenen des Jahres 1984, die bilanzierend berichten, daß sie ihre Kinder ganz anders erzogen haben als sie selber erzogen wurden, haben selber wieder Kinder, die (paradoxerweise?) ihre eigenen Kinder ganz anders erziehen würden, als sie selbst erzogen worden sind.[10]

Solange die Eltern ihre Kinder ungefähr so erzogen haben, wie sie selbst erzogen wurden, hatten sie auch Kinder, die diese Tradition fortsetzen wollten. Die Elterngeneration (1984), die überwiegend (54% im Vergleich zu 26% in den fünfziger Jahren) berichtet, daß sie ihre Kinder anders erzogen hat, als es ihnen selbst ergangen ist, steht einer Jugendgeneration gegenüber, die erstmals in stärkerem Maße (48% im Vergleich zu 22% in den frühen sechziger Jahren) äußert, sie möchte ihre Kinder anders erziehen.

Das erste belegbare Phänomen ist hier dies, daß offensichtlich erstmals in der Nachkriegszeit *in den siebziger Jahren* Eltern ihre Erziehungsformen in größerem Ausmaß geändert haben – was immer die Ursachen sein mögen. Erstaunlich ist die Entwicklung nach dieser Phase: nachdem die Eltern ihre Erziehungsvorstellungen geändert haben, melden sich deren Kinder erneut mit häufi-

---

10 Hier sei noch vermerkt, daß die Distanzierung von den elterlichen Erziehungsformen erstaunlich unabhängig vom Alter der Jugendlichen, dem Geschlecht und auch dem sozialen Status ist. Wenn die Eltern kritisiert werden, dann finden wir in der Regel zudem eine kurvilineare Beziehung: sowohl zu strenge als auch zu milde Erziehung führt zu Distanzierungswünschen.

geren Distanzierungen zu Wort. Sie äußern heute sogar mehr Kritik als früher – und dies schon bei gewandelten Erziehungsformen der Eltern.[11] Wir müssen damit bei den Jugendlichen heute von einem weiteren Veränderungsschub ausgehen.

Zinnecker verdanken wir eine brilliante Analyse dieser Prozesse. Sie macht eines sehr deutlich: Die Änderungswünsche der Jugendlichen heute beziehen sich nicht auf ein Zurück in die fünfziger Jahre zu mehr Strenge und mehr Behütetheit. Es ergibt sich eher folgendes Bild: Die Wandlungen, die die Erwachsenen selbst berichten, enthalten vor allem mehr Freiheiten und weniger Strenge, die Veränderungswünsche, die die Jugendlichen nennen, beziehen sich vor allem auf mehr Selbständigkeit, mehr Verständnis, mehr Gleichberechtigung und mehr Zeit für die Kinder. Die Idealvorstellungen der Jugendlichen sind um Gleichberechtigung, Selbständigkeit und Handlungsautonomie zentriert. Daraus ergeben sich komplementär die idealen Eigenschaften der Eltern: Verständnis, Einfühlungsvermögen, Zeit und Vertrauen. Es scheint beinahe so, als ob die Kinder, die ja eine veränderte Elterngeneration – im Vergleich zur Nachkriegszeit – erlebt haben, zur Artikulation, ja zur Eskalation dieser Erwartungen erst fähig werden, weil ihre Eltern bereits einen anderen Erziehungsstil mit mehr Freiheit, weniger Strenge und größerer Freizügigkeit praktiziert haben.

Hinter diesen Wandlungsprozessen stehen somit vermutlich sowohl Änderungen in den *Ansprüchen*, den *Artikulationsmöglichkeiten* und -fähigkeiten als auch in den *Inhalten*. Zinnecker hat dazu einen interessanten Interpretationsvorschlag entwickelt und im folgenden Schema festgehalten (Abbildung 13):

In den fünfziger Jahren geht es noch stark um die elterlichen Strafpraktiken, insbesondere um die Prügelstrafe, um die hohen Forderungen an häusliche Mitarbeit und um soziale Kontrolle. Der zeitgeschichtliche Diskurs gruppiert sich also um Härte und Milde, um autoritäre Strenge oder liberale Güte. Die Diskussion um das Muster von Gehorsam und Strenge steht im Vordergrund.

Die alte patriarchalische Erziehungskultur von gerechter Strenge und komplementärer Güte beginnt sich anschließend immer stärker aufzulösen. Heute stehen die Gleichberechtigung des Kindes

11 Die eingangs zitierten Elternreden drängen sich hier wieder auf.

Abbildung 13 Wandel des erzieherischen Diskurses 1950-1980

Historisch veraltende Themen	*Historisch neue Themen*
Bedingungsloser Gehorsam der Kinder	Gleichberechtigung des Kindes (im Sinn von Bürgerrechten)
Milde und Güte des Pädagogen vs. Härte	Kind als persönlicher Partner des Erwachsenen (»Von der Erziehung zur Beziehung«; »rein menschliches Verhältnis statt pädagogischem Bezug«)
Pathos der (distanzlos) innigen, hingebenden Elternliebe	
Eigenwelt des Kindes je nach entwicklungspsychologischer Stufe anerkennen	Herrschaftsfreier Diskurs zwischen Eltern und Kind

Historisch durchgehende Themen

GEMEINSAMKEIT	ENTWICKLUNGSTENDENZ
(Themen gleichbleibender Wichtigkeit)	
Freier, freizügiger erziehen/nicht so streng erziehen/freundschaftlich, kameradschaftlich	Elternverhalten lockerer, informeller
Ohne Gewalt und Zwang erziehen (Schläge und andere Gewaltmaßnahmen des pädagogischen Regimes abbauen)	Auf körperliche Strafe ganz verzichten
	Belohnen statt strafen
Mehr Zeit für Kinder	
Bessere Schul- und Berufsausbildung	Individuelle Förderung des Kindes wichtiger; abnehmende Tendenz der äußeren Hilfsmaßnahmen

(Themen zunehmender Wichtigkeit)

Erziehung zu mehr Selbständigkeit	Bereiche der Selbständigkeit; Akzentsetzung »Selbstaktualisierung der Person«
Mehr Rationalität in der Erziehung (konsequenter, aufgeklärter, objektiver, mehr erklären)	

Quelle: Jugendwerk der Deutschen Shell (Hg.) 1985, Bd. 3, S. 193 f.

und die gleichberechtigte Diskussion (»herrschaftsfreier Diskurs«) im Vordergrund. Argumentationseinschränkungen aufgrund des Alters und des familiären Status werden immer weniger als gerechtfertigt empfunden. Das Thema des »Miteinander-Redens« wird jetzt dominant. Damit werden an die Eltern natürlich auch ganz andere Anforderungen an »kommunikative Fähigkeiten« gestellt. Die Jugendlichen erwarten somit einen stärker argumentativ bestimmten Beratungsprozeß, einen gleichberechtigten Diskussionsstil. Zinnecker kennzeichnet den Prozeß der Wandlung sehr plastisch mit der Formulierung ›von der Erziehung zur Beziehung‹. Kinder sind heute nach der herrschenden Leitvorstellung weniger Objekte der Erziehung als Partner im täglichen Zusammenleben.

Daß auf diesem gewandelten Hintergrund das Zusammenleben von Eltern mit ihren Kindern gerade in der Jugendphase nicht leichter geworden ist, belegen überraschenderweise viele Indikatoren. Die Konfliktintensität scheint gestiegen zu sein, gleichzeitig stellen die Kinder bereits in einem früheren Alter die Autorität der Eltern in Frage, sie schreien ihre Eltern selber häufiger an, und sie distanzieren sich im Durchschnitt heute stärker von den erlebten Erziehungsformen als die Jugendlichen in den fünfziger Jahren. Diese konfliktreichen Entwicklungstendenzen legen die Vermutung nahe, daß wir heute in einer Übergangszeit, was die Veränderung der familiären Erziehungskultur angeht, leben. Die überkommenen Erziehungsformen sind fraglich geworden, ein Zurück ist unmöglich, ohne daß sich aber bereits eine Sicherheit und »Erziehungsfreude« vermittelnde neue Erziehungskultur gefestigt hat. Diese Familiensituation ergibt sich in einer historischen Epoche, in der die objektiven Gefährdungen gerade der Jugendphase sicher nicht geringer geworden sind als früher. Damit meine ich den erleichterten Zugang zu Alkohol und Nikotin, die Vergrößerung der Konsumanreize, die gestiegene Bedeutung der schulischen Laufbahn für die Existenzsicherung, die Verschärfung der Berufsfindungsprobleme, die Gefährdung durch Frühschwangerschaften infolge größerer sexueller Freizügigkeit.

6.12 Gesamtkonfigurationen

Zusammenfassend seien hier nochmals in einer Graphik die verschiedenen Änderungsindikatoren in den familiären Bedingungen des Aufwachsens dargestellt. Gerade die simultane Betrachtung verschiedener Indikatoren macht deutlich, daß gravierende Wandlungen festzustellen sind, die sowohl Erleichterungen als auch Erschwernisse indizieren (Abbildung 14).

Es ist offensichtlich: das familiäre Binnenklima hat sich gewandelt. Die Familien sind kleiner geworden, die Kinderzahl ist gesunken, und die Bedeutung des einzelnen Kindes, auch seine Relevanz für den affektiven Haushalt der Eltern, ist gestiegen. Die Autoritätsverhältnisse haben sich gewandelt und mit zunehmendem Alter wird das Eltern-Kind-Verhältnis partnerschaftlicher, diskussionsoffener und transparenter. Eltern konzedieren mehr Freiheit, betonen mehr Selbständigkeit.

Gleichzeitig steigt das Ausmaß an Meinungsverschiedenheiten, die Konfliktintensität nimmt zu. Ab den siebziger Jahren steigt auch der Prozentsatz der Jugendlichen, die sich von den Erziehungsformen der Eltern distanzieren. Im selben Zeitraum finden wir aber auch Indikatoren, daß die interne Stabilität der Familie nach einer sehr hohen Stabilitätsquote in den sechziger Jahren problematischer geworden ist. Die Kommunikationsintensität in der Familie, die Ansprüche an Gesprächspartner-Kompetenz zwischen Mann und Frau ist in diesen Jahrzehnten ebenfalls gestiegen, so daß der Maßstab für eine »erfüllte Ehe« höher gesetzt wurde. Damit ist auch die Zahl der Unbefriedigten gestiegen, insbesondere der unbefriedigten Frauen.

Eltern und Kinder gehen jedoch nicht nur »miteinander um«, sie erschöpfen sich in ihren Interaktionen nicht in der »Beziehungspflege«, sondern die Familie ist auch eine zukunftsbezogene Vorsorgeeinrichtung für das Leben der Kinder. So müssen auch die objektiven Gefährdungen in den verschiedenen Epochen der Nachkriegszeit gesehen werden, um das innerfamiliäre Leben, um die Erziehungsfähigkeit und Beratungsfähigkeit der Familie heute einschätzen zu können. Die Versuchungen und Gefährdungen des Heranwachsens heute sind, und dies zu wissen ist sehr wichtig, nicht geringer geworden (Suchtgefährdungen, Versagungserlebnisse auf dem Wege zu anspruchsvollen Berufen, Arbeitslosigkeit).

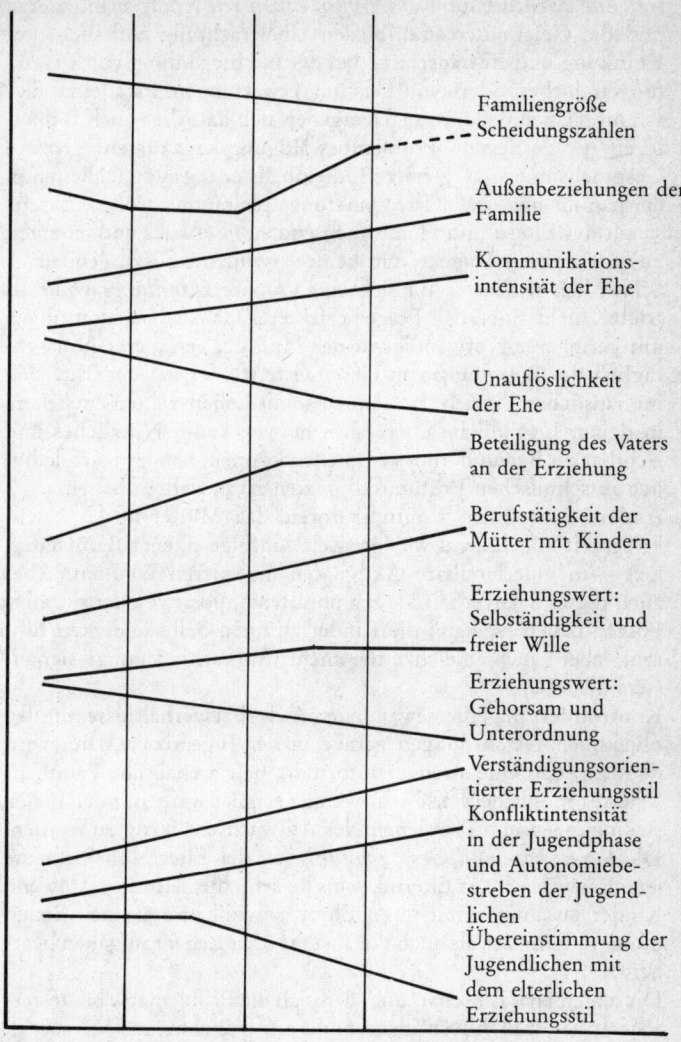

Abbildung 14 Familie und Aufwachsen in der Nachkriegszeit
Schematischer Überblick

Familiengröße
Scheidungszahlen

Außenbeziehungen der
Familie

Kommunikations-
intensität der Ehe

Unauflöslichkeit
der Ehe

Beteiligung des Vaters
an der Erziehung

Berufstätigkeit der
Mütter mit Kindern

Erziehungswert:
Selbständigkeit und
freier Wille

Erziehungswert:
Gehorsam und
Unterordnung

Verständigungsorien-
tierter Erziehungsstil
Konfliktintensität
in der Jugendphase
und Autonomiebe-
streben der Jugend-
lichen
Übereinstimmung der
Jugendlichen mit
dem elterlichen
Erziehungsstil

50er Jahre   60er Jahre   70er Jahre   80er Jahre

Diese objektiven Gefährdungen müssen mit kulturellen Wandlungsprozessen gespiegelt werden, die eine zunehmende *stellvertretende Identifikation der Eltern mit ihren Kindern* indizieren und die Gefahr der emotionalen Überfrachtung enthalten, der Kränkung und Enttäuschung bei der Nichterfüllung von Erwartungen, insbesondere von Leistungserwartungen. Parallel zu diesen möglichen Gefährdungen ergeben sich natürlich auch Indikatoren für gestiegene Problembewältigungskapazitäten: größere Gesprächsintensität, größere Individualisierungsmöglichkeiten in der Familie und erweiterte Handlungsspielräume, größere Bereitschaft der Eltern und Heranwachsenden, über alles und jederzeit zu reden, keine Themen und keine Argumente auszublenden.

Schließlich wieder ergibt sich eine *größere Handlungsarmut* als früher, nicht zuletzt als Folge perfekterer Haushaltsausstattungen mit geringerer Notwendigkeit der Mithilfe, geringerer Notwendigkeit der Betreuung von Geschwistern oder gar der Mitarbeit im häuslichen Betrieb. Es können somit Lebenswelten entstehen, in denen Jugendliche über Jahre hinweg kaum Nützliches und sichtbar zu Bewunderndes herstellen können, sondern sich lediglich in schulischen Prüfungskontexten zu bewähren haben.

Andererseits finden wir Indikatoren, daß Mütter in der Nachkriegszeit zunehmend weniger Zeit – infolge eigener Berufstätigkeit – in innerfamiliäre Aktivitäten investieren konnten. Aber auch dieser Sachverhalt kann ambivalente, positive oder negative Folgen haben: er kann die Kinder zu mehr Selbständigkeit führen, aber auch gleichzeitig mehr Vernachlässigung signalisieren.

Konfrontiert man die gewandelten Autoritätsverhältnisse mit den objektiven Gefährdungen gerade in der Jugendzeit, dann wird deutlich, daß eine strenge, autoritäre, patriarchalische Familienstruktur möglicherweise sehr wenig geeignet wäre, mit den neuen Bedingungen und Problemen des Aufwachsens fertig zu werden. Die *Beratungs- und Gesprächsfähigkeit* der Eltern scheint heute jene Eigenschaft des Elterndaseins zu sein, die gefordert ist, wenn Kinder zusammen mit ihren Eltern sowohl ihre eigenen Beziehungsverhältnisse als auch die anstehenden Lebensaufgaben bearbeiten.

Die allgemeine Einschätzung, daß sich die Problematik heute verschärft hat, daß Eltern insbesondere in zunehmende Schwierigkeiten kommen, von ihren Kindern methodische Lebensführung,

Enthaltsamkeit, Langfristigkeit der Planung, kontinuierliche Anstrengung zu fordern und einzuüben, liegt hier nahe. Der Umgang mit den Ansprüchen der Kinder ist mit Sicherheit schwieriger geworden. Gestiegene Konfliktintensitäten und Deidentifikationsprozesse mit dem elterlichen Erziehungshandeln verweisen auf diesen Prozeß; sie verweisen darauf, wie wenig linear und eindimensional kulturelle Wandlungen verlaufen.

Um präziser beschreiben zu können, was heute produktive Formen der Auseinandersetzung zwischen Eltern und Kindern sind, müssen wir also diese historischen Problemlagen ebenso kennen wie die Veränderungen in der kulturellen Infrastruktur von Erziehung und familiärem Zusammenleben, also Veränderungen in den Deutungen und Wertungen dieser objektiven Bedingungen durch die »handelnden Familieneinheiten«.

Wenn dieses Muster sozialen Wandels im Edukatop Familie mit sozialem Wandel in der Moderne konfrontiert wird, dann drängt sich die Zuspitzung zur These auf, daß innerhalb der Familie ein Individualisierungsschub stattgefunden hat, durch den die Person des Heranwachsenden, seine Autonomie und Selbständigkeit, seine Selbstverantwortlichkeit und seine Selbstverwirklichungsrechte in den Mittelpunkt gerückt sind. Dadurch sind für das Kind und später für den Jugendlichen auch seine autonomen Rechte wichtiger geworden. Deren Realisierung wird zum Zentrum der Aktivitäten.[12]

Dieses Autonomie-Prinzip tritt damit in ein pointiertes Spannungsverhältnis zu rational-instrumentellen Regelsystemen, z. B. der hochdifferenzierten arbeitsteiligen Organisation von Produktionsprozessen, zu sogenannten »Systemzwängen«. Diese werden emotional als etwas »Fremdes« ausgegrenzt, in dem man sich nicht »wiederfinden« kann. Die Abgrenzung von allem, was nicht in der Linie selbst interpretierter und zu verantwortender Selbstdarstellung liegt, müßte diese Generation charakterisieren. Dies könnte sich sowohl gegenüber Leistungsanforderungen, Berufs-

12 In kulturvergleichenden Untersuchungen hat sich die diesbezügliche Sondersituation deutscher Jugendlicher gezeigt, die primär auf die Kontrolle der Umwelt nach eigenen Vorstellungen, auf Selbstrealisierung ausgerichtet sind und nicht wie etwa japanische Jugendliche die Anstrengung auf die Fähigkeit zur Einordnung in eine soziale Gemeinschaft konzentrieren; Trommsdorff 1986 auf dem Kongreß der DGfE in Heidelberg.

anforderungen als auch politischen Regelsystemen gegenüber artikulieren.

Diese Schilderungen können zur Zeit aber nur als zusammenfassende Hypothesen angesehen werden, die den Bogen von den Modernisierungstheorien hin zur Darstellung konkreter Bedingungen des Aufwachsens spannen und erklären könnten, warum heute besondere Spannungsverhältnisse zwischen dem Rationalitätsanspruch schulischer, wirtschaftlicher und politischer Systeme und Personalitätsansprüchen, die aus anderen kulturellen Traditionen stammen, welche heute lebensweltlich besonders im familiären Kontext verankert sind, entstehen.

6.13 Zusammenfassung

Die Entwicklung des Edukatops Familie in der Nachkriegszeit könnte man auf der Grundlage der sozialgeschichtlichen Forschung so zusammenfassen: Im emotional dichter gewordenen Binnenklima, das von größerer Gleichgewichtigkeit zwischen den Ehepartnern und den Eltern und Kindern gekennzeichnet ist, in dem die Individualität des Einzelnen mit seiner akzeptierten Selbständigkeit bedeutender geworden ist, in dem mehr auf verbaler Ebene ausgehandelt wird, werden heute die jeweiligen Phasen in der Entwicklung von Kindern und Jugendlichen anders bearbeitet. Daß diese Problembearbeitung und die damit immer eingeschlossene Vorbereitung auf das Leben draußen im Edukatop der Familie heute von ganz anderen Spannungen und Problemen gekennzeichnet ist, dürfte deutlich geworden sein. Die größere Freiheit in größerer Selbstverantwortung, den Wegfall äußerer Disziplin in innere Disziplin zu verwandeln, die Toleranz vor Gleichgültigkeit und Rücksichtslosigkeit zu schützen, den Rückgang der traditionalen Moral durch verantwortungsbewußte und rationale Lebensplanung zu ersetzen – all dies geschieht nicht in der Spannungslosigkeit und Reibungslosigkeit, die Autoren, welche über die Veränderung von Werten reden, oft unterstellen. Die Lösung und Bearbeitung dieser zukunftsgerichteten Orientierungen von Heranwachsenden ist dabei jeweils tief eingebettet in die Beziehungsverhältnisse der Eltern untereinander und von den Eltern zu den Kindern.

Die Alltagsorganisation und die Ereignisgeschichte von Familien mit Kindern, insbesondere in der Jugendphase, muß somit als eine Abarbeitung von Spannungen verstanden werden, die aus der Gleichzeitigkeit verschiedener Entwicklungen resultieren.

1. Die erste Entwicklungstendenz, die zu solchen Spannungen beiträgt, ist die weiterhin vorhandene Notwendigkeit einer methodischen Lebensführung und einer Berufsethik für die Existenzbewältigung unter modernen Bedingungen. Der berufsethische Aspekt des modernen okzidentalen Rationalismus ist keineswegs außer Kraft gesetzt, er hat aber Erosionen erfahren, die in der kapitalistischen Entwicklung selbst liegen, insbesondere im Zwiespalt zwischen asketischen Arbeitszumutungen und hedonistischen Konsumanreizen.

2. Die letzten Jahrzehnte sind zweifellos von einer Zunahme der Bedeutung von Gemeinschaftlichkeit, von kommunikativen Bereichen und von lebensweltlichen Erfahrungen gekennzeichnet. Innerhalb der Familie kommt dies in einer größeren internen Wertschätzung der Gesprächsintensität, in erweiterten sozialen Netzen mit Freunden und Bekannten zum Ausdruck. Die Entfaltung der Bedeutung verständigungsorientierten Handelns und der darin eingewobenen Vernunft führt nun zu Spannungsverhältnissen mit einer konkurrenzorientierten Wirtschaftsethik und einer langfristig und methodisch orientierten Lebensführung.

3. Auch innerhalb der Familie läßt sich ein Individualisierungsschub feststellen, der in einer größeren Wertschätzung des Kindes und einer größeren Betonung seiner Handlungsspielräume und Freiheitsrechte zum Ausdruck kommt. Die Vorstellung von der Autonomie und dem Eigenwert des sich entwickelnden Individuums entfaltet eine Eigendynamik, die dazu führt, daß die persönliche Sinngebung und die persönliche Identitätsfindung zu einer zentralen Entwicklungsperspektive für das Heranwachsen wird. Aber auch dieser Entwicklungsprozeß der letzten Jahrzehnte steht in keinem spannungslosen Verhältnis zur disziplinierten methodischen Lebensführung und Arbeitsethik sowie zu den Gemeinschaftserwartungen und den dadurch gegebenen Einordnungsnotwendigkeiten innerhalb und außerhalb der Familie.

Betrachtet man die Veränderungen des familiären Zusammenlebens über lange Zeiträume, dann ist unübersehbar, daß die Familie heute die Kinder *auf mehr Freiheitsgrade des Handelns vorbe-*

reiten muß. Sowohl die Berufswahl als auch die Wahl des künftigen Lebenspartners ist zu einem individuell zu verantwortenden und zu bewältigenden Problem geworden. Was man in dieser Welt will, in welcher Richtung man sich entwickeln möchte, was man selber zu sein wünscht, ist mehr denn je zu einem Prozeß des Suchens und des persönlichen Bestimmens geworden und dabei aus Vorgegebenheiten herausgelöst worden.

Auf diese Freiheiten und persönlichen Verantwortungen hin kann nur in einem sozialen Kontext erzogen werden, der selber den verantwortlichen Gebrauch individueller Freiheiten einübt. Der Schutzraum der Familie, der persönliche Freiheiten gewährt, problematische Konsequenzen persönlich verantworteten Handelns erfahren läßt, aber gleichzeitig »fehlerfreundlich« ist und die möglichen katastrophalen Auswirkungen experimentellen Fehlverhaltens begrenzt, ist dafür im Prinzip unersetzbar. Die Familie dürfte in den letzten Jahrzehnten ein solcher Verhandlungs-, Entscheidungs- und Übungsraum geworden sein.

Die Konflikthaftigkeit und oft auch die Schmerzhaftigkeit der innerfamiliären Lebensform von Eltern mit heranwachsenden Jugendlichen resultiert dabei nicht selten aus der Diskrepanz zwischen elterlicher Ohnmacht und dem objektiven Gefährdungsgrad der erwachsen werdenden Kinder, seien dies Suchtgefahren, Arbeitsprobleme oder verantwortungsarme sexuelle Beziehungen.

Die innerfamiliären Verhältnisse und ihre Problembearbeitungsstrategien sind aber nicht verständlich, wenn man die außerfamiliären Behauptungssituationen und Gefahrenkonstellationen nicht kennt. Nur aus diesem Vis-à-vis heraus wird das Innenleben der Familie verstehbar. Wir müssen uns deshalb in einem nächsten Schritt auf zwei bedeutsame außerfamiliäre Edukatope konzentrieren, auf das der Schule und auf die Gesellschaft der Altersgleichen.

7. Die Entwicklung des Bildungswesens in der Nachkriegszeit

In kaum einem anderen Bereich lassen sich veränderte Bedingungen des Aufwachsens so klar demonstrieren und belegen wie für den Lebensraum Schule, wie für das Bildungswesen. Auch ist die Datenlage hier ungleich besser als etwa für den Bereich der Familie, da Schulen und Ministerien schon seit dem frühen 19. Jahrhundert oft gewissenhaft Buch geführt haben. Wir wissen deshalb über die Entwicklung der Institution Bildungswesen in den letzten hundert Jahren recht genau Bescheid. Die quantitativen Änderungen im Bereich des Bildungswesens seit dem 19. Jahrhundert sind so umfassend und auffallend, daß die Verbreitung weiterführender Bildungswege neben der Etablierung und Realisierung der allgemeinbildenden Schulpflicht zum größten »Projekt der Moderne«, was die Gestaltung von Lernprozessen für Heranwachsende angeht, erklärt wurde.

Die »Bildungsexpansion« hat jedoch nicht erst in der Nachkriegszeit begonnen. In dem nicht ganz zehnjährigen Zeitraum von 1926 bis 1937 ist zum Beispiel der Prozentanteil der männlichen Abiturienten am Altersjahrgang der 19jährigen in Preußen von 2,74% auf 7,93% gestiegen; er hat sich somit innerhalb von 10 Jahren verdreifacht (s. Zymek 1983).

7.1 Die Nachkriegssituation

Der expansive Trend in der Bildungsbeteiligung hat sich trotz der schwierigen Situation nach dem Zweiten Weltkrieg fortgesetzt. Hier galt es sicher in Anfangsphasen, die einfachsten Grundlagen für einen geregelten Schulbetrieb wieder herzustellen: beschädigte und zerstörte Schulen wieder aufzubauen, Lehrer einzustellen und von nationalsozialistischem Gedankengut gereinigte Unterrichtsmaterialien herzustellen, wenn auch oft nur mit Schere und Klebstoff. Während im Volksschulbereich, insbesondere auf dem Lande, der Anteil einklassiger bis vierklassiger Schulen noch vorherrschend war – in Bayern waren in der Weimarer Zeit

(1926) für 70% aller Schüler auf dem Lande die Schulen ein- oder zweiklassig (Leschinsky 1981), in Nordrhein-Westfalen sind zwölf Jahre später noch 55% aller Volksschulen vierklassig oder kleiner –, beginnt der Anteil der Schüler auf weiterführenden Bildungswegen, also in Realschulen und Gymnasien, kontinuierlich zu steigen. Im Schuljahr 1947/48 werden für Nordrhein-Westfalen zum Beispiel in der Sekundarstufe I folgende Prozentanteile für die Jahrgangsstufen 5 bis 8/9 berichtet: 80,4% Volksschule, 5,2% Realschule und 14,4% Gymnasium. Diese Verteilung ändert sich dann von 1950 bis 1965 wie in der Tabelle 11 dargestellt.

Tabelle 11 Prozentuale Verteilung der Schüler des allgemeinbildenden Schulwesens Nordrhein-Westfalens in der Sekundarstufe I nach Schulformen 1950, 1955, 1960, 1965

Jahr	Hauptschüler	Realschüler	Gymnasiasten
1950	76	7	17
1955	66	12	21
1960	66	13	21
1965	59	17	23

Quelle: Drewek 1984, S. 73.

Aus dieser Tabelle wird ersichtlich, daß insbesondere der Anteil der Realschüler enorm zugenommen hat. Auf der Meßbasis von 1950 (100) läßt sich bis 1965 ein Anstieg auf 231 bei den Realschülern ausmachen. Bei den Gymnasiasten beträgt der Anstieg in diesem Zeitraum von 15 Jahren 100 zu 132.
Analoges ließe sich mit einigen Variationen sicher für alle Bundesländer in dieser historischen Phase berichten.

7.2 Expansion in der Phase der Bildungsreform

Der Zeitraum ab etwa 1965 gehört nun, was die Veränderung der Bildungsbeteiligung angeht, zu den sozialstatistisch wohl am besten aufbereiteten Epochen (s. u. a. Fend 1974). Global gesehen ist dies nicht, wie oft behauptet wird, die Phase der einsetzenden Bildungsexpansion – diese hatte sich bereits in der Weimarer Republik angebahnt –, sondern die Phase der fortgesetzten Steigerung der Anzahl von Schülern in weiterführenden Bildungswe-

Abbildung 15 Relativer Schulbesuch der 13jährigen an Realschulen und Gymnasien nach dem Geschlecht 1952 bis 1978

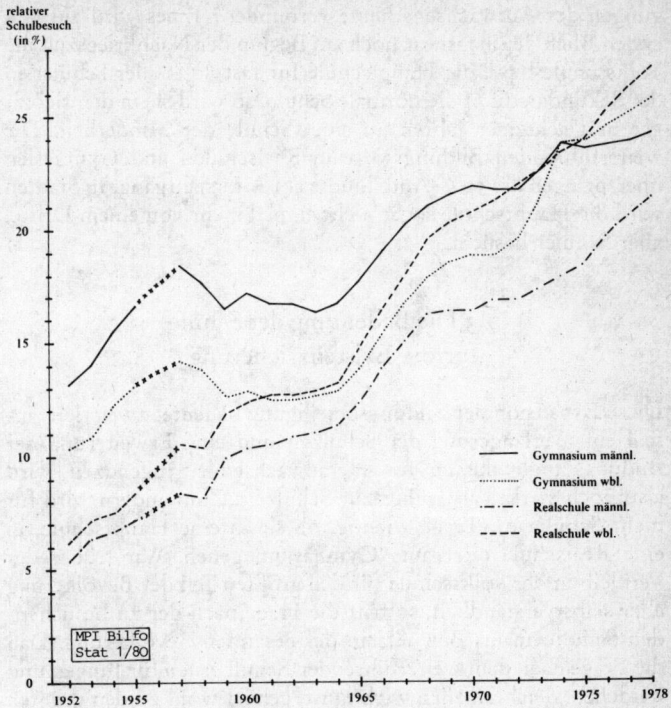

Quelle: Köhler und Zymek 1981, S. 51.

gen, in Realschulen und Gymnasien. Die Abbildung 15 macht diesen Prozeß anschaulich, belegt aber auch gleichzeitig neben der allgemeinen Expansion einen zweiten wichtigen Sachverhalt: die Veränderung der *Bildungsbeteiligung von Jungen und Mädchen.* Waren Mädchen früher im allgemeinbildenden höheren Schulwesen deutlich unterrepräsentiert, so finden wir in den siebziger Jahren historisch erstmalig eine Umkehrung. Jetzt treffen wir in Realschulen und Gymnasien zusammen mehr Mädchen als Jungen an.

Welche Konsequenzen sind mit diesen Veränderungen für Bedingungen des Aufwachsens heute verbunden? Eines wird auf den ersten Blick deutlich: war noch am Beginn der Nachkriegszeit die Volksschule bzw. die Hauptschule für fast 80% aller Schüler in der Sekundarstufe I die normale Schule, so wird sie in den siebziger und achtziger Jahren zu einer Schule der Minderheit. Die weiterführenden Bildungswege in Realschulen und Gymnasien überspringen die 50%-Anteilquote am Altersjahrgang. In Städten wird die Hauptschule sogar nicht einmal mehr von einem Drittel aller Schüler besucht.

7.3 Die Bedeutung der Schule
für die Existenzsicherung

Diese Expansion der Bildungsbeteiligung bedeutet zweierlei: einmal eine Verlängerung der Schulzeit und eine Erweiterung der Bildungsmöglichkeiten für Heranwachsende. Jugendzeit wird also noch stärker als früher zur Schulzeit. Zum andern wird für mehr Schüler die Frage wichtig, ob sie in eine Hauptschule, in eine Realschule oder aufs Gymnasium gehen. War früher der Verbleib in der Volksschule für den größten Teil der Bevölkerung eher selbstverständlich, so tritt die Frage nach der zu besuchenden Schulform ins Bewußtsein der gesamten Bevölkerung. Daß die Frage nach dem weiterführenden Schulbesuch für Jungen und Mädchen gleichermaßen wichtig ist, gehört wohl zu den größten Veränderungen in diesem Jahrhundert, ist Teil einer »stillen Revolution«, welche Teil der veränderten Stellung des weiblichen Geschlechts insgesamt ist.[13]

Quantitative Entwicklungen, wie die eben beschriebenen, sind jedoch lediglich ein Oberflächenphänomen. Dahinter stehen tiefgreifende Veränderungen der Sozialstruktur und Beschäftigungsstruktur einer Gesellschaft. Für Bedingungen des Aufwachsens besonders relevant ist dabei die Veränderung der Rolle, die Schulbildung im Prozeß der Berufswahl und damit auch der Existenzsicherung bekommen hat. Solange die Volksschule für 80 bis 90%

13 Zur geringeren beruflichen Umsetzung dieses schulischen Vorteils der Mädchen s. z. B. Handl 1986.

der Bevölkerung eine sozial wenig differenzierende bildungsmäßige Grundausstattung war, solange war auch die Frage der Existenzsicherung über den erfolgreichen Besuch höherer Schulen weniger relevant. Schule war also am Beginn dieses Jahrhunderts noch für kleinere Bevölkerungsgruppen existenzsicherungsrelevant als dies heute der Fall ist.

7.4 Berechtigungssystem

Mit der historischen Entfaltung eines differenzierten Berechtigungssystems und der immer genaueren Festlegung von Eingangsbedingungen für bestimmte Laufbahnen hat sich auch die Rolle von Abschlußqualifikationen für spätere Lebensmöglichkeiten verändert. Dies hat gravierende Rückwirkungen, nicht nur bis in die Grundschule, sondern bis in die pädagogische Frühförderung vor der Schulzeit.

Die innere Entwicklung des Bildungswesens zu einem differenzierten Verteilersystem, das in immer präziserem Anschluß an das Profil der Leistungen eines Schülerjahrganges diesen in unterschiedliche Schullaufbahnen vorselegiert, hat in den letzten zwanzig Jahren einen Höhepunkt erfahren. Die Übergangsmöglichkeiten wurden besser aufeinander abgestimmt, Wechsel von einer Schullaufbahn in eine andere institutionell vorgesehen. Teils geschah dies durch Anpassung der Lehrpläne verschiedener Schulformen, durch die Einrichtung stützender Fördermaßnahmen, durch Möglichkeiten des Nachholens von Lernvoraussetzungen usw. Die konsequenteste Entfaltung eines flexiblen Laufbahnsystems repräsentierte die integrierte und differenzierte Gesamtschule, die sowohl auf das persönliche Begabungsprofil jedes Schülers Rücksicht nahm (durch ein entfaltetes Kern-Kurs-System) als auch die Schwankungen in der Lernbiographie pädagogisch aufzufangen suchte (s. Fend 1982).

Für die Bedingungen des Aufwachsens sind besonders zwei Aspekte dieses Prozesses von großer Bedeutung. Einmal ist die Kindheit und Jugendzeit heute mehr denn je vom *Kalkül der Laufbahnplanung* bestimmt. Die Ausrichtung der Handlungspläne in bezug auf schulisches Lernen an den Abschlußregelungen, Übergangsmöglichkeiten und Berechtigungen gehört heute zum Standardthema des Familienlebens, der Gespräche unter

Freunden bis in die nächtlichen Träume, Träume voller Hoffnungen und manchmal voller Angst.

Ein zweiter Aspekt darf aber nicht übersehen werden. Wenngleich ein Relevanzanstieg der Schule als Lebensplanungsinstanz unübersehbar ist, so hat die Institution Schule darauf auch durch ein ausgeklügeltes System von Auffangmöglichkeiten reagiert. Klassenwiederholungen, Prüfungswiederholungen, Ausgleichungsmöglichkeiten schulischer Leistungen, Risikominimierung durch die Reduzierung einmaliger, alles entscheidender Prüfungen, Verzweigungen in der Qualifikationsplanung, Nachholmöglichkeiten u. v. a. haben zu einer Reduzierung des punktuellen Prüfungsdruckes geführt.

Statistisch schlägt sich dieser Prozeß der Abfederung des Allokationsprozesses in einem Rückgang der Quoten des Sitzenbleibens (s. als Beispiel Tabelle 12) von ca. 6% pro Jahr in der Grundschule in den sechziger Jahren auf ca. 3% in den siebziger Jahren nieder und u. a. in einer Erhöhung der Erfolgsquoten im Gymnasium (von ca. 45% in den fünfziger Jahren auf ca. 65% in den siebziger Jahren). Auch die zunehmende Tendenz, daß aufnehmende Systeme (Post, Bahn, Betriebe, Handwerkskammern) eigene Prüfungen ansetzen und damit den Selektionsprozeß aus der Schule auslagern, führt zu einer Entlastung des internen Selektionsdrucks.

Es ist jedoch unübersehbar, daß auch heute die Lebensplanung über die Schullaufbahn von vielen Problemen und Verwerfungen gekennzeichnet ist. Dies betrifft nicht nur die soziale Selektion (s. Fend 1982) und die psychische Problematik des Selektionsprozesses, sondern noch mehr die Fehlkanalisation großer Schülergruppen. Wir wissen z. B., daß die Hauptschule für viele Eltern eine erzwungene und zugeteilte Schulform ist und daß ihre Wunschplanung auf einen mittleren Abschluß ausgerichtet ist. Groß sind heute die Brüche auch beim Abitur. Etwa ein Drittel aller Abiturienten möchte in die Berufsausbildung (mehr Mädchen als Jungen), ohne darauf aber schon durch berufsbezogene Anteile im Gymnasium vorbereitet zu sein.

Doch mit diesen Aspekten können wir uns hier nicht im Detail beschäftigen. Für die »große Linie« ist der Doppelaspekt in der Veränderung des schulischen Selektionsprozesses wichtig: der Anstieg der Relevanz von Schule für die Lebensplanung und zum anderen die bessere Kalkulierbarkeit und Revidierbarkeit der

Tabelle 12 Entwicklung der Grundschule 1968-1976 in Nordrhein-Westfalen

	Schüler	darunter ausländische Schüler	Schüler je Klasse	Übergänge auf Sonder-schulen	Nicht ver-setzte Schüler am Ende des Schuljahres	in Prozent Sp. 2	Kosten je Schüler	Hauptamtli-che und hauptberuf-liche Lehrer
1	2	3	4	5	6	7	8	9
1968	824 311	14 314	35,4	16 540	50 336	6,1	676	19 029
1969	935 174	20 690	36,1	17 191	50 247	5,4	698	19 399
1975	1 103 867	73 613	29,6	10 757	38 358	3,5	1 100	34 857
1976	1 052 190	77 674	28,6	9 791	32 031	3,1	1 094	35 245

Schullaufbahnplanung. Der erste Aspekt führt zu einer Verstärkung des Leistungsdrucks, vom zweiten müßte man eine Milderung erwarten.[14]

7.5 Bildung und Berufschancen

Aber auch für den Zusammenhang von Bildung und Berufsmöglichkeit lassen sich charakteristische Entwicklungen in den letzten vierzig Jahren feststellen. Nach der Überfüllungskrise in der Weimarer Zeit, in der insbesondere ein zu hohes Lehrerangebot (s. Titze u.a. 1985 und Titze 1981) zu Arbeitsplatzproblemen bei dieser Hochschulabsolventengruppe geführt hat, läßt sich von der Mitte der fünfziger Jahre bis in die siebziger Jahre eine problemlose Koppelung von höherer Bildung und besseren Berufschancen feststellen. Einen Höhepunkt hat diese Entwicklung in den frühen siebziger Jahren erreicht, in denen durch die enorme Expansion des öffentlichen Beschäftigungssektors zwei Drittel aller Hochschulabsolventen vom Staat übernommen wurden. Die Situation für die jetzigen Absolventenjahrgänge von Gymnasien und Hochschulen stellt sich ganz anders dar. Die Aufnahmequote des Staates ist auf etwa 15 bis 20% gesunken, so daß wohl eine deutlich größere Zahl von Heranwachsenden bessere Bildungsmöglichkeiten hat, daß aber die problemlose »Verwertung« des Gelernten in entsprechenden Berufen schwieriger geworden ist (s. Tabelle 13). Mit mehr Bildung von mehr Heranwachsenden sind also geringere Chancen verbunden. Dies ist die Situation, die Eltern heute mit ihren Kindern und Jugendlichen vor Augen haben und bewältigen müssen.

14 Nur am Rande sei erwähnt, daß es gerade diesbezüglich in der BRD gewichtige Länderunterschiede und bildungspolitische Kontroversen gibt.

Tabelle 13 Einstellung in den öffentlichen Schuldienst (Gymnasium)

Jahr	Einstellungsquote bezogen auf alle Bewerbungen	nicht aufgenommene Bewerber
1979	83,8%	6 581
1980	75,8%	10 779
1981	63,4%	15 203
1982	41,3%	23 198
1983	24,8%	30 370
1984	20,3%	41 879
1985	16,9%	51 458

7.6 Schule als Lebensraum (Schulkultur)

Obwohl die geschilderten, quantitativ indizierten und organisatorischen Veränderungen des Bildungswesens die auffallendsten sind, lassen sich schon an der Oberfläche viele qualitative Veränderungen im Erscheinungsbild des Bildungswesens beobachten. Ein flüchtiger Blick auf Fotos von Lehrern und Schülern aus diesem Jahrhundert, wie sie in unzähligen Festschriften zu finden sind, macht dies schon eindrucksvoll deutlich. Einige äußere Zahlen dokumentieren Veränderungen, die für die Innenausstattung des Aufwachsens in Schulen nicht unwesentlich sein dürften.

So ist bereits auf den Sachverhalt verwiesen worden, daß die mehrklassige Volksschule noch bis in die fünfziger Jahe hinein weit verbreitet war. Damit waren andere interne Schulverhältnisse, insbesondere auch andere Verantwortlichkeitsbeziehungen der älteren Schüler zu den jüngeren notgedrungen institutionalisiert. Gleichzeitig hat sich seit den fünfziger Jahren die *Schüler-Lehrer-Relation* in hohem Maße verändert. Sie betrug 50,4 im Jahre 1950 und veränderte sich auf 40,2 im Jahre 1965 (s. Drewek 1984, S. 76). Heute sind Grundschulklassen mit 17 bis 20 Schülern eher die Regel.

Ein Oberflächenbild aus den fünfziger Jahren könnte so formuliert werden: die Schulen waren damals im Durchschnitt kleiner, es unterrichteten gleichzeitig weniger Lehrer mehr Schüler. Diese wenigen Lehrer kannten die Schüler aber häufig über viele Jahre. Die Altersmischung in den Schulklassen war bedeutend größer und die Fachdifferenzierung in der Lehrerschaft geringer. Heute existieren viele große Schulen mit einem hohen fachlichen Differenzierungsgrad des Unterrichtes und der Lehrerkollegien.

7.7 Schule und traditionelle Autorität

Mit der Verbesserung der Schüler-Lehrer-Relation, der Verjüngung der Lehrkörper, der fachspezifischen Differenzierung der Lehrerkollegien, der stärkeren Spezialisierung der einzelnen Schulklassen in verschiedene Niveaus und Lernbereiche waren auch Veränderungen in der schulischen Alltagskultur verbunden.

Um große Schulklassen im Griff zu behalten, waren naturgemäß ganz andere Formen der Disziplinierung und der Klassenführung notwendig. Ein differenziertes Eingehen auf einzelne Schüler war in Klassen mit 50 bis 70 Schülern fast unmöglich. Schulen waren deshalb in höherem Maße ritualisiert, die Bewegungen auf dem Schulhof, in den Gängen und in den Klassen waren für Schüler stärker standardisiert als heute. Rückblickende Erinnerungen an die Schulzeit, die Jürgen Zinnecker aufgrund der Jugendstudien berichtet (s. *Jugend 81*), belegen, daß sich die Strategien der Aufrechterhaltung von Ruhe und Ordnung tatsächlich geändert haben. Die Erziehung in der Schule ist weniger streng geworden, die Prügelstrafe ist zurückgegangen, an den meisten Orten sogar gänzlich verschwunden.

Parallel zu diesen faktischen Entwicklungen im Bildungswesen finden wir in der Pädagogik als Wissenschaft eine starke Betonung partnerschaftlichen Umganges von Schülern und Lehrern. In dieser Phase wird z. B. die Arbeit von Tausch und Tausch (1965), die den sozialintegrativen Führungsstil und demokratische Erziehungsverhältnisse propagiert, zu einer Standardlektüre in der Lehrerausbildung.

Insgesamt läßt sich folgende Entwicklung beschreiben: einmal wurde die Schule in den letzten Jahrzehnten für die Existenzsicherung über Ausbildung und Bildung zunehmend wichtiger, zum anderen verloren die traditionalen Autoritätsverhältnisse auch in Schulen an Bedeutung und traten zugunsten eher instrumentalisierter und leistungsorientierter Beziehungskonstellationen zwischen Schülern und Lehrern in den Hintergrund. Parallel dazu entstand eine neue Kultur des »pädagogischen Umgangs«, eine eher auf partnerschaftliche Beziehungen ausgerichtete humane und demokratische Erziehungskultur.

Die Erosion traditionaler Autoritätsverhältnisse war mit einer Bedeutungsverminderung der Religion eng verbunden. So läßt sich in der Nachkriegszeit beobachten, daß die religiösen und konfessionellen Momente im Bildungswesen zurückgedrängt werden. In den fünfziger Jahren hat der Konfessionsstreit, der Kampf um die Gemeinschaftsschule, noch stark die Gemüter erregt. Sie ist dann zunehmend selbstverständlich geworden. Der Bedeutungsschwund der Religion schlägt sich schließlich auch darin nieder, daß der Religionsunterricht ein abwählbares Fach in der gymnasialen Oberstufe wird. Religiöse Rahmenveranstaltungen gehen ferner in diesem Zeitraum zurück. An der Stelle von Religion kann Ethik unterrichtet werden; ja, der Religionsunterricht selbst wird teilweise in hohem Maße säkularisiert, er wird mehr zur Weltanschauungslehre und zur Sozialkunde. Es gibt zwar noch ein entfaltetes Privatschulwesen auf konfessioneller Basis, es verliert aber relativ an Bedeutung, zumindest bis zur Phase der sogenannten Tendenzwende am Beginn der achtziger Jahre.

Drei historische Entwicklungsprozesse, die gleichzeitig abgelaufen sind, lassen sich also vermuten:

1. Ein Rückgang traditionaler, religiös fundierter Autoritätsverhältnisse.
2. Eine Instrumentalisierung und Spezialisierung des Schüler-Lehrer-Verhältnisses.
3. Eine Demokratisierung und Individualisierung der Erziehungskultur.

Für diese sozialgeschichtlichen Hypothesen müssen wir noch zusätzliche Indizien suchen. Daß hinter den genannten Entwicklungen auch Änderungen in den psychischen Dispositionen von Schülern, Lehrern und Eltern stehen, können wir auf einer erfahrungswissenschaftlichen Grundlage bisher nur unzureichend belegen. Lediglich vereinzelt gibt es Möglichkeiten, einen Wertwandel in bezug auf die Erwartungen an die Schule zu belegen. Insbesondere Meulemann (1984) hat auf diesem Gebiet gearbeitet und folgendes Ergebnis gefunden: Von den fünfziger Jahren bis heute läßt sich ein kontinuierlicher Rückgang konventioneller Normen der Einordnung, wie gute Umgangsformen, Ordnung und Disziplin feststellen. Autonomiewerte wie persönliche Selbständigkeit, Selbstbewußtsein (Achtung vor den Mitmenschen) und Lebensfreude nehmen dagegen zu. Eine starke Steigerung erfahren auch Wertschätzungen von Fertigkeiten (Kenntnisse für den Beruf, vielseitiges Wissen) und Kompetenzen (eigene Urteilsfähigkeit), die durch die Schule vermittelt werden sollen und die berufsrelevant sind (s. Abbildung 16).

Mit dem Wandel der Wertekultur innerhalb der Schulen in den letzten fünfzig Jahren geht also, Meulemann (1984) kann dies belegen, eine veränderte Erwartungshaltung an schulische Ausbildung einher. Mit der Expansion und organisatorischen Entfaltung des Bildungssystems wird Bildung und Ausbildung zu einem Mittel der Berufssicherung und Zukunftssicherung. Vielseitiges Wissen und Urteilsfähigkeit sowie persönliche Selbständigkeit nehmen in der Erwartungshierarchie der Eltern einen hohen Rang ein, also solche Kompetenzen, die eine flexible Bewältigung von vielfältigen Anforderungen begünstigen. Es scheint, als ob Eltern der Meinung sind, daß ihre Kinder über das Bildungssystem besser auf eine in ihren Merkmalen noch nicht vorhersehbare, aber auf jeden Fall komplizierte Welt und auf einen schwierigen, kompetitiv strukturierten Lebenskampf vorbereitet werden sollen. Sie scheinen auch der Ansicht zu sein, daß die »Verwertung der eigenen Fähigkeiten« auf kompetitiven Märkten weniger durch Einordnungs- und Unterordnungsfähigkeiten und den dazu komplementären Tugenden begünstigt wird. Dies mag der Grund dafür sein, warum nicht mehr die Erziehung zur Bedürfnislosigkeit, zu Bescheidenheit, zur Einordnung und Unterordnung im Vordergrund steht. Eltern setzen also mehr auf *Kompetenzen* als auf die *traditionelle Moral*.

7.8 Bildungserwartungen der Eltern

Welch hohe Erwartungen Eltern bezüglich der Schullaufbahnen ihrer Kinder haben, kann durch einige Untersuchungen verstreuter Natur demonstriert werden, die sich mit den Aspirationen der Eltern für ihre Kinder beschäftigt haben. Ob Eltern bereits früh für ihre Sprößlinge weiterführende Bildungswege wünschen, ist ein Indikator dafür, wie sie die Bedeutung schulischer Abschlüsse und schulischer Leistungen einschätzen. Es gibt nun Befragungen

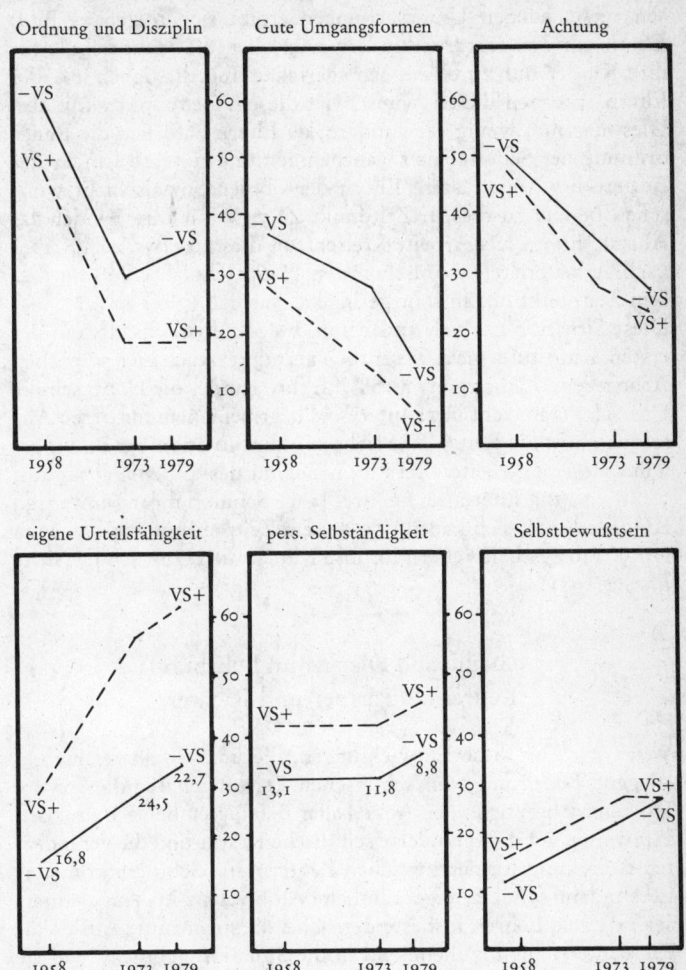

Abbildung 16 Zielwerte für die Schule in Bildungsgruppen 1958 – 1973 – 1979, Prozentsätze: bei Personen mit gehobener Ausbildung (VS+) bzw. mit Volksschulausbildung (VS−)

Quelle: Meulemann 1984.

repräsentativer Art, die sich mit Eltern von Kindergartenkindern (Mundt 1980), mit Eltern, deren Kinder im ersten Schuljahr sind (Sass 1978) bzw. mit Eltern, deren Kinder am Beginn des vierten Schuljahres stehen (Fauser u.a. 1985), beschäftigt haben. Aus diesen verschiedenen Untersuchungen ergibt sich folgendes Bild: Eltern von Kindergartenkindern wünschen die Hauptschule für ihre Kinder nur zu einem sehr geringen Teil. Lediglich 4% der Eltern sprechen diesen Wunsch zu diesem Zeitpunkt aktiv aus. Dies mag nun wenig verwundern, da Eltern natürlich die Rangordnung der Schulformen wahrnehmen und für ihre Kinder das Bessere ins Auge fassen. Eltern der oberen Sozialschicht wünschen bereits zu diesem Zeitpunkt zu 74% für ihre Kinder das Abitur, Eltern aus Arbeiterkreisen tun dies zu etwa 20%. Aber auch Arbeitereltern wünschen den Hauptschulabschluß zu diesem Zeitpunkt nur in sehr geringem Ausmaß (7 bis 12%).

Diese Situation hat sich zu Beginn des Schulbesuchs, also in der ersten Schulstufe, nicht wesentlich geändert. Auch hier wünschen Arbeitereltern nur zu etwa 10% für ihre Kinder die Hauptschule. Das Schwergewicht ihres Interesses liegt bei einem mittleren Abschluß (Mittlere Reife). Wie sieht nun die Situation der Bildungswünsche von Arbeitereltern zum Beginn des 4. Schuljahres aus, wenn also die Eltern bereits drei Jahre Schulerfahrung mit ihren Kindern hinter sich haben? Zu diesem Zeitpunkt wünschen auch nur 9% der Arbeitereltern für ihre Kinder die Hauptschule (siehe Fauser 1983).

7.9 Nähe und Distanz im Lehrberuf: Lehrer als Partner und Richter

Wenn wir nun diese Entwicklungen, die unzweifelhaft eine gestiegene Bedeutung von schulischen Leistungen für die spätere Existenzsicherung in den Augen aller Beteiligten belegen, mit den Hinweisen auf die veränderte schulische Kultur und die veränderten Beziehungsformen zwischen Lehrern und Schülern konfrontieren, dann fällt eine eigentümliche Ambivalenz ins Auge: einerseits werden Lehrer, insbesondere jene, die sogenannte Auslesefächer unterrichten, zunehmend in die Situation gebracht, daß sie lebensgeschichtlich wichtige Entscheidungen im Gewande von Leistungsbeurteilungen fällen müssen. Ihnen kommt in weit höherem Maße als früher das Richteramt zu. Gleichzeitig hat sich nun das Beziehungsverhältnis zu den Schülern gewandelt. Es ist nicht mehr jene distanzierte, von klaren Autoritätsstrukturen getragene Beziehung, sondern mehr eine verständnisvolle, freundliche und partnerschaftliche. Der Lehrer ist also mehr Helfer und unterstützender Lernbegleiter. Wie kann er diese beiden Rollen vereinigen, das Richteramt und die Rolle des Helfers?

Ein Großteil der pädagogischen Literatur, insbesondere jene um die Problematik von Fördern und Auslesen kreist um diesen Konflikt. Er dürfte für viele Lehrer zur größten seelischen Belastung ihrer Berufstätigkeit geworden sein. In der Lebenswelt der Lehrer aber auch in der pädagogischen Theorie *werden uns zwei Lösungen empfohlen:* die eine betont die Unausweichbarkeit der Auslese, die sie zudem durch natürliche Unterschiede zwischen den Menschen und durch vielfältige berufliche Anforderungen gerechtfertigt sieht. Ihr fällt es auch nicht schwer, ein nüchtern instrumentelles Verhältnis zu den Schülern zu entwickeln und Distanz zu üben. Das andere Lösungsmuster entfaltet sich über das Mitleiden an den Ausgrenzungen, die dieses System der Leistungsforderungen und Selektion zur Folge hat: der abgeschnittenen Lern- und Entfaltungsmöglichkeiten, der psychischen Deformationen und sozialen Ungerechtigkeiten.

7.10 Gesamtkonfigurationen

Ähnlich wie bei der Entwicklung des Edukatops der Familie wird auch die Sozialgeschichte des Bildungswesens von spannungsreichen Entwicklungen auf verschiedenen Ebenen durchzogen. Erst die simultane Betrachtungsweise macht dies sichtbar (s. Tabelle 17).

Die Gleichzeitigkeit verschiedener, oft gegenläufiger Entwicklungslinien verweist auf solche verschärften Spannungsmomente. Sie seien hier nochmals thesenartig zusammengefaßt:

1. Schule ist für mehr Heranwachsende für eine längere Lebensspanne zum *zentralen Lebensraum* geworden. Der längere Zeitraum, in dem Heranwachsende fern von Zwängen und Belastungen des Arbeitsmarktes lernen können, führt zu neuen Entwicklungschancen, aber auch zu neuen Entwicklungsbelastungen. Entwicklungschancen liegen insofern vor, als hier die

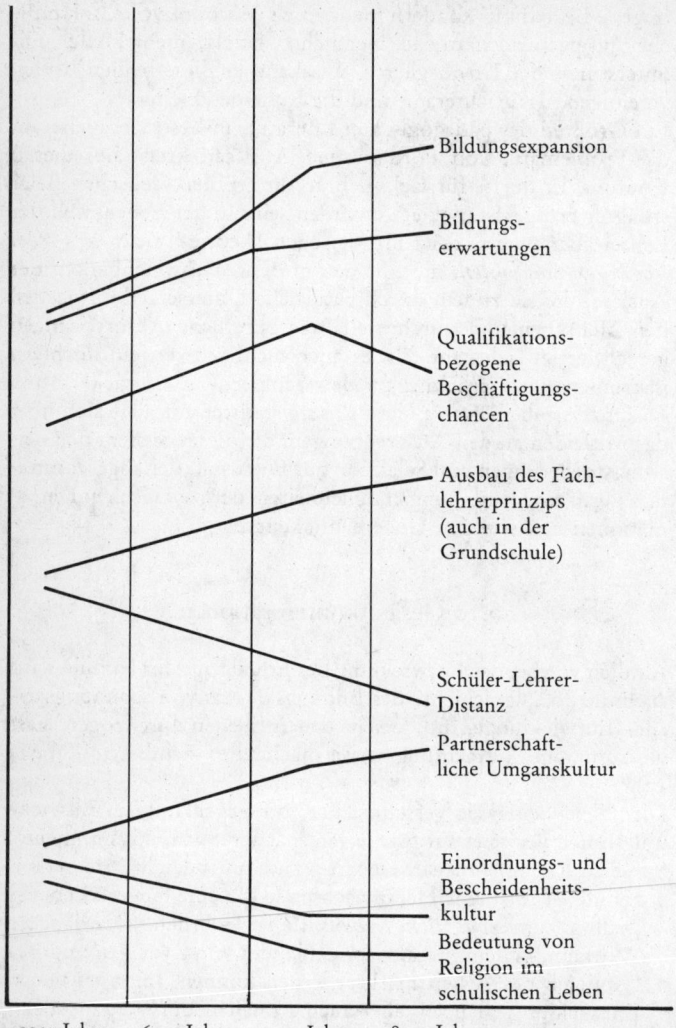

Abbildung 17 Veränderungen im Lebensraum des Bildungswesens in der Nachkriegszeit. Schematische Darstellung von Entwicklungssträngen

Bildungsexpansion

Bildungs-
erwartungen

Qualifikations-
bezogene
Beschäftigungs-
chancen

Ausbau des Fach-
lehrerprinzips
(auch in der
Grundschule)

Schüler-Lehrer-
Distanz

Partnerschaft-
liche Umganskultur

Einordnungs- und
Bescheidenheits-
kultur

Bedeutung von
Religion im
schulischen Leben

50er Jahre   60er Jahre   70er Jahre   80er Jahre

Möglichkeiten einer extensiven Initiation in die Kultur größer werden – im Bereich der Kunst, der Geschichte, der Fremdsprachen und der Naturwissenschaften ganz neue Verständnismöglichkeiten aufgebaut werden können. Entwicklungsbelastungen werden von vielen darin gesehen, daß junge Menschen ungebührlich lange von anderen sozialen Verantwortungen und von realen Gestaltungs- und Handlungsmöglichkeiten ferngehalten werden. Für fast ein Fünftel der Altersgruppe besteht beinahe bis zum 30. Lebensjahr der Ernst des Lebens nur darin, Prüfungen zu bestehen. In tatsächliche Produktionsprozesse sind sie nur sporadisch über Ferienarbeit eingebunden. Es stellt sich von hierher schon die Frage, wie die geistige Elite eines Volkes aussieht, die 25 Jahre ausschließlich durch eine solche »Mühle« gegangen ist.

2. Durch die Entfaltung eines hochdifferenzierten Berechtigungs- und Prüfungssystems ist eine schulische Ausbildung für immer mehr Heranwachsende zu einem zentralen *Instrument der Lebensplanung* geworden. Die Schule hat also einen enormen Bedeutungszuwachs erfahren. Schulische Laufbahnen sind immer stärker auf antizipierte Zukunft angelegt worden, ihr Ziel ist die Einmündung in Berufslaufbahnen, in das Beschäftigungssystem und damit in verschiedene Formen der Existenzsicherung. Aber die Entwicklung in diesem Bereich ist sehr zwiespältig. Gemessen an der Situation zu Beginn dieses Jahrhunderts, daß 80 bis 90% eines Altersjahrganges eine nicht spezifisch laufbahnqualifizierende Volksschule besuchen, Schulbildung für den größten Teil der Bevölkerung nicht selektionsrelevant ist, also keine notwendige Basis für eine entsprechende Berufseinmündung darstellt, hat sich in den fünfziger und sechziger Jahren eine Situation herausgebildet, nach der eine Schulausbildung eine notwendige und manchmal auch eine hinreichende Voraussetzung für Berufslaufbahnen geworden ist. Mit einer Hochschulausbildung konnten Absolventen des Bildungswesens in den sechziger und auch noch in der ersten Hälfte der siebziger Jahre problemlos in entsprechend gut bezahlte Berufspositionen eintreten. Diese Situation hat sich etwa seit 1975 dramatisch zu verändern begonnen. Die problemlose »Verwertung« auch guter Zeugnisse und Berechtigungen ist nicht mehr gegeben. Viele haben daraus geschlossen, daß die Schule einen Bedeutungsverlust erfahren hat. Die Reaktion der

Eltern auf diese Notlage besteht jedoch darin, noch höhere Qualifikationen für ihre Kinder anzustreben. Damit wird klar, daß der Wandel seit etwa 1975 im Kern darin besteht, daß heute entsprechende Bildungsnachweise wohl eine notwendige, ja sogar eine immer notwendigere, aber keine hinreichende Bedingung mehr für berufsbezogene Lebensplanungen bilden.

3. Hier kommt noch ein weiteres Moment hinzu: Möglicherweise aufgrund der pädagogisch unerträglichen Last für Heranwachsende, in konkreten schulischen Leistungen immer auch schon lebenseröffnende oder chancenverschließende Nachrichten zu sehen, hat sich innerhalb des Bildungswesens *an vielen Stellen eine Entschärfung des Selektionsdruckes* ergeben. Dies betrifft sowohl die Grundschule als auch die Sekundarstufe I, die ein zunehmendes Maß an Kompensationsmöglichkeiten einzelner schlechter Leistungen, von Wiederholungsmöglichkeiten und von Übergängen von einem Bildungsgang in den anderen eingebaut hat. Parallel dazu können wir einen Prozeß beobachten, daß aufnehmende Instanzen häufig Prüfungen in eigener Regie organisieren. Dies führt in der Tendenz zu einer Entwertung der schulischen Qualifikationsnachweise, zu einer Aufwertung von askriptiven Momenten der Chancenzuweisung außerhalb der Schule (etwa über gute Beziehungen der Eltern) und teilweise auch zu einem Bedeutungsverlust der Schule. Es kann sich dabei aber auch die Rolle des Lehrers pädagogischen Gestaltungen stärker öffnen, da Anforderungen den Charakter der »persönlichen Willkür« verlieren, weil sie an außerschulisch wirksame Selektionszwänge und Prüfungen gebunden sind. Der Lehrer wird damit stärker zum Helfer des heranwachsenden Schülers bei der Bewältigung externer Anforderungen. Er kann aber auch in die Situation kommen, daß er in seiner Funktion als bedeutungslos eingestuft wird und damit an Autorität und Macht verliert.

4. Die Entwicklung der *inneren Organisationsstruktur* von Schulen ist durch eine zunehmende sachliche Differenzierung, durch eine zunehmende Spezialisierung und auch durch eine zunehmende Größe der Schule gekennzeichnet. Im Zuge der Professionalisierung des Lehrerberufes, der Verlagerung der Ausbildung an Universitäten, der stärkeren fachorientierten Ausbildung auch der Grundschullehrer ergibt sich die Situa-

tion, daß auch die Schüler-Lehrer-Beziehung immer fragmentierter wird. Schüler haben es mit mehr Lehrern zu tun, die sie in weniger Fächern über kürzere Zeiträume unterrichten. Umgekehrt erleben Lehrer Schüler in weniger Leistungsbereichen, sie sehen in der Regel nicht ihre Fähigkeiten im Sport, in künstlerischen Fächern und in intellektuelle Anforderungen repräsentierenden Fächern gleichzeitig. Ferner begleiten sie ihre Schüler über eine kürzere Spanne ihrer Biographie.

Diese Verfachlichung und Spezialisierung geht bis in die späten siebziger Jahre Hand in Hand mit einer Veränderung des Umgangsstils und der Alltagskultur in Schulen. Schüler von heute haben es nicht mehr in erster Linie mit den Problemen eines autoritären und sozial distanzierten Führungsstils zu tun, sondern sie erleben eine Form des partnerschaftlichen Umgangs, der Argumentationsbereitschaft und Offenheit, die eine neue Erziehungskultur repräsentiert. Hochdifferenzierte soziale Beziehungsstrukturen treffen hier auf eine Erziehungskultur, die im Kern auf Ganzheitlichkeit und Personalität sowie auf die Anerkennung der Bedürfnisstruktur von Heranwachsenden ausgerichtet ist.

5. Auch die *Erwartungshaltungen des Elternhauses* und die Wertorientierungen der Heranwachsenden stehen in einem eigenartigen Spannungsverhältnis zur Entwicklung der Funktion und Organisation des Bildungswesens. Eltern erwarten von der Schule in Übertragung der Anforderungen, die sie an sich selber stellen, vor allem zwei Leistungen: einmal die bestmögliche intellektuelle Förderung ihres Nachwuchses sowie die damit einhergehenden Arbeitshaltungen als auch die Berücksichtigung der Individualität, der Verletzlichkeiten und Akzeptanzrechte jedes Kindes. Sie sind in hohem Maße sensitiv für Fehlleistungen der Schule auf diesem Gebiet. Sie fordern sowohl Ertüchtigung als auch humanen Umgang. Der interne Grad an Spezialisierung und Differenzierung der Schule erschwert aber die gleichzeitige Erfüllung dieser Aufgaben in hohem Maße. Schulinterne Prozesse der Gestaltung des Schullebens und des Unterrichts sind auf diesem Hintergrund oft als Versuche zu verstehen, die soziale Leitung, Führung und Kontrolle der Heranwachsenden angesichts dieser Differenzierungs- und Spezialisierungsprozesse wieder in den Griff zu bekommen bzw. – wenn nicht so sehr der Aspekt der sozialen Kontrolle

und der Arbeitstugenden im Vordergrund steht – die organisatorischen Bedingungen zu sichern, um einen humanen, biographisch verantwortbaren und die Ganzheitlichkeit der Person berücksichtigenden Umgang zu ermöglichen. Auch viele Theorien, die im Umkreis der Überlegungen zum sozialen Lernen, von Fördern und Auslesen angesiedelt sind, repräsentieren Versuche, Ergänzungen zur ausschließlich leistungsspezifischen Ausrichtung auf den einzelnen Schüler zu finden, das Prinzip der »Absehung von Person und Umständen« bei der Beurteilung einer spezifischen Leistung zu ergänzen durch das Prinzip der ausdrücklichen Beachtung von »Person und Umständen«, indem innerhalb der Schule nicht-leistungsbezogene Formen des Zusammenlebens verstärkt werden.

Meiner Ansicht nach läßt sich die Alltagskultur in Schulen, z. B. die häufig vorfindbare Polarisierung in eher konservative Lösungsmuster der erzieherischen Grundprobleme bzw. in eher »humanistisch-progressive« nur auf diesem Hintergrund verstehen.

Es kann kein Zweifel daran bestehen, daß die Eltern von der Schule mit längerer Dauer des Schulbesuchs ihrer Kinder eine stärker auf Leistungsfähigkeit und Leistungsbereitschaft ausgerichtete Lebensertüchtigung erwarten. Die Einstellung, daß die Schule die individuelle Eigenart ihrer Kinder in besonderem Maße beachten soll, ist stärker auf die ersten Jahre der Grundschule konzentriert und macht im Laufe der Schulzeit einer Erwartungshaltung Platz, daß Schule vor allem eine disziplinierte Lebensführung, Arbeitshaltungen und intellektuelle Kompetenzen fördern sollte. Vermutlich erleben sie auch besondere Schwierigkeiten, dies innerhalb der Familie zu organisieren.

Wenn man diese sozialen Wandlungen im Edukatop der Schule in die umfassendere Perspektive der sozialgeschichtlichen Entwicklungsprozesse in der Moderne stellt, dann drängt sich eine Schlußfolgerung auf: die Schule ist als Feld der in den letzten Jahrzehnten perfektionierten Organisation des Leistungsprinzips, der methodischen Ausbildung des Nachwuchses und der nach universalen Kriterien organisierten Allokation dieses Nachwuchses zu beruflichen Laufbahnen[15] in ein starkes Spannungs-

---

15 In diesen Funktionen am saubersten von Parsons (1964) und Dreeben (1968) beschrieben.

verhältnis zu solchen Entwicklungstendenzen der Moderne geraten, die Personalität, Autonomie und Selbstentfaltungsrechte jedes Individuums betonen.

Schule ist zum Feld der »Vorsortierung« der heranwachsenden Generation für spätere berufliche Laufbahnen geworden, eine Vorsortierung, die im Kampf vieler Mitbewerber erfolgt. Dabei gibt es Lebensphasen, in denen gewichtige Entscheidungen fallen (Ende der Grundschulzeit, Ende der Sekundarstufe I, Abitur). Um diesen Allokationsprozeß zu legitimieren, muß er einerseits rechtlich möglichst gut abgesichert sein und die Revidierbarkeit von Entscheidungen muß zumindest als Illusion erhalten bleiben. Erfolg oder Mißerfolg auf diesem Kampffeld wird andererseits in die individuelle Verantwortung jedes Heranwachsenden gelegt: es kommt nur auf seine Leistung an. Dies ist Teil des Individualisierungsschubes in der Moderne. Er bedeutet aber auch, daß es der heranwachsenden Person schwer »gemacht wird«, einfach »so zu sein, wie sie ist«. Sie steht unter einem permanenten Entwicklungs- und Veränderungsauftrag. Die Spannungsmomente zu konditionsloser Selbstakzeptanz und konkurrenzloser Gemeinschaftlichkeit wachsen dadurch unweigerlich.

Diese zusammenfassende These wird uns hier noch lange bei den Versuchen begleiten, jugendliche Generationsgestalten zu interpretieren. Sie repräsentieren »Abarbeitungen« dieser latenten Spannungsverhältnisse, die unsere gegenwärtige Kultur der Moderne enthält. Ohne die Berücksichtigung der Erfahrungsfelder in Schule und Elternhaus sind sie aber ebensowenig zu verstehen wie ohne den Rekurs auf die gemeinschaftliche Selbstorganisation der Heranwachsenden in Gesellungsformen von Gleichaltrigen. Sie sind der soziale Ort der Entstehung von »Gegenentwürfen« zur »Normalkultur« der Moderne. Auf die Sozialgeschichte von Beziehungen unter Gleichaltrigen muß deshalb zumindest in Andeutungen eingegangen werden.

8. Das Leben mit Gleichaltrigen

Bereits durch die bekannten Analysen von Riesman hat die These der veränderten Einflußstruktur von Schule, Familie und Altersgruppe in der heutigen, außengeleiteten Gesellschaft eine große Verbreitung erlangt. Als Folge der zunehmenden Expansion des Bildungswesens hat paradoxerweise die Bedeutung der Gruppe der Gleichaltrigen als sozialer Einflußquelle zugenommen. Denn als Sekundärphänomen der Einrichtung von Bildungsinstitutionen ergibt sich, daß mehr Heranwachsende länger mit Gleichaltrigen zusammen viel Zeit verbringen und in einer *gemeinsamen* sozialen Lage entsprechende Anforderungen aus dem »Leben der Erwachsenen« interpretieren und uminterpretieren, bewältigen oder abwehren.

Die Sozialgeschichte von Freundschaften und Altersgruppen hat Soziologen und Psychologen, die sich mit der Biographie und der Entwicklung des Menschen beschäftigt haben, schon früh angezogen. Während das Einflußpotential von Gleichaltrigen in der Alltagswelt von Eltern und auch von Lehrern häufig mit Angst besetzt ist – die Rede von »geheimen Miterziehern« und Erziehungskonkurrenten deutet darauf hin – haben soziologische Systematiker betont, daß hier ein notwendiges Lernfeld entstanden ist, das mit dem gesamten Umkreis funktionaler Kompetenzen für die Bewährung des Menschen unter industriellen Bedingungen zusammenhängt. Insbesondere Eisenstadt (1966) hat in seiner Arbeit *Von Generation zu Generation* diesen Aspekt hervorgehoben und in historischer und vergleichender Analyse belegt, daß die Kompetenzen und Einstellungen, die ein Erwachsener unter den modernen Lebensbedingungen braucht, weder von der Familie noch von der Schule allein vermittelt werden können. Dazu bedarf es vielmehr der vermittelnden Instanzen der Altersgruppe, in der Tugenden und Kompetenzen für die Bewältigung egalitärer Beziehungsmuster gelernt werden. Nur durch dieses Lernfeld sei es möglich, späteres Verhalten unter Gleichaltrigen, Kollegialität und Gegenseitigkeit, Intimität und Offenheit einzuüben. Die Beziehungen zu den Eltern sind dazu vergleichsweise zu stark emotional belastet, die Verhältnisse zu den Lehrern sind zu instrumentell. *Anerkennungshaltungen* gegenüber

Gleichaltrigen und Gleichrangigen, sozialkompetentes, *kollegiales* Verhalten im Beruf, aber auch in späteren *Partnerbeziehungen* können nach dieser Theorie nur im Zusammenleben mit Peers gelernt werden. Daß diese Lernprozesse auch negative Nebenwirkungen haben können, macht dagegen Riesman in seiner Analyse geltend. Danach ist es sehr wichtig, die Normen zu inspizieren, die in einer Altersgruppe gelten und die zum maßgeblichen Maßstab für das Handeln in einer bestimmten Lebensphase Heranwachsender werden können.

Belegorientierte sozialhistorische Analysen über Gleichaltrigenbeziehungen finden sich allerdings noch selten. Wohl gibt es erste Versuche, die Straßensozialisation vom Mittelalter bis zur Neuzeit darzustellen (s. Schlumbohm 1979), wohl gibt es auch in den *Dorfstudien* Hinweise, daß es früher eigene Formen jugendlicher Gesellungen gegeben hat, die insbesondere durch die Regulierung der Partnerwahl eine wichtige Einführungsfunktion in soziale Beziehungsstrukturen hatten. Die bandenmäßig organisierten Dorfjugendlichen, die streng darauf bedacht waren, den Heiratsmarkt dorfspezifisch zu kontrollieren, sind dafür ein auch noch aus der Erinnerung älterer Menschen bekanntes Beispiel (s. Herrmann 1984).

Daneben gibt es viele Forschungen, die sich mit zwar nicht weit verbreiteten, aber für das Jugendbild vergangener Zeiten wesentlichen jugendlichen Selbstorganisationen beschäftigt haben. Besonders die Pädagogik hat sich mit der »sozialen Definition« des Jünglings von der Aufklärung bis zur Wandervogelbewegung und den Jugendorganisationen des Dritten Reiches befaßt. Sie hier darzustellen, ist schon aus Raumgründen unmöglich (s. z. B. Hornstein 1966, Gillis 1980).

Diese wenigen historischen Hinweise zeigen, daß mindestens zwei Verkehrskreise von Jugendlichen in ihrer historischen und gegenwärtigen Bedeutung zu unterscheiden wären: die Lernfelder von Peer-Beziehungen im Kontext von Bildungseinrichtungen und die Lernfelder unter Gleichaltrigen im Rahmen außerschulischer Gesellungsformen und Jugendorganisationen. In dieser Arbeit werden wir uns vornehmlich mit dem ersten Lernfeld beschäftigen, dessen normative und faktische Struktur uns besonders interessieren wird (s. vor allem Specht 1982).

8.1 Die Schulklasse als ambivalentes Interaktionsfeld

Die Entstehung von existenzsicherungsrelevanten Bildungseinrichtungen hat zur Folge, daß für Heranwachsende ein ambivalenter Interaktionskontext mit Klassenkameraden entsteht. Wenn man sich die Situation vor Augen führt, daß etwa 20 bis 30 Kinder und Jugendliche jeweils in Klassen zusammengefaßt sind und hier einer vergleichenden Leistungsbeurteilung »unterworfen« werden, dann ist unübersehbar, wie auf dieser Grundlage eine deutliche Rangordnung der Schüler nach Leistungsfähigkeiten entsteht. Die Schulklasse ist somit ein in hohem Maße vergleichs- und konfliktinduzierendes Lernfeld, das die einzelnen Schüler potentiell auseinanderdividiert. Gleichzeitig können wir davon ausgehen, daß die Tatsache, daß 20 bis 30 Jugendliche in derselben sozialen Lage sind, d. h. Leistungsbeurteilungen ausgesetzt werden, auch Konsequenzen für die Beziehungen der Schüler untereinander hat, da nicht alle Schüler einer Klasse in derselben Gefährdungs- bzw. Begünstigungssituation sind. Was geschieht nun im Rahmen so ambivalenter Konstellationen? Die Klasse kann sich auseinanderdividieren in solche, die nicht bedroht sind, und in solche, die sich gemeinsam gegen die schulische Bedrohung wehren. Es kann aber auch ein Solidaritätsgefühl insgesamt entstehen, das zu kollektiven Schutzreaktionen führt. Auf jeden Fall werden verschiedene normative Strukturen aktiviert. Man könnte sie idealtypisch in folgende Imperative fassen:

- Erfülle die schulischen Anforderungen möglichst optimal, erfülle sie allein, versuche nur den Anforderungen zu entsprechen und so deine persönliche Leistungsposition zu festigen!
- Versuche nicht anders sein zu wollen als die anderen, bilde dir auf deine besseren Leistungen nichts ein, mache dir nichts aus schlechteren, wehre dich gemeinsam gegen die schulischen Erwartungen!
- Tue nicht mehr als die anderen, denn dadurch verdirbst du nur die Preise, du setzt zu hohe Standards, an denen dann alle gemessen werden!
- Versuche dich nicht einzuschmeicheln, dich nicht beim Lehrer beliebt zu machen und dadurch Leistungsvorteile und Bewertungsvorteile zu erzielen!

Diese Normstrukturen sind aus verschiedenen Forschungen zu informellen Prozessen in formalen Organisationen gut bekannt.

Leistungsnormen betreffen die offiziellen Normen der Schule, die vor allem Dreeben (1968) präzise geschildert hat, wenn er ihre universalistischen Züge, rein auf individuelle Verantwortung abgestellten Erwartungshaltungen und die ohne Ansehen der Person operierenden Gerechtigkeitsimplikationen beschreibt. Die institutionelle Struktur der Schule ist danach leistungsorientiert, universalistisch, spezifisch und individualistisch (selbstverantwortungsorientiert). Die Normen der *Solidarität* kennen wir aus vielen Untersuchungen, die die Reaktionen von Menschen in gemeinsamen sozialen Bedrohungslagen erforscht haben. Diese können von extremen physischen Bedrohungen in Kriegssituationen bis hin zu gemeinsamen Außenfeinden in Feriencamps (s. Sherif u.a. 1961) reichen und dort experimentell untersucht werden. Bedrohungen haben dabei einen solidarisierenden Effekt, wenn ein gemeinsamer Außenfeind und/oder eine gemeinsame Aufgabe eine kollektive Anstrengung erforderlich machen.

Die *Anstrengungsbeschränkungsnormen* sind uns wiederum aus der Industriesoziologie bekannt, in der ein Druck der Gruppe beobachtet wurde, Arbeitsnormen nicht zu hoch zu setzen, um damit den Standard der vergleichenden Bewertung (und Bezahlung) kontrollierbar zu halten. Schließlich kennen wir insbesondere aus den Schuluntersuchungen das Problem der Sanktionierung der »Streber«, die sich nicht nur durch besondere Anstrengungen und Leistungen auszeichnen, sondern auch durch ein Sozialverhalten, das ihnen über einschmeichelndes konformes Verhalten gegenüber dem Lehrer ungerechtfertigte Vorteile verschafft (Antikonformitäts-Normen).

Mit dieser Normen-Systematik haben wir aber bisher nur ein sehr komplexes Lernfeld in seinen normativen Strukturen charakterisiert, ohne es altersspezifisch zu differenzieren. Gerade die *altersspezifischen* Beziehungsstrukturen, die altersspezifischen Kompetenzen und sozialen Grausamkeiten müßten hier mitberücksichtigt werden, um die konkreten Erscheinungsformen der kollektiven Auseinandersetzung mit den schulischen Normstrukturen zu verstehen.

In welcher Weise für die Lebensphase der Adoleszenz das schulische Regelsystem im sozialen Lebenszusammenhang der Schulkameraden verarbeitet wird, können wir am Beispiel mehrerer eigener Untersuchungen illustrieren. Wir haben im Jahre 1973, im Jahre 1977 und in den Jahren 1979 bis 1983 jeweils in vielen

Abbildung 18 Geltungsstatus, schulbezogene Merkmale und abweichendes Verhalten in *Gymnasialklassen* der 6. und 8./9. Schulstufe

Z-Wert-Profile
Varianzanalyse % SSQ (Sum of Squares)
Hoher Geltungsstatus   : (——, N = 75/6. Stufe; 59/8.-9. Stufe)
  (10 und mehr Wahlen)
Unbeachtete (keine Wahlen)   : (- - -, N = 276/6. Stufe; 234/8.-9. Stufe)

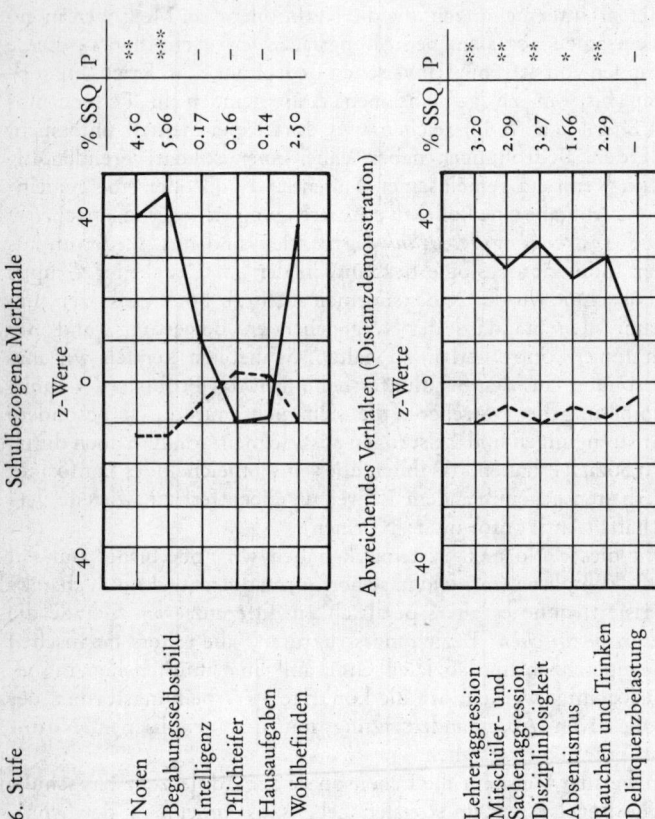

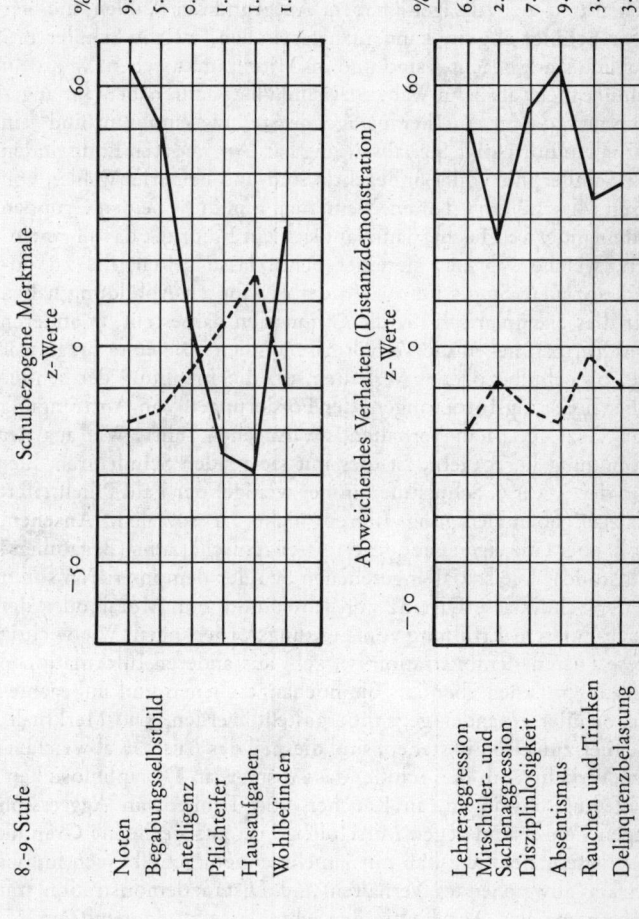

8.-9. Stufe

Schulbezogene Merkmale
z-Werte

	% SSQ	P
Noten	9.87	***
Begabungsselbstbild	5.92	***
Intelligenz	0.14	–
Pflichteifer	1.37	*
Hausaufgaben	1.74	*
Wohlbefinden	1.67	*

Abweichendes Verhalten (Distanzdemonstration)
z-Werte

	% SSQ	P
Lehreraggression	6.77	***
Mitschüler- und Sachenaggression	2.03	*
Disziplinlosigkeit	7.29	***
Absentismus	9.78	***
Rauchen und Trinken	3.42	**
Delinquenzbelastung	3.69	***

hundert Schulklassen erhoben, welches Verhalten zu sozialem Ansehen (und auch zu Beliebtheit) führt. Zur Illustration sollen hier Ergebnisse für das Jahr 1977 berichtet werden (siehe Abbildung 18).

In diesem Jahr haben wir bei 324 Schulklassen die Schüler jeweils fünf Mitschüler nennen lassen, die bei ihnen »im Mittelpunkt stehen und viel zu sagen« haben. Aufgrund der Wahlen, die hier jeder Schüler abgibt, kann man feststellen, welche Schüler tatsächlich stark beachtet sind und im Mittelpunkt stehen. Wenn ein Schüler mehr als zehn Wahlen erhalten hat, dann haben wir angenommen, daß er eine herausragende Stellung einnimmt und sein Verhalten normative Signalwirkung hat. Am anderen Ende finden wir Schüler, die völlig unbeachtet sind und keinerlei Wahlen von ihren Mitschülern erhalten. Wenn man nun diese beiden Gruppen miteinander vergleicht, dann läßt sich ein Eindruck davon gewinnen, welche Normen in einer Schulklasse gelten, die zu hohem sozialem Status führen. In der erwähnten Abbildung haben wir dies exemplarisch für die Gymnasien dargestellt, in anderen Schulformen liegen die Verhältnisse ähnlich. Die erste Frage war die, ob schulbezogenes Verhalten, ob die Erfüllung der schulischen Leistungsforderungen, der Forderungen von Anstrengung und diszipliniertem Verhalten, zu Ansehen führt. Wie aus der Abbildung hervorgeht, ist dies mit steigenden Schuljahren, hier von der 6. zur 9. Schulstufe, immer weniger der Fall. Pflichteifer, Hausaufgabenerledigung führen nicht zu sozialem Ansehen, wohl aber eine eigene hohe Kompetenzeinschätzung (Begabungsselbstbild). Die sozial angesehenen Schüler demonstrieren somit in der Schulklasse Distanz zur Schule und zum Moralkodex der disziplinierten Erfüllung von Leistungsforderungen. Wie wichtig diese Distanzdemonstration ist, geht aus anderen Informationen hervor, in denen ebenfalls die hochangesehenen und unbeachteten Schüler einander gegenübergestellt werden. Die Merkmale, die hier zur Debatte stehen, sind diesmal das Ausmaß abweichenden Verhaltens in der Schule, das Ausmaß an Disziplinlosigkeit, an Schuleschwänzen, an Rauchen und Trinken, an Aggression gegen Lehrer und gegen Mitschüler. Die entsprechende Graphik macht sehr deutlich, daß mit zunehmendem Schulbesuch immer stärker abweichendes Verhalten und Distanzdemonstration mit hohem sozialen Ansehen in der Schulklasse zusammenhängt. Die Ergebnisse beruhen auf so vielen Schulklassen, daß man sie als repräsentativ für die Verhältnisse in unserem Bildungswesen in den siebziger Jahren ansehen kann. Sie verweisen in ihrer Summe darauf, daß bei Gleichaltrigen in Schulklassen starke normative Gegenkräfte zur Internalisierung des offiziellen kulturellen Wertsystems entstehen.

Daß das Leben unter Altersgleichen auch *außerhalb der Schule* eine enorme Bedeutung bekommen hat, weisen die Untersuchungen über die sozialen Gesellungsformen in der Nachkriegszeit nach. Am eindrucksvollsten ist in dieser Hinsicht die Wiederholungsstudie der Divo-Erhebung aus dem Jahre 1964 (Allerbeck und Hoag 1985) im Jahre 1983. Die massivste Veränderung, die Allerbeck in dieser Wiederholungsuntersuchung finden konnte,

Abbildung 19 Mitglied von Cliquen

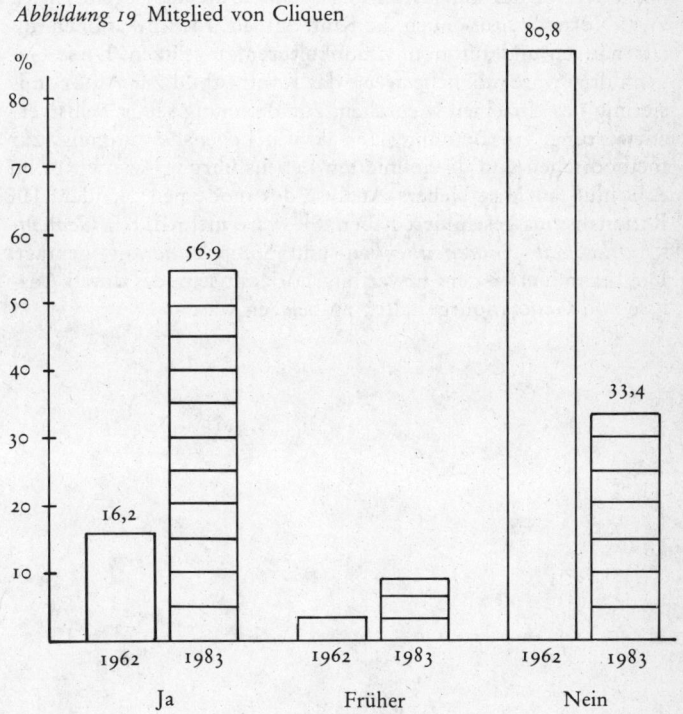

Quelle: Allerbeck und Hoag 1985, S. 40.

war die der gestiegenen Bedeutung der Zugehörigkeit zu Cliquen.

Diese Ergebnisse werden durch viele Beobachtungen gestützt, die z. B. auch in der Enquete zu *Jugendprotest im demokratischen Staat* festgehalten sind, in der ein geradezu epidemisches Bedürfnis nach Gruppenwärme, nach offener und ehrlicher Kommunikation, nach verläßlichen Beziehungen festgestellt wurde (s. Wissmann und Hauck 1982, S. 121).

Auf dem Hintergrund der sozialhistorischen Änderungen des Zusammenlebens von Gleichaltrigen, die das Entstehen eines eigenen »Edukatops« dokumentieren, wird die Frage besonders relevant, ob diese veränderten Lebensbedingungen dazu führen, daß unter Gleichaltrigen so etwas wie eine eigenständige, autonome Kultur der Lebensführung entsteht, die als Gegenentwurf zur »Normalkultur« auch die Kraft enthält, Identifikationen mit alternativen und autonomen Subkulturen zu stützen. Diese Gegenkultur wäre möglicherweise das Kontrastbild zur Autonomisierung des einzelnen Menschen, zur Betonung seiner Selbstverantwortung, zur Betonung der aktiven Lebensbewältigung, zur methodischen und disziplinierten Lebensführung, wie wir es im Anschluß an Max Webers Analyse des modernen okzidentalen Rationalismus geschildert haben. Sie wäre mehr durch *Gemeinschaftlichkeit*, *Ganzheitlichkeit* und *Sinnorientierung* geprägt. Dies kann hier erst ein Erwartungshorizont sein, der durch Analyse von Generationsgestalten zu belegen wäre.

9. Veränderungen im jugendspezifischen Medienangebot

Es hieße, die Lebenswelt von Jugendlichen zu verfehlen, würde man sich nicht den Veränderungen zuwenden, die in der Nachkriegszeit insbesondere im Bereich des jugendspezifischen Konsumangebotes, des jugendspezifischen Medienangebotes – für jedermann sichtbar – festzustellen sind. Vermutlich gibt es für jede Jugendphase in der Geschichte der Bundesrepublik Schlüsselsymbole. Dem Verweis auf die Bedeutung dieser Thematik muß aber hier gleich die Einschränkung folgen, daß es kaum eine aufwendigere Aufgabe gäbe, als gerade diesem Phänomen, und sei es auch nur für die Periode der Nachkriegszeit, nachzugehen. Trotzdem ist es kaum möglich, die jeweilige Generationsgestalt von Jugend zu verstehen, wenn man die *Prägungen durch Jugendzeitschriften, Filme, Musik, durch Fernsehen und die dahinter stehenden Symbolstrukturen vernachlässigt.*

In jüngster Zeit tauchen vermehrt Versuche auf, diesen Problemen nachzugehen, indem z. B. die Medienkultur und das »industrielle Design« von Gegenständen aus den fünfziger Jahren dokumentiert wird. Plattensammlungen über Musik aus den fünfziger, sechziger und siebziger Jahren kommen immer häufiger auf den Markt. Manche Autoren sammeln typische jugendliche Sprüche und inventarisieren die Sprachformen von Jugendlichen (s. Henne 1986). Die soziologische Forschung selber ist über Versuche, kulturelle Interessen von Jugendlichen (s. Rosenmayr 1966) zu identifizieren und die Konsumgewohnheiten sowie die Besitzgegenstände zu eruieren, dieser Problematik nachgegangen.

An dieser Stelle müssen wir uns mit einigen wenigen Hinweisen begnügen, die den Erwartungshorizont für die spezifischen Bedingungen des Aufwachsens heute in diesem Bereich präzisieren können. Es sind vor allem zwei Thesen, die in diesem Bereich wichtig sind:

1. Eine starke *Ausweitung des jugendspezifischen Angebotes* mit dem Akzent einer intensiven Beeinflussung der Steigerung des Konsumverhaltens kennzeichnet die Entwicklung in den letz-

ten Jahrzehnten unübersehbar. Werbung und Massenmedien legen als kulturelles Lebensmuster die Ausrichtung allen Strebens auf die Befriedigung von Bedürfnissen nahe. Der *Hedonismus als Lebensform* ist die zentrale Induktion einer zur Überproduktion neigenden marktorientierten Wirtschaftsform, die auch die Medien für ihre Absatzerfordernisse nutzt. Im Vergleich zu den pädagogischen Betreuungsbemühungen haben die Verdienstinteressen der Wirtschaft, der Unterhaltungsindustrie und der Medien in ungleich höherem Maße die altersspezifischen Möglichkeiten der Beeinflussung und »Betreuung« von Jugendlichen entdeckt und ausgenützt. Pointiert formuliert: die Jugendpädagogik wurde ersetzt durch eine Jugendindustrie.

2. Massenmedien haben sich in der Nachkriegszeit in zunehmendem Maße darauf konzentriert, eine *jugendspezifische Identifikationsgestalt* zu konzipieren, altersspezifische Symbolkulturen, Lebensformen und Wünsche zu konstituieren (Medienbild des Jugendlichen).

Aber auch hier sind gegenläufige Bewegungen festzustellen. Während für den Wirtschaftsbereich der Jugendliche als Konsument zunehmend interessanter geworden ist – in der Nachkriegszeit läßt sich eine kontinuierliche Steigerung des Jugendlichen zur Verfügung stehenden Geldes feststellen – ist das Bild in den Massenmedien ambivalenter. Auf dem Hintergrund der spezifischen Profilierungsanreize für Journalisten, die zur Bevorzugung von außergewöhnlichen, exzentrischen und »reißerischen« Berichten führen, ist eine im gewissen Sinne *öffentliche Pflege subkulturellen und normabweichenden Verhaltens erfolgt*. Die Massenmedien haben sehr schnell Lebensformen kleiner Minderheiten aufgegriffen, »kommerzialisierbar« gemacht und damit zur wellenförmigen Entwicklung »gegenindustrieller« Jugendkulturen beigetragen. Damit hat sich insgesamt die öffentliche Konstitution von jugendlichen Lebensformen in hohem Maße diversifiziert.

Die Angebote von seiten der Industrie und diese kulturellen Konstitutionen von Jugend in den Medien stehen in einem eigenartigen Gegensatz zu den verschlechterten Bedingungen der Jugendlichen heute zur Gewinnung von Ressourcen finanzieller Art – über Arbeit und Beschäftigung –, um die entsprechenden Leitbilder auch umsetzen zu können. Die Schere zwischen den Leitbildern lebenswerten Lebens im Bereich des Konsumierens und den faktischen Möglichkeiten dürfte für große Teile der heranwachsenden Generation immer größer werden. Dies wäre nach der Anomie-Theorie von Merton (1957) die klassische Situation, in der »abweichendes Verhalten« zunimmt.

Die Allgegenwart der Propagierung von Lebenszielen wie Reichtum, Schönheit, Vitalität, Reisen und Welterleben bei gleichzeitiger Betonung von Beruf und Leistung, von Qualität und Sorgfalt, von Durchsetzung und Überlegenheit hat zu einer dichotomen Typisierung unserer modernen Lebensverhältnisse verleitet: wir leisten uns danach *zwei Sinnkulturen, jene der Disziplin und jene des Hedonismus* (Bell 1979). Die eine ist schwer zu internalisieren, die andere leicht.

Aufwachsen heute steht mit Sicherheit in diesem Konfliktfeld. Nichtsdestoweniger ist die obige Dichotomie meines Erachtens nur ein Oberflächenphänomen. Ein vertieftes Verständnis der Bedingungen des Aufwachsens erfordert eine Kultur- und Sozialgeschichte unseres zivilisatorischen Entwurfes der Existenzbewältigung, wie er hier referiert wurde. Dadurch wird einmal Herkunft und Gestalt der Sinnkultur »Disziplin« sichtbar. Wird diese Gestalt in der Form des modernen okzidentalen Rationalismus durchdacht, dann werden auf dem Hintergrund der modernen, durch ihn mitgestalteten Lebensverhältnisse auch dessen Probleme sichtbar.

Die Sinnkultur »Hedonismus« erweist sich durch eine sozialphilosophische und kulturgeschichtliche Analyse ebenfalls als zu undifferenziert und innerlich heterogen. Dahinter kann sich ein banaler »Genußanspruch« verbergen, der mit dem Kern der modernen Entwicklung von Vorstellungen über Rechte der Person, mit der Individualisierungsthematik, nur am Rande etwas zu tun hat. Noch weniger ist »Hedonismus« mit der Brüderlichkeits-Thematik identisch, die im Umkreis »linker Lebensformen«, die von außen oft als hedonistisch und egozentrisch apostrophiert werden, eine große Rolle spielt.

Meine resümierenden Bemühungen bestehen im folgenden im Versuch, die heutigen Bedingungen des Aufwachsens als Spannungsverhältnisse im Umkreis dieser drei kulturgeschichtlichen Entwicklungen, des Rationalitätsprinzips, des Individualitätsanspruches und der Brüderlichkeitsethik zu verstehen.

10. Generationslagen und Generationsgestalten

10.1 Eine begriffliche Vorklärung: Generationslagen

Die sozialhistorische Skizze von veränderten objektiven Bedingungen des Aufwachsens in den letzten Jahrzehnten sollte deutlich machen, daß jede Generation auf eine jeweils neue Konfiguration von Lebensbedingungen trifft, die in ihrer besonderen Gestalt jene Probleme vorgibt, die sie in verschiedenen Phasen ihrer Biographie zu bewältigen hat.

Ich meine, daß der Begriff der Generationenlage von Karl Mannheim (1928) geeignet ist, auf diesen Sachverhalt zu verweisen. Den Begriff der Generationenlage entwickelt Mannheim in Analogie zu dem der Klassenlage, welcher bekanntlich die durch die ökonomischen und bildungsmäßigen Voraussetzungen bestimmten Chancen der Partizipation an der Kultur und dem Leben einer Gesellschaft insgesamt benennen soll. Ähnlich faßt Mannheim den Begriff der Generationenlage. Mannheim versteht darunter (S. 173 f.) den durch das Zusammentreffen objektiver historischer Entwicklungsprozesse entstehenden Spielraum möglichen Geschehens und damit spezifischer Arten des Erlebens und Denkens sowie des Eingreifens in diesen historischen Prozeß selbst. »Eine jede Lagerung schaltet also primär eine große Zahl der möglichen Arten und Weisen des Erlebens, Denkens, Fühlens und Handelns überhaupt aus und beschränkt den Spielraum des sich Auswirkens der Individualität auf bestimmte umgrenzte Möglichkeiten. Aber mit dieser Fixierung der negativen Beschränkung ist noch nicht alles erfaßt. Es inhäriert einer jeden Lagerung im positiven Sinne eine Tendenz auf bestimmte Verhaltungs-, Gefühls- und Denkweisen, die aus dem eigenen Schwergewicht der Lagerung heraus vom Soziologen aus verstehend erfaßbar ist« (S. 174). Die Besonderheit der Generationenlage ergibt sich schließlich aus dem biologischen Sachverhalt der »Kulturneulinge«, die in einer für die Ausprägung des individuellen Bewußtseins besonders sensiblen Phase an einem bestimmten Ausschnitt des sozio-historischen Kulturprozesses zu partizipieren beginnen.

An dieser Stelle ist die Präzisierung wichtig, daß die jeweilige Lagerung kein Determinationsverhältnis in bezug auf die Prozesse der Weltwahrnehmung und des Weltverhaltens einer Generation bedeutet, sondern die *Vorgabe eines Möglichkeitsraumes*, der unterschiedliche Wahrscheinlichkeiten vorgibt, mit denen eine Generation auf ihre jeweilige Lagerung reagiert.[16]

Die Charakterisierung der Generationenlage als querschnittliche Konfiguration objektiver sozialhistorischer Entwicklungsprozesse wird für das Verständnis der Bewältigungsstile und der Formen der Weltwahrnehmung und des Weltverhaltens einer Generation nur dann fruchtbar, wenn die in ihnen eingewurzelten latenten Problemkonstellationen und positiven Handlungsmöglichkeiten expliziert werden.

Die Leitvorstellung, die hier also den Übergang von den Bedingungen des Aufwachsens zu den Reaktionsmustern der Heranwachsenden erklären helfen soll, ist jene, daß sozialhistorische Veränderungen Veränderungen der Möglichkeitsräume für individuelles Handeln und Denken neuer Generationen sind. Es werden dadurch neue Regelsysteme für persönliche Selbstverwirklichungsprozesse vorgegeben, neue Gelegenheitsstrukturen eröffnet, aber auch neue Verschließungen eingeleitet. Wenn von Spannungen und Widersprüchen in neuen Lebensbedingungen die Rede ist, dann ist damit gemeint, daß die Matrix der positiven und negativen Möglichkeiten nicht kongruent ist, d. h. Verschließungen und Eröffnungen erfolgen simultan, die Zuwendung zu neuen Möglichkeiten ist mit Verlusten in anderen Bereichen verbunden.

Die Generalvorstellung, die das Verhältnis von gesellschaftlicher Entwicklung und Jugendgenerationen in den letzten Jahren bestimmt hat, war nun die, daß besonders die *gestiegenen Handlungsspielräume* und die gestiegenen *Selbstverwirklichungsmög-*

16 In einer zweiten Arbeit werden wir uns mehr mit der Problematik beschäftigen, wie die objektiv vorgegebenen Möglichkeitsräume von den heranwachsenden Kindern und Jugendlichen genutzt werden. Es wird sich zeigen, daß die sich entwickelnde Persönlichkeit interne Vorprägungen der Ausgestaltung von Möglichkeitsräumen impliziert. Anschaulich gesprochen heißt dies, daß Personen aus sehr ungünstigen Umständen aufgrund ihrer durch die Persönlichkeitsgenese beeinflußten Gestaltungsmacht eine subjektiv sehr günstige Situation gestalten können, während andere aufgrund einer unglücklicheren Persönlichkeitsgeschichte aus selbst günstigsten objektiven Möglichkeitsräumen subjektiv nur sehr ungünstige Lebenszuwendungen herausbilden.

lichkeiten die Entwicklung von der Vormoderne in die Moderne für Heranwachsende kennzeichnen. Individualisierung, Selbstfindung, Selbstverwirklichung werden erst heute für größere Anteile der jungen Generation als ermöglicht wahrgenommen.

Mit den objektiven Rahmenbedingungen gehen aber immer Sinnzuschreibungen, Muster der Weltinterpretation und der Normen für die Gestaltung des Alltagslebens einher. Die Gesellschaftsentwicklung – und damit auch der Bereich des Aufwachsens – repräsentiert die komplexe Dynamik von veränderten »objektiven Verhältnissen« und Wandlungen in den kulturellen und mentalen Infrastrukturen. Worin diese Dynamik im Bereich des Aufwachsens heute besteht, soll im folgenden formuliert werden und den Erwartungshorizont für deren Bewältigung durch jugendliche Generationen abgeben.[17]

17 Auf eine zentrale Auslassung in der Formulierung von Beziehungen zwischen Generationslagerungen und Generationsgestalten muß an dieser Stelle verwiesen werden. Dieses Verhältnis müßte nämlich in sozialhistorischer Perspektive auch *herrschaftssoziologisch* analysiert werden. Damit ist gemeint, daß die Träger einer Kultur und die wirklichkeitsprägenden Kräfte einer historisch-gesellschaftlichen Konstellation die Entstehung von Generationenbewußtsein bzw. die soziale Reproduktion der »legitimatorischen Grundlagen« der bestehenden sozialen Regelungen nicht der Spontaneität der Kulturneulinge oder gar dem Zufall überlassen, sondern darauf aktiv gestaltend Einfluß nehmen (und selbstverständlich nehmen müssen). Die herrschaftssoziologische Perspektive bedeutet, daß den Formen und Institutionen der aktiven Einflußnahme auf die »Kontrolle« der »Kulturneulinge« nachgegangen werden muß. Jugendgesetzgebung und Bildungssysteme sind dafür besonders wichtige Phänomenbereiche (s. z. B. Trotha 1982). Eine solche herrschaftssoziologische Analyse müßte auch Typen der sozialen Kontrolle exemplifizieren, insbesondere Formen der Indoktrination wie in totalitären Staaten oder im Nationalsozialismus und Formen der Bewußtseinsbildung auf der Basis der Unterstellung von Freiheit und vernunftgegründeter Akzeptanz. Gerade wenn die letzteren Formen der Bewußtseinsbildung analysiert werden, tauchen die Probleme von Diskrepanzen zwischen »offiziellen Wirklichkeitsinterpretationen« und selbständigen Erfahrungsweisen auf, die die besonderen Spannungsverhältnisse der generationalen Bewußtseinsbildung heute kennzeichnen. Diesen Problemen müßte eine eigene Arbeit gewidmet werden. Wenn die Bewußtseinsbildung der heranwachsenden Generation nicht naturgesetzlich-spontan erfolgt, wenn sie der bewußten Gestaltung zugänglich ist, dann entspringt daraus auch die Aufforderung, aktiv gestaltend einzugreifen. Dies geschieht faktisch in Form jugendpolitischer, bildungspolitischer und pädagogischer Bemühungen. Einige Leitlinien dazu sollen den Abschluß dieser Arbeit bilden.

10.2 Die Kernthese: die derzeitige Generationslage als Ausdruck der Krise des modernen okzidentalen Rationalismus

Ich möchte die bisherige Schilderung veränderter Bedingungen des Aufwachsens in der These zusammenfassen, daß sie verschärfte Spannungsverhältnisse und Konflikte indizieren, in die jene geistigen Grundlagen unserer Zivilisation, die im Anschluß an Max Weber als »moderner okzidentaler Rationalismus« bezeichnet werden, mit realen gesellschaftlichen Entwicklungen und anderen Prinzipien der »Weltgestaltung« geraten sind.

1. In der Geschichte der Bundesrepublik kann bis in die sechziger Jahre eine zunehmende Gewißheit in der Überzeugung festgestellt werden, daß eine immer bessere Sicherung der Lebensumstände möglich ist, daß die großen gesellschaftlichen Probleme kontrollierbar sind und daß jeder einzelne es auf der Grundlage individuellen Bemühens und individueller Anstrengung zu etwas bringen kann, sein Glück machen kann. Heranwachsende erleben in dieser historischen Phase über zehn bis zwanzig Jahre im Bildungssystem ein soziales Regelwerk, das diese Erwartungen über offene Laufbahnmuster fördert und daran orientierte Lernanstrengung belohnt. Kontinuierliche Anstrengung und Leistungserbringung im Schulsystem werden Jahr für Jahr die erlebte Grundlage für soziale Belohnung, für schulischen Aufstieg und größere schulische Bildungsmöglichkeiten. Dagegen ist heute die Wahrnehmung sehr verbreitet, daß dieses Muster, welches Teil eines aktiven Stils der Lebensbewältigung auf rationaler und leistungsorientierter Grundlage ist – und damit Teil des modernen okzidentalen Rationalismus –, am Übergang ins Beschäftigungssystem brüchig geworden ist. Hier wird also nicht der okzidentale Rationalismus selbst in Frage gestellt. Im Gegenteil, sein *normativer Anspruch* – etwa in der Form der Schaffung von Planungssicherheit und leistungsbezogener Mobilität – wird ernstgenommen und zum Maßstab der Kritik gegenwärtiger Lebensverhältnisse. Die »versprochenen« Belohnungen werden nicht eingelöst, die unterstellte Planbarkeit und Planungsverantwortung der eigenen Biographie erweist sich als Schein, der geforderte Verzicht als Lebensbetrug.

2. Die wichtigste Konsequenz des Rationalismus für die Alltagsgestaltung, die methodische und disziplinierte Kultur der Lebensführung – etwa in der Form der »Berufsethik« und der »Lernethik« – ist durch Entwicklungen gefährdet, die sie teilweise selbst hervorgebracht hat. Komplementär zur gestiegenen Produktivität der Wirtschaft und zur verbesserten Versorgungslage, hat sich ein Wertsystem entwickelt, das den Genuß der Früchte dieser Anstrengungen legitimiert. Das Wertsystem unserer Werbeindustrie repräsentiert eine oft aggressive Verführung zu einer hedonistischen Lebensauffassung, die, wie Daniel Bell schon festgehalten hat, jenes Wertsystem zu unterhöhlen droht, das zur Erzeugung dieser Konsummöglichkeiten beigetragen hat.

Für die heranwachsende Generation ist dieses Spannungsverhältnis doppelt gefährlich, da ihr noch die Erfahrung der Härte disziplinierter Berufsarbeit als Vorbedingung für Konsummöglichkeiten fehlt und sie verständlicherweise geneigt ist, die Ansprüche und Versprechungen der hedonistischen Weltdeutung zu internalisieren. Die einfache Lösung, »soviel Arbeit wie nötig, soviel Genuß wie möglich«, liegt sehr nahe.

3. Von einer dritten Seite gerät die disziplinierte Lebensführung, gerät eine Berufsethik unter Druck: die Erziehungsbedingungen im Elternhaus und auch in der Schule haben sich in den letzten Jahrzehnten zunehmend *verständigungsorientiert* und *personorientiert* entwickelt. Die konditionslose Akzeptanz jedes heranwachsenden Kindes, die Pflege seiner Individualität und seiner je besonderen Möglichkeiten, die Perspektive, Kinder und Jugendliche vor Überforderung zu schützen und die Anlagen von innen heraus zu entwickeln, tragen alle dazu bei, ein Edukatop entstehen zu lassen, das von jenem sehr verschieden ist, das Bescheidenheit, Demut, ja Selbsterniedrigung, Einordnungsfähigkeit, Verzicht, Selbstüberwindung, Aufschub von Belohnungen usw. gefördert hat.

Die auf Autonomie, Selbständigkeit und Ganzheitlichkeit ausgerichtete Personengenese, die besonders im Lebensraum der Familie und manchmal auch dem der Schule gepflegt wird, trifft bei großen Gruppen von Heranwachsenden beim Übergang ins Beschäftigungssystem jäh auf Selbstentäußerungsnotwendigkeiten, auf nur beschränkte Möglichkeiten, sich selbst in arbeitsteilige Prozesse »einzubringen«.

Die Personalisierung der Beziehungen zu Heranwachsenden bricht sich heute aber auch an der Instabilität der kleinen Lebensgemeinschaften und an den instrumentell-spezifischen Beziehungsdefinitionen im Rahmen des schulischen Leistungsprinzips, welches in den letzten Jahrzehnten perfektioniert wurde. Der Erfahrung einer jahrelangen Zuwendung, Personalisierung und Intimisierung im familiären Lebensraum steht die häufige Erfahrung der Instabilität dieses Lebensraumes gegenüber. Das gestiegene Bedürfnis nach personaler Akzeptanz trifft auf eine gestiegene instrumentelle Wertschätzung des Menschen nach Leistungen, physischer und sozialer Attraktivität. Die Personalisierung der Verantwortung für das »eigene Schicksal« vergrößert die Bedrohung des selbstverschuldeten Verfehlens eines attraktiven Lebensentwurfes.

4. Es läßt sich eine vierte Quelle von Erfahrungen identifizieren, die zu einem Spannungsverhältnis mit den Wertgrundlagen eines leistungsorientierten Bildungs- und Wirtschaftssystems führen. Der Lebenskontext in Familien und von Gleichaltrigen stützt in steigendem Maße Gemeinsamkeitserfahrungen und nicht Individualisierungstendenzen. In der Solidaritätsgemeinschaft der Schulklasse ist dies in ausgeprägter Weise der Fall und führt zu einer Situation, in der die Demonstration von Leistungs- und Schuldistanz in der Klassengemeinschaft zu sozialem Ansehen führt. Neben dem personalisierten Erfahrungsfeld der Familie und dem instrumentalisierten Leistungsfeld der Schule entstanden in den letzten vier Jahrzehnten verstärkt wildwüchsige Vergemeinschaftungsformen unter Jugendlichen, in denen weder personale Besonderheiten noch leistungsorientierte Selbstverantwortung »maximiert« werden. Im Mittelpunkt steht hier vielmehr die Entfaltung und Demonstration von Gemeinsamkeit und Nicht-Unterscheidbarkeit. Ja nach den Kriterien, an denen diese eingeübt werden, erfolgt eine die Person schutzlos ausliefernde Einbindung in hedonistische oder rückzugsorientierte Lebensformen, die mit langfristigen, methodischen Lebensplanungen in Konflikt geraten können.

5. Wenn wir die Kritik des »Youth-Panel« aus den siebziger Jahren an Bedingungen des Aufwachsens einbeziehen, dann wird ein fünftes Spannungsmoment moderner Bedingungen des Aufwachsens zur Entstehung einer verantwortlichen und disziplinierten Berufsethik und Lebensführung sichtbar. Ist die

Diagnose des »Youth-Panel« richtig, dann sind Räume des Aufwachsens heute von zunehmend geringeren Handlungsmöglichkeiten und geringeren Verantwortlichkeitsbereichen gekennzeichnet. Heranwachsende erfahren danach zu selten die unmittelbaren Rückwirkungen ihres Handelns, sie können immer weniger die persönliche Übernahme von Verantwortung lernen. Dem stehen nun gleichzeitig größere Ansprüche an Selbständigkeit, an Autonomie und Eigenständigkeit zur Seite. Diese Autonomie kann sich, so würde das Youth-Panel formulieren, nicht an ernsthaften Aufgaben, die auch zu eigenständigen Lebensbewältigungen führen, bewähren. Die ökonomische Selbständigkeit ist lange hinausgeschoben, die psychische Selbständigkeit wird früh gefordert und eingeübt.

6. Eine sechste und vielleicht die wichtigste Quelle der Distanzierung vom Weltbild und den Wertgrundlagen des okzidentalen Rationalismus ist die, daß der wirtschaftliche, technisch-wissenschaftliche Entwicklungsprozeß zu Problemlagen geführt hat, die seine vorbehaltlose Akzeptanz untergraben. Von der ökologischen Belastung bis hin zur Rüstungsproblematik und der dadurch möglichen Selbstdestruktion der Menschheit werden Probleme sichtbar, die Folgeerscheinungen unserer technisch-wissenschaftlichen Kultur sind. Der Erfahrung der Bedeutung und Segnungen des technisch-wissenschaftlich-industriellen Fortschrittes für die Aufrechterhaltung moderner Lebensbedingungen steht die der lebensbedrohenden Implikationen der technisch-zivilisatorischen Welt gegenüber. Der Erfahrung der instrumentellen Machbarkeit, Herstellbarkeit und Kontrollierbarkeit im Bereich von Natur und Technik steht jene der Ohnmacht in der Gestaltung zwischenmenschlicher Verständigung und Übereinkünfte gegenüber. Wir sind Experten der instrumentellen Rationalität, aber Laien in der so nötigen gemeinschaftlichen und politischen Kontrolle des wissenschaftlich-technischen Komplexes. Die Wahrnehmung der Bedeutung von Verständigung und verantwortlicher Kontrolle unserer »Weltbeherrschungsinstrumente« verführt schnell zu ihrer Abwertung und Ablehnung – bis hin zur Flucht in sozial-romantische Utopien eines zivilisationsfernen Lebens.

Wenn wir insgesamt in unserer Diagnose der Lebensverhältnisse, in welche die »Neuankömmlinge« hineinwachsen, vom zivilisatorischen Normalentwurf der okzidentalen Moderne ausgehen, von einer rationalen, wissenschaftlich-technisch fundierten »Weltgestaltung« und »Weltbeherrschung«, die auf sich steigernde Kontrolle, Verstetigung und individuell zu verantwortende Lebensbedingungen ausgerichtet ist – um nur einige Aspekte zu nennen –, dann müssen wir mehrere Konfliktzonen konstatieren, und zwar solche,

– die aus realgeschichtlichen Entwicklungen resultieren, welche die Kontrollierbarkeit unserer Lebensbedingungen in Frage stellen (Arbeitslosigkeit, kriegerische Konflikte),

– die aus immanenten Gefahren der okzidentalen Weltbeherrschung erwachsen (kollektive Selbstzerstörung durch Vernichtungswaffen, Umweltzerstörung und Ressourcenausbeutung, wirtschaftliche Beherrschung der Dritten Welt),

– die aus Ausblendungen anderer Weltgestaltungsprinzipien (Personalitäts- und Individualitätsprinzip, Brüderlichkeitsethik und Verständigungsprinzip, Sinnfindung im ganzen) entspringen.

Die Geltung des modernen okzidentalen Rationalismus ist deshalb ambivalent geworden. Einerseits ist gerade in den achtziger Jahren erneut zutage getreten, wie entscheidend diese wertmäßigen Grundlagen für die Existenzbewältigung sind. Zum andern sind die Gefahren der technisch-ökonomischen Zivilisation überdeutlich hervorgetreten. Auch die Implikationen der instrumentellen Vernunft für die Zerstörung psychischer Infrastrukturen und von lebensweltlichen Zusammenhängen sind nicht verborgen geblieben (s. Habermas 1981). Parallel zu dieser Relativierung der Wertgrundlagen unserer Zivilisation hat sich eine Entwicklung vollzogen, die besonders durch zwei Momente charakterisiert ist, die in Spannung zur herkömmlichen Zivilisation treten:

1. Die Entwicklung lebensweltlicher kommunikativer Bereiche hat eine große Bedeutung erlangt. Dies betrifft nicht nur die größere kommunikative Intensität in der Familie, sondern auch außerfamiliäre Zusammenhänge, die von einer Intensivierung des Gefühls der *Gemeinschaftlichkeit* gekennzeichnet sind.

2. Das zweite Entwicklungsmoment besteht im *Individualisierungsschub*, der, aufbauend auf der ökonomischen Selbständigkeit (innerhalb der Familie aller Familienmitglieder), eine größere Bedeutung des einzelnen Individuums ermöglicht. Die persönliche Lebensgestaltungschance aufgrund ökonomischer Selbständigkeit, die Betonung der Bedeutung des mündigen

Bürgers in einem auf Zustimmungsbereitschaften aufbauenden politischen System, eine an der Individualität des Kindes ausgerichtete Erziehung – alle diese Prozesse haben dazu geführt, daß der individuellen Persongenese größere Beachtung geschenkt wird. Auf eine Formel gebracht könnte man die heutige Generationslage so charakterisieren, *daß im Vergleich zu früher ein anderes Spannungsverhältnis des Rationalitäts- und Leistungsprinzips zum Sozialprinzip sowie zum Personalitätsprinzip entstanden ist.* Die Ansprüche an personale und gemeinschaftliche Lebensgestaltung, die Ansprüche an »substantielle Vernunft« dürften in hohem Maße gestiegen sein. Die Spannungsmomente, die zwischen diesen heterogenen Ansprüchen bestehen, treiben die Suchbewegungen der Menschen nach einer sinnvollen Lebensgestaltung hervor. In ihrem Horizont bewegen sich auch die jugendlichen Generationen. Die potentiellen Konflikte verleiten aber auch zu vereinfachenden Lösungen, in denen die Spannungen zugunsten einseitiger Polarisierungen aufgehoben sind und damit durch Komplexitätsreduktion Orientierungssicherheit schaffen. Traditionale, familiale, auf Arbeit und Ordnung ausgerichtete Wertstrukturen finden sich heute ebenso wie Ausgestaltungen der individuellen Autonomieansprüche, wie an die Romantik erinnernde Gemeinschaftlichkeitsauffassungen, wie Rousseausche Bewegungen in selbständiges, zivilisationsfreies Leben, Entfaltungen der Brüderlichkeitsphilosophie und an asiatische Denkformen angelehnte Weisen der Meditation, der Harmonie mit dem Weltganzen und der Kontemplation.

Damit ist hier der Erwartungshorizont für die Analyse von Generationsgestalten formuliert, die Komplexität der heutigen Generationslagerung entfaltet. Es erscheint mir außerordentlich wichtig, wenn man die heutige Welt des Aufwachsens ohne Lamento und ideologische Vereinfachungen schildern will, dies mit sozialhistorischem Blick, empirischen Belegen und kulturphilosophischer Reflexion zu tun. Diese Maßstäbe sollen auch auf die folgenden Analysen jugendlicher Generationsgestalten im 20. Jahrhundert angewendet werden.

IV
Generationsgestalten

In ausdrücklicher Einschränkung auf »jugendliche Generationsgestalten« soll in diesem Kapitel der Frage nachgegangen werden, wie die jeweiligen historischen Bedingungen des Aufwachsens von Heranwachsenden ver- und bearbeitet werden.

Die präzisesten begrifflichen Bestimmungen zur Generationsproblematik finden sich meines Erachtens immer noch bei Karl Mannheim (1928), auf den sich die folgenden formalen Charakterisierungen des Verhältnisses von Generationslage und Generationsgestalt stützen. Im Anschluß an die schon zitierte Definition der Generationslage versucht Mannheim zu einer schärferen Fassung des Prozesses zu kommen, in dem verschiedene Kohorten (also altersmäßig homogene Jahrgänge) ihre Lebensbedingungen verarbeiten: »Während verwandte Generationslagerung nur etwas Potentielles ist, konstituiert sich ein Generationszusammenhang durch eine Partizipation der derselben Generationslagerung angehörenden Individuen am gemeinsamen Schicksal und an den dazugehörenden irgendwie zusammenhängenden Gestalten. Innerhalb dieser Schicksalsgemeinschaft können dann die besonderen Generationseinheiten entstehen. Diese sind dadurch charakterisiert, daß sie nicht nur eine lose Partizipation verschiedener Individuen am gemeinsam Erlebten, aber verschieden sich gebenden Erlebniszusammenhang bedeuten, sondern daß sie ein einheitliches Reagieren, ein im verwandten Sinne geformtes Mitschwingen und Gestalten der gerade insofern verbundenen Individuen einer bestimmten Generationslagerung bedeuten.« (Mannheim 1928, S. 313).

Die schwierige Unterscheidung zwischen Generationszusammenhang und Generationseinheit werde ich in dieser Arbeit nicht weiter verfolgen (s. Fogt 1982, Buchhofer u.a. 1970, Matthes 1985). Mir geht es mehr um die verschiedenen Definitionsmöglichkeiten von Generationseinheiten, von Bewußtseins- und Verhaltensformen altershomogener Gruppierungen.

1. Zur Operationalisierung
von jugendlichen Generationsgestalten

Ich verwende hier den Begriff »Generationsgestalt«, um die besondere Erscheinungsform von Heranwachsenden, die in einem definierten Zeitraum geboren sind, zu charakterisieren. Zwei Merkmale sind für diese Begriffsbestimmung ganz wesentlich: einmal werden Bevölkerungsgruppen zusammengefaßt, die in einer bestimmten Zeitspanne geboren sind. Die Soziologie spricht diesbezüglich von Alters-Kohorten. Damit ist zum andern für die *Jugendgeneration* das Merkmal gekoppelt, daß sie den gesellschaftlichen Entwicklungsprozeß und die politische Ereignisgeschichte in einer ganz bestimmten, besonders empfänglichen Phase des Lebens erfährt. Dahinter steht wiederum die lebensgeschichtliche Annahme, daß die Jugendzeit eine besonders kritische Phase für den Aufbau von Verarbeitungskategorien in bezug auf die jeweilige historische Realität ist. Kinder nehmen von dieser historischen Realität nur sehr wenig wahr, da ihnen die Analysekategorien fehlen. Erwachsene verarbeiten sie nach dieser Vorstellung in immer ähnlicher Weise, da sie verfestigte Verarbeitungsstrategien aufgebaut haben.

Empirisch und operational könnte man die Generationsgestalt mit den *Durchschnittswerten in Einstellungen, Meinungsmustern, Gewohnheiten der Lebensführung* bestimmter Alterskohorten indizieren. Dies ist eine wichtige und auch für uns leitende Vorstellung, die aber durch eine weitere ergänzt werden soll. Der Begriff der Generations-*Gestalt* impliziert einen *inneren Zusammenhang* der verschiedenen Meinungsmuster, der Formen der Lebensführung, er impliziert ein inneres Relationsgefüge, das nicht durch Addition von Einzelmerkmalen konstruierbar ist. Wir möchten also versuchen, die kohortenspezifischen Weltsichten, Formen der Lebensführung und Alltagsgestaltungen in ihrem *idealtypischen Zusammenhang* zu verstehen und sie als kohortenspezifische Bewältigungsstile der Generationslage interpretieren. In eine solche, *spekulativ* erweiterte Fassung gehen, dies ist unverkennbar, sowohl methodologische Vorstellungen in der Tradition Max Webers ein als auch Bestimmungen von Generationsgestalten in der Nachfolge von Karl Mannheim.

Max Weber ist hier insofern bedeutsam, als er die Überzeugung inspiriert hat, *daß Generationsgestalten nur auf dem Hintergrund der dominanten Kulturgenese und der gesellschaftlichen Entwicklung verstehbar sind.* Mannheim wiederum hat als erster soziologisch präzisiert, wie der Sachverhalt, an umgrenzten Abschnitten des Geschichtsprozesses in derselben Phase der eigenen Biographie zu partizipieren, verarbeitet wird. Eine Generation nimmt nach ihm am selben Ausschnitt des kollektiven Geschehens parallel teil (s. Mannheim 1928, S. 180).[18]

Die Untersuchung von sozialem Wandel in den Bewußtseinsstrukturen verschiedener Kohorten (Geburtsjahrgänge) kann methodisch sehr unterschiedlich vorgenommen werden.[19] Der einfachste Fall besteht darin, daß *ein* Merkmal (z. B. Zustimmung zum demokratischen Staat) ausgewählt wird und die Antworten (Prozentsätze, Mittelwerte, Streuungen, Quartile usw.) verschiedener Alterskohorten über die Jahrzehnte verglichen werden. Komplexer gestaltet sich das Vorgehen schon dann, wenn man mehrere Indikatoren heranzieht, sie zu Bereichen bündelt (z. B. Einstellungen zur Arbeit) und diese mit Veränderungen in anderen Bereichen (Wertschätzung der Freizeit, Organisationsform der Freizeit) konfrontiert. Im Extremfall können sogar komplizierte Relationsgefüge zwischen einzelnen Merkmalen von Generation zu Generation verglichen werden. Eine weitere Verfeinerung ergäbe sich dann, wenn epochale Entwicklungen in einem oder in mehreren Merkmalen für Subgruppen (Jungen/Mädchen, Stadt/Land, Arbeiterkinder/Bildungsschichten) spezifiziert würden. Epochaler Wandel könnte sich dann z. B. in Veränderungen von Unterschieden zwischen den Gruppen abbilden.

18 Diese Vorstellung kann natürlich auch auf erwachsene Generationen ausgedehnt werden, die sich nach neueren soziologischen Untersuchungen als bedeutsam lernfähiger herausgestellt haben, als dies in der Regel unterstellt wird (s. Jennings und Niemi 1981).

19 Für die Methodologie der Untersuchung von Alterseffekten, Kohorteneffekten und Periodeneffekten – letztere als Interaktion zwischen Alter und Geburtsjahr bei der Vorverarbeitung historischer Schlüsselereignisse interpretierbar – sei exemplarisch auf den Reader von Nesselroad und von Eye 1986 verwiesen. Ein theoretisches Modell zur Erfassung der Bedeutung von Schlüsselereignissen für die politische Sozialisation – neben den üblichen »Einflußinstanzen« Familie, Peers, Schule und Massenmedien – hat Fogt (1982) entwickelt. Hier finden sich auch wichtige Überlegungen zum Aufbau eines generationenspezifischen Erwartungshorizontes für die Verarbeitung von Schlüsselereignissen.

Doch auch hier ist noch ein zusätzlicher Schritt möglich. Es könnte nämlich eingewendet werden, daß die Generationsgestalt etwas *Ganzheitliches* ist und die Änderung nur in Verschiebungen im gesamten Gefüge der Verortung in Sinnzusammenhängen sichtbar wird. Bei einer solchen sowohl diachron als auch synchron ganzheitlichen Betrachtung würden erst die besonderen Weltbilder, Formen der Lebensführung und Relevanzstrukturen unterschiedlicher Jugendgenerationen sichtbar.

Mit solchen ganzheitlichen Betrachtungsweisen nähern wir uns aber Forschungsverfahren, die in der Regel über die differenzierte Betrachtung der Ergebnisse von Survey-Untersuchungen hinausgehen. Sie berücksichtigen vor allem *qualitatives Material*[20], also Äußerungsformen der Jugend in ihren schriftlichen Produktionen, Analysen von Schlüsselliteratur (sei es in Buchform, in Tagebüchern, in Briefen, in Zeitschriften). So ist z. B. die Forschung über die Generationsgestalt der Jugendbewegung vorgegangen. Sie hatte dabei das Glück, sich auf eine hervorragende Dokumentensammlung stützen zu können (etwa Kindt 1974). Bei der Analyse dieser Texte stellen sich aber hohe Ansprüche der Rekonstruktion eines historischen Erwartungskontextes, von Formen der Realitätserfahrung, die uns heute schon sehr fremd sein können (so zum Beispiel das vaterländische und romantische Pathos). Eine solche Rekonstruktion macht dann auch besonders plastisch, wie diskrepant Erwartungshorizonte und Modalitäten der Lebenszuwendung von Generation zu Generation sein können, sie kann *Selbstverständlichkeiten* aufheben und Fremdheiten zu Nachvollziehbarem transformieren.

An dieser Stelle kann nochmals der Begriff der »Generationseinheiten« eingeführt werden. Darunter sollen »Intensivsegmente« von Generationsgestalten verstanden werden, also besonders arti-

---

20 Gerade für die jüngste Zeit verfügen wir über hervorragende qualitative Materialien, um einen Einblick in die Weltbilder und Modalitäten der Lebensbewältigung der Jugendgenerationen in den siebziger und achtziger Jahren zu bekommen. Im Umkreis der letzten Jugendstudien des Jugendwerkes der Deutschen Shell hat Zinnecker vorzügliches Material gesammelt. Dies gilt auch für Arbeiten, die in der Tradition des CCCS stehen. Lediglich erwähnt seien hier die literarisierten Formen der Selbstdarstellung, etwa bei Siebenschön (1986) oder bei Heinzen und Koch (1985). Diese Arbeiten leben insgesamt von der plastischen Darstellung von »Gegenentwürfen« zum »Normalentwurf« der derzeitigen Form zivilisatorischer Existenzbewältigung, sie sind aus der Perspektive der Ausgrenzung und der Deidentifikation, manchmal auch aus der Verarbeitung von Deprivation geschrieben.

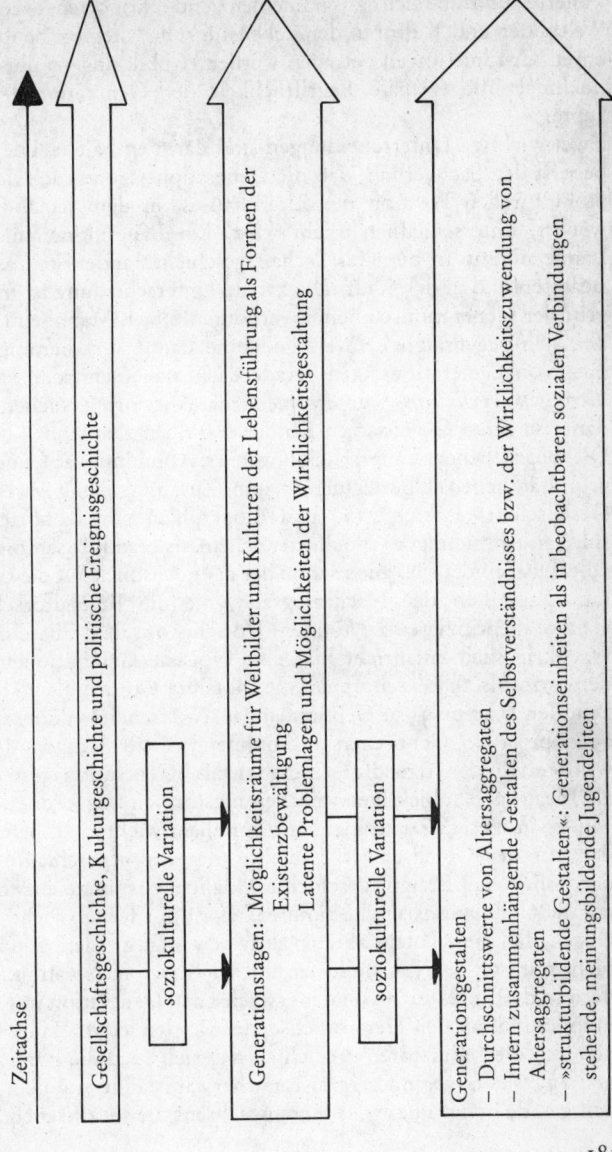

Abbildung 20 Konzepte der Gesellschaftsgeschichte, der Generationslagen und Generationsgestalten

Zeitachse

Gesellschaftsgeschichte, Kulturgeschichte und politische Ereignisgeschichte

soziokulturelle Variation

Generationslagen: Möglichkeitsräume für Weltbilder und Kulturen der Lebensführung als Formen der Existenzbewältigung
Latente Problemlagen und Möglichkeiten der Wirklichkeitsgestaltung

soziokulturelle Variation

Generationsgestalten
– Durchschnittswerte von Altersaggregaten
– Intern zusammenhängende Gestalten des Selbstverständnisses bzw. der Wirklichkeitszuwendung von Altersaggregaten
– »strukturbildende Gestalten«: Generationseinheiten als in beobachtbaren sozialen Verbindungen stehende, meinungsbildende Jugendeliten

181

kulierte und in sich zusammenhängende kohortenspezifische Weltbilder und Kulturen der Lebensführung, die von beobachtbaren Gruppierungen getragen werden. Abbildung 20 illustriert nochmals die formale Begrifflichkeit der Generationen-Konzepte.

Zwei wichtige Unterscheidungen sind darin enthalten. Die erste betrifft den Sachverhalt, daß die Generationslage je nach der soziokulturellen Position des Elternhauses, in dem jemand aufwächst, unterschiedlich erlebt wird. Ein Bauernkind auf dem Lande nimmt an der Gesellschaftsgeschichte anders teil als ein Beamtenkind in der Stadt. Die zweite Unterscheidung ist im Begriff der Generationseinheiten verborgen. Nach Mannheim können sich gegensätzliche Weltbilder und damit Verarbeitungsformen von Generationslagen gerade darin nahe sein, daß sie auf *dieselben Verhältnisse* unterschiedliche Antworten suchen und damit in ihren Gegensätzen Kinder derselben Zeit sind.

Die begrifflichen Unterscheidungen (s. Abbildung 20) und die grundsätzlichen Überlegungen zum Zusammenhang zwischen Gesellschaftsgeschichte (T) und Biographien von Kohorten (t) sind in Abbildung 21 nochmals schematisierend zusammengefaßt. Dort findet sich auch schon der erste Ausblick auf die Generationsgestalten der Nachkriegszeit, die die Jugendforschung glaubte identifizieren zu können. Jeder historischen Phase in der Nachkriegszeit entspricht hier eine typische Generationenlage: den 1920 bis 1930 Geborenen die Notsituation der Nachkriegszeit, den 1940 bis 1950 Geborenen das »Wirtschaftswunder«, den 1960 bis 1970 Geborenen aufkommende Bedrohungen. Ihnen wurden von der Jugendforschung jeweils »Generationsgestalten« als Idealtypen subjektiver Verarbeitungsformen zugeordnet.

Mir ist in diesem Zusammenhang vor allem wichtig, zu betonen, daß aus der Gesellschaftsgeschichte, der Kulturgeschichte und der politischen Ereignisgeschichte Möglichkeitsräume entstehen, die die Generationslage bestimmen. Es ist mir ferner wichtig, zu zeigen, daß diese Potentialitäten aktiv bewältigt werden, und zwar nicht nur von den Jugendlichen und von ihnen in Isolation, sondern in der Regel auch von der erwachsenen Generation in Kommunikation mit den Heranwachsenden. In den letzten Jahren haben sich die Indikatoren verdichtet, daß sich auch die Erwachsenen angesichts veränderter historischer Umstände wandeln und daß gerade in der Phase des Heranwachsens die spezifischen For-

Abbildung 21 Generationslagen und Generationsgestalten in der Nachkriegszeit der BRD

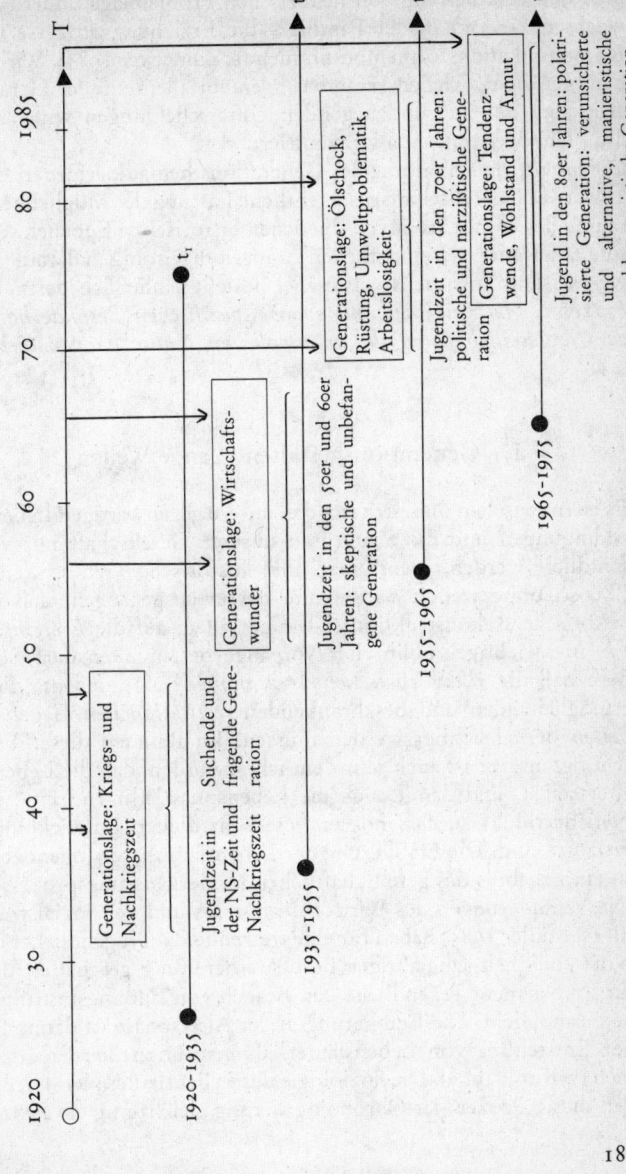

men der Verarbeitung von historischen Problemlagen durch Erwachsene – etwa in der Familie – die Erziehungsprozesse und Kommunikationsformen bestimmen (s. Zinnecker 1985). Wir haben hier die epochalen Veränderungen vor allem um der Herausarbeitung der zugrundeliegenden Unterscheidungen willen auf die Jugendgenerationen konzentriert.

Die *inhaltliche* Entfaltung der Generationsthematik erfordert eine kultur- und gesellschaftsgeschichtliche Fassung der Möglichkeitsräume des Handelns in verschiedenen historischen Epochen. Unsere zivilisationsgeschichtlichen Anmerkungen sollten darauf verweisen. Das anspruchsvollste Ziel besteht schließlich darin, die *Prozesse, Mechanismen und epochalspezifischen Besonderheiten der Vergesellschaftung der menschlichen Natur herauszuarbeiten.*

1.1 Generationsgestalten: Lange Wellen

Es ist inzwischen unbestritten, daß unsere gegenwärtigen Lebensbedingungen und die Strukturen unserer Gesellschaft nur verständlich werden, wenn man ihre historische Genese kennt. Ebenso unbezweifelt wird heute davon ausgegangen, daß die historische Rekonstruktion sich nicht allein auf die *Ereignisgeschichte* wichtiger politischer Vorgänge beschränken darf, sondern daß die *alltäglichen Lebenszusammenhänge* und die diese ermöglichenden und beschränkenden *institutionellen Gegebenheiten* berücksichtigt werden müssen. Im Rahmen dieser Forschungsansätze ist auch sehr deutlich geworden, daß die Lebensalter selbst, und damit auch die Lebensphase »Jugendzeit«, ein Nebenprodukt umfassenderer gesellschaftlicher Entwicklungsprozesse sind. Die Etablierung der Lebenslaufphase »Jugendzeit« ist ein Ergebnis des gesellschaftlichen Modernisierungsprozesses. Die Veränderungen des Wirtschaftssystems und der Sozialstruktur (s. Müller 1985) haben für eine steigende Zahl Jugendlicher die Notwendigkeit langjähriger Berufsvorbereitung geschaffen und für immer mehr Jugendliche den Besuch von Bildungsinstitutionen ermöglicht. Die Etablierung dieser Altersphase ist damit Teil der Entstehung von Lebensläufen als institutionellen Programmen (s. Kohli 1985). Die Soziologie des Lebenslaufes meint heute, daß dieser Prozeß der Chronologisierung gleichzeitig ein Prozeß der Freisetzung der Individuen aus den ständischen, lokalen Bindungen bedeutet und größere *Freiheitsgrade des Handelns* impliziert. Die Stationen des Lebenslaufes werden klarer vorgegeben, wichtige Kreuzungspunkte und Entscheidungssituationen spezifiziert und Planungshorizonte aufgebaut. Aus der Zufälligkeit der Lebensereignisse entsteht so im Prozeß der Modernisierung ein vorhersehbarer Lebenslauf, der auch eine Sequentierung der wichtigen Entscheidungen in der Jugendphase impliziert. Mit dem Verlassen der Herkunftsfamilie, der Heirat und der Aufnahme einer Berufsarbeit gilt zumindest vom institutionellen Lebenslaufregime her die Jugendphase als abgeschlossen.

Die Eintrittsphasen in diesen Lebensabschnitt sind dagegen viel undeutlicher markiert. Durch die Etablierung von Jahrgangsklassen in Schulen und aufeinander aufbauenden Ausbildungsgängen werden aber klare Sequentierungen geschaffen.

Die »lange Welle« der Entstehung von Jugendgestalten kann man parallel zur Zivilisationsgeschichte als einen Prozeß der zunehmenden Individualisierung, der Überführung von äußerer Kontrolle in innere Kontrolle und der zunehmend bewußten Gestaltung der eigenen Lebensbiographie charakterisieren. Die Ebene der Vergesellschaftung war früher die stabile Zugehörigkeit zur Familie, die kleinräumige Lokalgesellschaft und der Stand, zu dem man gehörte. Sie war vermittelt durch äußere Kontrolle, durch religiöse Weltbilder und den allgegenwärtigen Zwang zur Existenzsicherung. Demgegenüber ist heute der Lebenslauf und die Jugendphase auf die Vergesellschaftung der Person ausgerichtet, auf innere Kontrolle, eigenständige Planung, auf das persönlich zu verantwortende Ziel. Die Einführung ins Erwachsenenleben ist sequentiell geregelt, über verschiedene Stationen der Rechtsfähigkeit, der Strafmündigkeit, der Schulpflicht, des Jugendarbeitsschutzes, des Wahlrechtes und schließlich der Volljährigkeit.

Auch wenn nach Kohli der Modernisierungsprozeß als ein Übergang von einem Muster der Zufälligkeit der Lebensereignisse zu einem des sequentiellen und geregelten Ablaufes charakterisiert werden kann, so könnte für die heutige Situation doch eine umgekehrte Tendenz ausgemacht werden. Es gibt viele Hinweise, daß die Altersstandardisierung heute an Bedeutung verliert. Diese These wird einmal von Veränderungen beim Übergang ins Erwachsenenalter gestützt, Veränderungen, die viele Zwischenformen zwischen dem Stand des Ledigseins und der Gründung einer Familie enthalten. Auch die ökonomische Verselbständigung erfolgt heute für viele Heranwachsende weniger strukturiert. Zinnecker (1981) hat in seinen Jugenduntersuchungen sogar die These aufgestellt, daß eine eigene Lebensphase, die sogenannte Postadoleszenz entstanden ist, in der ökonomische Selbständigkeit zwar noch nicht gegeben ist, ansonsten aber alle Privilegien des Erwachsenenalters in Anspruch genommen werden. Noch weitergehend ist die These, daß es heute viele Personen geben soll, die den Status des Jungseins generell nicht aufgeben möchten.

Kontinuierlicher sind auch die Übergänge von der Kindheit ins Jugendalter geworden. Wiederum hat Zinnecker (1985) dazu entscheidende Hinweise gegeben, wenn er belegt, daß Jugendliche heute im Alter von 14 bis 16 dasjenige tun und jene Freiräume haben, die früher für die 16- bis 18jährigen vorhanden waren. Andere Autoren sprechen sogar vom Verlust der Kindheit, wenn sie (s. Postman 1983) das Vordringen der Erfahrungswelt der Erwachsenen über die Massenmedien in die Kindheit schildern.

Wenngleich wir unübersehbare Fortschritte in einer Zivilisationsgeschichte von Kindheit und Jugend beobachten können, globale typologische Entwürfe durch konkrete regional und historisch eingegrenzte Untersuchungen ergänzt werden (s. vor allem Herrmann 1984, Gillis 1980, Roth 1983 oder Uhlig 1978), so stehen wir wohl erst am Anfang einer Forschungsphase, die sehr fruchtbar zu werden verspricht. Begreiflicherweise ist unser Wissen über Generationsgestalten im 20. Jahrhundert, denen ich mich im folgenden überblicksweise zuwenden möchte, sehr viel dichter.

2. Generationsgestalten im 20. Jahrhundert

Während Analysen, die sich der Geschichte der Kindheit und auch der Geschichte der Jugendphase widmen, deren Erscheinungsformen den »langen Wellen« sozialstruktureller Wandlungen der Gesellschaft, veränderten Produktionsverhältnissen, Wandlungen in den politischen Systemen und Veränderungen in Edukatopen der Familie und des Bildungswesens gegenüberstellen müssen, während also für solche Analysen die veränderten Jugendgestalten ein Teil des gesellschaftlichen Modernisierungsprozesses werden, haben Untersuchungen zu Generationsgestalten im 20. Jahrhundert kürzere historische Epochen und zeitgeschichtliche Konfigurationen im Auge.

Angesichts der Komplexität der Fragestellung und des vorhandenen Materials verwundert es, daß eine relativ große Übereinstimmung – zumindest an der Oberfläche – in der Formulierung zentraler Generationsgestalten in der Jugendforschung besteht. Es besteht z. B. Einigkeit, daß am Beginn des 20. Jahrhunderts eine besonders prägnante Generationsgestalt von Jugend entstanden ist: die sogenannte deutsche Jugendbewegung. Sie ist abgelöst worden von der Staatsjugend der nationalsozialistischen Herrschaft. In den letzten vier Jahrzehnten begegnen uns immer wieder Versuche, die vielfältige Gestalt des jugendlichen Daseins als eine innerlich zusammenhängende Struktur darzustellen und auf den Begriff zu bringen. Ferchhoff (1985) hat überblicksweise die Forschungssituation sehr prägnant so geschildert (S. 61 ff.):

In der unmittelbaren Nachkriegszeit sprach man schlaglichtartig vornehmlich im Zuge nicht verarbeiteter Kriegsfolgen zuerst von einer »suchenden und fragenden Generation« (Litt und Spranger). Schelskys bahnbrechende soziologische Analyse zur Jugend in den fünfziger Jahren gipfelte darin, daß er damals in einer Art zweiten Jugendgenerationstypik von einer »skeptischen Generation« sprach, die sich zwar immer noch im Kontext der Kriegsfolgen, allerdings schon mit einer allgemeinen, in erster Linie wirtschaftlichen Aufbau- und Aufbruchstimmung der Nachkriegszeit jenseits von Politik und Ideologien als »Entpolitisierung und Entideologisierung des jugendlichen Bewußtseins« (Schelsky 1957, S. 84) ausdrücken sollte. Eine dritte jugendspezifische Generationsphase wurde zu Anfang und in der Mitte der sechziger Jahre mit der von Graf von

Blücher diagnostizierten »*unbefangenen Generation*« umschrieben, die sich ihrerseits mit den inzwischen materiellen gesellschaftlichen Errungenschaften und den auf relativ hoher Stufenleiter sich vollziehenden Konsumgewohnheiten nahtlos arrangierte und zudem die gesellschaftlichen und politischen Zustände im großen und ganzen als nicht grundsätzlich veränderungswürdig akzeptierte. Die maßgeblich von der Studentenbewegung beeinflußte vierte Nachkriegsjugendgeneration, namentlich die »*kritische Generation*« von ca. 1967-1975 spürte den Herrschafts- und Entfremdungsphänomenen in allen Lebensbereichen bis in den »Fetischcharakter der Mode und Musik« und in die »Regression des Hörens« nach und attackierte im Rahmen vieler unterschiedlich politischer Aufklärungskampagnen die in der Struktur des Gesellschaftssystems (Wirtschaft, Politik, Verwaltung, Familie, Konsum etc.) eingelagerten Zwangs-, Macht- und Herrschaftsstrukturen, die eine an der Bedingung der Möglichkeiten gemessene kollektive und zugleich auch individuelle freiheitliche Entwicklung und Selbstbestimmung der Menschen verhinderten. Im prinzipiellen Gegensatz etwa zu damaligen vorwiegend die Jugendsoziologie stark beeinflussenden Auffassungen, in denen »Jugend« vornehmlich als »Abweichungspotential« oder schlichtweg als »gesellschaftlicher Störfaktor« betrachtet wurde, setzen sich allmählich statt dessen auch Auffassungen, Ansichten und Betrachtungsweisen durch, die »Jugend« im Zusammenhang eines gegenüber Erwachsenen gleichberechtigten Subsystems mit spezifischen Eigengesetzlichkeiten als Garant bzw. Avantgarde der Zukunft oder als »Schrittmacher sozialen Wandels« anerkannten (vgl. Rosenmayr 1970, S. 224 ff.). Die ehemals hoffnungsvollen, zu neuen politischen Ufern strebenden Aufbruchstimmungen wurden dann ca. gegen Mitte der siebziger Jahre vom Katzenjammer solcher überschäumenden Emanzipationshoffnungen eingeholt. Im Zusammenhang der auf vielen Ebenen zu beobachtenden gesellschaftlichen Rückzugs-Gefechte zum Alltag (zu den Ursachen vgl. Dewe/Ferchhoff/Sünker 1984), zur Innerlichkeit, Transparenz, Privatheit, Weinerlichkeit und Subjektivität etikettierte man »die Jugend« gegen Ende der siebziger Jahre sehr schnell als hedonistisch, lustlos, unmotiviert, privatistisch, politisch abstinent bzw. narzißtisch. Im »Zeitalter des Narzißmus« (Lasch) war fünftens der neue Sozialisationstypus (NST) einer schlaffen »narzißtischen Jugendgeneration« kreiert. Man sprach in diesem Zusammenhang auch von einer »*postmaterialistischen Generation*« oder auch von einer »*Generation der Anspruchsvollen*«. In der sechsten Phase der Nachkriegsjugendgeneration, seit Ende der siebziger Jahre, wird zunehmend mehr von einer krisengeschüttelten und sozialproblembeladenen »Jugend« gesprochen, die im Kontext massiver und gesamtgesellschaftlicher Erosionsprozesse und Krisenlagen zwar einerseits sehr stark von gegenkulturellen, alternativen Lebensstilen und -entwürfen beeinflußt und geprägt, aber auch andererseits zugleich von der Segmentierung und vom Ende des offiziellen Arbeitsmarktes sowie der Arbeitslosigkeit bedroht und von außerordentlichen hohen Zukunftsbelastungen, -sorgen und -ängsten, Verunsicherung, Sinnverlust und Orientierungslosigkeit in allen Lebensbereichen geplagt wird. Daher spricht man auch zu Anfang der achtziger Jahre von einer »verunsicherten Generation« (Sinus-Institut 1983). »Jugend« befindet sich in einem gesellschaftlich induzierten Strukturwandel (Hornstein 1982, S. 82) und wird dieser Perspektive daher zum Problem, weil nicht zuletzt die in der Sozialisation vermittelten Orientierungen und Normen als subjektive Wertsysteme nicht übereinstimmen mit den konkreten Erfahrungen, die Jugendliche hinsichtlich ihres Allokationsprozesses, also etwa angesichts der Kluft zwischen Bildungsverheißungen und dem tatsächlich am Arbeitsmarkt Erreichbaren machen (Hornstein 1979, S. 684). Die tendenzielle Abkopplung von Bildungs- und Beschäftigungssystemen hat dazu geführt, daß die noch für die siebziger Jahre stimmende »jugendpolitische Gleichung«: »Gute Bildung und Ausbildung und darauf aufbauender Leistungswille = offenstehende und gesicherte Zukunft« (Böhnisch 1982, S. 25), insbesondere für Jugendliche (Mädchen, ausländische Jugendliche, Haupt- und Sonderschüler, die schon immer »benachteiligt« waren), nicht mehr aufgeht. Weil das Ausbildungssystem ihr »immanentes Danach«, ihren transzendenten »über sie hinausweisenden beruflichen Sinnfaden« (Beck 1985) tendenziell verloren hat, werden die Lebensläufe und Erwerbskarrieren von Jugendlichen angesichts eines »vernagelten« Arbeitsmarktes immer unüberschaubarer, risikoanfälliger und ungewisser. Demnach sind nicht die Jugendlichen problematischer geworden, sondern die strukturellen, vor allem arbeitsgesellschaftlichen Lebensbedingungen, unter denen Jugendliche in den achtziger Jahren aufwachsen und mit denen sie sich existentiell auseinandersetzen müssen. Die »jugendliche Generation« der achtziger Jahre hat zumindest in großen Teilen wenig Grund zu optimistischen Lebensentwürfen, weder beruflich noch politisch noch privat. Ein großer Teil der Jugendlichen erlebt sehr hautnah und drastisch, daß sie in den Wartesälen dritter Klasse in den unteren Rängen des Bildungssystems aufbewahrt oder hin- und hergeschoben werden, daß viel zu viele von ihnen da sind, daß sie überzählig bzw. überflüssig sind, gesellschaftlich ins Abseits gedrängt und nicht gebraucht werden. Allerdings spricht man heute in der Mitte der achtziger Jahre von einer »*Wende-Generation*« oder – freilich noch zaghaft – von einer »*modebewußten, manieristischen Schickimicki-Jugendgeneration*«, die wenigstens in persönlicher, gegenwartsbezogener kurzfristiger Lebensperspektive »Optimismus« trotz *no future* (Allerbeck/Hoag, 1985, S. 148 ff.) verkörpert. Sie schätzt ihre eigene Zukunft trotz Informiertheit über die möglichen Probleme ihrer zukünftigen Berufsfindung optimistischer ein als die »allgemeine«. Die hohen Arbeitslosenquoten bringen sie keineswegs in Panik, sie traut sich im Rahmen ihrer – freilich bescheidenen – Möglichkeiten etwas zu. Die »Schickimicki-

Generation« fängt an, sich dagegen aufzulehnen, zum »doppelten Opfer« degradiert zu werden – Probleme zu haben und auch noch ständig darunter zu leiden. Und sie vertraut nicht mehr auf die »großen Würfe« – seien es welche der Marke »Aufschwung« oder »Apokalypse«, »heile Familienwelt« oder »ökologische Gesellschaft« (Horx 1985). Lebensstile, Moden, Styling und Gesten scheinen bei dieser adretten, gut gekleideten (das »Outfit« muß stimmen, ohne schicke Klamotten bist du nichts wert) Jugendgeneration inzwischen lebensbedeutsamer und -entscheidender zu werden als etwa gesellschaftspolitische Problemstellungen, Analysen und Programmatiken (welcher Couleur auch immer), die sie nur anwidern und langweilen (Mischke 1985). Sie hat es auch satt, einem »ökologischen Rigorismus des Alltags« folgen zu müssen, denn auch oder gerade das überfütterte ökologische Alltagshandeln kann als »neue Zwangsnorm« erlebt werden.

Für die deutsche Diskussion von Generationsgestalten im 20. Jahrhundert kann kein Zweifel bestehen, daß die Generationsgestalt der Jugendbewegung am Beginn dieses Jahrhunderts das Leitbild für alle Charakterisierungen von Jugendgenerationen abgegeben hat. Dies ist sowohl bei Helmut Schelskys Darstellung der skeptischen Generation der Fall (s. Lütgens 1961, S. 135) als auch bei Andreas Flitner (1985), wenn er die heutige Generation dadurch charakterisiert, daß die »Kulturpubertät« nicht mehr »geschehe«. Hier wird mehr oder weniger explizit ein Standard, wie Jugend zu verlaufen habe, formuliert, der in der suchenden und fragenden gebildeten bürgerlichen Jugend in den ersten zwanzig Jahren dieses Jahrhunderts als verwirklicht gesehen wird. Ob diese Jugend wirklich so war, ist dabei nicht so zentral wie das normative Leitbild, das insbesondere Eduard Spranger in seinem weitverbreiteten Buch *Psychologie des Jugendalters* prägnant geschildert hat (23. Auflage 1963).

2.1 Die Generationsgestalt der Jugendbewegung

Dieses Leitbild ist so wichtig geworden, daß zumindest einige Grundzüge der Jugendbewegung hier geschildert werden sollen. Das zentrale Moment, das bis heute in unserem Bild der Jugendphase überlebt hat, ist das entfaltete *Autonomiebedürfnis* der jungen Generation, der Kampf um das Recht der eigenen Lebensgestaltung, der Entwicklung der eigenen Kräfte, der Findung eines eigenen Lebensplanes und der selbständigen Einarbeitung in die kulturellen Traditionen. Die berühmte Formel des Treffens der Jugendverbände auf dem Hohen Meißner im Jahre 1913 »in eigener Bestimmung, vor eigener Verantwortung und innerer Wahrhaftigkeit« bringt dies prägnant zum Ausdruck. In diesen »emanzipatorischen« Anspruch gehen verschiedene deutsche Bildungstraditionen, Traditionen des Selbstdenkens, der Aufklärung und der Freiheitsbewegungen ein. Für heutige Beobachter steht dies in einem eigenartigen Gegensatz zum konservativen und neoromantischen Charakter der inhaltlichen Gestalt der Jugendbewegung, insbesondere was die zivilisationskritische Einstellung, die Überhöhung des Nationalgedankens und die Rezeption der Romantik betrifft.

Am bekanntesten ist aber eine andere »Erfindung« der Jugendbewegung geworden: die Entfaltung eines jugendspezifischen Gemeinschaftslebens, eine Tradition von Liedern und Wandern, von Reisen und gemeinschaftlichem Leben, das über die Jugendherbergsbewegung bis heute lebendig geblieben ist. Dies ist eine spezifisch deutsche, teils auch europäische Erfindung, die bis in unsere Tage in weiten Teilen der Jugend wach geblieben ist. Die Frage, ob diese Tradition den Krieg überstanden hat, war in der Nachkriegszeit sogar der Ausgangspunkt für die ersten repräsentativen Jugenduntersuchungen.

Aber auch auf anderen Wegen ist die Jugendbewegung bis heute wirksam geblieben. Ich meine insbesondere, daß ihr Fortwirken in Schlüsselpersonen der deutschen Pädagogik näher untersucht werden müßte. Da sie zum großen Teil in diese Jugendbewegung eingebunden waren, hat sich ein Generationshabitus fortgepflanzt, der u.a. auch heute noch in einer Identifikationshaltung von Pädagogen mit den Autonomiebestrebungen der Jugend zum Ausdruck kommt und der sich in verschiedenen Varianten einer kritischen Einstellung zu den Lebensbedingungen und gesellschaftlichen Verhältnissen, unter denen sich Heranwachsen heute vollzieht, niederschlägt.

Am Beispiel der Jugendbewegung läßt sich erstmals illustrieren, daß eine Generationsgestalt als Gegenprogramm zum gesellschaftlichen Normalentwurf, zu den dominanten kulturellen Strömungen charakterisiert werden kann. Insofern hat diese Generationsgestalt, so unterschiedlich sie inhaltlich zu der heutigen ist, formal durchaus gewisse Ähnlichkeiten mit neueren jugendlichen sozialen Bewegungen.

Einige methodische Vorwarnungen bei diesem Rekonstruktionsversuch müssen hier aber beachtet werden. Einmal ist es wichtig zu wissen, daß wir es hier quantitativ gesehen mit einer Minderheit der Jugend zu tun haben. Es handelt sich um die vorwiegend großstädtische Gymnasialjugend und die meist männliche studentische Jugend, die in erster Linie aus bürgerlichen Kreisen kommt. In den verschiedensten Jugendverbänden waren zum Höhepunkt der Jugendbewegung ca. 60.000 Jugendliche organisiert. Was die Informationsgrundlage für die Beschreibung dieser Generation angeht, so ergibt sich hier die Besonderheit, daß wir hauptsächlich Texte und Dokumente heranziehen müssen. Diese sind zwar gut zugänglich (s. Kindt 1974), aber andererseits schwer inhaltsanalytisch auszuwerten. Die zweite wichtige Quelle sind Erinnerungen von Personen, die an der Jugendbewegung beteiligt waren. Sie berichten sehr häufig, daß das Lebensgefühl dieser Jugendgeneration von außen her nicht rekonstruierbar ist und daß nur derjenige, der an ihr beteiligt war, darüber Auskunft geben kann. Eine letzte Warnung betrifft die Idealisierungen dieser historischen Epoche von Jugend. Sehr bald ist aus den heterogenen und unzusammenhängenden Ansätzen von pädagogischen Theoretikern eine normative Gestalt von Jugend entwikkelt worden, die Eduard Spranger in seinem schon erwähnten Buch, *Die Psychologie des Jugendalters*, am wirksamsten auf den Begriff gebracht hat. Daraus ist ein Leitbild von Jugend entstanden, das bis in die sechziger Jahre hinein als »Kulturpubertät« (s. Roth 1961) Geltung behalten hat. Es ist der aktiv nach Sinn suchende, sein innerstes Wesen entfaltende, in die verschiedensten Lebensbereiche aktiv hineinwachsende, literarisch-ästhetisch produktive Jüngling, der in seinem Lebensgefühl zwischen Ekstase und tiefer Depression wechselt und nur von ferne und mit viel Zurückhaltung die Idealfigur des anderen Geschlechtes sucht.

Wir haben es hier also mit einer kleinen, aber strukturbildenden Minderheit der Jugendkohorten zu tun. In den fünfziger Jahren wird Helmut Schelsky eine Jugend charakterisieren, die vor allem durch Berufstätigkeit und nüchterne Anpassung an gesellschaftliche Verhältnisse charakterisiert ist. 80% der 15- bis 24jährigen waren in den fünfziger Jahren berufstätig. Hätte er diese Berücksichtigung der ganzen Breite einer Alterskohorte auf den Beginn des Jahrhunderts angewendet, dann hätte er sicher noch prononcierter von einer *arbeitenden Jugend* sprechen müssen. In den siebziger und achtziger Jahren dagegen werden wir eine *Bildungsjugend* finden, die keine Minderheit der jugendlichen Kohorten ist, sondern die Mehrheit repräsentiert. Auf sie wird aber, wie zumindest Andreas Flitner (1985) zu beobachten glaubt, das Muster der Kulturpubertät nicht mehr zutreffen. Zinnecker dagegen bestreitet dies, wenn er insbesondere die intensive Tagebuch-Produktion als Indikator heranzieht (s. Zinnecker 1985, S. 38 f.).

2.1.1 Jugendgestalt als Gegenprogramm

Es gibt unzählige Dokumente, die belegen, daß sich die Jugendgestalt der Jugendbewegung in Absetzung von der Welt der Erwachsenen herauskristallisiert hat. Eine einfache Gegenüberstellung, die das Ergebnis vieler Inhaltsanalysen ist, kann dies verdeutlichen:

Jugendbewegung	*Erwachsenenwelt*
Welt der einfachen Lebensformen, des natürlichen Lebens in Ernährung, im Trinken und in der Kleidung (kurze Hosen)	Welt der künstlichen Etikette und der übersteigerten Genußsucht »Stehkragen-Welt«
Welt des einfachen Zusammenlebens und der individuellen Bewährung	Hocharbeitsteilige Welt, Anonymisierung der Verantwortung
Selbstgewählte Führerschaft, Nachfolge aus Überzeugung	Autoritärer Schulkontext, amtsautoritätsbestimmter Machtanspruch
Gemüthaftes Erleben der Natur, romantisches Weltbild	Rationalisierung und Rationalität als Lebensform
Hinwendung zum romantisch verklärten Mittelalter	Kulturideal des antiken Griechenland, verkörpert im Kanon des Gymnasiums
Betonung von Autonomie, Selbständigkeit und Selbstverantwortung	Betonung von Gehorsam, Pflicht und Unterordnung
Gemeinschaftserleben auf Fahrten und gemeinsames Musizieren	Bücherstudium und Drill als Aneignungsformen von Kultur in der Schule

Jugendbewegung	_Erwachsenenwelt_
Enthaltsamkeit und innere Wahr- haftigkeit als Lebensideale	Genuß und äußeres Ansehen als Leitperspektive
Innere Wahrhaftigkeit	Standesehre, Familienehre, Ehre der Nation

Wenn wir einer Idee Max Webers folgen und nicht an diesem
Oberflächenbild haften bleiben, sondern die tiefgreifenderen gesellschaftlichen, politischen und kulturellen Wandlungsprozesse
einbeziehen, dann könnte man das Gegenprogramm der Jugendbewegung hypothetisch mit folgender politischer Entwicklung
konfrontieren:

Am Beginn dieses Jahrhunderts finden wir noch eine stark stän-
disch gegliederte Gesellschaft mit vielen Übergangssymptomen
vor, eine Gesellschaft, die sozialstrukturell noch durch starke
Trennungen einzelner sozialer Gruppen gekennzeichnet war,
Trennungen, die einen Übergang nur selten ermöglichten. Die
kulturelle Infrastruktur, die dieser Sozialstruktur korrespon-
dierte, bestand in einem Normenkodex, der vielfältige Symbolisierungen der Zugehörigkeit zu einzelnen Gruppen beinhaltete.
Die Legitimation der Besonderheit, meist auch des Herausgeho-
benseins der einzelnen Gruppe wurde über ein Symbolsystem der
Kleidung, des Wohnens und des Verhaltens geleistet. Was wir
häufig mit »wilhelminischem Bürgertum« und »wilhelminischer
Etikette« apostrophieren, verweist auf die vielfachen Regeln und
Zugehörigkeitssymbole. Hier wird nun ein Begriff wichtig, der
diese Symbolstruktur am prägnantesten charakterisiert: jener der
Ehre. Mit der Inhaltsanalyse dieses Begriffes läßt sich der Kern
des Symbol- und Normensystems der ständischen Gesellschaft
bis hinein ins 20. Jahrhundert am besten charakterisieren. Ehrenhaftigkeit bedeutet dabei im Kern Übereinstimmung mit den Erwartungen der eigenen sozialen Bezugsgruppe, Übereinstimmun-
gen in der Kleidung, in der Körperkultur, im Beruf und in der
Gestaltung des Privatlebens, in der Lebensweise insgesamt. Wir
finden eine Ehre der Familie, der Nation und der eigenen Person.
Der Ehrenkodex enthält dort dramatische und vielfach tragische
Implikationen, wo Handlungen definiert werden, deren Eintreten
die Zugehörigkeit zu einer sozialen Gruppe gefährden, was dann
zu einem Verlust der sozialen Identität führen kann. Es gibt bei

einem Verlust dieser sozialen Zugehörigkeit keinen graduellen Abstieg, sondern nur ein Fall ins Nichts. Da eine Existenz außerhalb des eigenen Standes nicht denkbar ist, werden Regelverletzungen, etwa die Ehe eines Adeligen mit einer Bürgerlichen, die Geburt eines unehelichen Kindes eines Mädchens der Bürgerschicht, der Ehebruch einer Frau aus dem Bürgertum, zu Vorgängen auf Leben und Tod.

Auf diesem Hintergrund gewinnen nun die Autonomieströmungen, die Betonungen von eigener Bestimmung, von innerer Wahrhaftigkeit und von einfachem Leben in der Generation der Jugendbewegung einen ganz neuen Sinn. Der Kodex der Ehrenhaftigkeit ist ein Regelsystem, das menschlichen Wert an Äußerlichkeiten bindet und das eine soziale Identität nicht auf individuellen Eigenschaften und persönlichen Leistungen, sondern auf Gruppenzugehörigkeiten gründet.

Die Jugendbewegung wäre somit der erstmals zum Durchbruch kommende Individualisierungsschub der Moderne, sie wäre das Gegenprogramm zum sich langsam auflösenden kulturellen Normalentwurf der ständischen Gesellschaft. Dieser Kodex der Ehre hat im Dritten Reich einen letzten Höhepunkt erlebt, jetzt aber in der Form der Ehre der Nation. »Gefallen auf dem Feld der Ehre«, Wiederherstellung der Ehre Deutschlands nach dem Schandvertrag von Versailles und damit Rache für das gekränkte Ehrgefühl vieler Gedemütigter war hier das letzte Mal in dieser Weise formulierbar.

Beschreibt man die Jugendbewegung auf diese Weise als Gegenprogramm zu einer Verfallsgeschichte eines politischen und sozialen Systems, dann tritt ihr emanzipatorisches Moment deutlich zutage. Die Entfaltung des Autonomiegedankens, die Betonung der Individualität, der selbständigen Sinnfindung und der Wertschätzung jenseits ständischer Zuschreibung repräsentieren eine Aufnahme von Traditionen der Aufklärung, die diese Bewegung auch gegen faschistische Entwicklungen widerständig machen sollte. Aber gerade diese historische Nahtstelle, die Transformation der Jugendverbände in die Hitlerjugend, ist historisch sehr kontrovers. Besonders erschütternd kommt sie in der biographischen Selbstdarstellung von Jovy (1984) zum Ausdruck, der seinen Versuch, ein Verständnis der Jugendbewegung zu rekonstruieren, mit der Feststellung beginnt, daß er sich immer in einem scharfen Gegensatz zum Nationalsozialismus empfunden habe.

Er hat darunter lebensgeschichtlich in verschiedenen Strafbataillonen auch erheblich gebüßt. Ihn hat deshalb der Vorwurf vieler Historiker hart getroffen, daß die Jugendbewegung von ihrer Mentalität her teilweise sogar Vorläufercharakter für die faschistische Jugend hatte.

Dieser Widerspruch wird nur verständlich, wenn man nicht nur die Autonomiebestrebungen der Jugend als zentrales Moment einbezieht – und darin lag auch der Stachel für die Vereinnahmung durch Kommunismus und Faschismus –, sondern wenn man gleichzeitig die tiefe Verwobenheit der Jugendbewegung in die deutsche Mentalitätsgeschichte sieht.

2.1.2 Weltbilder der Jugendbewegung

Eine Inhaltsanalyse der Weltbilder der Jugendbewegung, wie wir sie z. B. Laquer (1982) verdanken, verweist an der Oberfläche auf erschütternde Näheverhältnisse zur Ideologie des Nationalsozialismus. Ganz besonders gilt dies für den Stellenwert des Antisemitismus, für die Bedeutung des Nationalgedankens und für die Vorstellung legitimer politischer Herrschaft, von Führerprinzip und Gefolgschaftstreue. Vorgeprägt scheinen auch die rassischen Theorien, der Tugendkanon der Tatphilosophie und von soldatischem Einsatz. Hier finden sich auch schon die Vorstellungen von der Auserwähltheit des deutschen Volkes, vom Aufstieg aus Schmach und Schande und vom Aufkommen eines neuen Reiches, des Dritten Reiches.

Ausgeprägt ist auch die Distanz zu einem demokratischen politischen System, das mit Parteienhader und Klassenkampf, mit politischer Intrige und der Gewalt der Straße identifiziert wird. Etwas systematischer könnte davon gesprochen werden, daß das Leitbild der sozialen Gemeinschaft durch historisierenden Rückgriff auf die deutsche Romantik und deren Rezeption des Mittelalters entwickelt wird. Diese ideale Gemeinschaft ist charakterisiert von Einheit und klarer Strukturierung in Führer und Geführte. Das Verhältnis der politischen Führung zur Gefolgschaft ist das der unbedingten Treue, der »Nibelungentreue«, ist das von Befehl und Gehorsam. Es wird eine klare Trennungslinie zwischen der Masse und der Elite gezogen, wobei sich die Elite durch geistiges Führertum, durch Vorbildhaftigkeit, durch Charakter und Unbeirrbarkeit auszeichnet.

Besonders entfaltet ist in dieser Staatsphilosphie die Idee der Volksgemeinschaft und des Vaterlandes. Dahinter steht der Versuch der Überwindung aller Klassenkämpfe und der Bewältigung der sozialen Frage – die diese Zeit so sehr bedrängte – durch die Schaffung einer *geistigen Gemeinschaft*. In diesem Zusammenhang gewinnt der Begriff des »*Deutschtums*« im Rückgriff auf Langbehns *Rembrandt als Erzieher* eine besondere Entfaltung. Die nationale Besinnung auf das eigene Volk in Abgrenzung von der eher kosmopolitischen Haltung der deutschen Klassik erfährt hier eine einmalige Renaissance. Es wird dies die Zeit der Volkstumsgruppen, der Heimatkundebewegung, der Regionalisierung der Identität (»aus deutschen Gauen«), aber auch eine Zeit der Vorbereitung der Ausscheidung alles »Nichtdeutschen« und damit auch ein Nährboden für die späteren nationalsozialistischen Rassentheorien.

Besonders ausgeprägt und gefährlich ist der antiintellektualistische Zug, der in großen Teilen der Jugendbewegung zum Ausdruck kommt. Möglicherweise als Abwehrgeste gegen die Instrumentalisierung des Menschen durch die Industrialisierung und gegen die Sinnlosigkeit durch die Verflüchtigung von umfassenden Weltverständnissen durch die Wissenschaft entsteht eine Abwehrhaltung gegenüber allen analytischen Formen der Weltbewältigung und des Weltverstehens, es entsteht ein Gestus des Rückzugs auf das »Leben«, auf das Gemüthafte, auf das Empfinden, auf das Heroische, auf die Persönlichkeit. Nietzsche wird zum großen Vorbild dieser Jugendgeneration.

Aus der antiintellektuellen Haltung entwickelt sich eine *Philosophie der Tat*, die sich gegen diskursive Lösungen von Problemen richtet (den Parteienhader und das Parteiengezänk) und die den heroischen Sprung von der ethischen Haltung zur selbstaufopfernden Handlung – unter Ausschaltung einer nüchternen Wirklichkeitsanalyse – fordert.

Schließlich kristallisiert sich dieses Weltbild zu einer *Philosophie der Gemeinschaft*, nach der Einheit und Zusammengehörigkeit freischwebend über den realen Interessenlagen, den realen Unterschiedlichkeiten und Konflikten der Menschen untereinander und ihrer vernünftigen Regulierung gesucht wird. Es ist dies eine symbolisch vermittelte Gemeinschaftlichkeit, die keine vernünftige Konfliktregulierung, sondern heroische Taten sucht. Die Staatstheorien und die Formen des vernünftigen gemeinschaftlichen Lebens verdichten sich in Begriffen wie Volk und völkische Gemeinschaft.

2.1.3 Alltagskulturen der Jugendbewegung

Teils nur in loser, teils in engerer Verbindung zu den Weltbildern der Jugendbewegung haben sich Formen der Alltagskultur entwickelt, die weit länger wirksam geblieben sind als die »theoretischen Legitimationen«. Diese Alltagskultur gruppiert sich um das Wandern, um die *Fahrt*. Aus der Außenperspektive mutet es exotisch an, daß ausgerechnet eine solche Aktivität zum Kristallisationspunkt einer Lebensform werden sollte. Warum dies der Fall war, ist meines Erachtens nicht endgültig geklärt, wenngleich die Hinweise auf die durch die neuen Verkehrsmittel möglich gewordenen Formen des Jugendtourismus wichtig sind und Fahrten Möglichkeiten bieten, Gemeinschaft zu erleben, eine relative Distanz zur Welt der Erwachsenen zu halten, Eigenaktivität und Selbstverantwortung zu entfalten sowie der elterlichen Kontrolle zu entkommen. Es ist auch naheliegend, daß Fahrten und Wandern den Handlungsdrang befriedigen können, daß sie der jugendlichen Abenteuerlust entgegenkommen, daß sie das Prinzip von jugendlichem Führer und Gefolgschaft erfahrbar machen usw. Die gemeinsame Fahrt ist auch heute noch ein wichtiger Kontext der Erfahrung von Gemeinsamkeit, von Verantwortung, von Handlungsnotwendigkeiten usw. Viele Autoren meinen, daß die Kulturleistung der Jugendbewegung vor allem in der um diese Ereignisse gruppierten Pädagogik des Jugendalters besteht. Außer der schulischen Belehrung gibt es in der Jugendpädagogik tatsächlich auch bis heute nur wenige bewußte Gestaltungsmöglichkeiten von Erfahrungen, die nicht um solche gemeinsamen Aktivitäten gruppiert sind. Die Sozialform der Gemeinschaft, das gemeinsame Singen, das gemeinsame Wandern, die Bewältigung von Aufgaben und Problemen auf langen Fahrten, die neuerfundenen Spiele und Übungen, von Pantomimen bis Laienspieltheatern und Volkstänzen scheinen dieser Lebensphase sehr entgegenzukommen. Diese Aktivitäten ermöglichen auch einen zivilisationskritischen Rückzug aus Großstädten in die freie

Natur. Der Begriff der Natur und der Begriff des Lebens werden Gegenprogramme zur kritisch eingeschätzten Zivilisationsgeschichte.

Solche Alltagserfahrungen von Gemeinschaftlichkeit und Verantwortung, von Einsatz füreinander, von Führung durch ältere Jugendliche und von Gefolgschaft, von Durchhaltevermögen, von Askese (die Jugendbewegung war gleichzeitig eine Abstinenzbewegung) und von Disziplin (Kampf gegen Müdigkeit, Hunger und Durst) konnten im Ersten Weltkrieg eine intensive Steigerung und einen Bedeutungszuwachs erfahren. Auf dieser Folie wurde der Erste Weltkrieg aber nicht kritisch verarbeitet, sondern zum positiven Zentralerlebnis einer ganzer Generation. So entstand wohl eine latente Verführbarkeit für faschistische Ideologien.

Baldur von Schirach hat denn auch eine solche Integration der Jugendbewegung in die nationalsozialistische Bewegung vollzogen und dabei ausdrücklich die Leistung der Jugendbewegung und die »übernahmefähigen Momente« betont: daß Jugend nur von Jugend geführt werden dürfe, die Ablehnung der bürgerlichen Begriffswelt, die Pflege der Kameradschaft, der Vaterlandsverteidigung und des Volkstums. Der Vorwurf an die Jugendbewegung ist allerdings bezeichnend. Er wirft ihr insbesondere den zu starken Individualismus vor und die auch in der Jugendbewegung weit verbreitete Ablehnung der Person Hitlers. Mit dem Hinweis auf den Individualismus ist ein Kern der Jugendbewegung betroffen, der eine Widerständigkeit gegen den Faschismus enthalten hat: der Gedanke der Autonomie. Das Handeln aus eigener Überzeugung, vor eigener Verantwortung und innerer Wahrhaftigkeit hat immer ein starkes emanzipatorisches Moment in den Traditionen der Aufklärung enthalten. Besonders pädagogische Theoretiker der Jugendbewegung haben sich vorwiegend an diesem Kern orientiert.

Es bleiben aber aus heutiger Sicht ambivalente Einschätzungen des Gegenprogramms der deutschen Jugendbewegung zur dominanten gesellschaftlichen Entwicklung. Im nachhinein wird deutlich, was dieser Generation gefehlt hat: einmal klare normative Optionen im staatspolitischen Bereich. Diese betreffen vor allem klare Begriffe der Gewaltenkontrolle und Volksbeteiligung, sie betreffen klare Optionen und Begriffe von Menschenwürde und Toleranz. Daneben mangelte der Jugendbewegung in besonderem Maße eine nüchterne Realitätskenntnis, ein Wissen vom Funktionieren politischer Systeme, der Regelung von politischen Konflikten auf der Basis der realen Interessen und Nöte der Menschen. Diese komplizierte Realität ist von der Jugendbewegung durch einen romantisierenden Rückgriff auf das deutsche Mittelalter und die Sozialformen von Gefolgschaft und Führertum, von Einheit und Volk ersetzt worden. Ein real fundiertes Gemeinschaftsgefühl bedarf der Fundierung in gemeinschaftlich verantwortbaren Lebensverhältnissen. Seine alleinige Festigung über nationale Symbole und Gefühle ist eine zu schwache Basis.

Die Wirkungsgeschichte der Jugendbewegung kann hier leider nicht weiter verfolgt werden, wenngleich sie von nicht zu unterschätzender Bedeutung, insbesondere im pädagogischen Bereich, gewesen sein dürfte. Nicht nur die *Idealgestalten* von Jugend und von jugendpädagogischen Lebensformen haben hier ihren Ursprung, sondern auch zentrale Strömungen der sogenannten geisteswissenschaftlichen Pädagogik. Der Beruf des Lehrers hat bis in die sechziger Jahre hinein unter jugendpädagogischen Leitbildern gestanden. Der heimatkundliche, musizierende, wandernde, durch sein personales Vorbild wirksame Lehrer und Jugendführer hat u. a. hier seinen Ursprung. Aus dieser Jugendbewegung stammt auch eine hohe Identifikation der Pädagogen mit der Jugend, ja, dieses Verhältnis nimmt an einigen Stellen sogar schwärmerischen Charakter an (s. die Einleitung von Eduard Spranger zur *Psychologie des Jugendalters*).

Aus diesen Denkbewegungen ist auch ein pädagogisches Konzept hervorgegangen, das für die hier vorliegende Arbeit noch ein Leitbild ist: der Versuch nämlich, *Jugendforschung*, *Jugendpädagogik* und *Bildungstheorie* als Einheit zu verstehen. Es besteht darin, die entwicklungspsychologischen Besonderheiten der Jugendphase aufzunehmen, ihre Gestaltung aber nicht den gesellschaftlichen Mächten von Industrie und Werbung allein zu überlassen, sondern sie durch die Förderung jugendspezifischer Lebensformen pädagogisch zu verantworten. Die wichtigste normative Formung besteht jedoch in der *bildungstheoretisch zu verantwortenden Initiation* in die historischen und systematischen Grundlagen unserer Kultur und zivilisatorischen Existenz.

Wirkungsgeschichtliche Analysen werden uns bei der Darstellung der Nachkriegsjugend an einigen Stellen wieder begleiten. Hier müssen sie abgebrochen werden. Wie jedermann weiß, ist die Jugendgestalt der Jugendbewegung durch den Nationalsozialismus in eine Staatsjugend eingemündet. Sie hat damit den Charakter des Gegenprogramms völlig verloren, sie ist nahtlos für politische Zwecke instrumentalisiert worden. Damit wird schon an der Oberfläche sichtbar, daß die Freiheitsgrade, die die Jugend in der Ausgestaltung ihres Lebensbereichs erfährt, auch eine Funktion der Freiheitsgrade, die das politische System insgesamt ermöglicht, sind. Im Nationalsozialismus sind Prozesse der persönlichen Sinnfindung als aristokratischer Individualismus, oder wenn diese abweichend zur herrschenden Ideologie verlaufen sind, als Verrat, als Gewissenlosigkeit, als Ehrgeiz, als Maßlosigkeit diffamiert worden. Äußerlich noch die Insignien der Jugendbewegung tragend, deren Gemeinschaftsformen und Aktivitäten übernehmend, sind Heranwachsende in streng hierarchisch und alterssequentiell gegliederte Organisation eingebaut worden. Der hier gepflegte Tugendkanon (»Zäh wie Leder, hart wie Kruppstahl, schnell wie Windhunde«) war sowohl in der Disziplinierung des Körpers als auch in der Einübung sozialer Unterordnungsbereitschaft auf militärische Tugenden und auf Vereinheitlichung aller Lebensbereiche unter Minimierung aller Toleranzgrenzen ausgerichtet.

Doch wie viele Berichte und Biographien bezeugen, stand dahinter bei vielen Jugendlichen eine hohe Identifikation mit der Volksgemeinschaft und eine hohe Einsatzbereitschaft für die Verbesserung des Lebens im Vaterlande. Alle Hinweise belegen, daß diese Jugendgestalt nicht als Gegenprogramm charakterisiert werden kann, sondern daß der hohe Identifikationsgrad mit kollektiven Zielen unter Zurückstellung von persönlichen Ansprüchen und Rechten das kennzeichnende Moment war. Nicht die Person mit ihren Eigenrechten und ihrer unverletzbaren Menschenwürde stand im Vordergrund, sondern das Kollektiv, die Volksgemeinschaft. Das Aufgehen im größeren Ganzen, in der Volksgemeinschaft, bildet den Kernpunkt der Identifikation. In diesem Sinne ist diese Jugendgeneration »idealistisch«, sie ist aufopferungsbereit und selbstlos. Auf diesem Hintergrund ist die spätere Redeweise von dieser Generation als der mißbrauchten, als der fehlgeleiteten, als der einem falschen Idealismus verfallenen verstehbar.

Es kann wohl kein Zweifel daran bestehen, daß dies eine sehr verkürzte Charakterisierung einer wichtigen Phase der deutschen

Geschichte und der ihr korrespondierenden Jugendgestalten ist. Nichtsdestoweniger erscheint mir die Folie der beiden genannten Jugendgestalten unerläßlich, will man die Entwicklung nach dem Zweiten Weltkrieg verstehen. Sie ist z. B. sehr wichtig, um die Einschätzung der Nachkriegsgeneration von Helmut Schelsky als »skeptische Generation« richtig zu beurteilen. Schelsky selbst hat zumindestens die Ausläufer der Jugendbewegung gekannt und war selbst Teil der Jugend des Nationalsozialismus. Er hat also sowohl den Idealismus und die Sinnfindungsprozesse der Jugendbewegung erlebt, also die philosophisch literarischen Bemühungen, die Welt im ganzen und die eigene Person in ihr zu verstehen, als auch den Mißbrauch einer Aufopferungsbereitschaft für das Volksganze im Dritten Reich erfahren. Mit dem Zusammenbruch des Nationalsozialismus ist die heroische Identifikationsgeste dysfunktional geworden. Die reale Not und die realen Existenzbedingungen haben sehr viel nüchternere Tugenden und Bewältigungsstrategien befördert. So konnte auf dieser Folie der Eindruck einer »skeptischen Generation« entstehen: »Skepsis« als Gegenbegriff zur *idealistischen Identifikationsbereitschaft*.
Doch dies ist ein Vorgriff auf den Versuch, einen Schlüssel für das Verständnis der Generationsgestalten in der Geschichte der letzten Jahrzehnte zu finden.

2.2 Generationsgestalten nach dem Zweiten Weltkrieg

Während wir beim Versuch, die Generationsgestalten der Jugendbewegung und des Dritten Reiches zu rekonstruieren, vornehmlich auf literarische Zeugnisse und auf Lebenserinnerungen angewiesen sind, beginnt unmittelbar nach dem Zweiten Weltkrieg Jugendforschung mit den Mitteln der empirischen Sozialforschung. Doch bald tauchen auch hier Bemühungen auf, globale Gestalten zu definieren.
Ich möchte hier als Ergänzung zu den bereits beschriebenen Generationsgestalten einen Typisierungsentwurf formulieren, der um den Begriff der *Identifikationskristallisation* gruppiert ist. Wenn Gestalten formuliert werden, dann implizieren diese, daß es Kernzonen und Randzonen, typische Relationen zwischen einzelnen Elementen usw. gibt. Mit dem Begriff der Identifikation möchte ich darauf verweisen, daß es für jede Generation Wirk-

lichkeitsbereiche gibt, die ihr besonders wichtig sind, daß es Stimmungen und Meinungen bis hin zu Theorien gibt, mit denen sich eine Generation eins empfindet und daß ganz bestimmte Abstoßungsbereiche entstehen. Diese *Distanzierungszonen* sind vor allem wichtig. Sie markieren die Distanzen zu bestimmten Wirklichkeitsbereichen, sie markieren die Ausgrenzungen und Selbstdefinitionen.

Ich möchte die verschiedenen Generationsgestalten in diesem Jahrhundert dadurch typisieren, daß ich diese Identifikationskristallisationen bei verschiedenen Auffassungen der persönlichen und der kollektiv-gesellschaftlichen Lebensgestaltung beschreibe. Die verschiedenen Generationen werden also in einen größeren Möglichkeitsraum der Wirklichkeitszuwendung eingeordnet. Aber auch dieser Möglichkeitsraum wird hier nicht als beliebige Vielfalt verstanden, sondern auf die universale gesellschaftliche Entwicklung, wie sie Max Weber beschrieben hat, zurückbezogen. Max Weber hat ja den okzidentalen »Weltzugriff« durch die vergleichende Analyse der Weltreligionen herausgearbeitet. Dadurch ist er auf die Charakterisierung der einmaligen kulturgeschichtlichen Entwicklung im Abendland als okzidentalen Rationalismus gekommen. Den damit beschriebenen Weltzugriff habe ich schon mehrmals beschrieben und deutlich gemacht, welche Ausblendungen er enthält und welche Gegenentwürfe er nahelegt. Jede Generation, ob junge oder ältere, arbeitet sich nach dieser Auffassung an diesem vorgegebenen und hoch institutionalisierten Muster der Existenzbewältigung ab. Sie identifiziert sich mit ihm, sie versucht es weiterzuentwickeln, sie distanziert sich von ihm, sie artikuliert besonders kritische Fehlentwicklungen oder sie baut Gegenentwürfe auf. Diese Denkrichtung steht auch hinter dem folgenden Versuch, die verschiedenen Wirklichkeitszuwendungen der jungen Generation in diesem Jahrhundert zu typisieren. Dabei ist zu bedenken, daß jeder globale »Weltzuwendungsmodus« jeweils Gestaltungsprinzipien des persönlichen und des gemeinschaftlichen Lebens enthält. In Abbildung 22 ist der entsprechende, notwendig verkürzte, Typisierungsversuch im Überblick festgehalten. Dabei zeigt sich rückblickend, daß in der Jugendbewegung die persönliche Lebensplanung in lebensreformerischer Einstellung im Vordergrund stand. Sie war sehr stark mit einer Lebensform gekoppelt, die die Gemeinschaftlichkeit in den verschiedensten Symbolisierungen zur Darstellung brachte.

Abbildung 22 Identifikationskristallisationen von Jugendgenerationen im Möglichkeitsraum von persönlichen Lebensgestaltungen und gesellschaftlichen Ansprüchen

	Persönliche Lebensplanung »Das gute persönliche Leben«	Gesellschaftliche Gestaltung »Das gute gemeinschaftliche Leben«
Jugendbewegung	Lebensreformerisch, auf autonome Jugendgemeinschaften bezogen +	Romantisch-völkisch überhöhte Einsatzbereitschaft heroische Geste des Einsatzes für das Vaterland −
Hitler-Jugend	Auf die Stellung im Volksganzen ausgerichtet … die eigene Person ist unwichtig, Aufgaben im Dienste am Volksganzen −	Kollektive Identifikation im Mittelpunkt: Stärkung der Nation, heroischer Einsatz +
Skeptische Generation und unbefangene Generation	Konzentration auf Beruf und Gestaltung des Privaten Phantasien des »schönen Lebens« +	Distanz und problemlose Akzeptanz von Politik und Wirtschaft −
Politische Generation	Anspruch auf Änderung des eigenen Lebens im Sinne der Befreiung von gesellschaftlicher Repression −	Ethisch-normativ und theoretisch begründeter Änderungsanspruch als Identifikationskern +
Lebenswelt-Generation	Priorität der autonomen Gestaltung der eigenen Lebenswelt Lebenswertes Leben in Gemeinschaften +	Bewußte Abgrenzung zum gesellschaftlichen Normalentwurf Distanz und punktuelle Konfrontation −

+ : Identifikationsschwerpunkt
− : Randzonen: instrumentell für den Identifikationsschwerpunkt

Während der Zeit des Nationalsozialismus wurde dieser »Individualismus« verdammt und der einzelne ganz in den Dienst an der größeren Volksgemeinschaft gestellt. Die heroische aufopfernde Identifikation mit dem größeren Ganzen bildete hier den Kristallisationspunkt der Identifikation und Selbstdefinition. Den ersten großen Versuch, eine Generationsgestalt zu formulieren, hat in den fünfziger Jahren Helmut Schelsky unternommen. In seiner Arbeit *Die skeptische Generation* wird wieder eine Gegengestalt und ein Gegenprogramm von Jugend formuliert; die Kontrastfolie ist hier aber nicht die Welt der Erwachsenen, sondern eine frühere Welt, die Zeit des Nationalsozialismus. Es entsteht das Bild einer Jugend, die Schelsky dann auch später als die Jugend der industriellen Gesellschaft und als die Jugend des deutschen Wiederaufbaus bezeichnet. In Abwendung von politischen Idealen und Ideologien konzentriert sie sich auf den privaten Bereich, auf die Existenzbewältigung über Beruf und Leistung und auf die Lebensgestaltung in Familie und Freizeit.

Das Weltbild, das hier leitend ist, ist von soziologischen Theoretikern, insbesondere von der Schule Parsons' und von Bolte als das leistungsorientierte, meritokratische Wertsystem bezeichnet worden. Es hat sich danach erstmals umfassend ein Wert- und Normensystem durchgesetzt, nach dem die aktive Lebensbewältigung und die Lebenskarriere nach Leistung und Qualifikation im Vordergrund stehen. Damit hat sich hier realgeschichtlich das durchgesetzt, was Max Weber als einen Teil des großen Programms des modernen okzidentalen Rationalismus geschildert hat. Dazu zählt ein expandierendes Wirtschaftssystem, das sich zunehmend auf entfaltetere und wissenschaftlich begründete Technologien stützt, eine Ausdehnung des industriellen und dann auch des tertiären Sektors, eine Sicherung der Lebensbedingungen und damit eine Verstetigung der Lebensplanungsmöglichkeiten, eine Erweiterung der persönlichen Handlungsspielräume im politischen Bereich und im Konsum und vor allem eine als nicht begrenzt gedachte Mobilität von Generation zu Generation über Bildung und berufliche Leistung.

Es entsteht in den fünfziger Jahren eine nüchterne Generation, die an der Entfaltung der eigenen Lebensmöglichkeiten orientiert ist, welche den politischen Instanzen anfänglich skeptisch, aber nicht ablehnend gegenübersteht, diese neuen demokratischen Möglichkeiten zunehmend problemlos benützt und akzeptiert.

Nur an wenigen Stellen taucht ein sezessionistischer Sektor der Jugend auf, in den fünfziger Jahren insbesondere durch die Halbstarken-Krawalle symbolisiert. Wir finden hier also eine Jugendgestalt, die sich mit dem Normalentwurf der gesellschaftlichen Lebensbedingungen und Formen der Lebensbewältigung hoch identifiziert. Diese Phase reicht bis 1965, zu einem Zeitpunkt, zu dem die zusammenfassende Arbeit von Viggo Graf Blücher (1966) über die *Unbefangene Generation* entsteht.

Blüchers Schilderung der Generationsgestalt der frühen sechziger Jahre kann als nahtlose Entfaltung und Fortsetzung der »skeptischen Generation« verstanden werden. Unbefangen ist diese Generation deshalb, weil sie keine ängstlich-defensive Einstellung zum politischen Bereich mehr zeigt, sondern sich mit ihm zwanglos und vernünftig identifiziert. Blücher sieht die Generation der frühen sechziger Jahre als am Individuellen-Pragmatischen orientiert; sie zeigt eine pragmatische Konsumhaltung, Berufsorientierung und Familienorientierung. Besonders auffallend erschien Blücher die Bereitschaft zur Akzeptierung neuer demokratischer Institutionen und Lebensformen. Die abschließenden Sätze seiner Arbeit *Die Generation der Unbefangenen* (1966) dokumentieren das Bild der Jugend, wie es der Jugendforscher für die sechziger Jahre sehen zu können glaubte:

Darin dominiert die unbefangene Anpassung an das Bestehende. In verständiger Konsumnutzung bedient sie sich der zahlreichen Chancen und Möglichkeiten einer Wohlstandsgesellschaft auf allen Gebieten, ohne sich einseitig oder über Gebühr zu engagieren. Man bejaht die Gesellschaft, die der jungen Generation nicht nur keine Schwierigkeiten bereitet, sondern umgekehrt die Jugend ihrerseits zur Leitfigur macht. Man ist bemüht, sich dieser Gesellschaft möglichst früh zu integrieren, um an ihren Möglichkeiten voll teilhaben zu können. Anpassung ist das dominante Verhaltensmuster. Damit gelingt es der Gesellschaft, die Nachfolger zu bejahenden Mitspielern im Sinne des vorgefundenen Systems zu gewinnen. Das System zeigt noch überall die Symptome der Ausfaltung. Es wird erst von den Nachfolgenden in vollem Umfang übernommen und vervollkommnet werden können. Die Weltoffenheit, Aufgeschlossenheit, Vielseitigkeit und Handlungsbereitschaft der Generation der Unbefangenen lassen hoffen, daß sie dieser Aufgabe gerecht werden können (S. 403).

Diese Schilderung der Jugend erschien wenige Monate vor den sogenannten »Studentenunruhen«.
Wir dürfen jedoch nicht in den Kurzschluß verfallen, daß nur die

junge Generation einen bestimmten Modus der Existenzbewältigung, der Bearbeitung eigener und gemeinschaftlicher Aufgaben
zeigt. Wir finden einen solchen vielmehr in allen Altersgruppen,
und wir finden ihn in die Tradition unserer Kultur und in die
Geschichte unserer Gesellschaft eingewoben. Rechtliche Verfas-
sungen und Institutionen repräsentieren z. B. solche Bemühungen. In jeder historischen Epoche gibt es zudem eine politische
Artikulation des zu bearbeitenden Feldes von drängendsten Exi-
stenzproblemen. Nach dem Zweiten Weltkrieg waren diese verschiedenen Artikulationen in den Programmen der Parteien formuliert. So kann man den jugendlichen Bewältigungsstil nur verstehen, wenn man den politisch dominanten Stil der damaligen
Zeit, den der Adenauer-Ära, kennt. Man muß wissen, daß die
fünfziger Jahre die Phase des Aufbaus demokratischer Institutionen in der Bundesrepublik war, daß in dieser Zeit die eigene
politische Stabilisierung durch die Eingliederung ins westliche
Bündnis und durch die Akzentuierung des Ost-West-Gegensat-
zes erfolgte. Damit ging die Schärfung einer ganz spezifischen
Mentalität einher: die eines ausgeprägten Antikommunismus und
einer sehr prononcierten Amerikaorientierung.
Wirtschaftspolitisch ging es um eine Wiederherstellung der Pro-
duktionsmöglichkeiten, um die Bewältigung dringendster Ver-
sorgungsprobleme. Der Krieg hatte die große Erfahrung der gemeinsamen Not geschaffen und die Nachkriegszeit hatte diese
Erfahrung des »Wir sitzen alle im gleichen Boot« verstärkt. Die
alten Klassenkämpfe der Weimarer Zeit sollten nicht wieder auf-
leben. Daraus entstand eine sozialpolitische Strategie, die sehr
stark auf innere Befriedung, auf Harmonisierung und auf gegenseitige soziale Verpflichtung angelegt war.
Der Bewältigungsstil im Bereich der Kultur, in der Schaffung von
Legitimation und der Vermittlung von Sinnperspektiven war in
dieser Phase in hohem Maße vom Einfluß der Kirche geprägt.
Das auffallenste Merkmal dieser Zeit ist die damit zusammenhängende Sexualmoral. Zwischen den Geschlechtern bestand eine für
uns heute fast unvorstellbare soziale Distanz. Die in Filmen vor-
gestellten Themen der Erotik in der Partnerbeziehung kreisten
fast alle um das Problem der Aufhebung dieser Distanz, also um
den Prozeß des Kennenlernens, der Kontaktaufnahme und der
Entdeckung der gemeinsamen Liebe. Während an diesem Punkt
die meisten Filme enden, beginnen sie in den achtziger Jahren

häufig erst bei diesem Ereignis. Das Thema heute ist dann nicht mehr die Überwindung dieser Distanzen, sondern die Problematik des Zusammenlebens selber, die damit gegebenen Konflikte, Erschütterungen und Enttäuschungen.

Die aufkommende Kulturindustrie der fünfziger Jahre war die Begleitmusik zum wirtschaftlichen Wiederaufbau. Die Träume von fernen Ländern, von der Südsee, von Urlaub und Ferien und Reisen, die Träume von einem glücklichen Leben waren zentraler Inhalt von Filmen und von Liedern. Diese Phase war von einer ungebrochenen Freude an gestiegenen Konsummöglichkeiten, von einer ungebrochenen Freude an einem neuen Kühlschrank, neuen Einrichtungsgegenständen, an einem Auto geprägt. Die heranwachsende Generation konnte sich problemlos mit diesem »Normalentwurf« von Leistung und Konsum identifizieren. Die Alltagserfahrung hat die offiziellen Legitimationsmuster auch zunehmend bestätigt. Fleiß und Anstrengung, Strebsamkeit und langfristige Planung wurden durch größere Berufschancen und raschen sozialen Aufstieg belohnt. Die Menschen fanden ihre Identität und ihren Stolz in der unermüdlichen Arbeit, in der Wahrnehmung, sich selbst aus tiefer Not errettet und für ihre Kinder eine bessere Startposition geschaffen zu haben. Die einleitend zitierten Reden der Mütter zum Abitur ihrer Kinder bestätigen diese Erfahrung eindrucksvoll.

Die Jugendgestalt war in dieser Phase somit gar keine Gegengestalt, sie war in gewisser Weise sogar besser an die Moderne angepaßt als die Erwachsenen selbst. Wenn bei Jugendlichen Probleme gesehen wurden, dann waren es solche der seelischen Not, eine Zeitlang solche der Berufsfindung, der Bewältigung von Einsamkeit und der Verarbeitung von Lebenssituationen, die Nachwehen des Krieges waren wie z. B. die Vaterlosigkeit in vielen Familien.

Die gebildete Jugend war bis in die Mitte der sechziger Jahre so, wie sie sich Eduard Spranger in seiner *Psychologie des Jugendalters* vorgestellt hatte. Sie erlebte die Kulturpubertät, die weitgehend durch den Prozeß der Initiation in die als »wertvoll« ausgezeichneten Traditionen der abendländischen Kultur im Gymnasium geprägt war. Diese Bildungstradition hat gerade in dieser Phase einen hohen Kanonisierungsgrad erlebt, der nahtlos an die reformpädagogische Bewegung der zwanziger und dreißiger Jahre anknüpfen konnte. Der Theoretiker, der dies wesentlich mitgeprägt hat, war Wilhelm Flitner (1961). Die politische Bildung war ganz auf die Erziehung zur politischen Partnerschaft und zum sozialen Frieden ausgerichtet. Das Idealbild war eine harmonische, tolerante, auf Interessenausgleich bedachte pluralistische Gesellschaft. Das neue Erlebnis von Meinungsfreiheit und Toleranz auf der Folie des nationalsozialistischen Terrors hat dieser Erziehung eine hohe Legitimation vermittelt.

Wie konnte sich diese Situation gegen Ende der sechziger Jahre so radikal ändern? Dies ist ein bis heute nicht restlos aufgeklärtes Phänomen. Die Jugendforscher haben die Entwicklung einer neuen Generationsgestalt, der politischen Generation, auf jeden Fall nicht vorhergesehen. Am ehesten nimmt dies noch Schelsky in seinem Vorwort zur Taschenbuchausgabe 1975 der *Skeptischen Generation* für sich in Anspruch. Ein genaues Studium ergibt aber, daß er wohl eine sezessionistische Generation vorhergesagt hat, Anzeichen dafür in den Halbstarkenkrawallen glaubte sehen zu können, das Hauptmotiv aber in den anthropologisch begründeten Neigungen der Jugend sah, die Autoritäten und die Ordnung zu provozieren.

So ist zu erwarten, daß sich diese Art Ausbrüche und Proteste vor allem gegen die manipulierte Freiheit und Spontaneität richten werden, die man der Jugend heute in so hohem Maße anbietet, besonders gegen alles pädagogisch Vorbedachte und Entschärfte der der Jugend zugedachten Verhaltensrollen ... (1984, S. 388).

Schelsky entfaltet diese anthropologische Annahme in einem weiteren Argument:

Das *Bedürfnis*, die Wirklichkeit der Welt in Spannungen und Belastungen zu erleben und dies in höheren Anforderungen der Selbstgestaltung zu bewältigen, als sie unsere Gesellschaft an die Jugend stellt, muß deren Aktivität zunehmend aus sozialen und politischen Handlungsbereichen herausdrücken (S. 388 f.).

Diese Ausbruchsperspektive so zu formulieren, war für die damalige Zeit doch eine erstaunliche Vision. Auch die Charakterisierung der skeptischen Generation und ihrer Entwicklung ins Erwachsenenalter hinein ist heute noch lesenswert. Sie mutet wie eine Beschreibung und Wiederholung des Modus der Lebensbewältigung an, wie ihn Max Weber geschildert hat:

Vor allem wird die moderne Technik zum vertraut Selbstverständlichen, dessen man sich ohne Feindschaft, aber auch ohne Romantik bedient. Technische Notwendigkeiten oder was so aussieht, werden für diese Generation immer die höchste Überzeugungskraft haben, wie umgekehrt die Ansicht, daß das Dasein sich maximal technisch bewältigen lasse, zu ihren Grundüberzeugungen gehört. Sie ist die Grundlage der betont zivilisatorischen und zivilistischen Haltung der Generation, ihre Ungehemmtheit in der Ausweitung des Konsums, ihrer raschen, innerlich unbeteiligten daher unkomplizierten und anpassungsfähigen Erledigung aller gestellten Aufgaben: man schaltet schnell und sicher (S. 383).

In einem hat sich Schelsky aber gründlich getäuscht, wenn er schreibt, daß er eine Welle »sinnloser Ausbruchsversuche aus der in die Watte manipulierter Humanität, überzeugender Sicherheit und allgemeiner Wohlfahrt gewickelten modernen Welt« prognostiziert hat. Was nämlich gekommen ist, ist eine Generation mit einer heroischen Geste der revolutionären Weltgestaltung nach rigorosen moralischen Prinzipien. Schelsky hatte gemeint, die Welt der Jugend sei in einer Weise pädagogisch abgedichtet, sie sei in einer Weise perfekt legitimiert und gestaltet, daß aus ihr nurmehr sinnlos ausgebrochen werden könne. Daß die neue Generation die bestehenden »Verhältnisse« rigorosen moralischen Maßstäben unterwerfen sollte, auf deren Folie die Realität nurmehr als defizitärer Modus des Möglichen erscheint, mußte Schelsky unverständlich bleiben. Er hat dann unter dieser neuen Generation noch persönlich genügend gelitten und sie scharf verurteilt. Er konzidiert dies teilweise selber:

Nicht erkannt wurde von mir die Rückkehr dieser neuen Jugend zum politisch Ideologischen und Utopischen, die gerade aus ursprünglich moralischen Impulsen und mit einer Steigerung zum sozialpolitischen Heilsglauben erfolgte; nicht erkannt wurde die damit verbundene Wirklichkeitsentfremdung und der geringe Realitätskontakt dieser neuen Generation, die an die Stelle der »Welt in Watte« wieder die »Revolution aus Büchern« setzen sollte.

Diese Generation verurteilte er dann als Symptom einer parasitären Selbstüberschätzung auf dem Hintergrund des Anspruchs dieser Jugend,

... volle Mitbestimmung, ja ideelle Vormundschaft in den Fragen der gesamten Gesellschaft auszuüben, dann bei offensichtlichem Scheitern ihrer Pläne aber den Schutz der Unreife zu reklamieren, indem man die Fehlbeurteilung und gescheiterten Maßnahmen als »Lernprozesse« aus der Verantwortung zurücknimmt (S. VIII).

2.2.1 Die politische Generation

Während die soziale Trägerschaft der »Skeptischen Generation« vor allem in der arbeitenden Jugend gesehen wurde, tritt in der politischen Generation die studierende Jugend, die Jugend in Gymnasien und auf den Hochschulen als gestaltprägender Sektor der neuen Alterskohorten hervor. An der Oberfläche ist die achtundsechziger Generation als Gegenprogramm zur rationalen und instrumentalen Existenzbewältigungsattitüde der Vorgeneration beschreibbar. Die Zentralidentifikation liegt in ethisch normativ und theoretisch begründeten Vorstellungen einer idealen Gesellschaft und im Engagement für die Veränderung der bestehenden, defizitären Verhältnisse am Maßstab dieser Konzepte.

Die gestaltprägende junge Generation am Ende der sechziger Jahre steht in eigenartiger Kontinuität und in eigenartigem Kontrast zu den fünfziger Jahren und frühen sechziger Jahren. Die Kontinuität ist darin zu sehen, daß sie anfangs wie keine andere den hohen normativen Anspruch, der im Grundgesetz festgeschrieben ist und der sich als Reaktion auf die Nazidiktatur herauskristallisiert hat, ernst genommen hat. Sie hat die demokratischen Rechte eingefordert, die soziale Gerechtigkeit angemahnt, die Beseitigung von Not und Armut auch auf die Dritte Welt übertragen und jede aggressive Interventionspolitik verdammt. Erst in einer zweiten Phase wurde diese Figur der Gegenüberstellung von Verfassungsnorm und Verfassungswirklichkeit theoretisch überhöht und im Rahmen der Wiederentdeckung des Marxismus theoretisch neu fundiert.

Ebenfalls nur an der Oberfläche charakterisiert diese Generation der Vorwurf an die Vätergeneration, sich in selbstgerechter Wohlstandsorientierung einer Aufarbeitung der nationalsozialistischen Vergangenheit zu verweigern und zu entziehen. Die ausgebliebene Vergangenheitsbewältigung führt jetzt zu Enthüllungskampagnen. Durch die Außerkraftsetzung der überkommenen affektiven Tabuisierungen der fünfziger und frühen sechziger Jahre trifft die neue Generation »zentrale Nervenstränge« der

Adenauer-Ära: den Antikommunismus, die im Rahmen der Vietnam-Problematik sich vollziehende Infragestellung der Amerika-Orientierung und vor allem die Tabuisierung der Sexualität. Unterstützt durch die revolutionäre Entwicklung der Empfängniskontrolle konnte die alte Koalition von Kirchenbindung und Sexualmoral unterhöhlt werden. Auch die zentralen Lebensorientierungen der »Skeptischen Generation«, die Ausrichtung auf Arbeit und familiäre Stabilität, wurden als herrschaftsmotivierte Lebenskonzeptionen entlarvt und »hinterfragt«.

Mit derselben Heftigkeit wurde ein anderes Gestaltungsmoment der Wirklichkeit in den fünfziger Jahren attackiert: die Vorstellung von sozialer Harmonie und sozialer Partnerschaft. Dagegen wurde der Klassencharakter der Gesellschaft gesetzt, die unvermindert bestehenden Interessengegensätze und sozialen Ungleichheiten betont.

Das Gegenprogramm machte auch vor dem Bereich der Erziehung nicht halt. Erziehungsinstitutionen wurden als Herrschaftsinstrumente der Gesellschaft beschrieben und eine neue, antiautoritäre Pädagogik sollte entwickelt werden. Die Initiation in die Kultur durch die gymnasiale Pädagogik wurde als Indoktrination im Rahmen bestehender Herrschaftsinteressen charakterisiert. Dieses Gegenprogramm der politischen Generation hat dazu geführt, daß Jugend nicht in ihrer persönlichen Not beschrieben wurde, sondern daß Jugend zu einer sozialpolitisch relevanten Gefahr wurde. Sollte die »Elite der Nation« die ethischen Grundlagen der bestehenden Institutionen nicht mehr übernehmen, sollte die geistig-moralische Infrastruktur der neuen Generation quer zu den in bestehenden Institutionen überlieferten liegen, dann müßte sich daraus in einer neuen Generation auch eine andere Republik und Gesellschaft entwickeln. Wo die ethisch-normativen Grundlagen der bestehenden Gesellschaft in der freiheitlich-rechtsstaatlich, Gewalten kontrollierenden, die Menschenwürde garantierenden Verfassung gesehen wurden, mußten diese Gefährdungen bedrohliche Ausmaße annehmen.

Dies ist sicher nur eine oberflächliche Beschreibung der Erscheinungsform der »politischen Generation«. Es kann hier auch nicht kritisch argumentierend auf berechtigte und unberechtigte Entwicklungen in dieser Epoche eingegangen werden. Wichtig erscheint mir aber die rückblickende Einschätzung, daß diese Generationsgestalt nur auf dem Hintergrund von nicht hinterfragten Sicherheiten entstehen konnte. So ist auffallend, daß diese Generationsgestalt in einer Phase der gesellschaftlichen Entwicklung entstand, in der die Existenzgrundlagen, was wirtschaftliche Prosperität angeht, als problemlos gesichert galten. Gerade die Arbeitslosigkeit erschien Wirtschaftswissenschaftlern zu dieser Zeit als endgültig bewältigbar. Auch ein demokratischer Verfassungsstaat wurde ungefragt vorausgesetzt. Als drittes wurden militärische Außenbedrohungen, ja Bedrohungen durch kollektive Selbstvernichtung der Menschheit nicht diskutiert. Daß Deutschland im internationalen Konkurrenzkampf in wirtschaftliche Probleme geraten könnte, daß neue Wellen der Arbeitslosigkeit drohen, daß eine mangelnde Leistungsfähigkeit der deutschen Wirtschaft die ökonomischen Existenzgrundlagen gerade der weniger privilegierten Massen gravierend beeinträchtigen könnte, war keine Perspektive.

Als zweites muß auch hier darauf verwiesen werden, daß der Weltgestaltungsversuch der jungen Generation nicht in einem politischen Vakuum stand, sondern mit politischen Weltgestaltungsbemühungen kooperierte und konkurrierte, die über Parteien organisiert waren. Bezeichnenderweise fällt diese Generationsgestalt zusammen mit dem politischen Wechsel zur sozialliberalen Koalition, die politische Forderungen und Entwicklungen in der jungen Generation teils aufnahm, teils modifizierte, teils aber auch zurückwies. Wieder kann hier nur auf einige Oberflächenentwicklungen hingewiesen werden. Die Aufweichung des Antikommunismus hat in den politischen Gestaltungsbemühungen insofern Resonanz gefunden, als durch die Ostpolitik der sozial-liberalen Koalition die Konfrontation des Kalten Krieges beendet wurde. In dieser Phase wurde die Sicherheit im westlichen Bündnis als selbstverständlich vorausgesetzt, so daß eine Versöhnung mit dem Osten eingeleitet werden konnte.

Die Aufdeckung alter autoritärer Herrschaftsansprüche und obrigkeitsstaatlicher Tendenzen durch die Studentengeneration fand ihre moderierte Aufnahme in der Politik der sozial-liberalen Koalition, die im berühmten Diktum von Willy Brandt beim Regierungsantritt 1972 (»Mehr Demokratie wagen«) ihren Ausdruck fand. Sie führte in den Schulen und auch in den Familien zu einem anderen Stil des Umgangs mit der jungen Generation, sie führte zu einer anderen Erziehungskultur.

Die Wiederaufnahme der Klassenkampfproblematik durch die politische Generation hat ebenfalls einen politischen Niederschlag, wenn auch in moderater Form, gefunden. Dies geschah vornehmlich im Bildungssystem und der dort entfalteten Chancengleichheitsdiskussion, die auch zu bildungspolitischen Maßnahmen führte (s. die Debatte um die Einführung der Gesamtschule). In der Tarifpolitik fand diese Position ihren Niederschlag in Versuchen, besonders die unteren Einkommensgruppen durch die Anhebung von Sockelniveaus zu berücksichtigen. Daneben gibt es in dieser Phase eine außerordentliche Entfaltung der Sozialleistungen des Staates, insbesondere der kompensatorischen Ausgleichszahlungen für finanziell weniger gut ausgestattete Familien. Dazu zählen das Kindergeld, die Ausbildungsförderung, die Steuererleichterungen, vermögensbildende Maßnahmen, Prämiensparen usw.

Schließlich hat sich auch die veränderte Sexualmoral, die Veränderung der überlieferten Vorstellungen von Familie und Ehe politisch niedergeschlagen: in dieser Zeit ist das Scheidungsrecht neu geregelt worden, hat der Schwangerschaftsabbruch eine rechtliche Regelung erfahren (s. den Paragraphen 218) und auch die Jugendschutzproblematik hat über die Stärkung der Jugendrechte eine neue Akzentuierung erlebt.

Diese politische Entwicklung war für die Protestgeneration gleichzeitig eine Chance und eine Gefahr. Die Chance lag darin, daß viele Forderungen der politischen Generation politische Ressonanz fanden und auch teilweise umgesetzt wurden. Die Gefahr ergab sich daraus, daß dieser Generation dadurch ihre Legitimation als prinzipieller Widerstandsbewegung entzogen wurde. Auf diese Gefahr haben verschiedene Gruppierungen dieser Generation auch unterschiedlich geantwortet. Ein schmaler Ausschnitt hat sich in Radikalisierung der revolutionären Attitüde in terroristische Untergrundaktionen verstiegen und damit einen streng revolutionären Habitus in den Augen der überwiegenden Mehrheit der Bevölkerung endgültig desavouiert. Eine zweite Gruppe hat den Weg in die großen politischen Parteien, insbesondere in die SPD gefunden und vor allem in der Entfaltung des Sozialprinzips zur Gestaltung der Wirklichkeit ihr zentrales Weltgestaltungsmoment gesehen. Ein dritter Sektor hat die oppositionelle Grundhaltung bewahrt, hat sich aber von der offiziellen Wirklichkeitsgestaltung zurückgezogen. Sie sollte Teil einer neuen Generationsgestalt werden, die zum letzten prägnanten Muster eines generationalen Habitus in der bisherigen Geschichte der Bundesrepublik geworden ist.

2.2.2 Die Generation der »Lebenswelt«

Je mehr wir uns der Gegenwart nähern, um so schwerer fällt es, eine prägnante Gestalt der Jugendgeneration zu formulieren. Vielleicht kann man den Prozeß des Generationswandels auch wieder an der Oberfläche so charakterisieren, daß die Attitüde der Deidentifikation mit den bestehenden Verhältnissen, insbesondere mit Staat, Wirtschaft und Alltagskulturen und der Impuls der Systemveränderung durch die Übernahme von Regierungsverantwortung durch die SPD teils neutralisiert, teils aber auch nicht befriedigt werden konnte. Dies führte zu innerparteilichen Spaltungen, so daß sich gewissermaßen im Schoße der sozialdemokratischen Bewegung eine neue Opposition herauskristallisierte. Da die realen Möglichkeiten der Systemveränderung blockiert und teilweise durch die terroristischen Aktionen auch delegitimiert waren, verwandelte sich die Attitüde der normativ geleiteten Wirklichkeitsveränderung auf die Gestaltung des eigenen Lebensbereiches. Es entsteht jetzt eine Generation, die ihren Kristallisationspunkt der Identifikation wieder in einer lebensreformerischen Attitüde findet, die vor allem Wert auf die selbstgestaltete Lebenswelt legt, in der die Wertvorstellungen und Orientierungen verwirklicht werden können, die als Gegenbild zur industrialisierten Kultur entwickelt wurden, und es entsteht eine auf die kleine Gemeinschaft bezogene Entfaltung kommunikativer Kulturen. Die Deidentifikation mit der Gesellschaft bleibt erhalten, der Protest richtet sich aber nicht mehr theoriegeleitet auf soziale Ungleichheit oder auf grundlegende »Herrschaftsstrukturen«, sondern eher punktuell auf sichtbare problematische Entwicklungen wie erstarrte Alltagskulturen des Wohlstandes, Umweltzerstörung, Atomkraftbedrohung und Rüstungsentwicklung. In der unmittelbaren Lebenswelt tritt der asketische und aktive Weltgestaltungswille in den Hintergrund, und das gemeinschaftliche Miteinandersein rückt in den Vordergrund. Doch diese Protestbereiche gewinnen wegen ihrer Sichtbarkeit über die

Kultur der Alternativen hinausreichende Anerkennung, so daß sich auf dieser Grundlage eine neue Partei formieren kann, die Weltgestaltungsimpulse dieser Generation aufnimmt und ins parlamentarische System integriert. Vielleicht wird später rückblickend der Partei der Grünen besonders dieses Verdienst gutgeschrieben werden: daß sie die subkulturelle Gegenbewegung aus ihrer sozialen Abseitsstellung und gesellschaftlichen Isolierung herausgeführt und in die demokratischen Diskurse wieder eingebunden hat.

Aber die gesellschaftlich dominante Wahrnehmung dieser Generation ist eher die einer Problemgeneration. Wieder steht die »Reproduktion der Gesellschaft« »auf dem Spiel«, diesmal aber nicht über den Impetus der Systemveränderung, sondern über die stillschweigende Verabschiedung der geistigen Elite des Volkes von den normativen Grundlagen »normaler« Existenzbewältigung. Nicht mehr aktive Auseinandersetzung mit den wirtschaftlichen Problemen, nicht mehr Wissenschaft und Technik, nicht mehr rational begründete Erziehung oder Sozialpolitik zur Reduzierung sozialer Ungleichheit bilden die Identifikationspunkte, sondern die Entfaltung eines autonomen gemeinschaftlichen Lebens angesichts einer kalten, anonymen, konkurrenzorientierten Welt.

Diese Attitüde hat so viel Besorgnis hervorgerufen, daß zu ihrer Analyse eine eigene Enquetekommission der Bundesregierung gebildet wurde. Sie kommt in der Charakterisierung dieser Generation zu folgender zusammenfassender Beschreibung:

Der Jugendprotest ist Anklage und Suche zugleich. Er ist Anklage gegen die Diskrepanz zwischen Ansprüchen und Realitäten einer primär ökonomisch orientierten, aber inhumanen und letztlich zerstörerischen Welt, gegen die Unfähigkeit der Erwachsenen, diese Widersprüche zu erkennen und zu lösen, die Eltern im kleinen und die Politiker im großen. Gleichzeitig zeigt der Protest die Suche nach Lebensformen und Bedingungen, in denen die Widersprüche und Mängel nicht gelten. Vor allem in der Literatur »aus der Bewegung« selbst werden diese Bedürfnisse deutlich: Subjektivierung, Emotionalität, Ganzheitlichkeit, Kommunikation, Solidarität etc.

– Es besteht eine verstärkte Sehnsucht, ein Bestreben, Situationen und Beziehungen emotional anzureichern und zu verdichten. Die Jugendlichen haben eine feine Antenne für das Fehlen emotionaler Dichte.
– Früher kam – gesellschaftlich wie psychisch – erst die Arbeit und dann die Beziehungssituation. Heute ist die Arbeitsfähigkeit eng daran ge-

koppelt, ob die Jugendlichen sich in ihrem Beziehungsgefüge zufrieden fühlen.

- Immer mehr Leute funktionieren nicht mehr nach der Logik von Mittel und Zweck, von begrifflich klarer Definition und Schlußfolgerung. Die Bedürfnisse sind unstrukturierter und weniger faßbar für Außenstehende geworden.
- Es gibt ein geradezu epidemisches Bedürfnis nach Gruppenwärme, nach offener und ehrlicher Kommunikation, nach verläßlichen Beziehungen, was bei den Jüngeren überall festzustellen ist.
- Nicht das Eigentum, nicht die Karriere und nicht die Herrschaft über Immobilien strebt man an, sondern ein Gebäude der Freundschaften, ein Haus aus Menschen. Die absolute Solidarität in der Gruppe statt einsamer Spitzenleistungen, die innere Heimat in der verbindlichen Zusammenarbeit mit den anderen. (Wissmann/Hauck 1983).

Der dominante Bewältigungsstil, zumindest der strukturbildende und entwicklungsbestimmende, der hier geschildert wird, ist jener eines Gegenentwurfs, ist jener einer Gegenwelt zu den Zumutungen der hochindustrialisierten, bürokratisierten und spätkapitalistischen Gesellschaft. In unzähligen Wiederholungen wird diese Thematik durchvariiert. Auf der einen Seite steht das lebensfeindliche System, das zu entfremdeter Arbeit zwingt und manipulierten Konsum suggeriert. Dem wird die Lebenswelt der Gemeinschaft, die Beziehungen der Liebe und die Lebensform des »Lebens«, wird der lustbetonte, spontan lebende Mensch gegenübergestellt. Das soziale Pendant zu den Systemerfordernissen von Arbeit, Politik, Wirtschaft und Konsum ist jenes von Status, Autorität und Hierarchie, dem Geborgenheit, Gemeinschaftlichkeit und Nähe gegenübergestellt werden. Ist das System durchherrscht von strategischem Denken, vom Denken zur Beherrschung der Natur und des Menschen, so ist die Lebenswelt auf Verständigung ausgerichtet, auf gemeinschaftliche Selbstverwirklichung. Ist im formellen System nur regulierte Gerechtigkeit im Sinne der Gleichbehandlung denkbar, so ist die Lebenswelt charakterisiert durch Sich-Kümmern, Verantwortlichkeit, Mitleiden und Betroffenheit. Verlangt das System den Lebenskampf und die Konkurrenz, so besteht in der Lebenswelt der Alternativen die Möglichkeit der Selbstverwirklichung und der Gemeinschaftlichkeit.

Diese Gegenüberstellungen werden unzählige Male variiert, wie z. B. die folgende Typologie deutlich macht.

Systemmerkmale	Lebensweltmerkmale
Voluntarismus und Planung	Gegenwartsorientierung, Spontaneität bzw. Fatalismus Orientierung am Sein
Instrumentalismus, Orientierung am Haben Beruf und Existenz Optimismus und Aktivismus	Reflexion Akzeptanz und Dabeisein
Rollenspiel, Konkurrenz- orientierung Mittelmaß und Serienhaftigkeit	Brüderlichkeit, Sinnlichkeit Einmaligkeit und Originalität
Sicherheit Äußerer Schein Arroganz und Egoismus	Risiko und Wagnis Inneres Sein Betroffenheit

Wenn die Analyse der Alternativprojekte nicht täuscht, dann ist es bei diesem Bewältigungsstil nicht bei kulturellen Ausformungen geblieben. Diese haben vielmehr zu sozialen Organisationsformen neuer Art geführt, wie z.B. folgende Zusammenstellung zeigt:

Bereich	Alternativprojekte (Beispiele)
Wohnen	Wohngemeinschaften; Kommunen; Instandbesetzung; Häuserkampf
Handwerk und Läden	v. a. Bäckereien; Reparatur-Werkstätten; Tischlereien; Buchläden; Quartiers-Werkstätten
Landwirtschaft	Landkommunen; Schäfereigenossenschaften; bio-dynamischer Anbau
Medien und Information	Verlage, Druckereien, eigene Zeitungen und Zeitschriften; Kommunikation der »Netz-Werke«
Bildung und Ausbildung Kunst/Kultur	Kinderläden; Spielbus, Pflastermaler; Mundart-Gruppen; Theater als Lern-Aktion; Straßentheater; differenzierte Musikkultur; freie Volkshochschulen
Stadtteilarbeit	(z. T. hervorgegangen aus der »Bürgerinitiativbewegung«)

Bereich	Alternativprojekte (Beispiele)
Gesundheit	Patienten-Kollektive; Rehabilitations-gruppen; Selbsthilfe-Gruppen, v. a. im Nachsorgebereich
Emanzipation	Frauenbewegung und Frauenhäuser; Selbstbehauptungen der Homosexuellen

Quelle: Schäfer 1982, S. 166.

Es wäre natürlich falsch zu meinen, daß die Alternativbewegung als gestaltbildender Bewältigungsstil heutiger »Systembedingungen« eine Erfindung der Jugend ohne Wurzeln in langen kulturellen Traditionen wäre. Bereits die einfache typologische Gegenüberstellung, wie sie oben versucht wurde, verweist auf alte Traditionsbestände der persönlichen Lebensorganisation, die teils aus dem Christentum, teils aus der Aufklärung und teils aus alten sozialreformerischen Bewegungen stammen. In der Alternativbewegung mischen sich diese verschiedenen Traditionen in oft widersprüchlicher Weise. So finden wir hedonistische Strömungen im Kontext von Emanzipationsvorstellungen, welche selbst auf die Aufklärung zurückgehen und hier einen ganz anderen Stellenwert hatten. Romantische Vorstellungen, die immer ein gefährliches Potential für nationalistische Entwicklungen waren, verbinden sich mit aufklärerischen Elementen. An den Ur-Kommunismus des Christentums erinnernde Gemeinschaftsformen stehen neben libertinären Freiheitsbestrebungen.

Ohne Zweifel haben wir es aber mit einem Gestus der Abwehr von Lebensformen und Normalitätsentwürfen in unserer Gesellschaft zu tun, ein Gestus, der sowohl eine andere Orientierung in der Bewältigung des persönlichen Lebens, was Arbeit und Familie angeht, als auch eine andere Bewältigungsperspektive, was die kollektive Identifikation betrifft, im Sinne hat. Das »System« hat keine akzeptable und innere Logik, sei es nun das Schulsystem oder das politische System insgesamt. Im gleichen Zuge werden auch wirtschaftlichen Notwendigkeiten, etwa Gesetzmäßigkeiten des Weltmarktes, Bedingungen der Erhaltung der Konkurrenzfähigkeit oder gar der Marktwirtschaft, Sinnhaftigkeit abgesprochen.

Wäre dies der dominante Modus der Bewältigung epochaler Probleme durch die junge Generation, dann wären mit Sicherheit tiefgreifende Wandlungen zu erwarten. Auf diesem Wege würde unvermeidbar eine Phase einsetzen, in der eine Auseinandersetzung mit dem Realitätsprinzip, eine Konfrontation idealer Entwürfe mit Systemgesetzlichkeiten erfolgt, in der sich eine idealistische Gesinnungsethik einer realitätsbezogenen Verantwortungsethik zu stellen hätte.

2.2.3 Tiefenanalysen der Charakterstruktur der heutigen Generation

Eine sehr anregende Variante der Analyse von Generationsgestalten bilden tiefenpsychologische Versuche zu eruieren, wie die affektive »Natur des Menschen« auf die besonderen Repressionsverhältnisse seiner Zeit reagiert. Freud hat in diesen Kategorien gedacht und die Charakterstruktur von Heranwachsenden im Rahmen der Auseinandersetzung mit übermächtigen Vaterfiguren lokalisiert (s. auch Heinrich Mann, *Der Untertan*, Franz Kafka, *Brief an den Vater*). Der Ödipus-Konflikt repräsentiert die begleitenden emotionalen Ambivalenzen.

Im Rahmen dieser allgemeinen Thematik stehend, hat Mitscherlich (1967) für die fünfziger Jahre eine besondere Variante der Ödipus-Problematik formuliert. Aufgrund der Verwicklung vieler Väter in das totalitäre Reich der Nazis hat sich für die heranwachsenden Jungen der fünfziger Jahre eine Vakuum an herkömmlichen Vorbildern ergeben. Die Abarbeitung am väterlichen Ideal ist durch die Zerstörung der Identifikationsmöglichkeiten mit dem Vater erschwert worden. Mitscherlich sieht darin eine wichtige Ursache, daß sich die Idealbildung der heranwachsenden männlichen Jugend der Nachkriegszeit gewissermaßen außerhalb der Familie frei vagabundierend bewegt hat, so daß die Bedeutung des familiären Binnenraumes für die Normbildung zurückgegangen ist (Mitscherlich 1967).

Eine zweite psychoanalytisch inspirierte Problemstellung ist erst in den siebziger Jahren wieder prominent geworden, nämlich jene von Thomas Ziehe (1975). Ziehe glaubt, in der alternativen Szene eine von grundlegend veränderten Lebensbedingungen beeinflußte neue Charakterstruktur zu sehen. Auf dem Hintergrund der Analyse von Veränderungen in der spätkapitalistischen Gesellschaft entwickelt Ziehe die Vorstellung, daß in der veränderten Binnenstruktur der Familie ein neuer Charaktertyp entsteht. Unter spätkapitalistischen Lebensbedingungen werden emotionale Akzeptanzwünsche und Nützlichkeitserlebnisse häufig ausgeblendet. Insbesondere Mütter leiden unter diesen Lebensbedingungen, so daß für sie im Wunsch nach einem Kind häufig dies unbewußte Bedürfnis zum Ausdruck kommt, sich der eigenen Identität zu versichern. Dadurch bekommen die Kinder eine narzißtische Funktion. Mütter treten ihren Kindern dann nicht als ich-starke Persönlichkeiten gegenüber, weshalb sie auch kaum in der Lage sind, Charakter zu formen. Sie glauben eher, daß sie den Kindern gefallen müssen und nicht umgekehrt. Ihr Verhalten ist von bemühter Sorgfalt gekennzeichnet. Da die traditionellen Erwartungshaltungen und Sicherheiten innerhalb der Familie, was richtige Erziehung ist, abgebaut sind, wird die Zustimmung der Kinder für die Eltern zum zentralen Kriterium der Richtigkeit ihres Verhaltens. Dies hat natürlich Schwäche und Schwanken zur Folge. Andererseits entsteht eine intensive Mutter-Kind-Symbiose, die den Entstehungszusammenhang für eine infantilnarzißtische Persönlichkeitsentwicklung abgibt. Das Kind kann sich dadurch nur schwer von den Eltern ablösen, weil es spürt, daß dadurch Sinnstrukturen im Leben der Mutter zerstört würden. Durch die zunehmend gestörte Interaktion mit der Außenwelt, dem Nicht-Fertigwerden mit der Mutter und ihren Ansprüchen sowie durch das Fehlen eines Realitätsprinzips über ein anschauliches Verhaltensmodell des Vaters, wird die heranwachsende Person zunehmend in die ausschließliche Beschäftigung mit sich selbst gedrängt. Es entsteht eine Präokkupation mit der eigenen Person, also Narzißmus. Zentrale Kennzeichen dieses neuen Sozialisationstyps sind nicht mehr Konflikte im ödipalen Sinne oder mit Überichformierungen, sondern Identitätsdiffusion, Omnipotenz, Streben nach primärnarzißtischer Erlebnisqualität usw.

War der neurotische Charakter durch den Widerspruch zwischen Lustprinzip und Realitätsprinzip gekennzeichnet, so der »Neue Sozialisationstypus« durch den Widerspruch zwischen dem Realitätsprinzip und einem narzißtischen Allmachtsanspruch an das Selbst – und sei es auf Kosten eines partiellen Rückzugs von der kränkenden Realität (Ziehe in *päd. extra* 1978, S. 29).

Der neue Sozialisationstyp unterscheidet sich in mehrfacher Hinsicht vom alten, durch autoritäre Verhältnisse bedingten. Es konstituiert sich eine neue Form der Ich-Schwäche, die nicht mehr wie in den autoritären sadomasochistischen Psychen ein gehemmtes, bedrohtes Ich meint, sondern ein zerfließendes, diffuses, grenzenloses Ich, das eben darum nur noch die eigenen Interessen im Auge behalten kann, wobei das egoistische Interesse mit dem der Konsumgesellschaft identisch ist. Der epochale Bewältigungsstil von Realitätsforderungen, der auf der Grundlage einer solchen Charakterstruktur zu erwarten wäre, müßte in einer Fixierung auf die eigenen Problemlagen bestehen.

Das soziale Pendant dazu wäre nicht die rationale Organisation, sondern das dichte gemeinschaftliche Beisammensein, die emotionale Nähe und das Übereinstimmungsbedürfnis mit anderen. Ich-Schwäche und Narzißmus implizieren, daß jemand nicht mehr getrennt für sich sein kann, Konflikte auszuhalten in der Lage ist, seinen Standpunkt auch gegen Widerstand zu vertreten vermag, sondern das Bedürfnis nach Symbiose treibt in die Gemeinschaft der Gleichgesinnten, in die Umarmung mit anderen.

Eine solche Charakterstruktur muß dann als Bedrohung empfunden werden, wenn davon ausgegangen wird, daß unsere gegenwärtigen Lebensverhältnisse, unser Wohlstand und unsere soziale Sicherheit nur gewährleistet sein werden, wenn die nachwachsende Generation tatkräftig, selbstbewußt, zuversichtlich und mit Widerstandsfähigkeiten ausgestattet die Aufgaben der Zeit in Angriff nimmt. Steht diesen kommenden Problemen eine ich-schwache, widerstandsunfähige Generation gegenüber, dann können von der psychischen Infrastruktur her große Probleme auf diese Generation selbst zukommen. In anklagender Variante vertritt z. B. Günther (1982) diese Position, wenn er, die Analyse von Thomas Ziehe benützend, sie teilweise aber auch pervertierend, noch ein weiteres Moment zur Charakterisierung dieser Generation hinzufügt: das Anspruchsdenken und die mangelnde Bereitschaft, ein ausgewogenes Verhältnis von gesellschaftlichen Angeboten und eigenen Leistungen zu finden. Günther sieht aber die Ursachen dieses Generationstyps nicht so sehr in umfassenderen gesellschaftlichen Veränderungen, in auch gesellschaftlich bedingten Veränderungen der Familienstruktur, sondern in den neuen permissiven Erziehungseinstellungen der Familie, der Erziehungsschwäche der Eltern, insbesondere der des Vaters. Die verschlechterten erzieherischen Verhältnisse sind wiederum eine

Folge der modernen Pädagogik, der Emanzipationsbewegung und der aus ihr resultierenden Erziehungsvorstellungen. Der neue Persönlichkeitstyp ist nach Günther nicht nur durch Narzißmus und Ich-Schwäche gekennzeichnet, sondern noch mehr durch Hedonismus, durch eine Philosophie der Selbstverwirklichung und durch Anspruchsdenken. Nur an wenigen Stellen gewinnt Günther dieser Generation positive Züge ab, wenn er davon spricht, daß diese Jugend tolerant, sanftmütig, sensibel und empfindsam sei. Dieses sanftmütige Laissez-faire, dieses »keine Macht für niemand« sei aber auch Ausdruck der Unfähigkeit einer zielbewußten, an Hindernissen und deren Überwindung orientierten Lebensplanung.

Diese Kritik von Günther wird hier lediglich deshalb erwähnt, weil sie als Vorläufer seiner neuen Generationensicht gelten kann, die eine andere Jugend, die heute notwendig wäre, zu propagieren versucht. Es ist das Muster der Betonung von Arbeitsamkeit, Leistungswillen, Bereitschaft zur Einordnung, Monotoniefestigkeit, politischem Selbstbehauptungswillen und Verteidigungsbereitschaft. Die Arbeit von Günther selber ist unter wissenschaftlichen Gesichtspunkten an mehreren Stellen höchst angreifbar, da sie zwar unterstellt, auf empirischen Untersuchungen zu fußen, diese aber nur unzureichend als Belegmaterial heranzieht. An mehreren Stellen ist sie auch explizit widersprüchlich (s. etwa S. 183).

Mit der Schilderung der Lebenswelt-Generation enden die größeren spekulativen Versuche, epochale Bewältigungsstile von Jugendgenerationen zu entwerfen. Zwar gibt es noch vereinzelte Ansätze wie jene, die von der »Verunsicherten Generation« sprechen, die eine neue manieristische Jugend oder eine Wende-Jugend auszumachen glauben. Doch diese neuen Charakterisierungen sind weniger überzeugend. Wenn das *heutige Bild der Jugend* zu schildern versucht wird, dann herrscht der Eindruck der *Heterogenität*, der sich *polarisierenden Jugendgestalten* vor.

Wenn an dieser Stelle wieder die Systematik der Weltgestaltungsprinzipien herangezogen wird, dann liegt die These nahe, daß im 20. Jahrhundert alle dort angeführten Weltgestaltungsprinzipien, das Rationalitätsprinzip, das Sozialprinzip und das Personalitätsprinzip, die in einer Balance zusammengehören, von der Jugend jeweils unterschiedlich gewichtet wurden. Die Jugendbewegung und die Lebenswelt-Generation waren sehr stark am Personalitätsprinzip und an Gemeinschaftlichkeitsideen orientiert. Die Skeptische Generation ist der Inbegriff der Existenzbewältigung, wie er im modernen okzidentalen Rationalismus von Max Weber geschildert wurde. Die Politische Generation hat das Sozialprinzip zur zentralen Weltgestaltungsattitüde erkoren. Ihr ging es vor allem darum, die Welt aus als universal gültig gedachten normativen Prinzipien der Gleichheit, der Herrschaftslosigkeit, der Sicherung humaner Lebensbedingungen für alle zu gestalten. Zum andern sind die Generationen immer danach charakterisierbar, ob sie Rückzugsbewegungen sind oder aktive Gestaltungsbewegungen, ob sie Identifikation oder Distanz zu den jeweiligen gesellschaftlichen Normalentwürfen der Weltgestalt in Politik und Alltag repräsentieren.

Solche Konzeptionen von Generationsgestalten enthalten immer sehr viele spekulative Momente, sie sind jeweils unterschiedlich solide mit empirischen Daten, sei es durch Texte und Dokumente, sei es durch Umfrageergebnisse, sei es durch Interviews und Beobachtungen abgestützt. Dennoch sind sie wichtige Ordnungsprinzipien, um die Vielfalt der Erscheinungsweise von Jugend in einer historischen Epoche auf den Begriff zu bringen. Wir müssen uns aber selbstkritisch fragen, ob dabei nicht die Sorgfalt in der Analyse von Veränderungen konkreter Lebensverhältnisse und den jeweiligen psychischen Infrastrukturen einer Generation aus den Augen verloren wird. Ich meine deshalb, daß die Analyse von sozialhistorischen Änderungen in der Erscheinungsweise von Jugend insgesamt der Ergänzung durch möglichst genaue und datenbezogene Einzelveränderungen bedarf.

3. Jugend von den fünfziger bis zu den sechziger Jahren: Zeitreihen aus der empirischen Jugendforschung

Kaum einem Gegenstandsbereich der Erziehung und Sozialisation sind seit dem Zweiten Weltkrieg so viele Repräsentativität anstrebende Untersuchungen gewidmet worden wie dem der Phänomenologie der Jugend. Abbildung 23 macht dies in einem jahresbezogenen Überblick eindrucksvoll deutlich. Durch diese intensive Forschung wird natürlicherweise die Erwartung genährt, daß genaue Auskünfte über epochale Wandlungen der Generationen möglich sind. Überprüft man diese Untersuchungen aber nach den dafür erforderlichen Voraussetzungen[21], wie vergleichbaren Stichproben, identischen Fragestellungen und Antwortkategorien, dann schrumpft das Datenmaterial sehr zusammen, so daß sich etwa folgende Situation ergibt:

Abbildung 23 Repräsentative Jugenduntersuchungen in der BRD 1947-1985

1947
Institut für Demoskopie Allensbach (Hg.), *Die Jugendbefragungen 1947/48*, Allensbach a. Bodensee 1948.

1948
Lahy, B., »Untersuchungen über die Ansichten und das Verhalten der Jugend.« Französisches Oberkommando in Deutschland, Abteilung für Erziehung I, Januar 1948.

1949
Kurz, K., *Lebensverhältnisse der Nachkriegsjugend*, Bremen 1949.

1950
Wurzbacher, G., *Leitbilder gegenwärtigen Familienlebens*, 2. Auflage, Stuttgart 1954.

---

21 Für eine systematische Inhaltsübersicht s. L. Spleiß, *Repräsentative Untersuchungen zur Situation der Jugend.* Manuskript, Konstanz 1985.

1951

Beirat für Jugendfragen (Hg.), *Erhebung über Lage, Tätigkeit und Freizeitwünsche der Jugend von 14 bis 21 Jahren. Eine Repräsentativ-Umfrage für das Land Hessen, durchgeführt vom Beirat für Jugendfragen im Sommer 1950*, Wiesbaden 1951.

1952

Schelsky, H., Deutscher Gewerkschaftsbund (Hg.), *Arbeitslosigkeit und Berufsnot der Jugend*, Köln 1952, 2 Bände.

Baumert, G., »Jugend der Nachkriegszeit«, in: *Darmstädter Gemeindestudien*, 1952.

Grüneisen, K. G., »Landbevölkerung im Kraftfeld der Stadt«, in: *Darmstädter Gemeindestudien*, 1952.

Koepnick, G., »Mädchen einer Oberprima. Eine Gruppenstudie«, in: *Darmstädter Gemeindestudien*, 1952.

Kuhr, I., *Schule und Jugend in einer ausgebombten Stadt. Darmstädter Gemeindestudien*, Darmstadt 1952.

1954

EMNID-Institut (Hg.), *Jugend zwischen 15 und 24. Erste Untersuchung zur Situation der deutschen Jugend im Bundesgebiet*, Bielefeld: EMNID-Institut 1954.

C. Coerper/W. Haben/H. Thomae (Hg.), *Deutsche Nachkriegskinder. Methoden und erste Ergebnisse der deutschen Längsschnittuntersuchung über die körperliche und seelische Entwicklung im Schulkindalter*, Stuttgart 1954.

Baumert, G., unter Mitwirkung von E. Hünniger, *Deutsche Familien nach dem Kriege. Darmstädter Gemeindestudien*, Darmstadt 1954.

1955

EMNID-Institut (Hg.), *Jugend zwischen 15 und 24. Zweite Untersuchung zur Situation der deutschen Jugend im Bundesgebiet*, Bielefeld: EMNID-Institut 1955.

Ernst, W. (Hg.), *Jugendliche heute. Ergebnisse einer Repräsentativbefragung der Hörerforschung des Nordwestdeutschen Rundfunks*, München 1955.

Schelsky, H./H. Kluth/U. Lohmar/K. Tortler, *Arbeiterjugend gestern und heute*, Heidelberg 1955.

1956

Blücher, V. Graf, *Freizeit in der industriellen Gesellschaft, dargestellt an der jüngeren Generation*, Stuttgart 1956.

Wollenweber, H./U. Planck, *Die Lebenslage der westdeutschen Landjugend*, München 1956.

Fröhner, R., *Wie stark sind die Halbstarken? Dritte Untersuchung zur Situation der deutschen Jugend im Bundesgebiet*, Bielefeld: EMNID-Institut 1956.

Muth, H., »Landjugend und Kino. Die Lebenslage der westdeutschen Landjugend«, in: Wollenweber/Planck 1956.
Planck, U., »Die Freizeit der Jugend auf dem Lande«, in: *Deutsche Jugend* 4 (1956) 11, S. 510-516.

1957

Deutsches Institut für Volksumfragen (Hg.), *Zur ideologischen und politischen Orientierung der westdeutschen Jugend und ihrer Führer. Materialien einer Untersuchung in der Bundesrepublik*, Frankfurt 1957 (DIVO I).
Deutsches Institut für Volksumfragen (Hg.), *Eine Untersuchung über Freizeit und Ferien der Jugend*, Frankfurt 1957 (DIVO II).
Wagner, E./U. Planck, *Jugend auf dem Lande*, München 1957.

1958

Wurzbacher, G./R. Jaide/H. Wald/H. v. Recum/H. Cremer, *Die junge Arbeiterin*, 1958.

1959

Maletzke, G., *Fernsehen im Leben der Jugend*, Hamburg 1959.

1960

Bertlein, H., *Das Selbstverständnis der Jugend heute*, 1960.

1961

Habermas, J./L. von Friedeburg/Chr. Oehler/F. Weltz, *Student und Politik*, Neuwied 1961.
Jaide, W., *Eine neue Generation?*, 1961

1962

INFRATEST (Hg.), *Jugend und Politik*, München 1962.

1963

Jaide, W., *Das Verhältnis der Jugend zur Politik*, 1963.

1964

DGB Bundesvorstand (Hg.), »Individualbefragung an hessischen Berufsschulen zum Jugendarbeitsschutzgesetz im Jahre 1964«, in: DGB Bundesvorstand (Hg.), *Information Ja – BRD*, 3. April 1966.

1966

Blücher, V. Graf, *Die Generation der Unbefangenen*, Köln 1966.
EMNID-Institut (Hg.), *Jugend, Bildung und Freizeit*, Bielefeld 1966.

1968

Bundesminister für Familie und Jugend (Hg.), *Bericht über die Lage der Familien in der Bundesrepublik Deutschland*, Bad Godesberg 1968.

1973

EMNID-Institut (Hg.), *Einstellung junger Menschen zur Weiterbildung*, Bielefeld 1973.

EMNID-Institut (Hg.), *Die jungen Staatsbürger Neuzehnhundertzweiundsiebzig. Textbericht – Tabellarischer Bericht. Analysen politischer Meinungen, Einstellungen und Verhaltenstendenzen*, Bielefeld 1973.

EMNID-Institut (Hg.), *Die jungen Staatsbürger 1973*, Bielefeld 1974.

1975

Jugendwerk der Deutschen Shell (Hg.), *Jugend zwischen 13 und 24. Vergleich über 20 Jahre*, Bielefeld 1975.

1976

Alkohol, Drogen, Medikamente, Tabak. Dokumentation über eine Repräsentativerhebung bei Jugendlichen in Bayern 1976, München 1978.

1977

Jugendwerk der Deutschen Shell (Hg.), *Jugend in Europa. Ihre Eingliederung in die Welt der Erwachsenen. Eine vergleichende Analyse zwischen der BRD, Frankreich und Großbritannien*, durchgeführt vom EMNID-Institut, Hamburg 1977.

Carlberg, P./D. Guse, *McCann Jugendstudie 76. Wesentliche Ergebnisse*, Frankfurt 1977.

1979

Jugendwerk der Deutschen Shell (Hg.), *Die Einstellung der jungen Generation zur Arbeitswelt und Wirtschaftsordnung 1979.*, Hamburg 1980.

Konrad-Adenauer-Stiftung und Friedrich-Ebert-Stiftung (Hg.), *Politische Einstellungen und Wertorientierungen von Jugendlichen generell und Studenten insbesondere. Durchgeführt vom EMNID-Institut*, Bielefeld 1979.

1980

Landberg, B. von/E. P. Müller, *Jugend und Wirtschaftsordnung.* Köln: Deutscher Institut Verlag 1980.

EMNID-Institut (Hg.), *Jugend, Bildung und Freizeit 1980*. Daten im Kölner Zentralarchiv zugänglich.

1981

Jugendwerk der Deutschen Shell (Hg.), *Jugend 81. Lebensentwürfe, Alltagskulturen, Zukunftsbilder*, Hamburg 1981.

1982

Minister für Arbeit, Gesundheit und Soziales des Landes Nordrhein-Westfalen (Hg.), *Jugend in Nordrhein-Westfalen. Situation-Leistun-*

gen-Tendenzen. Bericht der Landesregierung über die Lage der Jugend und über die Maßnahmen der Jugendhilfe im Lande gemäß § 20 des Ausführungsgesetzes zum Gesetz für Jugendwohlfahrt. 4. Jugendbericht 1982. Düsseldorf 1982.

Seidenspinner, G./A. Burger, *Mädchen 82. Eine repräsentative Untersuchung über die Lebenssituation und das Lebensgefühl 15- bis 19-jähriger Mädchen in der BRD*, Deutsches Jugendinstitut, München 1982.

Situation und Perspektiven der Jugend. Problemlagen und gesellschaftliche Maßnahmen, Weinheim 1982.

Institut für angewandte Sozialwissenschaften (Hg.), *Zur Situation der Jugendlichen in Nordrhein-Westfalen. Eine Untersuchung im Auftrag des Ministers für Arbeit, Gesundheit und Soziales des Landes Nordrhein-Westfalen.* Band I: Erhebung unter deutschen Jugendlichen, Bd. II: Erhebung unter türkischen Jugendlichen, Bonn 1982.

1983

Wissmann, M./R. Hauck (Hg.), *Jugendprotest im demokratischen Staat. Enquete-Kommission des Deutschen Bundestages*, Stuttgart 1983.

Sinus-Institut (Hg.), *Die verunsicherte Generation. Jugend und Wertewandel. Ein Bericht des Sinus-Instituts im Auftrag des Bundesministers für Jugend, Familie und Gesundheit*, Opladen 1983.

1985

Allerbeck K./W. Hoag, *Jugend ohne Zukunft? Einstellungen, Umwelt, Lebensperspektiven*, München 1985.

Jugendwerk der Deutschen Shell (Hg.), *Jugendliche und Erwachsene '85. Generationen im Vergleich.* Bd. 1: Biografien, Orientierungsmuster, Perspektiven. Bd. 2: Freizeit und Jugendkultur. Bd. 3: Jugend der fünfziger Jahre – heute. Bd. 4: Jugend in Selbstbildern. Bd. 5: Arbeitsbericht und Dokumentation (mit 1240 Referenzen), Opladen: Leske + Budrich 1985.

Bundesminister für Jugend, Familie und Gesundheit (Hg.), *Werthaltungen, Zukunftserwartungen und bildungspolitische Vorstellungen der Jugend 85. Eine Repräsentativbefragung des EMNID-Instituts für Bildung und Wissenschaft*, Bonn 1985.

1. Die wichtigsten Arbeiten, die eine einigermaßen gesicherte Basis für historische Vergleiche abgeben, sind die Jugenduntersuchungen im Rahmen des Jugendwerks der Deutschen Shell (bzw. sich darum gruppierende Arbeiten des Emnid-Instituts bzw. des Frankfurter Institutes Psy Data). In den Jahren 1953, 54 und 55 sind drei repräsentative Jugendstudien durchgeführt worden, die in den letzten Jahren sehr wenig beachtet wurden.

Erst durch die sehr verdienstvolle Studie *Jugend 85*, in der einige Fragen der Studien aus den fünfziger Jahren wiederholt wurden und auch Erwachsene, die in den fünfziger Jahren zu den Jugendjahrgängen gehörten, einbezogen wurden, sind sie zu neuem wissenschaftlichen Leben erweckt worden. Der Forschungsgruppe um Zinnecker, Fuchs und Fischer kommen, was die historischen Vergleiche angeht, große Verdienste zu, die insbesondere in der Berücksichtigung qualitativer Materialien liegen. Dies gilt auch dann, wenn methodische Probleme, was die Vergleichbarkeit der Stichproben angeht (s. Hoag 1986), berücksichtigt werden.

2. Die exakteste Vergleichsstudie von den sechziger zu den achtziger Jahren verdanken wir Allerbeck & Hoag (1985), die eine Querschnittsbefragung bei 16- bis 18jährigen des Jahres 1962 methodisch exakt 1983 wiederholt haben. Von der Vergleichbarkeit der Stichprobe, den Fragen und Antwortkategorien her gesehen, ist dies heute die zuverlässigste Arbeit. Daneben gibt es eine Vielzahl von qualitativen Berichten (s. etwa Preuss-Lausitz u.a. 1983) und einige Repräsentativuntersuchungen mit eingeschränkten Fragestellungen.[22] Zur Illustration des Ausgangspunktes der Jugendforschung sei die erste mir bekannte Jugenduntersuchung der Nachkriegszeit überblicksweise erwähnt (s. Tabelle 14), die im Institut fü Demoskopie in Allensbach in den Jahren 1947/48 durchgeführt wurde.

Die in Tabelle 14 erwähnten Fragen dokumentieren, wie sehr auch heute noch wichtige Themen schon damals formuliert wurden. Die Frage nach der *geistigen Not und Orientierungslosigkeit* der Jugend nach dem Zusammenbruch des Dritten Reiches hat zeitgeschichtlich eine besonders große Rolle gespielt. Wie die entsprechenden Fragen deutlich machen, kommt aber in den Antworten der Jugendlichen auf diese Frage ein ganz unterschiedliches Antwortmuster zum Vorschein, wenn man diese als Wahrnehmung über »die heutige Jugend« bzw. als »eigenes Problem« formuliert. Für die persönliche Lebensgestaltung stehen ganz andere Probleme im Vordergrund. Wenn die Frage nach der geistigen Not der Jugend als »Problem der Jugend« formuliert wird, dann findet dieser Topos eine hohe Zustimmung.

---

22 Um einen Überblick über die verschiedenen Erhebungen zu gewinnen, hat einer meiner Mitarbeiter (Ludwig Spleiß) die schon zitierte systematische Darstellung und Auswertung aller Repräsentativuntersuchungen vorgenommen.

Tabelle 14 Generationshabitus der Nachkriegsjugend im Spiegel der ersten Jugendbefragung 1947/48, 500 Angehörige der jungen Generation im deutschen Südwesten (Württemberg-Hohenzollern und Baden) im Alter zwischen 15 und 25 Jahren im Vergleich mit 500 bzw. 100 Studenten aus Freiburg und Tübingen, befragt vom Institut für Demoskopie Allensbach (Angaben in Prozent)

Was betrachten Sie persönlich als die größte Schwierigkeit, vor der die heutige Jugend steht – abgesehen von der Tatsache, daß Deutschland wiederaufgebaut werden muß?

	Jugend	Studenten
Die geistige Ziellosigkeit	31	64
Schwierigkeiten in der Berufsbildung und im Berufsleben	19	11
Materielle Sorgen, Ernährung, Bekleidung, Geldmangel, Wohnungsmangel	18	4
Die politischen Verhältnisse: Kriegsdrohung, Besatzung	16	17
ohne Antwort	16	4

Was ist zur Zeit Ihre größte Sorge, was bekümmert Sie am meisten? (April 1948)

Materielle Sorgen, zu wenig zu essen, keine ausreichende Kleidung, keine festen Schuhe	29	1
Die Furcht vor einem neuen Krieg	17	11
Die Auswirkungen des verlorenen Krieges: Kriegsgefangenschaft des Vaters, Verlust der Heimat durch Ausweisung, das Leben unter einer Besatzung	16	10
Sorgen in der Schule, wegen eines Examens oder beim Fortkommen im Beruf (Sorgen im Zusammenhang mit dem Studium, dem Examen, der Berufsaussichten)	12	30
Krankheit, Todesfälle, Sorgen im Familienkreis	12	13
Kummer über den Verlust der Ideale, die glaubenslose, böse Zeit	2	6
Geldsorgen	2	17

	Jugend	Studenten
ausweichende, scheue Antworten	4	4
ohne Sorgen	6	8

Welche der folgenden Aussagen beschreibt Ihre Einstellung zur Politik am besten?

	Jugend	Studenten
Politik ist mein Hauptinteresse	2	6
Neben anderen Gebieten interessiere ich mich auch für Politik	25	61
Politik interessiert mich ziemlich wenig	42	20
Politik interessiert mich überhaupt nicht	23	2
Jede Beschäftigung mit Politik ist mir unangenehm	6	4
ohne Entscheidung	1	7

Glauben Sie, daß es für ein Land besser ist, nur eine Partei zu haben, damit möglichst große Einigkeit herrscht, oder besser mehrere Parteien, damit die verschiedenen Meinungen aller Staatsbürger frei vertreten werden?

	Jugend	Studenten
besser: mehrere Parteien	43	64
besser: nur eine Partei	40	13
kommt darauf an	6	9
am besten: keine Partei	1	2
unentschieden	10	11

Glauben Sie, daß innerhalb der nächsten 5 Jahre ein neuer Krieg ausbrechen muß?

	Jugend	Studenten
Ja, mit großer Sicherheit	14	14
Ja, mit einiger Sicherheit	48	50
Nein, ziemlich unwahrscheinlich	23	25
Nein, auf keinen Fall	4	6
unentschieden	11	5

Glauben Sie, daß die Atombombe den Ausbruch eines neuen Krieges verhindern kann?

	Jugend	Studenten
Ja	11	
Nein	77	
Unentschieden	12	

Glauben Sie, daß der Gebrauch der Atomenergie der Menschheit auf lange Sicht mehr schaden oder mehr nützen wird?

	Jugend	Studenten
mehr schaden	30	
mehr nützen	29	
unentschieden	41	

Interessieren Sie sich für die Frage des Sozialismus?

	Jugend	Studenten
Ja, lebhaft	7	58
Ja, etwas	17	21
ziemlich wenig	13	9
gar nicht	14	9

Wenn Sie die Wahl hätten zwischen den folgenden drei verschiedenen Möglichkeiten, Ihr Geld zu verdienen, welche würden Sie bevorzugen?

	Jugend	Studenten
– Eine Arbeit, bei der Sie ziemlich wenig verdienen, die Sie aber Ihr ganzes Leben behalten können, ohne je in Gefahr zu kommen, arbeitslos zu werden?	42	13
– Eine Arbeit, bei der Sie ganz gut verdienen, die Sie mit einiger Sicherheit ein paar Jahre lang behalten werden?	20	12
– Eine Arbeit, bei der Sie außerordentlich viel Geld verdienen, die aber auch größere Fähigkeiten verlangt, die Sie sofort verlieren, wenn Sie versagen?	37	69
unentschieden	1	6

Glauben Sie, daß man den meisten Menschen um sich vertrauen kann?

	Jugend	Studenten
Ja	16	21
Nein	69	59
Unentschieden	15	20

Glauben Sie, daß der Erfolg im Leben hauptsächlich vom Glück abhängt, oder von der Tüchtigkeit, oder von guten Beziehungen oder vom ererbten Besitz?

	Jugend	Studenten
Von der Tüchtigkeit	85	66
vom Glück	23	29
von guten Beziehungen	12	22
vom ererbten Besitz	7	3
von allen 4 Faktoren zugleich ohne Unterschied	3	16

Gehen Sie in die Kirche?

Ja, regelmäßig	60	43
Ja, gelegentlich	31	38
Nein	9	19

Aus heutiger Sicht sind besonders Fragen zur Kriegsgefahr, zum politischen Interesse, zur Atombombe und zu Atomenergie interessant. Danach hat die Nachkriegsjugend durchaus nicht optimistisch in die Zukunft geblickt; nur 11% meinten damals, die Atombombe könnte den Ausbruch eines neuen Krieges verhindern. Das politische Interesse dieser unmittelbaren Nachkriegsgeneration ist nicht so auf dem Nullpunkt, wie es viele Zeitbeobachter wohl befürchtet haben. Als Indiz für noch unterentwickelte demokratische Einstellungen ist in den Untersuchungen der fünfziger Jahre, und dies taucht hier schon bei Noelle-Neumann auf, die hohe Befürwortung von *einer* Partei angesehen worden (40% hielten es für besser, nur eine Partei zu haben). Erstaunlich hoch ist das lebhafte Interesse der Studenten an Fragen des Sozialismus.

Aus heutiger Sicht sind m. E. auch Fragen zur Leistung und eigenen Lebensplanung ein wichtiger Ausgangspunkt für Zeitreihen der Jugend zu verschiedenen Epochen. Rückblickend fällt dabei auf, daß die *Risikobereitschaft*, insbesondere die der Studenten, sehr hoch ist. Fast 70% der letzten Gruppe bevorzugen eine Arbeit, bei der sie außerordentlich viel Geld verdienen, die aber auch große Fähigkeiten verlangt, und eine Arbeit, die sie sofort verlieren, wenn Versagen vorliegt. Die Sicherheitsorientierung ist relativ gering. Diese Generation glaubt auch noch in hohem Maße, daß der Erfolg im Leben hauptsächlich von der Tüchtigkeit abhängt (85% der Jugend). Andererseits ist das gegenseitige Mißtrauen erstaunlich hoch. Fast 70% der Jugendlichen meinen, daß man den meisten Menschen um sich herum nicht vertrauen kann.

Daneben gibt es einige (hier nicht dokumentierte) interessante Hinweise auf alte Rollenklischees und auf die Identifikation der Jungen und Mädchen mit ihrer Geschlechtsrolle. Jungen identifizieren sich stärker mit ihrem Status als Männer, sie tun dies ausgeprägter als Mädchen mit ihrem Status als Frau. Für die Frauenbewegung finden sich in dieser ersten empirischen Jugenduntersuchung interessante Hinweise auf den damaligen Stand der weiblichen Emanzipation.

3.1 Ausgewählte Zeitreihen zu Merkmalen der Jugendkohorten

Wenn hier für ausgewählte Themen Veränderungen in jugendlichen Haltungen und Meinungen in den letzten Jahrzehnten nachgezeichnet werden, dann orientieren wir uns an solchen Merkmalen, die Identifikation bzw. Distanz zu den zentralen normativen und kulturellen Grundlagen unserer Form der Existenzbewältigung signalisieren. Es ist dies also die soziologische Fragestellung nach Veränderungen in der Wiederherstellung bzw. Gefährdung der zentralen psychischen Infrastrukturen in der nachwachsenden Generation (s. Neidhardt 1971).

In vielfachen Abwandlungen haben wir in dieser Arbeit die normativen Grundlagen von Wirtschaft, Staat, Recht, Erziehung, Wissenschaft und Technik beschrieben. Auf der Ebene der Kultur der Lebensführung entspricht diesem modernen okzidentalen Rationalismus eine Leistungsethik, ein kontrollorientiertes, initiativenreiches und risikofreudiges Handeln in der rationalen Bewältigung von Überlebensproblemen, z.B. von solchen wirtschaftlicher Art auf den Weltmärkten. Uns müssen hier also in einem ersten Schritt Zeitreihen interessieren, die die Arbeitsethik betreffen und solche, die auf Zukunftsgewissheiten bzw. Bedrohungswahrnehmungen Bezug nehmen. Da viele Jugendliche noch in der Schule sind, repräsentiert diese Institution mit ihren Leistungsanforderungen jenen Grad der inneren Disziplinierung und Stetigkeit, der erforderlich ist, um komplexen Anforderungen zu entsprechen.

3.2 Zeitreihen zur Veränderung der Arbeitseinstellungen

Wie bereits bei der Schilderung von Veränderungen in der Kultur der Erwachsenen angedeutet, besteht hier ein Kernpunkt der Besorgnis. Sie kann so weit gehen, daß die internationale Konkurrenzfähigkeit als gefährdet angesehen wird, daß gegen Nationen wie Japan in Zukunft kaum mehr eine Wettbewerbschance gesehen wird und daß der Niedergang der Wirtschaft, wie er in England zu beobachten war, auch bei uns eintreten könnte.

Was belegen die uns zur Verfügung stehenden Epochaldaten?[23] Der Vergleich der fünfziger Jahre mit heute ist über die Wiederholungsfrage, »Empfinden Sie Ihre Arbeit in erster Linie als schwere Last, notwendiges Übel, Möglichkeit, Geld zu verdienen, befriedigende Tätigkeit, Erfüllung einer Aufgabe?« möglich. Diese Frage aus der Jugendstudie 1955 (sie ist auch 1964 und 1975 in abgewandelter Form gestellt worden) wurde der Jugend 1984

23 An dieser Stelle ist nochmals die Vorsichtsklausel angebracht, daß die Jugendstudien im Rahmen des Jugendwerks der Deutschen Schell sehr viele Probleme aufweisen, die eine exakte Zeitreihe unmöglich machen. Gerade die von Blücher selbst vorgenommene Epochaldarstellung macht deutlich, daß häufig die Definition von Jugend im Sinne des Einbezugs von Altersjahrgängen (ursprünglich 15- bis 24jährige, später 13- bis 24jährige) nicht einheitlich ist, daß die Fragen unterschiedlich gestellt wurden und daß Antwortkategorien entweder nicht vorgegeben wurden (offene Fragen) oder daß die Anzahl der Antwortkategorien verändert wurde usw. Die neueste Kritik von Wendy Hoag (1986) verweist bei der neuesten Jugendstudie (*Jugend 85*) auf das besondere Problem der Quota-Stichproben. Danach haben in der letzten Jugendstudie vor allem Interviews im Bekanntenkreis der Interviewer stattgefunden, wobei letztere denselben jugendlichen Bias aufweisen. Dies führt dazu, daß die Stichprobe ins grün-alternative Spektrum hinein verzerrt ist. Am Beispiel der Parteipräferenzen bedeutet dies z. B., daß im Verhältnis von CDU/CSU- zu Grünwählern etwa dreimal zu wenige CDU-orientierte Wähler enthalten sind. Da Allerbeck und Hoag in ihrer Epochaluntersuchung ein sauberes Wahrscheinlickeitssample zusammengestellt haben, dürfte deren Arbeit die zuverlässigste Epochalstudie sein, die wir zur Zeit haben. Die letzte Studie *Jugend 85* enthält aber sehr viele qualitative Vergleiche zwischen den fünfziger Jahre und heute, die für sich sehr wertvoll sind, wenngleich die Prozentsätze, die auf den Repräsentativbefragungen beruhen, mit Vorsicht zu betrachten sind.

und den Erwachsenen 1984 vorgelegt. Interessant ist der historische Vergleich besonders dann, wenn die Antworten zusätzlich nach Geschlecht aufgegliedert werden (s. Tabelle 15).

Tabelle 15 Einstellung Berufstätiger (einschließlich Auszubildender) zur Arbeit. Vergleich *Jugend 55*, *Jugend 84* und *Erwachsene 84* nach Geschlecht (in Prozent)

	Jugend 55 (Emnid) 15–24 J. (N = 1464)		Jugend 84 (psydata) 15–24 J. (N = 1472)		Erwachsene 84 (psydata) 45–55 J. (N = 729)	
	Geschlecht männ.	weib.	Geschlecht männ.	weib.	Geschlecht männ.	weib.
Schwere Last	1	1	3	2	1	1
Notwendiges Übel	6	8	17	11	6	11
Möglichkeit, Geld zu verdienen	29	35	38	32	33	43
Befriedigende Tätigkeit	40	36	26	33	36	29
Erfüllung einer Aufgabe	23	18	17	21	24	16
keine Antwort	1	2	–	–	–	–
	100	100	101	99	100	100
N	(647)	(534)	(452)	(422)	(357)	(344)

Quelle: Fuchs und Zinnecker 1985, S. 16.

Mit den erwähnten Vorbehalten läßt sich auf dieser Datengrundlage ein Wandel in der Hinsicht feststellen, daß heute etwa 10% der Jugendlichen Arbeit mehr als schwere Last bzw. als notwendiges Übel betrachten. Inspiziert man aber die Geschlechtsaufgliederung, dann wird sichtbar, daß besonders männliche Jugendliche eine deutlich schlechtere Einstellung zur Arbeit als vor dreißig Jahren zeigen (rund 20% Verschiebung vom positiven zum negativen Pol). Für Mädchen ist dagegen die Arbeit sogar tendenziell wichtiger geworden als vor dreißig Jahren, und sie ist ihnen wichtiger als den erwachsenen Frauen im Jahre 1984. Die epochalen Wandlungen bilden sich hier also hauptsächlich in Verschiebungen der Bewertung der Arbeit zwischen den Geschlechtern ab (s. ausführlicher Fuchs und Zinnecker, 1985 S. 12 ff.).

Auch in der Studie von Allerbeck und Hoag, die 1962 und 1983 jeweils etwa 2.000 16- bis 18jährige Jugendliche vergleicht, finden sich Informationen zur Veränderung des Arbeitsethos. Hier war aber die Frage etwas anders formuliert. Sie bezog sich auf ihre Bedeutung für ein glückliches Leben. Der erste Eindruck aus Tabelle 16, die ebenfalls die Geschlechtsaufgliederung enthält, ist nun der, daß tatsächlich eine Bedeutungsreduktion von Arbeit für ein glückliches Leben in den letzten zwanzig Jahren erfolgt ist. Sie hat jedoch nicht jenes dramatische Ausmaß, das in der Öffentlichkeit gelegentlich behauptet wird. Interessant ist aber auch hier die geschlechtsspezifische Veränderung, die gleichsinnig jener der Wiederholungsstudie von Zinnecker und Fuchs ist. Danach hat die Arbeit als notwendige Bedingung für ein glückliches Leben bei Jungen an Bedeutung verloren, nicht aber für Mädchen. Im Gefolge der verbesserten Ausbildung für Mädchen hat sich auch eine wichtige Integration von Arbeit in die weibliche Lebensplanung vollzogen. Für männliche Jugendliche scheint es durchaus berechtigt zu sein, für diese Altersphase eine Relevanzreduktion von Arbeit in den letzten 20 bis 30 Jahren anzunehmen.

Tabelle 16 Jeder Mensch hat seine eigene Auffassung darüber, was die Arbeit für sein Leben bedeutet. Können Sie mir sagen, welche von diesen Ansichten Ihrer Auffassung von der Arbeit am nächsten kommt? (Angaben in Prozent)

	1962		1983	
	M	W	M	W
Auch ohne Arbeit könnte man ein glückliches Leben führen	4,0	8,5	8,6	8,2
Etwas Arbeit gehört mit zu einem glücklichen Leben	29,5	48,2	43,0	56,4
Ohne Arbeit ist ein glückliches Leben kaum möglich	50,4	33,4	43,2	32,6
Nur durch Arbeit wird man glücklich	16,1	9,9	5,2	2,8
Gesamt	100,0	100,0	100,0	100,0
N	454	413	805	706

Quelle: Allerbeck und Hoag 1985, S. 70.

Daß der damit mitgemeinte Tugendkanon von Pflichterfüllung und Fleiß gerade bei gegenkulturellen Entwürfen zuneigenden Jugendlichen an Bedeutung verloren hat, geht aus einer Untersuchung über die Wahrnehmung von Wertverwirklichung in der Gesamtbevölkerung bei Anhängern der Grünen, die sich ja in großem Ausmaß aus Jugendlichen rekrutieren, hervor (Veen 1985). In Abbildung 24 zeigt sich deutlich die unterschiedliche Wertschätzung. Dort sind immer die Differenzen der Wahrnehmung, daß ein Wert zuviel bzw. zuwenig verwirklicht ist, festgehalten. Die einzigen Bereiche, in denen die Bevölkerung überwiegend ein »zuwenig« wahrnimmt, die Anhängerschaft der Grünen aber überwiegend ein »zuviel«, sind Fleiß, Pflichtbewußtsein, Betonung von Recht und Ordnung und Nationalbewußtsein. Hier ist auch ablesbar, daß die Anhänger der Grünen sehr viel stärker an Formen der Gemeinsamkeit, der sozialen Gerechtigkeit und Solidarität, der Toleranz, der Mitbestimmung orientiert sind als die Gesamtbevölkerung. Aber auch letztere nimmt in hohem Maße wahr, daß die Gesellschaft zu »materialistisch« ausgerichtet ist, zu sehr an Wohlstand orientiert, an Freizeit und persönlichem Eigentumserwerb.

Die Studie von Allerbeck und Hoag enthält aber noch einige zusätzliche Indikatoren, die auf veränderte Arbeitshaltungen verweisen können. Der eine besteht in der Frage »Machen Sie Ihre jetzige Arbeit gern oder nicht gern?«. In Tabelle 17 ist der Epochalvergleich festgehalten, aus dem hervorgeht, daß vor allem Verschiebungen in den Kategorien »gern« und »sehr gern« erfolgt sind. Der Arbeitsenthusiasmus hat danach etwa um 12% nachgelassen. Also auch hier ein Hinweis auf eine epochale Veränderung, die aber jenseits dramatischer Ausmaße liegt.

Für den Großteil der Jugendlichen bedeutet aber in dieser Altersphase Arbeit »Lernarbeit«. Es stellt sich deshalb die Frage, ob sich auch darin epochale Änderungen abbilden lassen. Die Indikatoren, die Allerbeck und Hoag dazu heranziehen können, sind recht spärlich. Sie beziehen sich einmal auf die Frage »Würden Sie sagen, daß Sie gern zur Schule gehen oder nicht so gern?« und auf die Frage »Hat es nach Ihren Erfahrungen während Ihrer Schulzeit Ungerechtigkeiten gegeben oder sind die Lehrer gerecht gegenüber den Schülern?«. Die Tabellen 18 und 19 bringen hier einen erstaunlich deutlichen epochalen Wandel zum Vorschein. Der Prozentsatz der Schüler, die gern und sehr gern zur Schule

240

Abbildung 24 Wahrnehmung von Graden der Wertverwirklichung bei der Gesamtbevölkerung und bei Anhängern der Grünen. Drei Antwortkategorien: »zuwenig«, »gerade richtig«, »zuviel«; hier: Differenzen zwischen »zuviel« und »zuwenig«

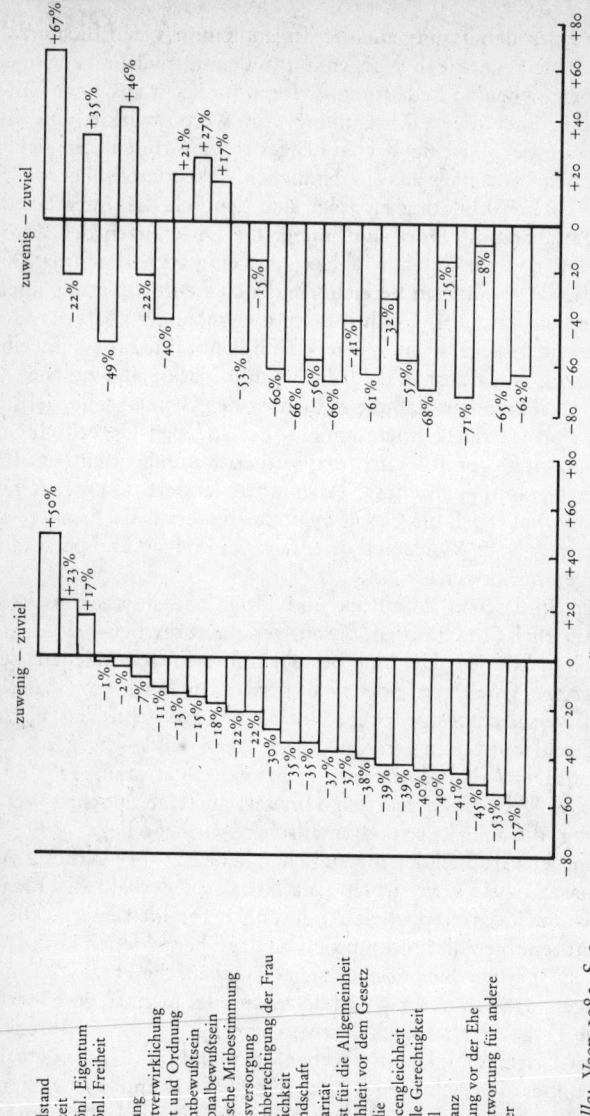

Quelle: Veen 1985, S. 9.

Tabelle 17 Zeitvergleich: Jugend 1962-1983

Arbeit gerne	Gesamt	männlich	weiblich
1983			
N.	563	349	214
Prozent			
Gesamt	100,0	100,0	100,0
sehr gern	25,0	21,5	30,8
gern	57,4	63,0	48,1
teils-teils	11,9	9,7	15,4
nicht so gern	5,2	4,9	5,6
ungern	0,5	0,9	–
1962			
N.	679	373	306
Prozent			
Gesamt	100,0	100,0	100,0
sehr gern	37,1	36,5	37,9
gern	50,2	52,5	47,4
teils-teils	10,6	9,1	12,4
nicht so gern	1,8	1,6	2,0
ungern	0,3	0,3	0,3

	Gesamt	Schüler	Lehrling, Azubi	Berufstät.
1983				
N.	563	–	493	70
Prozent				
Gesamt	100,0	–	100,0	100,0
sehr gern	25,0	–	24,1	31,4
gern	57,4	–	58,0	52,9
teils-teils	11,9	–	12,2	10,0
nicht so gern	5,2	–	5,3	4,3
ungern	0,5	–	0,4	1,4
1962				
N.	679	–	336	343
Prozent				
Gesamt	100,0	–	110,0	100,0
sehr gern	37,1	–	39,0	35,3
gern	50,2	–	48,8	51,6
teils-teils	10,6	–	10,1	11,1
nicht so gern	1,8	–	1,8	1,7
ungern	0,3	–	0,3	0,3

	Gesamt	16 Jahre	17 Jahre	18 Jahre
1983				
N.	563	104	225	234
Prozent				
Gesamt	100,0	100,0	100,0	100,0
sehr gern	25,0	25,0	23,1	26,9
gern	57,4	67,3	56,9	53,4
teils-teils	11,9	5,8	14,2	12,4
nicht so gern	5,2	1,9	5,3	6,4
ungern	0,5	–	0,4	0,9
1962				
N.	679	156	209	314
Prozent				
Gesamt	100,0	100,0	100,0	100,0
sehr gern	37,1	40,4	39,7	33,8
gern	50,2	45,5	49,8	52,9
teils-teils	10,6	13,5	7,2	11,5
nicht so gern	1,8	0,6	2,4	1,9
ungern	0,3	–	1,0	–

Quelle für Tabellen 17–19: Allerbeck und Hoag 1985, nach Reumann 1984.

gehen, hat sich von etwa 75% im Jahre 1962 auf etwa 43% im Jahre 1983 reduziert. Auch das Ausmaß der Wahrnehmung von Ungerechtigkeit ist in hohem Maße gestiegen. Hier hat sich auch etwa eine 20 prozentige Verschiebung zu Ungunsten der heutigen Wahrnehmung von Schule ergeben.

Dieser Bereich der Orientierungen an Arbeit und an leistungsfordernden Institutionen enthält also deutliche Hinweise auf epochale Wandlungen. Für die Interpretation besteht das Hauptproblem aber darin, zu bestimmen, ob dahinter nicht vor allem gewandelte Bezugssysteme, *gewandelte Ansprüche* und Kritikbereitschaften stehen und weniger in der Handlungsorientierung verankerte Bewältigungsstrategien von Arbeitsanforderungen. Gerade die vielen qualitativen Analysen von Zinnecker und Fuchs verweisen immer wieder auf gerade diesen Wandel, auf die gestiegenen Ansprüche an das Selbstverwirklichungspotential von Berufen und auf die gestiegenen Ansprüche an humane und gerechte Zuwendung durch die Schule. Wir müssen unser Urteil in diesem Bereich also noch etwas im Unentschiedenen belassen, wenngleich die meisten Hinweise zeigen (s. vor allem die hervorragende Diskussion bei Reuband 1985), daß von keinem besorg-

Tabelle 18 Zeitvergleich: Jugend 1962-1983

Gern zur Schule	Gesamt	Geschlecht männ.	weib.	Schüler	Tätigkeit Lehrling, Azubi	Berufs- tätig
1983						
N.	905	438	467	905	–	–
Prozent						
Gesamt	100,0	100,0	100,0	100,0	–	–
sehr gern	5,2	4,6	5,8	5,2	–	–
gern	37,9	37,9	37,9	37,9	–	–
teils-teils	41,9	42,7	41,1	41,9	–	–
nicht so gern	13,1	12,3	13,9	13,1	–	–
sehr ungern	1,9	2,5	1,3	1,9	–	–
1962						
N.	173	81	92	173	–	–
Prozent						
Gesamt	100,0	100,0	100,0	100,0	–	–
sehr gern	26,6	19,8	32,6	26,6	–	–
gern	48,6	49,4	47,8	48,6	–	–
teils-teils	15,6	17,3	14,1	15,6	–	–
nicht so gern	8,1	12,3	4,3	8,1	–	–
sehr ungern	1,2	1,2	1,1	1,2	–	–

	Gesamt	16 Jahre	17 Jahre	18 Jahre
1983				
N.	905	423	288	191
Prozent				
Gesamt	100,0	100,0	100,0	100,0
sehr gern	5,2	5,0	4,9	6,3
gern	37,9	34,0	40,6	42,4
teils-teils	41,9	46,8	36,8	38,7
nicht so gern	13,1	13,0	15,3	9,9
sehr ungern	1,9	1,2	2,4	2,6
1962				
N.	173	58	56	59
Prozent				
Gesamt	100,0	100,0	100,0	100,0
sehr gern	29,6	22,4	30,4	27,1
gern	48,6	50,0	39,3	55,9
teils-teils	15,6	19,0	21,4	6,8
nicht so gern	8,1	6,9	7,1	10,2
sehr ungern	1,2	1,7	1,8	–

Tabelle 19 Zeitvergleich: Jugend 1962-1983

Gerechtigkeit in der Schule	Gesamt	Geschlecht		Tätigkeit		
		männ.	weib.	Schüler	Lehrling, Azubi	Berufs- tätig
1983						
N.	905	438	467	905	–	–
Prozent						
Gesamt	100,0	100,0	100,0	100,0	–	–
hat Ungerech- tigkeit gegeben	53,6	47,9	58,9	53,6	–	–
teils-teils	32,5	35,8	29,3	32,5	–	–
Lehrer sind gerecht	13,9	16,2	11,8	13,9	–	–
1962						
N.	173	81	92	173	–	–
Prozent						
Gesamt	100,0	100,0	100,0	100,0	–	–
hat Ungerech- tigkeit gegeben	34,7	38,3	31,5	34,7	–	–
teils-teils	28,9	25,9	31,5	28,9	–	–
Lehrer sind gerecht	36,4	35,8	37,0	36,4	–	–

	Gesamt	16 Jahre	17 Jahre	18 Jahre
1983				
N.	905	423	288	191
Prozent				
Gesamt	100,0	100,0	100,0	100,0
hat Ungerechtig- keiten gegeben	53,6	47,3	59,4	59,2
teils-teils	32,5	35,7	27,8	32,5
Lehrer sind gerecht	13,9	17,0	12,8	8,4
1962				
N.	173	58	56	59
Prozent				
Gesamt	100,0	100,0	100,0	100,0
hat Ungerechtig- keit gegeben	34,7	31,0	32,1	40,7
teils-teils	28,9	25,9	30,4	30,5
Lehrer sind gerecht	36,4	43,1	37,5	28,8

niserregenden Ausmaß des Wandels in der Arbeitsethik gesprochen werden kann. Langfristig dürfte aber doch ein anderes Gleichgewicht zwischen dem Selbstverwirklichungspotential von Arbeit und der Möglichkeit einer selbstbestimmten Freizeitorganisation notwendig werden. Arbeitslosigkeit hat ja auch immer zur Folge, daß der Wert der Arbeit im Bewußtsein der Bevölkerung steigt. Insofern dürften diese Prozesse wichtiger sein als verbale Appelle, die sich auf Umfrageergebnisse berufen.

Der unserem Normalentwurf der Lebensbewältigung zugrundeliegende Handlungsentwurf impliziert auch ein optimistisches, initiativenreiches, risikofreudiges und zukunftsorientiertes Angehen von Problemen. Gerade in dieser Hinsicht ist, angestoßen durch die Studie *Jugend 81*, in der Öffentlichkeit der jugendliche Pessimismus diskutiert worden. Leider haben wir dazu keine Langzeitvergleichsmöglichkeiten. Kurzzeituntersuchungen aus dem Emnid-Institut belegen eine gewisse Stabilisierung des Zukunftsoptimismus, ja eine geringfügige Erhöhung des Optimismus in den letzten Jahren. Ansonsten scheint gerade die Studie *Jugend 81* zu belegen, daß die Wahrnehmung von Bedrohungsgefahren zugenommen hat (s. Abbildung 25).

Obwohl sie nicht auf Epochaldaten zurückgreifen kann, ist das Ergebnis der Sinus-Studie *Die verunsicherte Generation* (1983) wichtig, daß eine Renaissance eines neuen Grundbedürfnisses, dem nach sozialer Sicherheit, feststellbar ist. Dabei wird sowohl das Finden eines eigenen Berufes, der krisenfest ist, als auch die Stabilität eines Systems sozialer Sicherheit außerordentlich hoch eingeschätzt, von immerhin etwa 90% der befragten 15- bis 30jährigen (N =2.012). Die zentrale Triebfeder ist dabei die Angst. Diese betrifft sowohl die mögliche persönliche Arbeitslosigkeit als auch die kollektiven Probleme von Krieg und Umweltzerstörung. Auf diesem Hintergrund ist auch die Entwicklung eines neuen Lebensstils verständlich, in dem ein kritisches Konsumverhalten gepflegt wird, das mehr von Einfachheit und Werberesistenz geprägt ist. Die Mehrheit der Jugendlichen empfindet Sympathie mit einer alternativen Lebensweise, unter der sie Umweltbewußtsein, eine andere Ernährungsweise, Enthaltung von Kaufzwang, Wohnen in Wohngemeinschaften usw. versteht.

Die zentrale Frage, die sich bei diesen Veränderungen im Generationenbewußtsein der Heranwachsenden in den letzten Jahrzehnten stellt, ist die, ob dadurch ein Grundpfeiler der gesellschaftli-

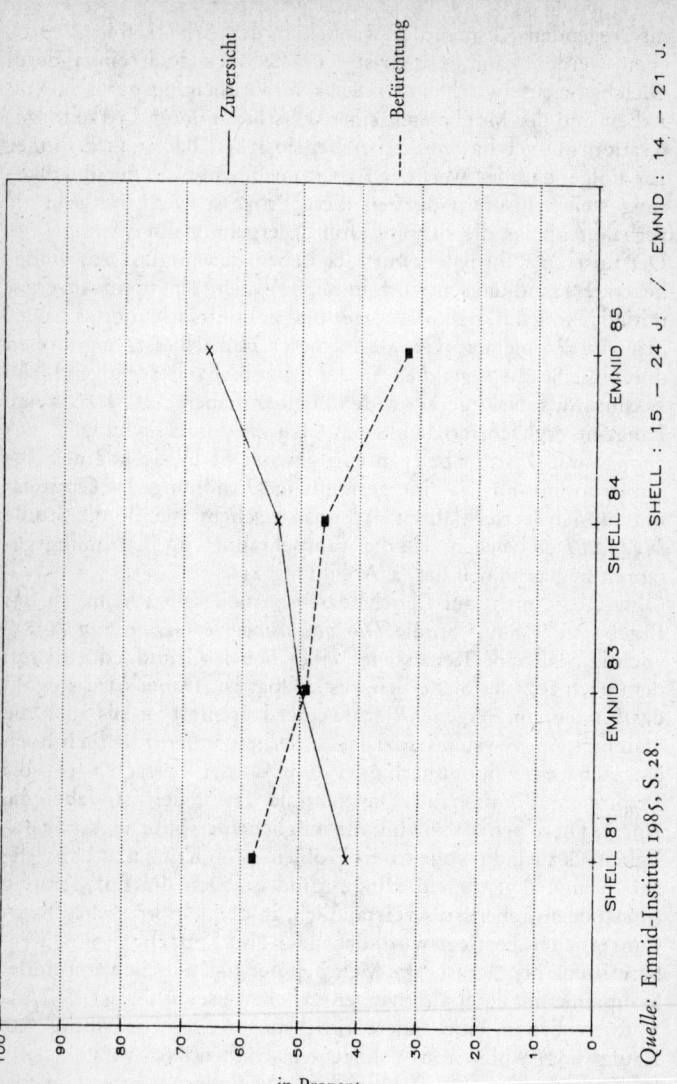

Abbildung 25 Einschätzung der Zukunft

chen Legitimation und der Verteilung von »Belohnungen« ins Wanken gerät: die Legitimation von Ungleichheit durch unterschiedliche Leistungen, also das Leistungsprinzip. Als Ausgangspunkt halte man sich die Antworten auf die Frage von Noelle-Neumann in ihrer ersten Jugenduntersuchung unmittelbar nach dem Zweiten Weltkrieg vor Augen: »Glauben Sie, daß der Erfolg im Leben hauptsächlich vom Glück abhängt, von der Tüchtigkeit, von guten Beziehungen oder von ererbtem Besitz?« 85% der Jugendlichen wählten als Hauptfaktor die »Tüchtigkeit«, von den Studenten noch 66%. Daß diese Frage schon so früh gestellt wurde, verweist auf ein aufkommendes Muster der Rechtfertigung sozialer Ungleichheit, das bis in die Mitte der sechziger Jahre zu universaler Bedeutung gelangt ist. Es besteht im Kern darin, daß ein Anreizsystem unterstellt wird, das höchstmögliche Produktivität durch größtmögliche Freiheit für die Entfaltung unterschiedlicher individueller Tüchtigkeiten sichern will. Jeder hat danach am Beginn seiner Schul- und Berufslaufbahn die gleichen Chancen zu haben, jeder soll die bestmöglichen Gelegenheiten zur Entfaltung der eigenen Tüchtigkeit bekommen, den Aktivitäten und den Initiativen der einzelnen Menschen sollen möglichst wenig Grenzen gesetzt werden. Ein solches Anreizsystem schafft natürlich große Unterschiede zwischen den einzelnen Menschen. Diese rechtfertigen sich aber dadurch, daß das insgesamt hohe Niveau an Produktivität sozialethische Maßnahmen ermöglicht, die im Endeffekt dazu führen, daß die soziale Sicherheit und die Basisversorgung insgesamt auf einem höheren Sockelniveau liegen, als dies bei einer geringeren Produktivität der Fall wäre.

Dieses Modell einer »sozialen Marktwirtschaft der Tüchtigkeiten« hat in der Mitte der sechziger Jahre anfangs auf theoretischer Ebene Legitimitätseinbrüche erfahren. Einmal hat sein hoher emanzipatorischer Anspruch selber Kritik evoziert: viele Untersuchungen haben gezeigt, daß die formale Chancengleichheit faktisch nur unzureichend realisiert ist (s. überblicksweise Fend 1974). Umfassendere systemtheoretische Kritiken haben zum andern postuliert, daß das Leistungsprinzip nur ein Scheingefecht der Besitzenden ist, um ihre Privilegien und Machtansprüche zu erhalten (s. Väth-Szusdziara in Fend u.a. 1976).

Bedeutsamer als diese geistige Auseinandersetzung mag in den letzten Jahrzehnten ein faktischer gesellschaftlicher Entwicklungsprozeß gewesen sein, der darin bestand, daß die in den sechziger Jahren vermeintlich erreichte Sicherheit in der Beherrschung wirtschaftlicher Prozesse, die insbesondere das Gespenst der Arbeitslosigkeit für immer vertrieben zu haben schien, in den siebziger Jahren fundamental erschüttert wurde. Praktisch von einem Nullniveau am Beginn der siebziger Jahre beginnend, ergibt sich mit einer leichten Erholung zwischen 1975 und 1979 ein Anstieg der Jugendarbeitslosigkeit. Parallel dazu wurde auch die Chance, eine Ausbildungsstelle zu finden, geringer.

Es stellt sich nun die Frage, wie dieser Prozeß von der jungen Generation verarbeitet wird, wie er sich in den legitimationsrelevanten Bewußtseins- und Wertstrukturen niederschlägt. In eigenen Erhebungen haben wir nun die für die Bundesrepublik einmalige Möglichkeit, dieser Frage in einem Zehnjahresvergleich von 1973 bis 1982/83 nachzugehen. Wegen der ideellen Kritik am Leistungsprinzip am Beginn der siebziger Jahre haben wir damals die umfangreichste Untersuchung zu der subjektiven Repräsentation des Leistungsprinzips im Bewußtsein Jugendlicher in der Bundesrepublik Deutschland durchgeführt (s. Fend u.a. 1976). Einige zentrale Fragen zum Leistungsprinzip konnten wir in einer Longitudinalstudie im Jahre 1982/83 wiederholen. Die Ergebnisse dieses Epochalvergleichs sind von Fend und Prester (1985) dargestellt worden. Der Kern dieses Epochalvergleichs besagt, daß die Verarbeitung differenzierter ist, als sie in Untersuchungen zum Ausdruck kommt, die lediglich die relative Gewichtung von Arbeit und Freizeit erforschen.

Das zentrale Problem, das Heranwachsende ja zu verarbeiten haben, ist dies, daß Arbeit wieder ein »knappes Gut« geworden ist und daß die Unsicherheit gestiegen ist, den eigenen Wünschen entsprechend und langfristig stabil ins Berufsleben eingegliedert zu werden. Dabei liegen mehrere Erwartungen auf der Hand:

1. Wenn Arbeit wieder ein »knappes Gut« wird, dann wird sie wertvoller, die Bedeutung von Arbeit müßte ebenso steigen wie die Bereitschaft zur eigenen vorbereitenden oder durchführenden Arbeitsanstrengung.

2. Wenn Arbeit knapper wird, dann geraten größere Gruppen in die Situation, daß sie keine instrumentalen Zusammenhänge mehr zwischen eigenen Anstrengungen und möglichen Erfolgen sehen.

Wie sehen nun die faktischen Orientierungen der Jugendlichen in

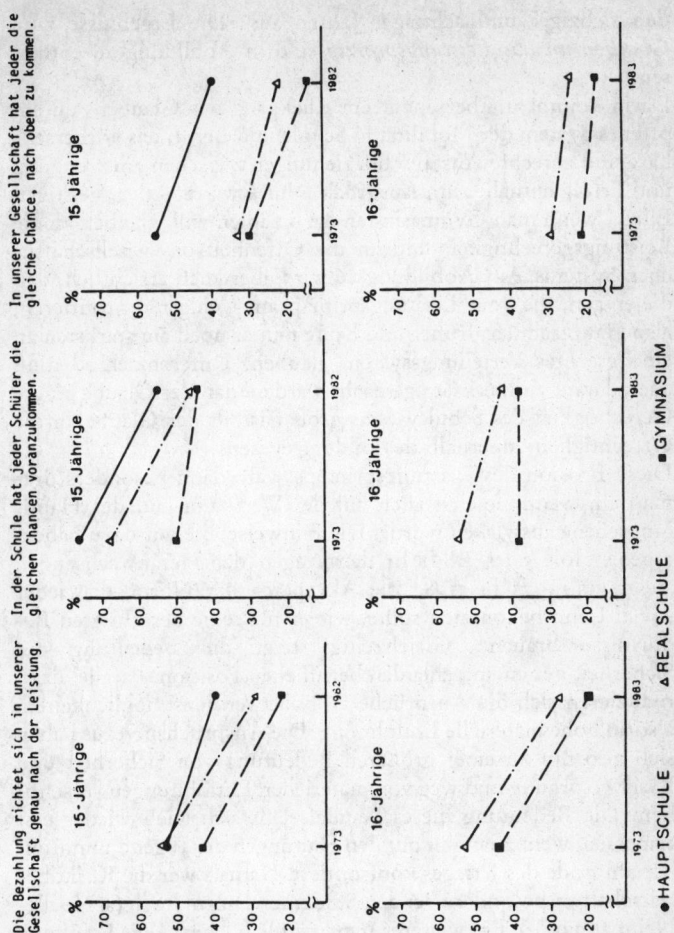

Abbildung 26 Offenheit und Leistungsgerechtigkeit der Gesellschaft 1973 und 1982/83.
Prozentsatz »stimmt genau« und »stimmt eher schon« bei fünfstufigen Antwortkategorien

Quelle: Fend und Prester 1985, S. 56.

den siebziger und achtziger Jahren aus? Die Ergebnisse zum *Glauben an das Leistungsprinzip* sind in Abbildung 26 enthalten.

Darin kommt unübersehbar ein Rückgang des Glaubens an ein offenes System der Mobilität in Schule und Beruf, das vorhersehbare und gerechte Austauschbeziehungen zwischen Anstrengung und Erfolg enthält, zum Ausdruck. Nur etwa 14% der »geistigen Elite«, wenn man Gymnasiasten dazu zählen will, glauben an die Leistungsgerechtigkeit und an die Offenheit des gesellschaftlichen Systems. Aus Abbildung 26 wird aber auch ersichtlich, daß diejenigen, die vom Leistungsprinzip am wenigsten profitieren, also Hauptschüler, früher und heute immer noch am stärksten an ein gerechtes Verteilungssystem glauben. Differenzierend muß auch darauf aufmerksam gemacht werden, daß der Glaube an die Gerechtigkeit des Schulsystems größer ist als der Glaube an die Gerechtigkeit außerhalb des Bildungswesens.

Diese Erosion des Leistungsprinzips wäre dann besonders dramatisch, wenn sie sich auch auf der Wert- und auf der Handlungsebene auswirken würde. Die Hinweise, die wir dazu haben, ergeben folgendes Bild: In den Augen der Heranwachsenden steigt von 1973 bis 1982 die Akzeptanz der Norm, daß jeder soviel Lohn bekommen sollte, wie er für seine berechtigten Bedürfnisse braucht. Gleichzeitig steigt die Bedeutung der Sicherheit der entsprechenden beruflichen Position. Parallel dazu reduzieren sich die Ansprüche an hohe Verdienstmöglichkeiten, also an hohe materielle Entlohnung. Die Anspruchsniveaus haben sich also hin zu einer größeren Bedeutung von Sicherheit und Basisversorgung und weg von materiellen Entlohnungen verschoben. Die Bedeutung dieses Wandels läßt sich auch wieder erst ermessen, wenn man ihn mit den Haltungen der Jugend unmittelbar am Ende des Krieges konfrontiert. Damals war die Risikobereitschaft insbesondere bei den Studenten enorm hoch (s. Noelle-Neumann o. J.). Ein weiteres Item, nämlich jenes: »Die Erfüllung des Menschen liegt in seiner Arbeit«, verweist darauf, daß der Stellenwert von Arbeit im Rahmen der gesamten Lebensgestaltung von den siebziger zu den achtziger Jahren zurückgegangen ist (s. Fend und Prester 1985, S. 59-61).

Andererseits ergeben sich bei der *Akzeptanz von Leistungsnormen* für die eigene Handlungsorientierung und bei den Wünschen nach persönlicher Erfüllung im Beruf keine dramatischen

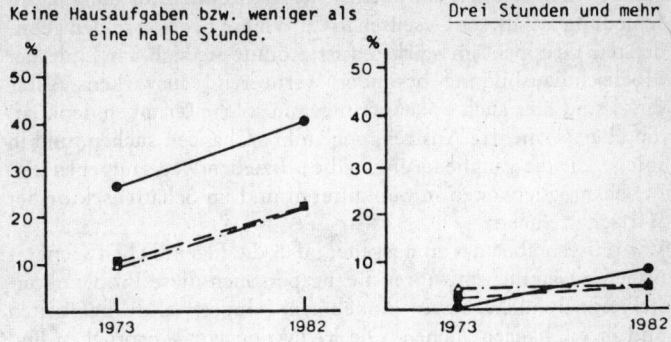

Abbildung 27 Lerninvestitionen 1973 und 1982 (15jährige)

Quelle: Fend und Prester 1985, S. 61, 66. Legende siehe Abbildung 26.

Änderungen. Leistungsnormen, also eine Arbeit möglichst gut zu machen, Befriedigung durch gute Arbeit zu erleben, im Beruf anderen Menschen nützlich sein zu können, die eigenen Vorstellungen im Beruf zu verwirklichen, die eigenen Fähigkeiten im Beruf einsetzen, alle diese Valenzen im Zusammenhang mit Arbeit bleiben auf einem relativ konstanten Niveau.

Die konkreten Auswirkungen auf der *Handlungsebene* sind in diesem Alter naturgemäß noch wenig erforschbar, da sich die von uns untersuchten Jugendlichen noch im Bildungswesen befinden. Die wichtigste Auswirkung könnte man im Bereich der eigenen Lerninvestitionen sehen. Wenn wir die *Hausaufgabentätigkeit* als Indikator für Arbeitshaltungen heranziehen, dann springt beim Epochalvergleich ein Sachverhalt ins Auge: es hat sich insbesondere die Gruppe jener Schüler vergrößert, die überhaupt keine Hausaufgaben macht bzw. weniger als eine halbe Stunde zu Hause arbeitet (s. Abbildung 27).

Insgesamt ergibt sich also ein kompliziertes Gefüge der Verarbeitung gesellschaftlicher Wertungsprozesse von Arbeit und von objektiven Entwicklungen im Sinne der Veränderungen auf dem Arbeitsmarkt. Sie machen insgesamt unübersehbar, daß Umstrukturierungen im Glauben an das Leistungsprinzip als lebensgestaltender Kraft und gesellschaftsbestimmender Größe erfolgt sind. Meines Erachtens liegt die größte Gefahr darin, daß nicht mehr an vorhersehbare und gerechte Zusammenhänge zwischen persönlicher Anstrengung und gesellschaftlicher Entlohnung geglaubt wird. Dies ist ein potentieller Nährboden für die »Verabschiedung aus dieser Gesellschaft«. Da diese Erosion in den gebildetsten Gruppen am stärksten ist, könnte sie sich am Ende der Hochschulausbildung besonders verheerend auswirken. Allerdings sind hier auch Polarisierungen in solche Gruppen denkbar, die über vermehrte Anstrengungen ihre Chancen suchen, und in solche, die die Eingliederung in die offiziellen Wege aufgeben und Lebensmöglichkeiten in Subkulturen und im Schattensektor der Wirtschaft suchen.

Wir müssen aber davon ausgehen, daß die jugendlichen Generationen zusammen mit ihren Bezugspersonen diese Problemkonstellationen nicht passiv hinnehmen, sondern aktiv bearbeiten und ihre Chancen suchen. Die Reduktion von Ansprüchen und die Resignation ist nur eine Reaktionsform, die zudem immer erst spät einsetzt. Nichtsdestoweniger ist aber ein Umbau des Wertsystems wahrscheinlich, das eine andere Integration von Arbeit und Freizeit als in den frühen sechziger Jahren enthält. Auch die kontra-intuitive Entwicklung ist denkbar: daß Heranwachsende nicht mit vermehrter Investition angesichts problematischer Berufschancen reagieren, sondern es sich in stärkerem Maße »gut gehen« lassen, daß sie weniger Lernanstrengung zeigen, mehr Orientierung am Hier und Heute, mehr Konsumansprüche und mehr naiven Glauben, »versorgt« zu werden, demonstrieren.

Während wir nach unseren eigenen Untersuchungen immer relativ geringe Zusammenhänge zwischen der Wahrnehmung gesellschaftlicher Verhältnisse (Erosion des Leistungsprinzips) und der persönlichen Handlungsorientierung ($r = ca. .15$) finden, sind die Zusammenhänge zwischen der generellen Identifikationsbereitschaft mit den politischen und sozialen Systemen und dem Glauben an ihre Gerechtigkeit unübersehbar ($r = ca. .40$). Delegitimation, Zukunftspessimismus und Protestbereitschaft gehen dabei besonders bei den »gebildeten« Gruppen Hand in Hand. Der mangelnde Glaube an die Verwirklichung des Leistungsprinzips ist ein Kernpunkt des Legitimationsverlustes unserer gemeinschaftlichen Gestaltung von Wirklichkeit insgesamt. Dies führt uns zur Analyse von Zeitreihen, die sich mit veränderten Einstellungen und Wahrnehmungen politischer Institutionen beschäftigt.

3.3 Distanz zum und Identifikation
mit dem »politischen System«

Ob die Mitgliedschaft in den nationalsozialistischen Jugendge-
meinschaften und ob das Aufwachsen während des Nationalsozialismus prägende antidemokratische Wirkungen hatte, war ein
Hauptinteresse für die Aufnahme repräsentativer Jugenduntersuchungen in der Nachkriegszeit. Doch leider ist auch auf diesem
Gebiet keine systematische Langzeitbeobachtung mit genauer
Kontrolle der Stichproben und der Instrumente zustande gekommen. Dennoch lassen sich einige Hinweise auf Identifikations-
bzw. Distanzierungsprozesse der Jugendgenerationen aus dem
umfangreichen Material empirischer Jugendforschung finden.
Wieder verdanken wir Jürgen Zinnecker (1985) eine Darstellung
der Veränderungen des politischen Habitus von den fünfziger
Jahren bis heute, die er so zusammenfaßt:

Jugendliche der fünfziger Jahre waren im Vergleich zur Jugend der achtziger Jahre autoritär. Sie vertraten vielfach autoritäre Staatsauffassungen:
starker Staat, Einparteiensystem, wenn sie nicht – die Älteren unter ihnen
– mit dem Nationalsozialismus auch nach 1945 noch liebäugelten. Vergleichsweise autoritär waren auch die Erziehungsauffassungen: Beispielsweise stimmten viele der Auffassung vom Militär als notwendiger Schule
der Nation für die männliche Jugend zu. Hoch war auch die Zustimmung
zur Todesstrafe usw. Im Vergleich hierzu hat sich die westdeutsche Jugend der achtziger Jahre zu einer Generation toleranter, liberal gestimm-
ter Demokraten – mit einem Spektrum hin zu radikal- und basisdemokratischen Werten – entwickelt (S. 323).

Hinter dieser Zusammenfassung stehen Ergebnisse wie jenes, daß
1950 über 70% der Gymnasiasten für die Todesstrafe waren, 1980
aber nur mehr 6%, daß der Anteil derjenigen, die das Einparteiensystem bevorzugen würden, unmittelbar nach dem Zweiten
Weltkrieg bei etwa 40% lag und daß man in den fünfziger Jahren
nicht von einer kenntnisreichen Aufarbeitung des Nationalsozialismus sprechen konnte. Nichtsdestoweniger sind in dieser Epoche der Nachkriegszeit etwa 75% für die bestehende neue demokratische Ordnung.
Zu ähnlichen Schlußfolgerungen kommt auch Gerda Lederer
(1983), die in zwar begrenzten regionalen Stichproben Vergleiche
zwischen Daten aus dem Jahre 1946 mit solchen aus den Jahren
1978 und 1979 herstellen kann. Auch sie kommt zum Schluß, daß

in den vergangenen dreiunddreißig Jahren ein signifikantes Anwachsen der Unterstützung demokratischer Werte durch Jugendliche in den USA und in der Bundesrepublik stattgefunden hat. In
der BRD war dieser Wandel aber ausgeprägter als in den USA.
Die klassischen autoritären Einstellungen werden kaum mehr
vertreten.
Solche globalen Aussagen verdecken aber sehr viele wichtige und
interessante Einzelentwicklungen. So ist zwar deutlich, daß in
den achtziger Jahren extremer rigider Autoritarismus und neona-
tionales Denken Kennzeichen einer Außenseiterposition sind, die
vor allem von Jugendlichen vertreten wird, die von sozialer De-
klassierung bedroht sind und dieses Lebensgefühl öffentlich aus-
leben (s. Zinnecker 1985, S. 326). Es ist aber ebenso deutlich, daß
sich das Spektrum der möglichen Einstellungen weiter differenziert hat.
Nur langsam hat sich offensichtlich eine Identifikation mit der
neuen demokratischen Ära in der Geschichte Deutschlands vollzogen. Da diese mit der Aufarbeitung der Vergangenheit verbunden sein muß, hat sie sich in der erwachsenen Bevölkerung lang-
samer vollzogen als bei den Heranwachsenden, die diese NS-
Erfahrung bald nicht mehr als Teil ihrer eigenen Biographie zu
verarbeiten hatten. Mit zunehmender Distanz verschwindet auch
die konkrete Fähigkeit, sich ein totalitäres Regime vorzustellen,
und der Schulunterricht muß das historische Bewußtsein herstellen. Daß es damit auch in der heutigen Jugend nicht zum besten
bestellt ist, belegen die Aufsatzanalysen, die Bossman (1977) vorgelegt hat.
Als wichtigster Indikator für Identifikationen bzw. Distanzierungsprozesse vom politischen System ist das Interesse an Politik
und das Zugehörigkeitsempfinden zu politischen Gruppierungen
(Parteien, außerparlamentarische Gruppen) betrachtet worden.
Darüber gibt es die zuverlässigsten Zeitreihen. Die Ergebnisse des
Vergleichs der fünfziger mit den achtziger Jahren der Jugendstudie 85 sind in Tabelle 20 festgehalten.
Es zeigt sich darin ein etwas gestiegenes Interesse der Jugend
heute, aber auch ein noch stärker gestiegenes Interesse der heutigen Erwachsenen. Viele andere Studien, die hier nicht im einzelnen diskutiert werden können, bestätigen diesen Anstieg des
politischen Interesses, der sich allerdings, wie die Abbildung 28
sichtbar macht, vor allem bis zum Jahre 1973 vollzog und dann

Tabelle 20 Interesse an Politik. Vergleich Jugend 54 – Jugend 55 – Jugend 84 – Erwachsene 84[1] (Angaben in Prozent)

	Jugend 54 15–24 Jahre (n = 1493)	Jugend 55 15–24 Jahre (n = 1464)	Jugend 84 15–24 Jahre (n = 1472)	Erwachsene 84 45–54 Jahre (n = 729)
Ja	42	37	55	58
Nein	57	62	45	42
Keine Angaben	1	1	–	–
	100	100	100	100

Quellen: Emnid (1955, S. 78 f.; 228); Fröhner (1956a, S. 113 f.; 294); Jugendliche: Frage 31; Erwachsene: Frage 33.
Fragetext: Interessieren Sie sich für Politik? (Antwortvorgabe)

1 Vergleichsuntersuchung der 50er Jahre: Planck (1956, S. 229 ff.) (Landjugend 55, 17-28 Jahre)

Quelle: Jugendwerk der Deutschen Shell (Hg.) 1985, Bd. 3, S. 367.

nach zeitweisen Schwankungen auf einem hohen Niveau stabil blieb.
Dabei gibt es keine sehr nennenswerten Abweichungen der Jugendlichen von der Entwicklung der Gesamtbevölkerung. In den fünfziger Jahren ist die ältere Generation sogar teilweise weniger konservativ und privatistisch als die Jugend. Ab Mitte der sechziger Jahre stehen Jugendliche bekanntlich unter dem Einfluß studentischer Protestbewegungen, der sich Anfang der siebziger Jahre allmählich auf größere Jugendkreise erweitert hat. Ab Mitte der siebziger Jahre wirken sich dann Maßnahmen wie Radikalenerlaß und Ausbildungsbeschränkungen aus (z. B. Numerus Clausus). Arbeitsplatzprobleme erschweren zunehmend ein überschäumendes Selbstbewußtsein der Jugend. In diesen Jahren vergrößert sich die Anzahl derer, die meinen, man könne hierzulande seine politische Auffassung nicht öffentlich äußern, ohne Nachteile zu erfahren (s. Zinnecker 1985, S. 370), und das politische Interesse der Jugend bleibt hinter dem der Erwachsenen zurück.
Erstaunlich ist dann der hohe Anstieg der politischen Aufmerksamkeit am Beginn der achtziger Jahre. Hier hat sich die junge Generation über punktuelle Protestaktionen wie Hausbesetzungen, Proteste gegen Kernkraft und Proteste gegen die Stationierung von Mittelstreckenraketen in besonderer Weise artikuliert.

Abbildung 28 Interesse an Politik. Zeitreihe 1952-1983. Vergleich Gesamtbevölkerung, Frauen und 16- bis 29jährige. – Angaben in Prozent –

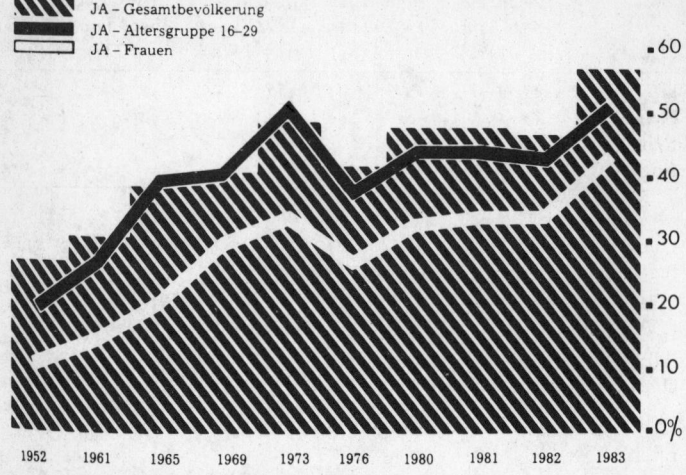

Quelle: Jugendwerk der Deutschen Shell (Hg.) 1985, Bd. 3, S. 369, nach Noelle-Neumann/Piehl 1983, S. 339.

Wichtig ist allerdings eine Aufgliederung des politischen Interesses nach dem jeweiligen Alter der Jugendlichen und nach ihrem Geschlecht (s. Tabelle 21).

Dadurch wird sichtbar, daß sich ein epochaler Wandel vor allem bei den älteren Jugendlichen und bei den Mädchen ergibt. In den fünfziger Jahren ist das politische Interesse nicht so stark mit zunehmendem Alter gestiegen, wie dies bei den Jugendlichen der achtziger Jahre der Fall ist. Epochale Veränderungen lassen sich zudem bei Mädchen beobachten, obwohl deren politisches Interesse in den achtziger Jahren noch deutlich unter dem der Jungen liegt. Wenig überraschend ist, daß das politische Interesse insgesamt mit dem Alter ansteigt; mit 23 Jahren erreicht es einen Höhepunkt (s. Zinnecker 1985, S. 373).

In vielen Jugenduntersuchungen kann dokumentiert werden, daß das politische Interesse in hohem Maße *bildungsabhängig* ist. Die Steigerung des politischen Interesses geht also vornehmlich auf das höhere Bildungsniveau der Generation in den achtziger Jahre zurück und geht auf das Konto der bildungsmäßig heute minde-

Tabelle 21 Interesse an Politik. Vergleich Jugend 54, 55, 84, Erwachsene 84 nach Alter und Geschlecht (Angaben in Prozent)

	Jugend 54	Jugend 55	Jugend 84	Erwachsene 84	
Geschlecht:					
männlich	57	50	63		73
weiblich	27	23	47		43
Alter:					
15–17 Jahre	32	27	38	(45–47 J.)	57
18–20 Jahre	46	39	54	(48–50 J.)	63
21–24 Jahre	48	46	68	(51–54 J.)	54
Alter und Geschlecht: männlich					
15–17 Jahre	45	(liegt	44	(45–47 J.)	69
18–20 Jahre	59	nicht	61	(48–50 J.)	79
21–24 Jahre	67	vor)	74	(51–54 J.)	73
Alter und Geschlecht: weiblich					
15–17 Jahre	20	(liegt	34	(45–47 J.)	46
18–20 Jahre	31	nicht	47	(48–50 J.)	46
21–24 Jahre	30	vor)	60	(51–54 J.)	37

Quelle: Jugendwerk der Deutschen Shell (Hg.) 1985, Bd. 3, S. 372.

stens gleichgestellten Mädchen. Zu einer differenzierteren Einstellung zur Welt, die mit gehobenem Bildungsniveau möglich ist, gehört somit auch ein reflektierteres Verständnis politischer Vorgänge.

Neben der Analyse des Aufmerksamkeitszuwachses gegenüber dem politischen Bereich ist natürlich jene wichtig, die die Inhalte dieser Zuwendung berücksichtigt, insbesondere Ablehnungen und Befürwortungen demokratischer Strukturen. Die große Kapitalismusdebatte der späten sechziger und frühen siebziger Jahre hat auch das Problem aufgeworfen, ob sich die heranwachsende Generation nicht generell von unserem Wirtschaftssystem distanziert. Eine eigene Jugendstudie hat sich dieser Frage gewidmet (s. Jugendwerk der Deutschen Shell 1979).

Die Integration in politische Strukturen erfolgt in unserem demokratischen System vornehmlich über Parteiidentifikationen. Alternative Weltgestaltungszugänge sind hier pluralistisch vorgegeben. Von Deidentifikationsprozessen wird deshalb in der Regel dann gesprochen, wenn politischer Sinn außerhalb des Parteiensystems und des parlamentarischen System gesucht wird, etwa in basisdemokratischen, außerparlamentarischen und radikalen Oppositionsbewegungen. Diesen Formen des »unkonventionellen politischen Verhaltens« haben Barnes und Kaase (1979) eine große vergleichende internationale Studie gewidmet. Sie haben dabei allerdings ein relativ geringes Potential der Bereitschaft zur Gewaltanwendung gegen Sachen (1%) und Personen (3%) (Kaase 1976, S. 205) gefunden. Andererseits hat sich die unmittelbare Äußerung politischer Optionen in Demonstrationen, in Bürgerinitiativen und Selbsthilfegruppen in den siebziger und achtziger Jahren zu einer eigenständigen Form der Willensäußerung entwickelt, die die konventionelle politische Beteiligung bei Wahlen ergänzt.

Was die Identifikation mit den politischen Parteien angeht, so hat sich in der Nachkriegszeit eine markante Entwicklung vollzogen, die vor allem in einer Bewegung der Jugend von der CDU/CSU hin zur SPD ab dem Jahre 1965 bestand. In Abbildung 29 ist diese Wählerwanderung bei der Jungwählerschaft in der Form der Differenz von SPD und CDU/CSU-Wählern festgehalten.

Ab dem Jahre 1978 setzt eine andere Entwicklung ein, die in der Hinwendung der jungen Wählerschaft zu der neuen Partei der Grünen zum Ausdruck kommt. Da fast zwei Drittel der Befürworter dieser Partei unter 35 Jahre alt sind und das Abitur haben, kann hier mit einigem Recht von einer »Partei der gebildeten Jugend« gesprochen werden. Abbildung 30 zeigt die entsprechende Entwicklungstendenz, zeigt das Jungwählerplus der Grünen und das -minus der anderen Parteien in plastischer Weise.

In dieser Partei sind die heute von vielen Jugendlichen vertretenen Positionen wie die des Umweltschutzes, der Friedenssicherung und der Frauenbewegung vertreten. Lediglich das Ziel des Abbaus der Arbeitslosigkeit, das in der Bevölkerung und auch bei Jugendlichen in den achtziger Jahren einen so hohen Stellenwert bekommen hat, ist immer noch der programmatisch bedeutsamste Aspekt in der SPD.

Nach Urteilen von Allerbeck und Hoag (1985) selbst scheint ihre Replikationsstudie für Aussagen zu Veränderungen in Distanzen

Abbildung 29 Jungwählerplus und -minus von SPD und CDU/CSU bei den Bundestagswahlen 1953-1983. Angaben in Prozent

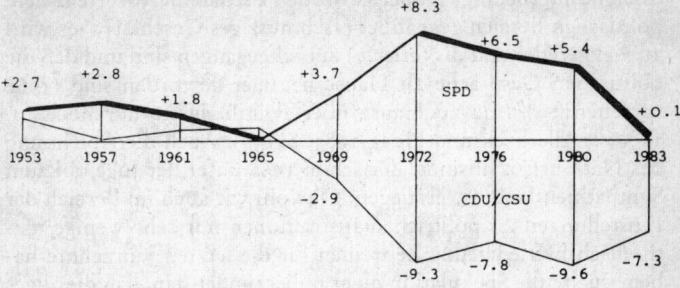

Quelle: Statistisches Bundesamt. – Die Werte sind die Differenzen zwischen dem jeweiligen Gesamtergebnis und dem, das bei der Gruppe der 18-25jährigen erzielt wurde. (Bis 1969: 21-24jährige.)
Alle Angaben in Prozent.

Quelle: Jugendwerk der Deutschen Shell (Hg.) 1985, Bd. 3, S. 401.

Abbildung 30 Jungwählerplus und -minus der Parteien 1978-1982. Angaben in Prozent

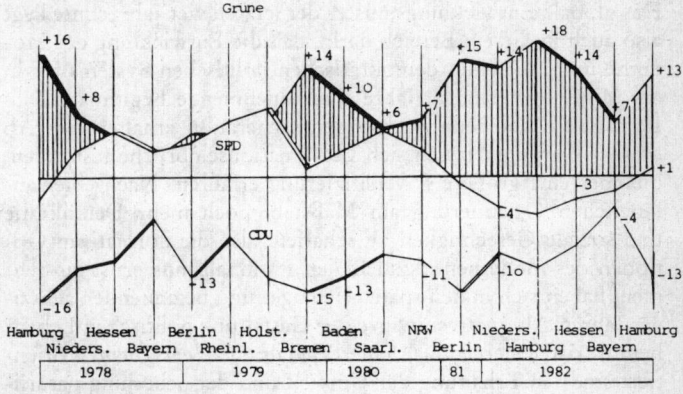

Quelle: Statistische Landesämter
(Arzberger 1983, 109)

Quelle: Jugendwerk der Deutschen Shell (Hg.) 1985, Bd. 3, S. 402.

zu und Identifikationen mit dem politischen Bereich weniger ergiebig zu sein. Sie stellen lediglich fest, daß das politische Interesse bildungsbedingt größer geworden ist, daß die Vorurteile dem politischen Bereich gegenüber (»schmutziges Geschäft«, »es wird zu viel geredet und diskutiert«) zurückgegangen sind und daß die politischen Gespräche zu Hause häufiger geworden sind (1962 sprechen 23% nie zu Hause über Politik, heute nur noch ca. 13%; s. Allerbeck und Hoag 1985, S. 134). Auch die Ablehnung des Nationalsozialismus, der schon 1962 unter der Jugend kaum Sympathien fand, ist gestiegen. Obwohl wir auch im Bereich der Einstellungen zu politischen Institutionen nur sehr wenige methodisch befriedigende Zeitreihen für die letzten Jahrzehnte haben, dürfte die Spekulation nicht unbegründet sein, daß die allgemeine Loyalitätsbindung an das politische System in den letzten vier Jahrzehnten einen kurvilinearen Verlauf genommen hat: einem kontinuierlichen Anstieg von den fünfziger bis in die erste Hälfte der sechziger Jahre ist ein Rückgang der Loyalität und der Legitimationsbasis des politischen Systems gefolgt (s. Tabelle 22). Als neue Entwicklung für die achtziger Jahre könnte sich herauskristallisieren, daß neue Formen der politischen Beteiligung in der Form unkonventionellen politischen Verhaltens (Demonstrationen, Bürgerinitiativen, Blockaden) entwickelt werden (s. Kaase 1983 und Dowe 1986).

Das globale Entwicklungsmuster der letzten vier Jahrzehnte liegt also auch in diesem Bereich darin, daß die Entwicklung der Moderne im Sinne eines demokratischen politischen Systems bis in die Mitte der sechziger Jahre eine zunehmende Legitimation im Bewußtsein der heranwachsenden Generation erhalten hat. Ab diesem Zeitpunkt lassen sich Legitimationseinbrüche feststellen, die aber eine größere Diversifizierung erfahren. Nach einer anfänglichen Orientierung am Maßstab, noch mehr Demokratie und soziale Gerechtigkeit zu schaffen, also die normativen Optionen des modernen okzidentalen Rationalismus ernst zu nehmen, haben sich in den späten siebziger und beginnenden achtziger Jahren Alternativentwürfe der Gestaltung politischen Lebens herauskristallisiert, die an einer Vielfalt *einzelner Themen* orientiert sind: an Erhaltung der Umwelt und der Schonung natürlicher Ressourcen und an Friedenssicherung bis hin zu anderen Mustern der gemeinschaftlichen Lebensgestaltung in überschaubaren Gruppierungen. Nach anfänglichem subkulturellen Wild-

| | Zeitpunkt der Erhebung | | |
	2/3 1970	10/11 1976	4/5 1978
Beibehaltung des Status quo	22	42	54
Reform	76	56	45
Revolution	2	2	1

	10/11 1978	4/5 1980	10/11 1980
Beibehaltung des Status quo	50	42	46
Reform	48	53	50
Revolution	2	5	4

Einstellung zur heutigen Staatsform

	1953* %	1954* %	1964** %	1975** %
Sehr positiv	18	13	33	24
Etwas positiv	35	43	37	41
Indifferent (zur Mitte)	26	25	10	18
Etwas negativ	7	8	3	5
Sehr negativ	4	4	2	3
Keine Antwort	10	6	15	10
	100	100	100	100

* mit der achtstufigen Stapel-Skala erhoben; oberste und unterste Stufe = »sehr« gewertet

** mit der zehnstufigen Stapel-Skala erhoben; zwei oberste und unterste Stufen = »sehr« gewertet

Quelle: Jugendwerk der Deutschen Shell (Hg.) 1975, Bd. 3, S. 48.

wuchs dieser Entwicklungen ist durch die neue Partei der Grünen eine gewisse Reintegration dieser Gruppen ins parlamentarische demokratische System erfolgt. Eines ist aber offensichtlich geworden: die Ansprüche der heranwachsenden Generation an substantielle Legitimation einzelner politischer Entscheidungen sind gewachsen, und der Vertrauensvorschuß hat abgenommen. Jugendliche nehmen ihre persönliche Zustimmungsnotwendigkeit heute ernster, und ihr Mißtrauen ist größer.

Es würde an dieser Stelle naheliegen, nach Zeitreihen zu suchen, die die Veränderung von Einstellungen zum wirtschaftlichen System und zur Wissenschaft und Technik betreffen. Aber zu all diesen Bereichen bestehen in der Regel nur unzureichende längerfristige Zeitreihen. So beschränkt sich die Untersuchung der Einstellungen der jungen Generation zur Wirtschaft auf einen nur wenige Jahre umfassenden Zeitvergleich in den siebziger Jahren (1973 und 1979, Jugendwerk 1980). In diesem Zeitraum zeigen sich kaum umfassendere Änderungen. Etwas anders liegt die Forschungslage im Bereich der *Einstellung zur Technik* (Jaufmann und Kistler 1986). Hier liegen auch noch Daten aus den sechziger Jahren vor, so daß ein Vergleich von der Hochphase der Geltung des okzidentalen Rationalismus bis in die achtziger Jahre möglich ist. Abbildung 31 zeigt das entsprechende epochale Muster.

Es besagt, daß die positiven Einschätzungen der Technik als »Segen für die Menschheit« von 72% im Jahre 1966 auf etwa 30% zu Beginn der achtziger Jahre zurückgegangen sind. Ab diesem Zeitpunkt bleibt aber diese Einschätzung stabil, zur Zeit befinden wir uns diesbezüglich in einer Phase der Beharrung. In hohem Maße sind vor allem die »Teils-teils-Einschätzungen« gestiegen. Dies kann auch als Hinweis verstanden werden, daß sich die Beurteilungen der Technik differenziert haben. Wie genauere Analysen deutlich machen, variieren die Einstellungen zu verschiedenen Technikbereichen heute beträchtlich. Dies führt alles zu einer differenzierteren Beurteilung der heutigen Situation, was das Generationenbewußtsein in bezug auf die Technik angeht. Jaufmann und Kistler (1986) kommen zu dem Schluß, daß heute die Aussage, daß die Bundesdeutschen im internationalen Vergleich spezifisch oder überhaupt technikfeindlich sind, in dieser Deutlichkeit nicht gerechtfertigt ist (S. 48). Die heute festzustellende differenziertere Sicht hat eine ähnliche Konsequenz wie die Veränderung der Einstellung zu anderen politischen Bereichen: der Legitimationsbedarf ist aufgrund höherer Legitimationsansprüche gestiegen.

3.4 Hedonismus und methodische Lebensführung

Es gehört zu den wichtigsten Merkmalen des okzidentalen Rationalismus, daß er sich auch auf die Kultur der Lebensführung im Alltag auswirkt. Er müßte sich insbesondere in einer vernunftge-

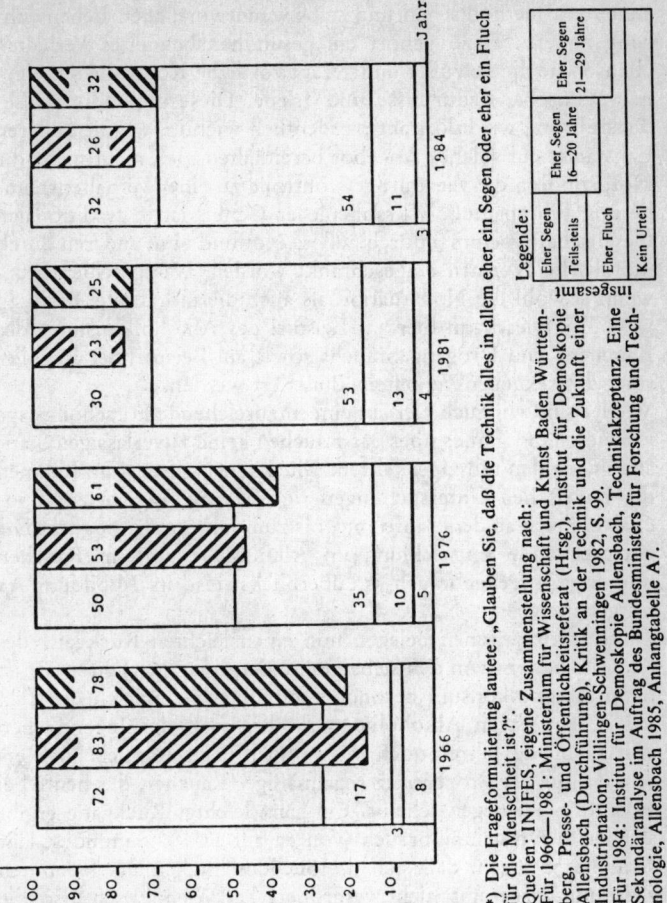

Abbildung 31 Technik: eher ein Segen – eher ein Fluch?*
Angaben in Prozent

Quelle: Jaufmann und Kistler 1986, S. 38.

*) Die Frageformulierung lautete: „Glauben Sie, daß die Technik alles in allem eher ein Segen oder eher ein Fluch für die Menschheit ist?".

Quellen: INIFES, eigene Zusammenstellung nach:
Für 1966—1981: Ministerium für Wissenschaft und Kunst Baden Württemberg, Presse- und Öffentlichkeitsreferat (Hrsg.), Institut für Demoskopie Allensbach (Durchführung), Kritik an der Technik und die Zukunft einer Industrienation, Villingen-Schwenningen 1982, S. 99.
Für 1984: Institut für Demoskopie Allensbach, Technikakzeptanz. Eine Sekundäranalyse im Auftrag des Bundesministers für Forschung und Technologie, Allensbach 1985, Anhangtabelle A7.

Legende:
Eher Segen
Teils-teils
Eher Fluch
Kein Urteil

insgesamt

Eher Segen   Eher Segen
16—20 Jahre   21—29 Jahre

steuerten, methodischen und selbstverantwortlichen Lebensführung äußern. Dazu gehört ein gesundheitsbewußtes Verhalten ebenso wie die bewußte und verantwortliche Kontrolle der eigenen Wünsche, Bedürfnisse und Triebe. Diese methodische Lebensführung wird dort außerordentlich wichtig, wo die äußeren Umstände ein solches Angebot bereithalten, daß nicht mehr die Not, sondern die vernünftige Kontrolle zu einer Verhaltensregulierung führen muß. Schrankenloser Genuß ist in traditionalen Gesellschaften einmal durch äußere Not und zum anderen durch moralische Normen eingeschränkt worden. Was geschieht nun, wenn sowohl die Notsituation als auch die moralische Bindung wegfällt? Dies kann hier am Beispiel des Alkoholkonsums, des Rauchens und Drogengebrauchs sowie am Beispiel der Regulierung des sexuellen Verhaltens illustriert werden.

Wieder sind wir auch hier auf eine unzureichende Forschungslage verwiesen. So gibt es über das Rauchen keine zuverlässigen Statistiken seit den fünfziger Jahren. Glücklicherweise ist im Rahmen der bayrischen Untersuchungen *Jugend fragt Jugend* ein Epochalvergleich ab dem Jahre 1973 bis zum Jahre 1984 möglich. Die entsprechende Entwicklung im Alkoholkonsum, im Rauchen und im Drogengebrauch ist überblicksweise in Abbildung 32 festgehalten.

Diese Informationen belegen nun einen leichten Rückgang des Suchtverhaltens von den siebziger zu den achtziger Jahren. Er ist beim Alkoholkonsum besonders auffällig, wenngleich die Zahl des regelmäßigen Alkoholkonsums bei 33% der Jugendlichen von 12 bis 24 Jahren noch relativ hoch liegt. Ähnlich hoch erscheint mir der Prozentsatz regelmäßiger Raucher, der heute bei etwa 38% zu liegen scheint. Ein ganz leichter Rückgang ergibt sich beim Drogenmißbrauch (von 12 auf 11%). Zumindest läßt sich hier belegen, daß sich die Suchtanfälligkeit im genannten Zeitraum insgesamt nicht vergrößert hat. Wenngleich also die Gefährdungsgruppen noch relativ groß sind, läßt sich epochal kein durchschlagender Rückgang einer kontrollierten Haltung zu diesen Suchtgefahren feststellen.

Ein eigenes und umfassendes Kapitel bildet die Analyse, wie mit den in der Pubertät sich entfaltenden Triebstrukturen der Sexualität von verschiedenen Generationen umgegangen wird. Dieser Verhaltensbereich war in der Vergangenheit am stärksten christlich und weltanschaulich fundierten moralischen Normen unter-

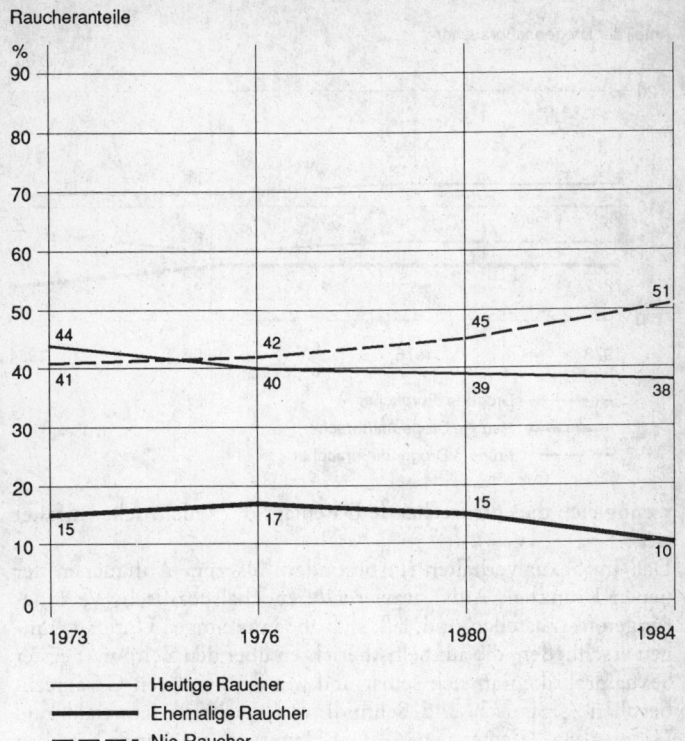

Abbildung 32 Suchtgefährdungen in epochalem Wandel
Entwicklung des Tabakwarenkonsums

Raucheranteile

%
90

80

70

60

50 — 44 — — — 45 — 51
42
40 — 41 — 40 — 39 — 38

30

20 — 15
15 — 17 — 15
10 — — 10

0

1973   1976   1980   1984

———— Heutige Raucher
▬▬▬ Ehemalige Raucher
— — — Nie-Raucher

worfen. In bezug auf die Kirchenbindung läßt sich aber in den letzten vierzig Jahren ein deutlicher Rückgang feststellen, der auch dazu führen müßte, daß moralische Schranken in der Regulierung des Sexualverhaltens keine so große Rolle mehr spielen. In der fast universalen Befürwortung vorehelichen Geschlechtsverkehrs und in der Etablierung der Lebensphase des vorehelichen Zusammenlebens kommt dies auch unübersehbar zum Ausdruck. Begleitende Veränderungen in Wertvorstellungen und Einschätzungen legitimen sexuellen Verhaltens sind hier wahrscheinlich,

Heutige und frühere Drogenmißbraucher
Grundgesamtheit: junge Menschen in Bayern im Alter von 12 bis 24
Jahren

Anteil der Drogenmißbraucher

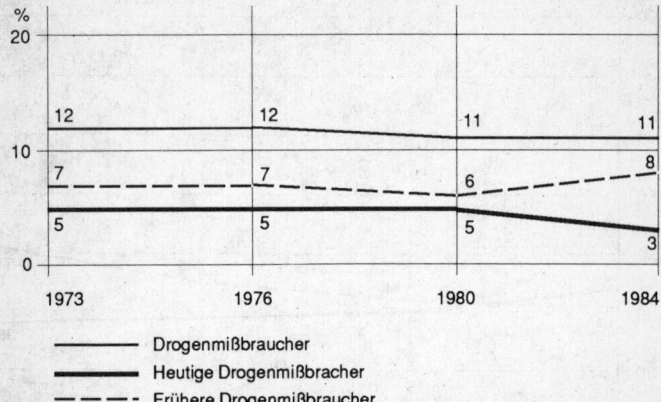

Drogenmißbraucher			
Heutige Drogenmißbraucher			
Frühere Drogenmißbraucher			

wenngleich die entsprechende Datenlage dazu nicht sehr entfaltet
ist.

Daß im Sexualverhalten (insbesondere bis zum Auftauchen der
neuen Krankheit Aids) gravierende epochalspezifische Veränderungen festzustellen sind, läßt sich aber aus einigen Untersuchungen erschließen, die auf Selbstberichten über den Zeitpunkt erster
Sexualpraktiken an sich selbst und mit dem anderen Geschlecht
beruhen (s. Sigusch und Schmidt 1973, Schmid-Tannwald und
Urdze 1983, Clement 1986). Die Hauptveränderungen bestehen
in zwei Sachverhalten:

1. In einer deutlichen Veränderung der Frequenz und der Frühzeitigkeit des Masturbationsverhaltens von Frauen und

2. in einer zeitlichen Vorverlegung der Koituserfahrungen.

Nach Sigusch und Schmidt (1973, S. 203) haben zwischen 6 und
9% derjenigen, die zwischen 1936 und 1946 geboren sind, im
Alter von 16 Jahren bereits Koituserfahrung gehabt. In der Schüleruntersuchung aus dem Jahre 1970 haben die 1953 bis 1954
Geborenen im Alter von 16 Jahren bereits zu 38% Koituserfahrung. Dabei ist die Erfahrung der Jungen größer (40%) als die der
Mädchen (25%).

Alkoholkonsumenten
Grundgesamtheit: Jugendliche im Alter von 12-24 Jahren

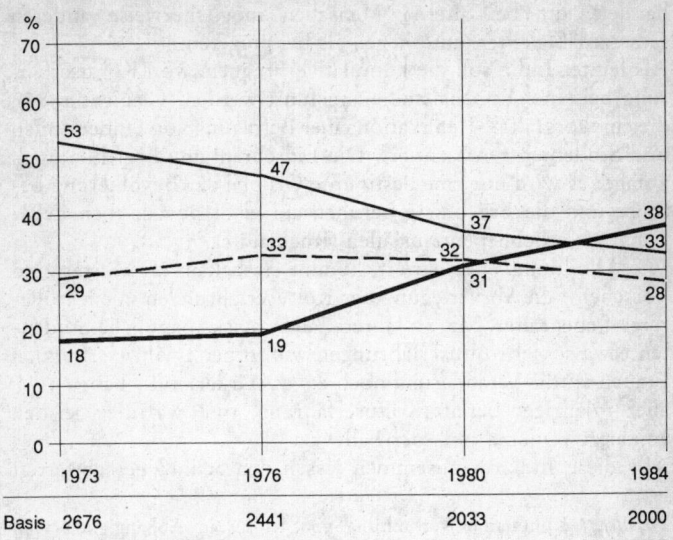

| Basis | 2676 | 2441 | 2033 | 2000 |

———— Regelmäßig
– – – – Gelegentlich
▬▬▬ Abstinent

Quelle: Jugend fragt Jugend, o. J., S. 14, 59, 107.

Etwas anders sieht die Situation nun bei Schmid-Tannwald und
Urdze (1983) aus. Hier berichten die Mütter und die Väter vom
Zeitpunkt ihrer ersten Koituserfahrung. Dies tun auch die inter-
viewten 17jährigen Töchter und Söhne.
Tabelle 23 macht nun deutlich, daß eine unübersehbare Vorverlegung der heterosexuellen Erfahrungen bei der heutigen Generation von Jugendlichen stattgefunden hat. Die 50jährigen Mütter
sagen z. B. nur zu 6%, daß sie mit 17 und früher schon Koituserfahrungen hatten, heute tun dies 44% der Töchter. Bei den Söhnen liegt die Situation ähnlich, mit 17 haben schon 33% Koituserfahrung, im Vergleich zu weitaus geringeren Prozentsätzen bei

den Vätern (4-17%). Als methodische Besonderheit muß hier natürlich erwähnt werden, daß es sich um Rückerinnerungen handelt, die bei älteren Menschen möglicherweise anderen Gesetzmäßigkeiten unterliegen als bei jüngeren.

Als letztes Indiz soll die kumulative Frequenz von Koituserfahrung bei einer Epochalstudie angeführt werden (Clement 1986), die eine sorgfältige Replikation einer Befragung von Studentinnen und Studenten repräsentiert. Die Einschränkung liegt hier auch zutage: es wird nur eine bestimmte Gruppe der Bevölkerung befragt, und die Ergebnisse beruhen auf einer postalischen Erhebung mit erheblichen Ausfällen (Rücklauf ca. 37%).

Wie Abbildung 33 illustriert, kommt ein bekanntes Muster zum Vorschein: die Vorverlegung der Koituserfahrungen in ein früheres Lebensalter. Mit 17 Jahren haben heute männliche Studenten etwa soviel Koituserfahrungen wie früher 19jährige. Bei den Frauen ist die Veränderung noch etwas stärker: 1981 haben 39% aller 17jährigen bereits Koituserfahrung, 1966 war dies bei den 20jährigen nur zu 31% der Fall.

Alle diese Indizien zusammen lassen den Schluß gerechtfertigt

Tabelle 23 Kumulative Verbreitung von Koitus in Abhängigkeit vom Lebensalter nach Angaben der Mütter bzw. der 17jährigen Töchter (in Prozent)

Kohabitarche-alter unter... Jahren	Lebensalter in Jahren			
	Mütter 50 und mehr (n = 138)	Mütter 40-49 (n = 633)	Mütter 30-39 (n = 414)	Töchter 17 (n = 289)
15	1	*	2	6
16	2	2	4	20
17	6	7	13	44
18	12	18	34	
19	27	35	58	
20	35	53	73	
21	51	70	87	
22	64	86	87	
23	79	94	100	
24	95	99	100	
25	98	100	100	

* weniger als 1%

Kumulative Verbreitung von Koitus in Abhängigkeit vom Lebensalter
nach Angaben der Väter bzw. der 17jährigen Söhne (in Prozent)

Kohabitarche-alter unter ... Jahren	Lebensalter in Jahren			
	Väter 50 und mehr (n = 73)	Väter 40-49 (n = 231)	Väter 30-39 (n = 93)	Söhne 17 (n = 148)
15	0	1	0	6
16	1	3	3	14
17	4	8	17	33
18	11	22	37	
19	25	44	58	
20	37	56	72	
21	59	73	86	
22	75	88	92	
23	85	95	97	
24	93	100	98	
25	99	100	99	

Quelle: Schmidt-Tannwald und Urdze 1983, S. 163.

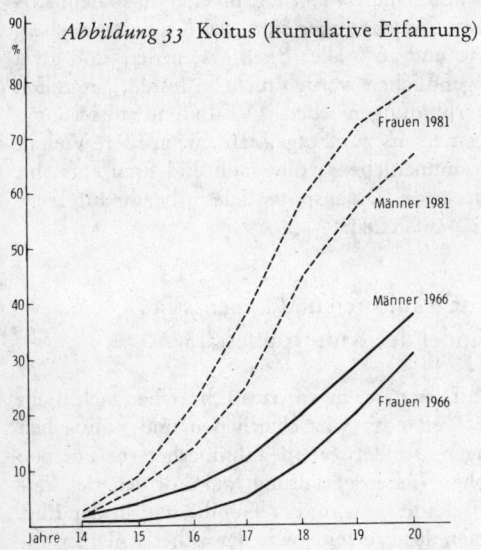

Abbildung 33 Koitus (kumulative Erfahrung)

Quelle: Clement 1986, S. 45.

erscheinen, daß hier eine der größten epochalen Wandlungen in den letzten Jahrzehnten vor uns liegt. Wir haben hier auch den Zeitraum erfaßt, in dem die Empfängnisverhütung zu einem medizinisch beherrschbaren Problem geworden ist. Dies dürfte ein tiefer Einschnitt in der Geschichte der Menschheit sein. Die Möglichkeit der Empfängniskontrolle hat eine neue Rationalität und möglicherweise auch eine neue Moral im Umgang mit der eigenen Sexualität geschaffen. Ob die neue Krankheit Aids einen ähnlichen Einfluß hat, ist heute noch völlige Spekulation.

Die Folge der biologischen Beherrschbarkeit der Empfängnis ist die, daß ein anderer verantwortlicher Umgang mit der eigenen Sexualität möglich wurde: die Verantwortung wurde individualisiert. Äußere Kontrollen und Ängste können wegfallen. *Ob* und *wann* und in welcher Zahl man Kinder haben möchte, ob man heiraten will oder nicht, wen man heiraten möchte, all dies ist heute weitgehend der persönlichen Entscheidung und persönlichen Planung anheimgestellt. Die Vergrößrung der Entscheidungsspielräume stellt die heranwachsende Generation aber vor komplexe Aufgaben, für deren produktive Bewältigung auch neue Kompetenzen nötig sind. Wenn entsprechende sozialhistorische Entwicklungen fortschreibbar sind, dann werden auch in Zukunft zwischen 30 und 40% aller Ehen geschieden, und etwa 20 bis 30% aller Jugendlichen werden nicht in festen, gesetzlich abgesicherten Eheverbindungen leben. Der Individualisierungsschub hat hier also einerseits zur Folge, daß eine größere Vielfalt der Formen des Zusammenlebens von Mann und Frau entsteht, daß aber andererseits neue Leidenspotentiale in bezug auf Trennung und Einsamkeit entstehen.

3.5 Alltagskulturen und Lebensstile: Wandel der Kulturpubertät?

Identifikations- und Distanzierungsprozesse beziehen sich nicht nur auf die »große Welt« der wirtschaftlichen und politischen Existenzbewältigungen, sondern auch auf überlieferte Formen der gemeinschaftlichen Lebensgestaltung, auf Formen des Zusammenlebens im Freundeskreis, in der Familie und in der Ehe, auf Gestaltungsformen der Freizeit sowie der ästhetischen Erfahrungen. In der Jugendforschung wird dieser Bereich meist additiv unter den Rubriken Freizeit, Familie, Liebe und Freundschaft, Ehe und Zukunftsvorstellungen, Freizeit und Musikinteressen abgehandelt. Diesen Themen haben sich alle Jugendstudien in der Nachkriegszeit gewidmet. Lassen sich daraus bestimmte Trends ableiten und belegen?

Die große Erwartung, die an epochale Änderungen gerichtet ist, ist die, daß gerade hier eine neue Identifikationskristallisation stattgefunden hat. In der Formulierung eines Übergangs vom »Verteilungsparadigma« zum »Lebenswelt-Paradigma« kommt dies z. B. zum Ausdruck. Es wird unterstellt, daß es der heranwachsenden Jugend heute vor allem um die Selbsterfahrung in selbstbestimmten Tätigkeiten und um die Erfahrung von Gemeinschaftlichkeit und Nähe geht. Dabei wird eine Abkapselungstendenz von der Welt der Erwachsenen und im Bezug auf die kulturellen Sphären eine Distanzierung von dem mitgedacht, was als hochwertige kulturelle Tradition gilt. In der »Sinnsuche« wird eher eine Distanz zu den Erfahrungsangeboten und den Sinnangeboten, wie sie in der abendländischen, christlichen Tradition aufgehoben sind, vermutet. Dagegen hat sich nach vielen Beobachtungen eine Konzentration auf die kommunikativen Kulturen der Jugendlichen untereinander vollzogen. Sie äußert sich sowohl in einer stark jugendspezifischen Sprache, in bestimmten Musikpräferenzen, in einer eigenen Körperkultur und in spezifisch jugendlichen Gesellungsformen. Sie setzt sich damit bewußt von den auf Gelderwerb, Status und Erfolg gerichteten »aquisitiven« Tendenzen des »Normalentwurfs« der Welt der Erwachsenen ab. An einigen ausgewählten Beispielen möchte ich diesen Wandlungsprozessen genauer nachgehen.

Anzeichen für einen Verlust der herkömmlichen Formen, Sinnsuche im Rahmen hochwertiger kultureller Angebote zu vollziehen, könnte man unterstellen, wenn in der Nachkriegsgeschichte ein zunehmender Rückgang der *Lesetätigkeit*, der Hinwendung zu *Theater und Konzerten*, ein Rückgang der eigenen Schreibtätigkeit in Tagebüchern und auch ein Rückgang im Spielen von klassischen Instrumenten zu verzeichnen wäre – wenngleich dies recht äußerliche Indikatoren für eine Deidentifikation mit der kulturellen Tradition sind.

Wieder verdanken wir dazu der Jugendstudie 85 die besten Vergleichsanalysen der kulturellen Praxis der Jugend in den fünfziger Jahren mit jener in den achtziger Jahren. Allerdings sind auch hier nicht überall Vergleiche bis unmittelbar zur Nachkriegszeit zurück möglich. So referieren die Autoren der Studie *Jugendliche und Erwachsene 85* Vergleichsdaten mit dem Jahre 1966. Entgegen den kulturkritischen Befürchtungen zeigt sich hier aber, daß heute sogar mehr Jugendliche ein Musikinstrument spielen als früher. 1966 gaben 17% der Jugendlichen an, ein Musikinstrument zu spielen, 1984 sind es 31%.

Vergleicht man jedoch die Präferenzen für unterschiedliche Instrumente (s. Tabelle 24), dann wird auch ein interessanter Trend sichtbar: die Gitarre hat einen enormen Aufstieg erfahren, die Geige einen Abstieg. Die Blockflöte hingegen ist das Instrument der Mädchen geblieben. Es gibt also deutliche Hinweise, daß es Pflicht- oder Zwangsinstrumente als Ausdruck von Elternwünschen gibt, und auch Musikinstrumente, die besonders die Geselligkeit der Jugendlichen untereinander fördern. Letztere werden heute häufiger gespielt.

Die eigene literarische Praxis, insbesondere jene des Tagebuchschreibens, galt schon in der geisteswissenschaftlichen Psychologie des Jugendalters als zentraler Indikator einer »Kulturpubertät«. Ist dies heute eine verschwundene Tätigkeit? Zinnecker kann belegen, daß dies nicht der Fall ist. Wieder müssen wir aber auf die Mädchen verweisen; sie sind es insbesondere, die sich der kulturellen Praxis des Tagebuchschreibens widmen; sie scheinen in besonderem Maße das Bedürfnis zu empfinden, ihre eigene Identität selbst zu finden und auszudrücken. Sie schreiben nicht nur mehr Tagebücher, sie telefonieren auch häufiger, sie schreiben häufiger Briefe. *Danach sind heute vor allem die Mädchen die Träger der Kulturpubertät und nicht so sehr die Jungen.* Solche literarischen Tätigkeiten stehen in klarem Zusammenhang mit einer elaborierten biographischen Reflexion, mit Selbsterfahrungs- und Gruppenerfahrungsprozessen.

Diese verschiedenen Ausdrucksformen der Selbstfindung nehmen natürlich in der Lebensgeschichte von Personen ab, sie haben ihre ganz besonderen biographischen Höhepunkte. Beim Tagebuchschreiben ist dies z. B. im Alter von 15 bis 16 der Fall. Vergleicht man nun die kulturelle Tätigkeit der Erwachsenen mit denen der Jugend heute, dann ist ganz deutlich, daß die Jugend sich heute sehr viel intensiver literarisch auszudrücken versucht (s. Zinnecker 1985, S. 264), als dies früher der Fall war.

Interessanterweise sind diese kulturellen Aktivitäten, ist die Be-

Tabelle 24 Jugendliche 84, Jugendliche 66 und Erwachsene 84, nach Geschlecht/Art der Musikinstrumente (Angaben in Prozent)

	Jugendliche 84			Jugendliche 66			Erwachsene 84		
	männ. n = 194	weib. n = 251	Gesamt n = 445	männ. n = 190	weib. n = 167	Gesamt n = 357	männ. n = 83	weib. n = 71	Gesamt n = 154
Gitarre	48	37	42	29	15	23	17	10	14
Blockflöte	14	58	39	12	47	28	15	34	23
Klavier	14	30	23	22	32	27	19	34	26
Heimorgel	9	11	10	–	–	–	11	9	10
E.-Gitarre	21	1	10	–	–	–	–	–	–
Mundharmonika*	11	6	8	18	10	15	47	30	39
Geige	2	4	3	9	11	10	7	6	7
Sonstige Instrumente	78	41	57	48	30	40	56	39	51
	197	188	192	138	145	143	172	162	170

* (1966: und Zieharmonika)

Quelle: Jugendwerk der Deutschen Shell (Hg.) 1985, Bd. 2, S. 130.

schäftigung mit Fiktion und Literatur auch eingebettet in eine bewußtere Wahrnehmung von politischen Problemen. Eine intensive Schreibpraxis ist z. B. mit einer größeren Sympathie für Kernkraftgegner, für Gruppen mit alternativer Lebensweise, für kirchliche Initiativgruppen, für Dritte-Welt-Initiativen, für die Friedensbewegung, für die Frauenbewegung, für Bürgerinitiativen usw. verbunden. Einfache Kulturen wie jene von Fußballfans und von Motorradfans werden dagegen stärker abgelehnt.

Besonders wichtig scheint mir ein Geschlechtsunterschied zu sein, der in der Orientierung an Lebenszielen bei unterschiedlich intensiver Schreibpraxis zum Ausdruck kommt. Je intensiver Jungen literarisch tätig sind, desto weniger sind sie auf schulische und berufliche Leistungen stolz. Bei Mädchen ist dies gerade umgekehrt. Bei ihnen ist eine intensive literarische Tätigkeit mit einer Betonung beruflicher und schulischer Leistung und einer Deidentifikation mit Heim und Familie, Hausfrau und Mutter, verbunden. Hier kommen Formen der Kulturpubertät zum Ausdruck, die für die Geschlechter unterschiedlich verlaufen: bei den Jungen ist sie mit einer Deidentifikation mit dem Normalentwurf von Beruf und Leistung verbunden, bei Mädchen mit einer Intensivierung einer solchen Identifikation. Jungen werden dann also sanft und sensibel, Mädchen strebsam und leistungsorientiert.

Nun ist auch der Hinweis interessant, den Zinnecker beim Vergleich der heutigen Kulturpubertät mit der in den zwanziger und dreißiger Jahren gibt. Er meint nämlich belegen zu können, daß Jugendliche mit einer intensiven Kulturpubertät dies heute nicht mit Askese und Sublimation sexueller Nöte erkaufen. Im Gegenteil, schreibende Jugendliche haben früher sexuelle und erotische Erfahrungen als nicht schreibende. Sie sind auch für Freizeitaktivitäten wie Tanzen, Flirten, Ausgehen, mit der Freundin zusammen sein, unterwegs sein, den Körper sportiv erproben sehr offen. Sie bieten also das Bild einer aktionsbezogenen, erlebnishungrigen, frühen Adoleszenz. Es finden sich viele Hinweise, daß Kulturpubertät heute vor allem bedeutet, aktiv und experimentell nach neuen Lebensformen Ausschau zu halten.

Schließlich sei hier noch ein kurzer Hinweis auf die Veränderung der Lesetätigkeiten gegeben. In Tabelle 25 sind die Ergebnisse aus der Jugendstudie 54 mit jener der Jugendstudie 84 verglichen. Epochale Wandlungen, die durch ein verändertes Angebot bestimmt sind, kommen in der Zunahme des Fernsehens in trivialer

Tabelle 25 Lesen, Sport, Medienkonsum nach Geschlecht. Vergleich Jugend 54 – Jugend 84 (Angaben in Prozent)

(Auswahl der Antworten:)	Jugend 54			Jugend 84		
	männ. n = 776	weib. n = 717	Gesamt n = 1493	männ. n = 725	weib. n = 747	Gesamt n = 1472
Bücher lesen	27	42	35	19	41	30
Sport, Wandern	45	19	32	49	48	48
Rundfunk, Fernsehen	6	8	7	25	22	24
Kino	6	7	6	3	3	3

Fragetext: »Womit befassen Sie sich in Ihrer Freizeit am liebsten?« (offene Frage; Mehrfachantworten möglich)
Quellen: Emnid 1954, S. 139; Jugend 84, Frage 35; nach: Jugendwerk der Deutschen Shell (Hg.) 1985, Bd. 2, S. 191.

Form zum Ausdruck. Bei den Leseaktivitäten zeigen sich bei den Mädchen keine Veränderungen, wohl aber ist ein Rückgang bei den Jungen feststellbar. Zum anderen sind Mädchen sportlicher geworden.

Dies sind selbstverständlich recht oberflächliche Indikatoren für Veränderungen des kulturellen Habitus. Wer nämlich auf die Jugendstudien der fünfziger Jahre zurückgeht, dem wird nicht verborgen bleiben, daß dort besonders die Häufigkeit des Lesens minderwertiger Literatur beklagt wird. Eine weitergehende Analyse müßte also, wie es Zinnecker auch teilweise tut, eine Differenzierung nach der Art der gelesenen Lektüre enthalten.

Zusammenfassend sei hier festgestellt, daß es nicht möglich ist, von einem Verlust der Kulturpubertät, selbst im klassischen Sinne, zu sprechen. Die Inhalte sind heute anders geworden, die Suche nach neuen Lebensformen, die allerdings schon Spranger angesprochen hatte, hat einen anderen Akzent erfahren. Die gewichtigste Veränderung sehe ich in den gegenläufigen Prozessen der Kulturpubertät bei Jungen und Mädchen. Für Jungen ist sie, und dies könnte ein problematischer Aspekt sein, mit einer Deidentifikation mit Leistung, Beruf und Karriere verbunden, bei Mädchen ist das Umgekehrte der Fall.

3.6 Formen der Vergemeinschaftung
im epochalen Wandel

Eine intensive Vergemeinschaftung unter Jugendlichen, also das
Bewußtsein und das Gefühl der Zusammengehörigkeit und die
Ausrichtung des gesamten sozialen Handelns an diesem Gefühl
der Gemeinsamkeit, kann als subtiler Modus der Deidentifikation
mit dem »umgebenden gesellschaftlichen System«, das innerhalb
dieser Gemeinschaft ausgeblendet und abgewertet wird, interpre-
tiert werden. Jenseits der entwicklungspsychologischen und biographischen Bedeutung von Altersgruppenbeziehungen ist deshalb auch in der Jugendenquête (Wissmann und Hauck 1982) das
intensive Gemeinschaftsgefühl, das Suchen nach Nähe und Geborgenheit in der Gemeinschaft der Gleichgesinnten, ist das Un-
behagen, aus diesen Gemeinschaften herauszutreten und neue Beziehungen aufzunehmen, als ein kennzeichnendes Merkmal der
neuen Jugendgenerationen wahrgenommen worden.
Daß solche Vergemeinschaftungen aber nicht notwendig mit politischen Distanzierungsprozessen verbunden sind, macht z.B.
die deutsche Jugendbewegung sichtbar, die in der Vergemeinschaftung auch den Traum vom neuen Vaterland, vom Dritten
Reich entfaltet hat. Gerade darin, in der fehlenden Hoffnung auf
die Gestaltung einer neuen Gesellschaft, scheint sich das gemein-
schaftsbezogene Intensivsegment der heutigen Generation, die
sich eher aggressiv vom »System« abgrenzt, von jener der deutschen Jugendbewegung zu unterscheiden.
Jenseits solcher Perspektiven, die nach der »Reproduktionsrele-
vanz« der jugendlichen Vergemeinschaftungsformen fragen, ist
seit Beginn der empirischen Jugendforschung nach den »Gesellungsformen«, nach den sozialen Beziehungsmustern der Jugendlichen untereinander und zur erwachsenen Generation gefragt
worden. Wir können uns gerade auf diesem Gebiet deshalb auf
einige Zeitreihen stützen, die epochale Entwicklungen deutlich
machen. Im ältesten sozialhistorischen Vergleich, den die Shell-
Studien selber vorgenommen haben (Jugend zwischen 13 und 24,
Vergleich über zwanzig Jahre), ist dies auch ein Schwerpunkt
gewesen. Angestoßen durch theoretische Überlegungen von Ro-
senmayer über das Wachsen des Solidarisierungspotentials unter
Jugendlichen sind die Beziehungsmuster der Jugendlichen unter-

Tabelle 26 Bindungspotential (Vergleich von Teilgruppen) jeweils in Anteilen an vergleichbaren Gruppen (in Prozent)

	1953	1964	1975
Freundschaft Männer	65	72	72
Freundschaft Frauen	62	62	65
Kumpels	83	*	90
Gute Bekannte (weiblich)	73	*	90
Feste Freundinnen (Männer)	*	30	45
Feste Freunde (Frauen)	*	40	47
Informelle Gruppe	*	51	68
Bindung an Verein oder Organisation	38	39	57
Wohngemeinschaft mit Eltern	*	79	71
In eigener Familie lebend	*	9	8

* nicht erhoben

Quelle: Jugendwerk der Deutschen Shell (Hg.) 1975, Bd. 3, S. 64.

einander über zwanzig Jahre verglichen worden. Das Ergebnis ist zusammenfassend in Tabelle 26 festgehalten.

Daraus wird ersichtlich, daß es mehrere Indikatoren gibt, die darauf verweisen, daß die Jugendlichen enger zusammengerückt sind. Männliche Jugendliche haben mehr feste Freunde, weibliche mehr feste Freundinnen. Auch die Anzahl der »Kumpels« und der guten Bekannten ist gestiegen. Die Teilnahme an informellen sozialen Gruppierungen hat zugenommen, ebenso die Mitgliedschaft in Organisationen. In Wohngemeinschaft mit Eltern leben heute dagegen weniger Jugendliche.

Dies ist der erste wichtige Hinweis gewesen, daß sich epochal die Trennung der jungen Generation von der älteren, was die überschneidenden Verkehrskreise angeht, verstärkt hat. Darin sieht z. B. Fogt (1982) auch ein großes Problem der politischen Sozialisation. Lebens- und Existenzbewältigung wird bei dünner werdenden Kontakten zwischen Jugendlichen und Erwachsenen auch weniger als gemeinsame Aufgabe wahrgenommen.

War in den fünfziger Jahren für die Jugendforschung die Frage nach Vereinsamung und Bindungslosigkeit, daß Jugendliche also wenige Freunde und wenige Vertrauenspersonen haben, noch ein zentrales Problem, so steht in den achtziger Jahren die Frage nach den sozialen Folgen der intensiven Vergemeinschaftung von Jugendlichen im Vordergrund. Dazu hat nicht zuletzt das eindrucksvollste Ergebnis des Epochalvergleichs von Allerbeck und Hoag (1985) beigetragen, der in der Mitgliedschaft von Cliquen den deutlichsten epochalen Wandel von den sechziger zu den achtziger Jahre gefunden hat. Wie Abbildung 19 illustriert, hat die Mitgliedschaft in informellen Grupen von Jugendlichen enorm zugenommen: von 16,2% auf 56,9%, also um über 40% (s. Allerbeck und Hoag 1985, S. 38). »Während Mädchen 1962 nur etwa halb so oft wie Jungen Mitglieder in Cliquen waren, gibt es heute keinen Geschlechtsunterschied mehr: die Mehrheit beider Geschlechter gehört Cliquen an. Wenn man dies mit anderen Ergebnissen von Zeitvergleichen in ähnlichen Zeiträumen vergleicht, erscheint es als eine ganz ungewöhnliche Veränderung« (Allerbeck und Hoag 1985, S. 38 f.). Damit geht aber auch eine größere Identifikation mit der eigenen Altersgruppe einher. Allerbeck und Hoag können zeigen, daß die andersgeschlechtlichen Freundschaften heute früher beginnen als 1962. Das Einflußpotential der Erwachsenen geht dadurch in dieser Altersphase zurück, da der gegengeschlechtliche Freund in diesem Lebensabschnitt die wirksamste Beeinflussungsinstanz wird.

Nur wenige Jugendliche sind heute in den in Medien oft genannten informellen Gruppen (Punker, Hausbesetzer, Jugendorganisation politischer Parteien, Rocker, nationalistische Gruppen, Kernkraftgegner oder Alternative) »organisiert«. Die Mitgliedschaften bewegen sich zwischen 0,2 und 0,3%. Allerdings sind allen Jugendlichen diese Gruppen bekannt, und etwa 50% kennen Jugendliche, die Punker, Kernkraftgegner oder Alternative sind. Sie dürften deshalb als Leitbilder keine zu unterschätzende Rolle spielen.

Das Miteinandersein gewinnt in der Vorstellungswelt der Jugendlichen in dieser Zeit auch eine überragende Bedeutung. In der Emnid-Studie aus dem Jahre 1985, die sich auf 14- bis 20jährige bezieht, sind die Werte erfragt worden, für die es sich lohnt, zu leben. Am stärksten befürwortet wird dabei »gute Freunde haben«, »lieben und geliebt werden«. Erst danach kommen »in Freiheit leben«, »in seinem Beruf Freude haben«, »die Welt sehen, Reisen machen« usw. Werte der Zusammengehörigkeit, der Kommunikation und der Gemeinsamkeit stehen vor Werten des Erfolgs und der materiellen Absicherung (Emnid 1985, S. 6 f.).

Die Orientierung an den kommunikativen Kulturen der Gemeinschaft wird jedoch von vielen Autoren kritisch kommentiert.
Während generationssoziologische Arbeiten (s. Eisenstadt 1966)
früher das gesellschaftlich funktionale Lernpotential der Gleich-
altrigengruppen betont haben, sind in den siebziger und achtziger Jahre zunehmend Bedenken hochgekommen. Dabei steht
nicht nur der potentielle Rückzug aus der gesellschaftspolitischen
Verantwortung zur Diskussion, und es wird nicht nur die potentielle »Verantwortungsfreiheit« des Schonraumes Jugend betont,
der insbesondere durch die Schulen verstärkt wird, sondern die
Lebensbewältigungsimplikation der Orientierung an jeweils frei
aufzunehmenden und auch wieder aufzulösenden Sozialbezie-
hungen diskutiert. Allerbeck und Hoag meinen z. B., daß hier ein
hohes Maß an sozialer Unverbindlichkeit gelernt wird; wenn man
mit jemandem nicht auskommt, wird einfach der Kontakt fallen-
gelassen und ein anderer gesucht, was insbesondere für die Fähigkeit, mit Personen, die man sich selbst nicht ausgesucht hat, auskommen zu müssen, problematisch ist und was kein förderliches
Moment für stabile langfristige Partnerbeziehungen sein kann.
Soziale Verantwortung, Kontinuität und Treue muß nicht eingeübt werden, da der unverbindliche Kontakt jeweils ermöglicht,
notwendige soziale Koordination durch mögliche soziale Selektion zu ersetzen. Ob dem so ist, darüber haben wir bisher keine
soliden empirischen Hinweise, wenngleich es wichtig ist, solche
möglichen Implikationen zu bedenken.
Die intensive Vergemeinschaftung der jugendlichen Generationen heute wird dort als berechtigtes Problem angesehen, wo das
Beratungspotential der Erwachsenen beeinträchtigt wird und eine
Wertkultur im Entstehen begriffen ist, die für eine langfristige
persönliche Lebensbewältigung und für die gesellschaftliche Existenzsicherung problematisch ist. Damit wird die Frage nach den
Vergemeinschaftungsformen zu einer nach dem Wertwandel.
Einige wenige Bemerkungen dazu sollen unseren Versuch, ausgewählte Zeitreihen für epochale Veränderungen von Jugendlichen
zu finden, abschließen.

Der Vater der Wertwandeldiskussion in den westlichen Indu-
striestaaten ist ohne Zweifel Inglehardt (1977), der die inzwischen
vielfach umstrittene These vom Wandel materialistischer zu postmaterialistischen Werten aufgestellt hat. Um diese Arbeit richtig
einschätzen zu können, muß man wissen, daß die These auf einer
Wertmessung beruht, die dem Befragten nahelegt, unter den folgenden vier Politikzielen auszuwählen:

a) Aufrechterhaltung der Ordnung in der Nation
b) Verstärktes Mitspracherecht der Menschen bei wichtigen Regierungsentscheidungen
c) Kampf gegen steigende Preise
d) Schutz der freien Meinungsäußerung.

Als Materialisten werden diejenigen bezeichnet, die sich für die
Alternativen a) und c) entschieden haben, als Postmaterialisten
jene, die für die Alternativen b) und d) optieren. Alle anderen
Personen wurden als Mischtypen eingestuft. Es gibt nun viele
Untersuchungen, die belegen, daß die These von einem generellen
Wertewandel auf der Basis dieser Messungen zweifelhaft ist (s. Jagodzinski 1985). Dieser Autor konnte nachweisen, daß die Nachkriegsgeneration heute materialistischer ist als die Kriegsgeneration im gleichen Alter, nämlich 1970. Von daher existieren dauer-
hafte Generationsdifferenzen offensichtlich nicht.

Nichtsdestoweniger belegen fast alle Studien, die sich mit altersspezifischen Wertpräferenzen beschäftigen, daß die älteren Jahrgänge Werte wie Leistungsorientierung, eheliche Treue, Zuverlässigkeit und Pünktlichkeit, höfliches Benehmen gegenüber
Älteren, Verlässlichkeit und Sorgfalt im Beruf, Eigentum und
Sparsamkeit als Lebenssicherungsbasis höher bewerten als jüngere Jahrgänge (s. etwa *Jugend zwischen 13 und 24*, Band 3, S. 90
ff.). Auch die Abbildung 27, die die Gesamtbevölkerung mit den
Anhängern der Partei der Grünen verglichen hat, weist auf diesen
Sachverhalt.

Eine genauere Inhaltsanalyse ergibt aber, daß die Hauptdifferenz
darin liegt, daß die ältere Generation in viel höherem Maße an
Werten orientiert ist, die die *Sicherung der bestehenden Lebensverhältnisse* im Auge haben. Darin schlägt sich möglicherweise
die Erfahrung nieder, daß die gegenwärtige Wirklichkeit ganz
anders sein kann, als sie ist, daß der Rückfall in Armut und Klas-

senkampf, in Totalitarismus und Anarchie jederzeit wieder möglich ist. Sie befürworten deshalb Werte, die um Absicherung des Erreichten gruppiert sind. Die junge Generation, die ein anderes Geschichtsbewußtsein hat, die andere Lebensumstände als gegeben und selbstverständlich annimmt, ist mehr *an noch zu Erreichendem* interessiert. Sie orientiert sich deshalb sehr viel stärker an Freizügigkeit und Autonomie, an Selbstentfaltungsmöglichkeiten und Freiheit, an Gemeinschaftlichkeit und Kommunikation. Es ist aber durchaus denkbar, daß neue Lebensformen mit mehr Ganzheitlichkeit und intensiverer Kommunikation nicht auf die junge Generation beschränkt bleiben. Zunehmend mehren sich die Anzeichen, daß gerade die mittlere Generation, die 30- bis 45jährigen, einen ähnlichen Wertwandelschub erleben wie die Jugend selber.

In Übereinstimmung mit diesen Wertpräferenzen haben sich auch Sinnentwürfe, was ein »erfülltes Leben« sei, gewandelt. Hier hat sich offensichtlich der Schwerpunkt auf zwischenmenschliches Zusammensein verlagert, insbesondere auch auf das Zusammenleben in Wohngemeinschaften und schließlich auf das Zusammenleben von Mann und Frau. Die Ansprüche an »Erfüllung« sind in diese kommunikativen Erfahrungen eingebunden. Ein erfülltes Zusammenleben wird zum Kristallisationskern eines erfüllten Lebens.

Sehr intensiv hat sich die Sinus-Untersuchung (1983, S. 62 ff.) mit solchen veränderten Lebensentwürfen im Zusammleben von Mann und Frau, von Jungen und Mädchen beschäftigt. Das Muster, das sich hier herauskristallisiert, ist einfach beschreibbar: entgegen den landläufigen Vorstellungen vom Libertinismus der Jugend spielt für die meisten sexuelle Treue, zwischenmenschliche Nähe, Zärtlichkeit, Kinderliebe eine herausragende Rolle. Härte und Überlegenheit, insbesondere des Mannes, gehen als relevante Merkmale der sozialen Anerkennung zurück. Aber auch Verzicht und Selbstlosigkeit gelten bei einem Viertel der Jugendlichen heute als generell unwichtig. Partnerschaft ist somit eine Verbindung von Nähe und Treue, die als funktionsfähige Einheit aber zuerst in Lebensgemeinschaften erprobt wird. Es findet hier also auch ein gewichtiger Emanzipationsprozeß statt, wobei es allerdings den Jungen schwerer zu fallen scheint, sich neuen Rollenerwartungen anzupassen als den Mädchen. Am ehesten gelingt es ihnen später in der neu definierten Vaterrolle, die jetzt auch Verhaltensstile wie Zärtlichkeit und Kinderliebe einschließt.

An einigen Punkten lassen sich auch Hinweise finden, daß die gemeinschaftlichen Lebensformen nicht mehr in den rechtlichen Institutionen wie Familie und Ehe gesucht werden (s. Allerbeck und Hoag 1985, S. 92 ff.). In der Generation der Unbefangenen, also in der Hoch-Zeit der problemlosen Akzeptanz der Normalentwürfe des privaten Lebens, Beruf und Familie zu haben, war der Heiratswunsch ubiquitär. 92% der 16- bis 18jährigen Mädchen und etwa 80% der Jungen wollten einmal heiraten. Zwanzig Jahre später ist das nicht mehr in dem Umfang der Fall. Nur mehr 70% der Jungen und 77% der weiblichen Jugendlichen wollen später einmal heiraten. Der Rückgang ist allerdings nicht so dramatisch, wie man ihn aufgrund der öffentlichen Diskussionen hätte erwarten können. Bei Jungen geht er um 10%, bei Mädchen um 15% zurück. Allerdings spielen heute nach Allerbeck und Hoag subkulturelle Differenzierungen eine große Rolle: ob Jungen und Mädchen kirchlich gebunden sind, ob sie auf dem Land oder in der Stadt wohnen, welchen Bildungsgrad sie haben.

Parallel zu diesen Wandlungen hat sich die Sexualmoral und die Ehemoral gewandelt. Allerbeck und Hoag berichten von einer deutlichen Veränderung der Bedeutung der Ehe als Legitimation, Kinder zu bekommen. Ob es für eine Frau wichtig ist, daß sie verheiratet ist, wenn sie ein Kind bekommt, bejahten 1962 90% der Befragten, 1983 tun dies nur noch 52%. Überraschend ist besonders der Sachverhalt, daß dies von Mädchen noch stärker für unwichtig gehalten wird als von Jungen. Der Wandel läßt sich hier also wieder auf gewandelte Verhältnisse bei den Geschlechtern zurückführen. Als schwer interpretierbar muß dabei der Sachverhalt gelten, daß Mädchen die Ehe als Schutzraum für Kinder für weniger bedeutsam erachten als Jungen.

Auch der Verlauf der »Partnerwahl« ist heute ganz anders als vor zwanzig Jahren. Über 80% aller Jugendlichen wollen zunächst zusammenleben und erst dann heiraten. Der traditionelle Lebensplan, Miteinander-Gehen, Verlobung und Zusammenleben erst nach der Trauung, wird nur von 15% der weiblichen und ca. 10% der männlichen Jugend gewünscht. Natürlich spielt hier die Religion noch eine sehr große Rolle. Religiös gebundene katholische Mädchen sind immer die traditionellste Gruppe, religiös wenig gebundene Protestanten die »modernste«.

Entsteht hier also eine Jugend mit zunehmender Bindungsscheu, die institutionelle Absicherungen ablehnt und sich in viel größerem Maße auf Experimente einläßt? Dies ist schwer zu beurteilen, aber es ist unzweifelhaft, daß sich in den letzten zwanzig Jahren dramatische Veränderungen vollzogen haben. Dabei scheint auch die Instabilität des eigenen Elternhauses einen Einfluß auf die Bereitschaft zu haben, selbst eine Ehe einzugehen. 75% der Jugendlichen, deren Eltern verheiratet sind und zusammenleben, möchten selber heiraten, jedoch nur 60% jener, deren Eltern geschieden sind. Die Veränderungen in diesem Bereich der Sinnentwürfe sind also unübersehbar. Besonders der Rückgang traditioneller Vorstellungen, die an die religiös fundierte Sexualmoral gebunden waren, ist von unübersehbarem Ausmaß. An der Stelle religiös fundierter Treue-Vorstellungen treten eher rationale Überlegungen der Bedingungen einer stabilen Partnerschaft, die stärker ausprobiert, erprobt und nur in einem Endstadium gesetzlich legitimiert wird. Solche stabilen Partnerbeziehungen werden zwar angestrebt, ihr Erreichen ist aber eher die Leistung der beiden Partner und weniger Ergebnis der Akzeptanz einer Norm, unter allen Bedingungen zusammenbleiben zu müssen. Daß dieser neue Lebensstil seine eigenen Belastungen, aber auch Chancen hat, sei an dieser Stelle nur erwähnt; ihm werden sich in Zukunft sicherlich ganze Wissenschaftszweige widmen, die sich mit gelungener Partnerschaft und gelungenen Familiensystemen beschäftigen. Die veränderten Sinnentwürfe in der Gestaltung des privaten Lebens dokumentieren sich besonders eindrucksvoll auch in veränderten Rollenvorstellungen und veränderten Entwürfen zukünftiger Arbeitsteilung in der Familie. Bei den Eltern funktioniert nach der Wahrnehmung der Jugendlichen die traditionelle Arbeitsteilung noch in den meisten Familien. Saubermachen und Kochen wird von der Mutter erledigt, Einkaufen eher gemeinsam, Geld verdienen und kleine Reparaturen sind die Domäne des Mannes. Die Mädchen sind heute stärker an einer größeren Gleichverteilung der Aufgaben orientiert, Jungen allerdings weniger. Hier könnte sich eine wichtige zukünftige Konfliktquelle entwickeln. In der Lebensplanung, im Versuch, Kinder und Beruf zu vereinigen, dominiert eindeutig das Drei-Phasen-Modell, also die Vorstellung des Wechsels von Arbeit, Familientätigkeit und wieder Arbeit. Mädchen präferieren dieses Modell aber weniger als Jungen (s. Allerbeck und Hoag 1985).

In Zukunft ist somit von seiten der Mädchen ein Druck auf mehr Gleichberechtigung zu erwarten. Die selbst erfahrene jahrelange Gleichstellung, ja sogar Überlegenheit, die sie im Kontext der Bildungsinstitutionen erleben, bleibt nicht ohne Auswirkungen auf ihre Vorstellungen, wie die Lasten des gemeinsamen Lebens verteilt werden sollen. Insgesamt entsteht bei simultaner Betrachtung der verschiedensten epochalen Wandlungen der Eindruck, daß sich Wertwandel nicht einfach auf die Dimension materialistisch-postmaterialistisch abbilden läßt. Er bewegt sich eher auf der Trias, daß der Stellenwert von Arbeit anders geworden ist, daß in Verbindung mit einer veränderten Sexualmoral auch eine Bedeutungsverschiebung im gemeinschaftlichen Zusammenleben erfolgt ist und daß die persönliche Selbstverwirklichung einen größeren Stellenwert bekommen hat.

Ist die ältere Generation stärker an Stabilität und Sicherung der Lebensbedingungen orientiert, so standen zumindest bis in die Mitte der achtziger Jahre bei der heranwachsenden Generation die genannten Wertprioritäten im Vordergrund. Ob dies so bleiben wird, ist angesichts der zunehmenden Verunsicherung, ob die materiellen, politischen und sozialen Verhältnisse so bleiben werden, wie sie sind, durchaus nicht sicher.

Ich habe bei dieser Darstellung von Zeitreihen versucht, keinen Zweifel daran zu lassen, daß es sich um *ausgewählte* Merkmale handelt, die in der zeitlichen Veränderung beobachtet werden. Damit sind natürlich viele methodische Probleme verbunden, wenn man einen Überblick mit systematischem Anspruch gewinnen will. An vielen Stellen taucht die Frage auf, warum gerade dieses Einzelitem in dieser Formulierung mit diesen Antwortkategorien verwendet wurde, warum ein bestimmer Prozentsatz erwähnt, ein anderer »unterschlagen« wird, wie die Meßzeitpunktwahl begründet ist, ob nicht zwischen zwei langen Meßzeitpunkten ganz verschiedene Oszillationen vorkommen, wie die einzelnen Items untereinander zu verknüpfen sind, welche Typologien auch empirisch gerechtfertigt sind, wo Ambivalenzen überwiegen, wo überhaupt schon Einstellungen vorhanden sind bzw. wo gar keine Meinungen vorliegen, aber durch die Fragen künstlich generiert werden und welche Bedeutung bestimmte Worte zu bestimmten Zeiten und in verschiedenen Ländern hatten. Betrachtet man auf diesem datenkritischen Hintergrund in einer Zusammenschau die solidesten Informationen, die wir über epochalen Wandel in jugendlichen Orientierungsweisen haben, dann ergibt sich für die letzten zwanzig Jahre das folgende Bild:

1. Der Arbeitseifer und insbesondere die Einschätzung der Bedeutung von Arbeit für die eigene Lebensperspektive ist global relativ wenig zurückgegangen. Bei einer Betrachtung von Mädchen und Jungen zeigt sich die zentrale epochale Veränderung: für Mädchen mit höherer Bildung ist die Bedeutung von Arbeit sogar gestiegen, für Jungen in dieser Situation ist sie besonders deutlich zurückgegangen. Im selben Zeitraum ist die Distanz gegenüber der jugendlichen »Arbeitsstätte« Schule größer geworden. Hier ist die Unzufriedenheit heute artikulierter.

2. In der Orientierung am politischen System läßt sich mit verschiedenen Indikatoren ein Demokratisierungsprozeß und eine größere Offenheit und Wachsamkeit gegenüber politischen Vorgängen konstatieren. Wieder finden wir in der Nachkriegszeit bei den Mädchen die markantesten Veränderungen. Sie werden kritischer und politisch interessierter. Besonders deutlich läßt sich ein epochaler Wandlungsprozeß in den Parteipräferenzen nachweisen. Bis Mitte der sechziger Jahre hat sich der größere Teil der jungen Generation zur CDU hingezogen gefühlt, dann erfolgte ein Wechsel in den Präferenzen zur SPD, um schließlich von Näheverhältnissen zu den Grünen abgelöst zu werden.

3. Besonders auffällig sind die veränderten Formen der Vergemeinschaftung früher und heute. Die eher unverbindlichen Peer-Kontakte in Cliquen haben einen enormen Bedeutungszuwachs erlebt.

4. Entgegen vielfacher Befürchtung sind Praktiken der Selbstdarstellung und der künstlerischen Äußerung in Literatur und Musik eher intensiver geworden. Wieder kommt hier aber zum Vorschein, daß die Mädchen in besonderem Maße die neuen literarischen Kulturen tragen. Sie lesen am meisten, schreiben am häufigsten Tagebuch. Gleichzeitig sind sie im Vergleich zu früher sehr viel sportlicher geworden. Ein neues Frauenbild ist entstanden, von der Hausfrau hin zur selbständigen, körperbewußten, sportlichen und beruflich erfolgreichen Frau.

Insgesamt kann man eine Intensivierung der Bedeutung persönlicher Selbstfindungsprozesse konstatieren. Mädchen haben daran einen besonders hohen Anteil. Wie internationale Untersuchungen zeigen, sind hier spezifisch deutsche Wandlungsprozesse festzustellen. In Japan und auch in anderen hochindustrialisierten Ländern spielen die persönliche Selbstdurchsetzung und die Gewinnung persönlicher Kontrolle über Lebensumstände keine so große Rolle wie in Deutschland (s. Trommsdorff 1986). In Japan ist die Bereitschaft, über sich Kontrolle zu gewinnen, um sich in die Gemeinschaft besser einzuordnen, möglicherweise aufgrund alter kultureller Traditionen des Shintuismus, stärker ausgeprägt.

In den hier berücksichtigten Zeitreihen sind mit Sicherheit nicht alle Wandlungen in den Generationsgestalten adäquat abgebildet. Es könnte durchaus sein, daß wir es heute primär mit einer *polarisierten Generation* zu tun haben, daß sich also in bisher unbekanntem Ausmaß Jugendliche in solche polarisieren, die bereit sind, sich in den »Normalentwurf« unserer Existenzbewältigung zu integrieren bzw. in solche, die diesen Normalentwurf ablehnen und Gegenkulturen aufbauen (s. z. B. Siebenschön 1986).

Über solche Subgruppen hinweg ist jedoch ein zentraler Wandel unübersehbar: der Weg von normativen Bindungen zu einer Individualisierung moralischer Entscheidungen. Nicht was »man tut«, was andere meinen oder gar was Institutionen (Kirche, Staat) für richtig halten, wird handlungsleitend, sondern was man persönlich meint und selbst zu verantworten können glaubt.

4. Fazit

Resümierend sollen die hier überblicksweise berichteten historischen Veränderungen im Bewußtsein von Heranwachsenden in die Frage gebündelt werden, ob sie eine Entwicklungslogik anzeigen, die nur durch die Kenntnis der sozialhistorischen Veränderungen von Bedingungen des Aufwachsens verstehbar wird. Bevor ich darauf positiv begründend eingehe, seien nochmals jene Positionen angeführt, die meines Erachtens unzureichend sind. Ich möchte in mehreren Thesen dazu Stellung nehmen:

1. Es läßt sich unzweifelhaft ein Wandel im Bewußtsein und im Verhalten der Generationen in den letzten Jahrzehnten feststellen. Die vielen Verästelungen dieser Wandlungsprozesse sind hier belegt worden. Sie sind jedoch nicht *aus sich heraus* verständlich, etwa in dem Sinne, daß das eine Weltbild den »Keim« für die Entstehung eines anderen notwendig enthält. Dies wäre eine »*idealistische*« Position, die Bewußtseinswandel nur unzureichend erklären kann.

2. Die Hoffnung aber, die Veränderung von Generationsgestalten durch den Rekurs auf Wandlung in der Gesellschaft und objektiven Bedingungen des Aufwachsens zu erklären, ist ebenfalls trügerisch. Eine »*objektivistische*« Abbildthese, die Ableitung des generationalen Bewußtseins aus dem »*gesellschaftlichen Sein*«, bewährt sich ebenfalls nicht. Es ist bisher nicht gelungen, jugendliche Generationsgestalten aus der Kenntnis von »objektiven« Entwicklungsprozessen vorherzusagen. Ferner haben sich einfache Entsprechungen im Sinne von »gute Lebensumstände – zufriedene Jugend«, »freiheitliche Lebensumstände – tolerante Jugend« als falsch erwiesen.

Wenn dies alles unzureichend ist, wenn aber die Erarbeitung der Inhalte eines Generationenbewußtseins nicht genau genug erfolgen kann und die Kenntnis der objektiven Bedingungen des Aufwachsens nicht detailliert genug sein kann, wie lassen sich dann theoretische und empirische Zusammenhänge finden und formulieren?

Ich möchte darauf in mehreren Schritten eingehen und damit die Kernpunkte einer Theorie der Jugendgestalten formulieren.

1. Unerläßlich erscheint mir eine Kenntnis der geistigen Grundlagen unserer Modalitäten der Existenzbewältigung auf dem Hin-

tergrund historischer und kulturvergleichender Analysen. Sie machen deutlich, daß unser derzeitiger Entwurf der Lebensgestaltung eine singuläre Selektionsleistung aus einem größeren Möglichkeitsraum ist. Paradigmatisch dafür steht Webers Konstruktion des modernen okzidentalen Rationalismus. Dessen Verständnis erlaubt sowohl die Analyse von Alltagskulturen der Lebensbewältigung als auch die der Institutionenbildung. Erst dadurch wird die Sozialgeschichte und Besonderheit einer Alltagskultur der *Disziplin*, eines Weltbildes der *Rationalität* sowie eines Wertsystems der *Kontrolle*, der Beherrschbarkeit und der Sicherheit in seiner idealtypischen Ausprägung sichtbar. Im Bildungswesen repräsentiert die Entwicklung eines leistungsorientierten Allokationssystems, die geplante Bemühung zur optimalen Entwicklung aller Leistungsfähigkeiten, die Methodisierung von Unterricht die institutionelle Seite des modernen okzidentalen Rationalismus. In der Alltagskultur der Schüler kommt sie in der Verstetigung der Lernmotivation, in disziplinierten Arbeitshaltungen zum Ausdruck, die eine aufwendige Vergesellschaftung der menschlichen Natur repräsentieren.

Eine angemessene Einschätzung der Bedeutung einer solchen Modalität der Daseinsbewältigung erfordert sowohl den Blick zurück in vormoderne Formen der Wirklichkeitszuwendung als auch den Blick nach vorne. Die erste Blickwendung eröffnet die *befreienden Elemente* des modernen okzidentalen Rationalismus: die Befreiung aus Aberglauben und Indoktrination, aus Not und Elend, aus den undurchschauten Gesetzmäßigkeiten der Natur. Wieder könnte dies am Beispiel des Bildungswesens aufgezeigt werden: die Entwicklung eines leistungsorientierten Verteilersystems befreite von den ständischen Privilegienstrukturen, schuf das Prinzip »freie Bahn dem Tüchtigen«, setzte das Individuum frei für die Gestaltung seines Lebens. Das Prinzip der Rationalität befreite die Vernunft aus den Fesseln dogmatischer Festlegungen, schuf z. B. in der Institutionalisierung von Freiheit der Forschung und Wissenschaft die Basis für die Möglichkeit, nur dem Wahrheitsanspruch zu folgen.

In diesem kulturgeschichtlichen Rückblick werden also – dies konnte hier nur unzureichend angedeutet werden – die befreienden Momente des modernen okzidentalen Rationalismus unübersehbar. Dies ist auch in meiner Einschätzung ein zu hütender Schatz unserer kulturellen und gesellschaftlichen Entwicklung.

2. Der Blick auf die heutige Situation und auf eine mögliche Zukunft macht einmal sichtbar, daß dieser »Zustand« der Moderne nicht unverlierbar ist und daß er zum anderen der Modifikation bedarf. Sowohl Rückfälle in die Vormoderne als auch Entwicklungen in eine problematische Postmoderne sind nicht auszuschließen. Dies liegt einmal in Problemen des okzidentalen Rationalismus selbst, zum anderen in gesellschaftlichen Entwicklungen. Der Rationalismus selber enthält einen hohen Maßstab für die Beurteilung gesellschaftlicher Lebensformen. Er impliziert z. B. das Versprechen eines geregelten Zusammenhanges zwischen erworbener individueller Tüchtigkeit und beruflicher Entfaltungsmöglichkeit – ein Versprechen, das heute vielfach nicht mehr eingelöst wird.

Auch wenn es zum derzeitigen Modus rationaler und disziplinierter Daseinsbewältigung, wie er in Wissenschaft und Technik, in einem demokratischen Rechts- und Verfassungsstaat, in disziplinierter Lebensführung und einer entsprechenden Berufsethik zum Ausdruck kommt, keine vernünftige Alternative gibt, ja seine Einlösung immer wieder angemahnt und gesichert werden muß, so wäre es doch unverantwortlich, würde man die problematischen Implikationen und die Ausblendungen des okzidentalen Rationalismus unterschlagen.[24]

Sie liegen in meinen Augen einmal darin, daß durch ihn tat-

---

24 Ich stimme auch ausdrücklich der These von Münch (1986) zu, daß sowohl konservative als auch progressive Positionen der Gefahr zu erliegen drohen, faktische Wirklichkeiten und ideelle Gehalte ihrer Konstitution zu verwechseln. Wenn der Konservatismus Totalidentifikationen mit der bestehenden politischen Situation und den politischen Verhältnissen fordert, dann verwechselt er z. B. Verfassungsloyalität und Regierungsloyalität. Wegen der vermeintlichen Identität von Normen und Begründungen mit Verwirklichungsformen gilt Kritik an bestehenden Verhältnissen als Illoyalität. Umgekehrt liegt die Situation bei »Progressiven«. Wegen der Differenz zwischen Idealität und Wirklichkeit, wegen der Defizienz der »gegenwärtigen politischen Verhältnisse« geraten auch deren normative Grundlage, etwa universale Freiheitsrechte, Gerechtigkeitsansprüche, individuelle Verantwortlichkeitszuschreibungen, Rationalitätsanforderungen unter Legitimationsdruck. Zu diesen normativen Gestaltungsprinzipien der Wirklichkeit in der Moderne gibt es keine wünschenswerte Alternative. Insofern verstehe auch ich mich als Vertreter des »Projektes der Moderne«, wenngleich ich meine, daß man die Risiken und Kosten dieses Prozesses mitbedenken muß. Die Offenheit für ergänzende und korrigierende Zugangsweisen der Wirklichkeitsgestaltung ist mir wichtig.

sächlich zwei wichtige Ausblendungen erfolgen: Ausblendungen einer Brüderlichkeitsethik, die im Solidaritätsprinzip, im Gerechtigkeitsprinzip, im Prinzip der Caritas und des »Caring« zum Ausdruck kommen und schließlich Ausblendungen einer universalen Sinngebung und Personalitätsakzeptanz. Der moderne okzidentale Rationalismus ist das Zentralelement der Entzauberung, wie es Max Weber formuliert hat, und ist ein Prinzip, das die Beziehung der Menschen untereinander in hohem Maße unter Instrumentalitätsgesichtspunkten definiert. Der moderne okzidentale Rationalismus kann deshalb kein ausschließliches Weltgestaltungsprinzip sein. Er bedarf der Ergänzung durch das Sozialprinzip und das Personalitätsprinzip.

Neben diesen Ausblendungen sind aber auch die kritischen Implikationen der Zivilisationsgesellschaft selber zu bedenken. Die technische und wissenschaftliche Entwicklung hat dazu geführt, daß die Möglichkeiten der globalen Selbstdestruktion in der Form der Zerstörung und Ausbeutung natürlicher Ressourcen und der globalen Selbstvernichtung durch Atomwaffen gegeben sind. Dies macht überdeutlich, daß dieser Weltbeherrschungsmodus selber einer *politischen Beherrschung* über eine *Institutionalisierung von Verständigungsprozessen* bedarf.

3. Diese Hinweise auf die Kulturgeschichte von Prinzipien der Daseinsbewältigung sind die hier noch unzulänglich entwickelten Ausgangspunkte für das Verständnis des Wandels von Weltbildern und Alltagskulturen von heranwachsenden Generationen. Diese stehen nicht *außerhalb* der Kulturgeschichte, sondern repräsentieren *spezifische Verortungen* in ihr. Die entsprechende Verortungsmatrix ist in Abbildung 34 nochmals in schematischer Form dargestellt, allerdings nicht historisch gespiegelt – etwa durch die Folien der Vormoderne, Moderne und Postmoderne –, sondern in systematischer Absicht. *Die jeweilige Generationsgestalt in den letzten Jahrzehnten läßt sich als spezifische Verortung in diesem interpretativen Möglichkeitsraum* beschreiben.– Die Generationsgestalt der fünfziger Jahre repräsentiert am reinsten die Daseinsbewältigung im Rahmen des modernen okzidentalen Rationalismus.– Die politische Generation der späten sechziger Jahre verortet sich im Rahmen eines auf Systemebene formulierten universalistischen Sozialprinzips, sie radikalisiert auf dieser Ebene die

Abbildung 34 Spannungsverhältnisse verschiedener Weltgestaltungsprinzipien

	Rationalismus Instrumentelle Weltbeherrschung	Sozialprinzip Ethik der »Brüderlichkeit« lebensweltlich zwischen-menschlich	Sozialprinzip systemisch universali-stisch	Personalitätsprinzip
Weltbilder Wirklichkeitsinterpretationen Wertorientierungen	– Rationale Problembewältigungsmodalitäten – Technik und Wissenschaft – Rationale Formen der Rechtssicherung und Herrschaftssicherung – Rationale Interessenorganisation – Leistungsprinzip	Sinnmuster gemeinschaftlicher Lebensgestaltung – Partnerschaften – Freundschaften – Verantwortlichkeiten und »caring« – Universale Prinzipien		Sinnmuster persönlicher Lebensgestaltung Sinnmuster des »Seins« und nicht des »Habens«
Kulturen der Lebensführung Alltagshandeln Lebensorganisation	Methodische Lebensführung Innere Disziplin Berufsethik Verantwortungsbereitschaft	Kulturen zwischenmenschlicher Verständigung (Kommunikationsformen)	Ethiken sozialer Gerechtigkeit Menschenrechte	Kulturen der Selbstverwirklichung und Selbstfindung Kulturen der Selbstdarstellung

Ethik der »Brüderlichkeit«, klagt die Einlösung normativer Ansprüche sozialer Gleichheit, universaler Liebe und Gerechtigkeit ein. Wo sie diese durch systematische Merkmale kapitalistischer Herrschaftsstrukturen beeinträchtigt sieht, strebt sie nach Veränderung aller Herrschaftsverhältnisse.

– Die Lebenswelt-Generation der späten siebziger Jahre komponiert ihr Weltverständnis und ihre Alltagskultur um gemeinschaftliche und persönlich sinnhafte Lebensgestaltung, jenseits des abgelehnten »Systems«. Das subjektivistisch interpretierte Personalitätsprinzip und das lebensweltlich formulierte Sozialprinzip treten gestaltbildend in den Vordergrund.

Diese Charakterisierungen beziehen sich vor allem auf die meinungsbildenden Generationsgestalten, nicht unbedingt aber auf die durchschnittlichen Entwicklungen. Sie erschöpfen auch nicht alle verzweigten Wandlungen der jugendlichen Generationsmerkmale. In der Diagnose bestätigen sie die Wahrnehmung der konservativen Jugendkritik, daß heute Werte wie Leistung, Anstrengung, Arbeit und Einordnungsbereitschaft gefährdet sind. Sie erlaubt aber präzisere Verortungen und begrifflich genauere Unterscheidungen.

– Einmal haben Werte wie Arbeit und Leistung, die sich um eine disziplinierte und methodische Lebensführung gruppieren, ihre Wurzeln im Ethos des okzidentalen Rationalismus. Davon sind zum anderen jene »Tugenden« zu unterscheiden, die *vormoderne Unterordnungsbereitschaften* und automatisierte Gehorsamsbereitschaften signalisieren.

– Die Konstruktion des negativen Gegenpols zu einer »wertorientierten Lebensführung« in der Form des »Hedonismus« bezeichnet die mit dem okzidentalen Rationalismus konkurrierenden Formen der Daseinsgestaltung in unzulänglicher und verfälschender Weise. Im »Hedonismus« kann sich weder der asketische Sozialismus der politischen Generation noch die ökonomische Bescheidenheit der »Lebenswelt-Generation« wiederfinden, der es um gemeinschaftliche und personale Lebenswelt-Gestaltung ging. Am ehesten trifft die Unterscheidung von »pflichtorientierten Wertkulturen« und »hedonistischen Lebensentwürfen« auf jene Diagnose zu, die diese beiden Sinnkulturen als Ergebnis der kapitalistischen Wirtschaftsentwicklung selbst sieht (Bell 1979). Dieser Aspekt ist in dieser Arbeit möglicherweise tatsächlich zu wenig berücksichtigt. Er müßte auf dem Hintergrund der historischen Vergesellschaftungsformen des in der »Natur des Menschen« liegenden Strebens nach leiblich begründetem Wohlergehen bearbeitet werden.

Hier standen Weltgestaltungsformen mit *normativem Anspruch* im Vordergrund. Die drei Prinzipien der Rationalität, der Sozialität und der Personalität, in welche solche Normen eingewoben sind, erlauben insofern eine differenzierte Wandlungsdiagnose, als sie die These vom Wandel materialistischer Werte zu postmaterialistischen Werten indizieren. Die Haltung der Nachkriegsgeneration war nicht einfach »materialistisch«. In ihr kommen vielmehr vormoderne und okzidental-rationale Haltungen mit dem Schwergewicht der Schaffung wirtschaftlicher *und* sozialer *und* politischer *und* weltanschaulicher Sicherheiten zum Ausdruck. Der Begriff »postmaterialistisch« gibt darüber hinaus keinen Hinweis auf die *inhaltlichen* Aspekte neuer Lebensorientierungen und deren geistesgeschichtliche Herkünfte. Die Analogie mit einer Bedürfnishierarchie des Menschen ist meines Erachtens unzulänglich.

Auf ähnliche Weise ist auch die Wertwandelthese zu kritisieren, die eine Verschiebung von Akzeptanzwerten hin zu Werten der Selbstentfaltung konstatiert, wenngleich dies noch die präziseste Begriffskonstruktion ist. Wenn *Akzeptanz vormoderne Haltungen argumentationsfreier Unterordnungsbereitschaften und traditionaler Rationalitätsvorbehalte* im Sinne »blinden Glaubens« meint, dann werden heute vor sich gehende Wandlungen nicht im Kern getroffen. Sind mit »Akzeptanz« die aus anderen geistigen Quellen stammenden Ethiken der Arbeit und innerweltlichen Askese gemeint, dann steht ein ganz anderer Sachverhalt zur Diskussion. Der Begriff der Akzeptanz ist in seinem Bedeutungsgehalt damit zu heterogen. Dasselbe trifft für den Ausdruck »Selbstentfaltung« zu. Darunter werden normative Lebensgestaltungen subsumiert, die systematisch und historisch sehr disparat sind: etwa hedonistische Lebensauffassungen, sozialethische Traditionen der Abwehr unberechtigter Herrschaft (Emanzipation) und Traditionen der Formulierung von Menschenrechten und personalen Ansprüchen der selbstverantworteten Lebensgestaltung.

Zur Einschätzung des sozialen Wandels bedürfen wir eines sozialphilosophisch-gesellschaftshistorischen Bezugsrahmens, der den systematischen Stellenwert und die historischen Ursprünge verschiedener Typologien der Daseinsbewältigung beschreibbar macht. Die hier formulierten idealtypischen Entwürfe erscheinen mir dazu hilfreich. Sie weisen zwei wichtige zusätzliche Vorteile auf: einmal machen sie die Spannungsmomente sichtbar, unter denen die moderne Daseinsgestaltung steht, und zum anderen fordern sie zu einer *kritischen Diskussion* des Ausschließlichkeitsanspruchs eines ausschließlich rationalistischen, gemeinschaftlichen oder individualistischen Lebensentwurfes heraus. Damit eröffnen sich aber neue Chancen einer *bildungstheoretischen* Umsetzung und damit einer seit Spranger und Flitner verlorengegangenen Verbindung von Jugendforschung und Bildungstheorie.

4. Bevor ich abschließend darauf eingehe, möchte ich zusammenfassend der hier noch nicht beantworteten Frage nachgehen, *warum* es zum Wandel von Generationsgestalten kommt. Die Einordnung einer Generation in eine Systematik von Typologien der Daseinsgestaltung »erklärt« die historischen Verschiebungen in der dominanten Form der Daseinsgestaltung durch sich ablösende Generationen nicht. Wenn dazu weder idealistische noch sozialdeterministische Modelle ausreichen, dann sei hier folgender *allgemeiner* Erklärungsrahmen angeboten: Jede Generation, die in diese Welt und in unseren Kulturkreis geboren wird, findet in ihrer Umwelt Menschen, die sich im Umfeld der natürlichen, kulturellen und sozialen Rahmenbedingungen um die Bewältigung ihres Daseins bemühen. In solche aktiven Problembewältigungen muß auch die neue Generation hineinwachsen. Dies wird von ihr aber nicht »auf einmal« verlangt, sondern in lebenslaufbezogenen Schwierigkeitsgraden. In Gesellschaften, in denen ein rascher sozialer Wandel zu beobachten ist, verändern sich die altersspezifischen *Problemvorgaben* und *Rahmenbedingungen* der Existenzbewältigung. In der altersspezifischen und aktiven, meist in Gemeinschaft mit Erwachsenen und Generations-Genossen erfolgenden Ab- und Bearbeitung dieser epochal-spezifischen Problemvorgaben, Rahmenbedingungen und Lösungsangebote entwickelt sich der Phänomentypus einer »Generationsgestalt«.

Mit dieser allgemeinen These wird aber erst die notwendige Fragerichtung präzisiert: welches sind nämlich für das Aufwachsen strategisch wichtige epochale Änderungen von Problemvorgaben,

Rahmenbedingungen und Lösungsangeboten, die zu unterschiedlichen Selektionen der Daseinsbewältigung durch jugendliche Generationen aus einem umfassenden Möglichkeitsraum führen? Um dies zu illustrieren, sei auf einige bekannte Veränderungen von Bedingungen des Aufwachsens verwiesen, die sich in der vollen Spannweite noch in diesem Jahrhundert ergeben haben:

1. Aufwachsen heute bedeutet nur mehr für einen verschwindend kleinen Teil, in lokalen und dichten sozialen Kontrollnetzen mit geschlossener weltanschaulicher (religiöser) Sinngebung und klaren Autoritätsverhältnissen und Pflichtenkatalogen groß zu werden. Die technischen Entwicklungen (Verkehrsmittel, Medien) haben zu einer Universalisierung heterogener Sinnangebote geführt, die größere Mobilität hat die individuell zu verantwortenden Entscheidungen für Freunde und Partner, für Ausbildung und Beruf, für Sinnfindung und Selbstdarstellung gefördert. Innere Kontrolle muß fehlende äußere Kontrolle ersetzen.

2. Von strategisch zentraler Bedeutung sind die in sozialhistorische Wandlungen eingebauten Veränderungen von Freiheitsgraden des Handelns, die individuell zu verantwortende Entscheidungen evozieren. Sie implizieren Erweiterungen von »Möglichkeitsräumen« (*opportunity structures*). Sehr schön läßt sich dies am Beispiel der durch die ökonomische Entwicklung bedingten Integration der Frau in die Berufsarbeit (s. z. B. Müller 1985) illustrieren, und sehr deutlich wird dies ebenfalls für die Rolle der Frau bei den so wichtigen Veränderungen im medizinischen Bereich, die eine bessere Kontrolle der Empfängnis und eine Einschränkung des Geburtsrisikos zur Folge hatten (s. Shorter 1984). Dadurch sind für die Frau ganz andere Formen der Lebensplanung und der Realisierung eigener Lebensansprüche möglich geworden. Auch am Beispiel der kohortenspezifischen Berufschancen (s. ebenfalls Müller 1985) läßt sich die Fruchtbarkeit dieses Konzepts verdeutlichen.

Die Veränderungen von Möglichkeitsräumen enthalten auch *neue Nutzenoptimierungsbedingungen* (*incentives*), neue *Ziel-Mittel-Vorgaben*, z. B. folgende:

– die wichtigste Voraussetzung für eine befriedigende Berufstätigkeit ist eine gute Ausbildung;

– die Sicherheit des Arbeitsplatzes erfordert ständige Weiterbildung;

– eine große Kinderzahl ist ohne ökonomischen Nutzen und ohne Funktion für die Alterssicherung.

Erweiterte Möglichkeiten bedeuten aber auch *geringere Notwendigkeiten der Einordnung in gegebene Verhältnisse:* Wer sich am Arbeitsplatz nicht wohl fühlt, kann diesen wechseln, wenn die Elternbeziehungen zerrüttet sind, können diese gekündigt werden, wer sich einer sozialen Gruppe weltanschaulich entfremdet, kann diese verlassen. Damit werden aber Tugenden, mit (unveränderlichen) Umständen leben zu können, weniger funktional und weniger eintrainiert als Tugenden, sich klug entscheiden zu können und Beziehungsverhältnisse aktiv befriedigend zu gestalten.

3. Eine Vielzahl von veränderten Bedingungen des Aufwachsens indiziert eine *Stärkung der individuellen Entscheidungsmöglichkeiten* und Entscheidungsnotwendigkeiten. Mit dem häufig zitierten *Individualisierungsschub* (Olk 1986, Bertram 1987) wird auf diesen Sachverhalt verwiesen. Ökonomische Entwicklungen (Konsumentensouveränität angesichts eines großen Warenangebotes), politische Entwicklungen (Abhängigkeit der Regierungsmacht von Wählerentscheidungen) und mobilitätsfördernde heterogene Lebensverhältnisse haben die Freiheitsgrade des Handelns gestärkt.

In besonderem Maße wird dieser Individualisierungsschub durch Veränderung in der Familie getragen. Der ökonomische Bedeutungsverlust und der psychische Bedeutungszuwachs von Kindern haben dazu geführt, daß die optimale Entwicklung und Förderung des Kindes zum Zentrum familiären Lebens geworden ist. Das Glück der Kinder hat sich zum Maßstab des Wohlbefindens der Eltern herausgebildet und sie somit in neue Abhängigkeiten von ihren Kindern geführt.

Das Bildungswesen wiederum fördert eine andere Komponente der Individualität: die kühlere Luft der Selbstverantwortung für die eigenen Leistungen. Durch die Inszenierung von methodischem Unterricht und Leistungsprüfungen bei altershomogenen Gruppen macht es sichtbar, was in jedem Heranwachsenden steckt, was aus ihm herauszuholen ist, was er aus sich selbst gemacht hat.

An der Schwelle zum Erwachsenendasein wird die heutige Generation schließlich mit einer Vielzahl von Möglichkeiten der Selbstdarstellung konfrontiert: über Mode und den Besitz von

Konsumgütern, über Genußmöglichkeiten und Erlebnismöglichkeiten, über Sport und Kunst, über Leistung und Genuß. Alles Schöne und Lustvolle dieses Daseins gerät in den Horizont des zu Erstrebenden.

4. Mit diesen Veränderungen ist meines Erachtens *die* zentrale Induktionsquelle für den Wandel im Generationenbewußtsein angesprochen. Sie besteht im generationsspezifischen Aufbau von Bezugssystemen, »was von diesem Leben berechtigterweise erwartet werden darf«, die die Standards vorgeben, an denen Zufriedenheit und Unzufriedenheit, Glück und Unglück gemessen werden. Die sozialhistorisch unterschiedlichen Lebensbedingungen schaffen nun einen *generationsspezifischen Erwartungshorizont* von Bezugssystemen der Beurteilung der eigenen Situation und der »Welt« insgesamt, der in seinen normativen Aspekten in *Ansprüchen* besteht. Ihren Kern bilden Erwartungen an ein *erfülltes Leben*. Die heutigen Bedingungen kristallisieren diese Ansprüche um jene der personalen Selbstentfaltung im Spannungsfeld von bedingungslosen Akzeptanzwünschen und normativ geleiteter aktiver Selbstgestaltung.

Ein Schlüssel für das Verständnis des Wandels von generationsspezifischen Erwartungshorizonten bildet dabei die Untersuchung von *Knappheitsbedingungen*: was gerät im sozialen Wandel in die Zone des *Selbstverständlichen*, des *Erreichten*, was erscheint »knapp, aber erreichbar«?

In der Nachkriegszeit bis in die fünfziger Jahre war die Sicherung ökonomischer und politischer Lebensgrundlagen das Knappheitsbedingungen unterliegende Gut. Ende der sechziger Jahre schien dies für privilegierte Gruppen erreicht und ungefährdet. Die Universalisierung gerechter Lebensbedingungen wurde zum Problem und generationsspezifischen Erwartungshorizont. Die Vergeblichkeit, dies schnell und umfassend erreichen zu können, hat zu einer Verschiebung dieses nur frustrierenden Erwartungshorizontes hin zu eigenen Gestaltungsbemühungen, offenstehenden Ansprüchen an die eigene Lebensführung beigetragen. Schließlich haben sich am Beginn der achtziger Jahre Verschiebungen in den Zonen des scheinbar Selbstverständlichen vollzogen. Sowohl die Einlösung des Versprechens auf Realisierung der Formel »Anstrengung in der Ausbildung – Chancen im Beruf« wurde problematisch als auch die Sicherung der Wohlstandsverhältnisse. Diese Problemzonen und Knappheitsbedingungen schaffen neue Erwartungshorizonte, Anstrengungsbereitschaften, aber auch Distanzierungsformen.[25]

Sie führen einerseits zu einer Wiederbelebung jener Prinzipien der Lebensgestaltung, die im modernen okzidentalen Rationalismus fundiert sind.

Daran polarisiert sich andererseits eine junge Generation, die an seinen Problemen und Ausblendungen orientiert ist.

5. Das Kernproblem der Bedingungen des Aufwachsens heute besteht auf diesem Hintergrund darin, daß sie innerfamiliär gestützte, schulisch verstärkte und im öffentlichen Leben symbolisierte *hohe Versprechungen auf personale Selbstentfaltung aufbauen.* Die Freiheitsgrade des Handelns bürden den Heranwachsenden aber auch ein *hohes Maß an Selbstverantwortung* und damit auch *klare Visionen der Erfüllung und des Versagens* auf. Diese Versprechungen und Ansprüche führen potentiell aber auch zu Vereinsamung und Sinnverlust, und sie prallen auf Realisierungsbedingungen, die problematischer geworden sind.

25 Wie die Sequenz von Erfahrungen, also die Verzeitlichung der Lebenslage, die im Begriff der Generationslagerung zum Ausdruck kommt, Lebenslaufmuster des »steigenden Wohlstandes« oder gar »vom Wohlstand in die Armut« zur Folge haben kann, zeigt das folgende Schema, welches die generationsspezifischen Chancen der Partizipation an unterschiedlichen gesellschaftlichen Subsystemen enthält.

Aufwachsen in der Nachkriegszeit: Bereichsspezifische Lebenschancen (−− sehr gering bis ++ sehr hoch) von drei Geburtskohorten

Geburts- jahre	Bildungsmög- lichkeiten	Konsum- chancen	Beschäftigungs- chancen
1920–1930 Jugendzeit: 1935–1955	−	−−	+
1940–1950 Jugendzeit: 1953–1965	+	−	++
1960–1970 Jugendzeit: 1975–1985	++	++	−

– In der Schule zu reüssieren hat einen überragenden Stellenwert bekommen – die Struktur des Bildungswesens hält aber Erfolge »knapp«.
– Eine gute Ausbildung erworben zu haben bedeutet immer weniger, damit die Existenzsicherung bewerkstelligt zu haben.
– Eine persönlich erfüllende Partnerwahl wird zum Kernpunkt der Lebenserfüllung. Schreibt man aber die gegenwärtigen Tendenzen der Stabilität von Partnerbeziehungen fort, dann muß mindestens ein Drittel der sich ehelich bindenden Personen mit dem »Ende der Liebe« rechnen, mit schmerzhaften Scheidungsprozessen. Etwa 20 bis 30% werden in instabilen und nicht legalisierten außerehelichen Verhältnissen leben, und ein ebenso großer Prozentsatz wird der lebensgestaltenden Erfahrung des Lebens mit eigenen Kindern entbehren.

Wir finden also vielfältige gegenläufige Entwicklungstendenzen, die Olk für einen anderen Bereich des Aufwachsens so formuliert: »Eine immer frühere und intensivere Beteiligung von Jugendlichen an den gesellschaftlichen Lebens- und Erfahrungsbereichen wie Konsum, Medien und Sexualität steht einer immer weiteren Exklusion Jugendlicher aus dem Beschäftigungssystem, in dem die Grundlage für die ökonomische Unabhängigkeit gelegt werden kann, gegenüber« (Olk 1986, S. 55). Verallgemeinert bedeutet dies, daß die Erwartungen an individuell zu gestaltende und zu verantwortende Lebensläufe gestiegen sind, auf der anderen Seite aber gesellschaftliche Rahmenbedingungen ihre Einlösung erschweren.

Der Individualisierungsschub und die Formulierung des Erwartungshorizontes der Selbstentfaltung haben aber zusätzliche Konsequenzen, die aus Problemen seiner Eigendynamik, aus Problemen einer potentiellen Egozentrik resultieren. Die Konzentration auf die personale Selbstentfaltung führt Heranwachsende potentiell in Konflikte mit den anderen, die Mitbewerber um erfolgreiche Selbstdarstellung sind. Je stärker sich jemand ausschließlich auf die Entfaltung der eigenen Person, auf höchstmögliche Leistung und Exklusivität konzentriert, um so egozentrischer, aber auch um so einsamer kann er werden. Im Bildungssystem, in dem der eigene Erfolg häufig nur auf der Folie des Mißerfolges der anderen strahlend erscheint, ist dieser Grundkonflikt angelegt. Die Gefahr des sozialen Ausschlusses ist aber in der Jugendphase jene Bedrohung, die am stärksten wiegt. Auf der Folie der egozentrierten Vereinsamung gewinnen *Vergemeinschaftungsformen* unter Altersgleichen eine herausragende Bedeutung. In der Symbiose des Bedürfnisses nach Selbstdarstellung mit dem Aufgehobensein in der Gemeinschaft könnte sich heute ein Schutzmodell der jungen Generation herausbilden, das von den rationalistischen, asketischen und individualistischen Zumutungen unserer Zivilisationsgeschichte abzuschirmen hilft. Letztere, Arbeit, methodische Lebensführung, Verzicht und Rationalität erfordernde Lebensbedingungen werden auf jenem Minimalstandard akzeptiert, der für die Aufrechterhaltung ökonomischer Lebensbedingungen unerläßlich ist. Dies wäre eine neue Form sezessionistischer Jugend, deren Erscheinungsbild sich in den letzten Jahren abgezeichnet hat. Den anderen Pol bildet eine modernisierte Version der Jugend der sechziger Jahre.

6. Das Hauptproblem, das ich in einer solchen Entwicklung sähe, ist jenes, daß eine solche Generation aus dem Hauptstrom unserer Kulturgeschichte ausgegrenzt wäre und unter den historischen Möglichkeiten der eigenen und gemeinschaftlichen Lebensgestaltung bliebe. Wie kann sie in diesen Prozeß der gemeinschaftlichen Daseinsgestaltung eingebunden werden? Zwei Antwortmuster legt die hier vorgelegte Analyse des Zusammenhanges von Generationslagerung und Generationsbewußtsein nahe: einmal Antworten, die sich auf die *politische Gestaltung von Rahmenbedingungen* beziehen, die die Möglichkeitsräume der individuell zu verantwortenden Lebensgestaltung vorgeben, und zum andern Antworten, die sich auf *Bewußtsein, Wertorientierungen und Handlungskompetenzen* der jeweils neuen Generation selber richten. Beide Aspekte gehören in einer »Nachwuchspolitik« zusammen. Ich möchte mich hier abschließend auf den zweiten Antworttyp konzentrieren, da die Verbindung von jugendsoziologischer Analyse mit pädagogisch-bildungstheoretischen Aspekten in den letzten Jahrzehnten weitgehend verlorengegangen ist, nicht zuletzt deshalb, weil die ideellen und normativen Hintergründe unserer gesellschaftlichen Existenz einem subjektlosen Systemdenken zum Opfer gefallen sind (vgl. Bertram 1987), so daß sich das Blickfeld für bewußte Gestaltungsbemühungen des jugendlichen Generationenbewußtseins verengt hat bzw. pädagogisch-bildungstheoretische und bewußtseinssoziologische

Analysen der Jugend unverbunden nebeneinander standen. Ich möchte hier auf dem Hintergrund dieser Kritik an die alte reformpädagogische Tradition der *Verbindung von Jugendforschung und Bildungstheorie* anknüpfen.

Am Anfang soll ein Postulat stehen: es ist zu verhindern, daß eine heranwachsende Generation ihre Lebensbedingungen in naturwüchsiger Bewußtlosigkeit erlebt oder erleidet und ohne reflexive Prozesse der geistigen Bearbeitung Anforderungen und Gefährdungen ausgesetzt wird. Dazu bedarf es einer sinnrekonstruierenden und Kompetenzen des Handelns und Verstehens einübenden Institution, die in der Gestalt des Bildungswesens heute einen hohen Stand erreicht hat. Sie trainiert das Repertoire von kulturellen Fertigkeiten der Existenzbewältigung, von einfachen Kulturtechniken bis hin zu anspruchsvollen Kompetenzen der Sprachbeherrschung, des mathematischen und naturwissenschaftlichen Wissens. Doch all dies kann einer heranwachsenden Generation äußerlich bleiben, wenn es nicht in ein umfassendes *historisches Bewußtsein von* der Sondergestalt unserer derzeitigen Formen der Existenzbewältigung eingebettet ist. Erst dadurch werden auch die jugendlichen Lebensentwürfe argumentationsfähig, so daß sie weder ängstlich beobachtet noch aggressiv abgewehrt werden müssen. Die Resubjektivierung kultureller Objektivationen, die u. a. der moderne okzidentale Rationalismus geschaffen hat, wird damit wieder zum argumentierbaren Teil der Jugendentwicklung. Da sich »Bewußtsein« nicht notwendig aus objektiven Lebensverhältnissen ergibt, wächst die Verpflichtung, es verantwortlich zu bilden. Auf diesem Hintergrund kann auch eine neue Gestalt von Bildung oder gar Allgemeinbildung entstehen. Sie besteht dann *aus den in ethnographischen und historischen Vergleichen gewonnenen Einsichten in die besonderen geistigen Grundlagen unserer Existenz, in den okzidentalen Entwurf des Humanen, um auf dieser Grundlage argumentativ, handelnd und realitätsgesättigt mit jenen Lebensumständen umzugehen*, in die eine Generation für einen kurzen Zeitraum der Geschichte eingewoben ist.

Die alte Vorstellung von W. Flitner von Jugendentwicklung als Initiation in die kulturellen Traditionen, als Resubjektivierung kultureller Objektivationen (s. Fend 1979), gewinnt in dieser Perspektive einen neuen Stellenwert. Wir können uns nicht von unseren kulturellen Traditionen verabschieden, uns außerhalb der wissenschaftlich fundierten Naturbewältigung, der Rationalität wissenschaftlicher Wahrheitssuche, der Rationalität methodisch-disziplinierter Lebensführung, der sozialethischen Traditionen, der liberalen Überlieferungen der Machtkontrolle, Toleranz und Meinungsfreiheit, des Selbstdenkens und der Freiheit gegenüber weltanschaulichem Dogmatismus, der Traditionen der Rechtssicherheit und der politischen Beteiligungsrechte, der ästhetisch und literarisch entfalteten Visionen und Tragiken menschlicher Existenz, der überlieferten Kulturen des vernünftigen Umgangs mit der menschlichen Kontingenz stellen.[26] Wohl muß aber jeweils historisch-konkret analysiert werden, unter welchen Risiken wir angesichts der obigen normativ-ideellen Gestaltungsprinzipien leben, und es muß mit analysiert werden, welches die konkreten gesellschaftlichen und schulischen Bedingungen sind, die eine Resubjektivierung der unentbehrlichen geistigen Traditionen erschweren. Wenn wir diese Frage konsequent weiterdenken, dann führt sie uns in die schulischen Bildungsprozesse, in die im Bildungswesen institutionalisierten gesellschaftlichen Bemühungen um die »Reproduktion« unserer Kultur, um deren innere Gestalt in Lehrplänen, Lehrbüchern, Lesebüchern und Handreichungen sowie in die provokative Frage, warum diese veranstalteten Unternehmungen heute offensichtlich so vielen Heranwachsenden »fremd« bleiben, lediglich als äußerer Zwang empfunden werden und ohne Bezug zu den eigenen und gemeinschaftlichen Existenzgrundlagen bleiben.[27]

Wer aber die normative Frage im Rahmen der Sorge um die heranwachsende Generation bildungstheoretisch wendet, der muß zur Vermeidung von Mißverständnissen darauf verweisen, daß eine solche Wendung nur auf dem Hintergrund der soziologisch inspirierten Untersuchung der realen gesellschaftlichen Entwicklungsfelder, der zukünftigen Bedingungen der persönlichen und gemeinschaftlichen Existenzbewältigung und der konkreten Chancen und Belastungen neuer Generationen sinnvoll ist.

---

26 An dieser Stelle müßte sogar der Vater (W. Flitner) gegen den Sohn (A. Flitner) verteidigt werden: daß »Kulturpubertät« im obigen Sinne nicht mehr stattfindet, darf nicht bedeuten, auf Nebengleise auszuweichen und dies als gegebenes Faktum hinzunehmen (s. Flitner 1985).

27 Für erste Antworten s. Fend 1979 ff., wo ich die Folgen der Instrumentalisierung der Bildungsprozesse für angestrebte Zertifikate dargestellt habe.

Der Kernpunkt der hier vorgelegten Analyse von historischen Wandlungen in den Bedingungen des Aufwachsens liegt darin, daß ich versucht habe, nicht bei der Oberflächendarstellung von gesellschaftlichen Entwicklungen (Veränderungen im Wirtschaftssystem, Expansion des Bildungswesens, Differenzierung der Gesellschaft von ständischen Strukturen in funktionalisierte Teilsysteme) stehen zu bleiben, sondern die geistigen gestaltenden Ideen im Hintergrund wieder zu entdecken. Dadurch wird es auch möglich, den gesellschaftlichen Entwicklungsprozeß aus der bloßen Fatalität des Geschehens herauszulösen und ihn als Ausdruck von normativ und ideell geleiteten Gestaltungsbemühungen, die identifizierbare soziale Trägerschaften haben, zu sehen. Der viel zitierte Individualisierungsprozeß, der in den letzten Jahren für immer mehr Menschen persönlich gestaltbare und zu verantwortende Biographien geschaffen hat, der Wahlmöglichkeiten im beruflichen Bereich, der persönlichen Lebensgestaltung, der politischen und weltanschaulichen Orientierung impliziert, entspringt nicht nur ökonomischen Differenzierungsprozessen – die selber auch aus ideellen Wurzeln wie etwa technischen Erfindungen hervorgehen –, sondern er ist von Ideen und Visionen gespeist und sozial erkämpft worden.

Eine solche Sichtweise, die eine soziologische Betrachtungsweise von veränderten Bedingungen des Aufwachsens mit geisteswissenschaftlichen und ereignisgeschichtlichen Analysen wieder stärker zusammenführen würde, hat zur Folge, daß die Gestaltungsmöglichkeiten und Gestaltungsverantwortungen heute erneut ins Blickfeld kommen. Ich meine hier auch theoretisch begründet zu haben, daß sich solche Gestaltungsbemühungen sowohl auf die gesellschaftlichen Rahmenbedingungen des Aufwachsens als auch auf die Heranwachsenden selbst zu beziehen haben. Die ideellen und normativen Grundlagen unserer gesellschaftlichen Existenz erschließen sich nur selten von selbst und die Kompetenzen ihrer Bewältigung bilden sich nicht spontan und naturwüchsig heraus. Schon aus diesen Gründen tritt die große Aufgabe vor Augen, in die Fatalität von »Naturwüchsigkeiten des Aufwachsens« normativ gestaltend einzugreifen und mitzubedenken, welches Weltverständnis und Geschichtsbewußtsein, welche Handlungskompetenzen und Entscheidungskompetenzen, welches Maß an Festigkeit und Offenheit Heranwachsende für ihre Lebensbewältigung benötigen und welches unsere Pflichten sind, Rahmenbedingungen für persönlich produktives und sozial verantwortliches Aufwachsen zu schaffen.

In den historisch inspirierten Versuchen, die gesellschaftlichen Bedingungen der Konstitution der menschlichen Subjektivität und ihrer biographischen Genese zu rekonstruieren, besteht heute Übereinstimmung, daß der Modernisierungsprozeß der Gesellschaft darin liegt, hochindividuierte, persönlich verantwortete Lebensläufe zu ermöglichen. Die letzten Jahrzehnte der Gesellschaftsentwicklung sind dadurch charakterisiert, daß immer mehr Menschen immer mehr Wahlmöglichkeiten und Entscheidungsmöglichkeiten in bezug auf ihre persönliche berufliche Laufbahn, die Gestaltung ihrer partnerschaftlichen und familiären Bindungen, die Akzeptanz oder Verweigerung gegenüber Sinnangeboten weltanschaulicher Art bekommen haben.

Auf normativer Ebene ist dieser Prozeß mit einer zunehmenden Institutionalisierung von Individualrechten verbunden, auf ideologischer Ebene entspricht er in seinen aufklärerischen Wurzeln einem kulturspezifischen Vorgang der Rationalisierung. Seine gesellschaftlichen Ursachen hat er in der Ausdifferenzierung immer autonomerer Teilsysteme, die alte hierarchische ständische Strukturen abgelöst haben. Seine tiefsten Wurzeln finden wir in dem, was Max Weber den modernen okzidentalen Rationalismus genannt hat.

Dem soziologischen Konzept der Modernisierung und des damit implizierten Individualisierungsprozesses, also der Ermöglichung individueller Freiheiten und Selbstgestaltungsmöglichkeiten des eigenen Lebens entspricht auf entwicklungspsychologischem Denkniveau der Begriff der Identität. Damit ist hier der umfassende Prozeß der Personwerdung in verschiedenen Entwicklungssequenzen gemeint (s. Heitmeyer 1986, S. 34).

An diesem Punkt der Analyse läßt sich der Kreis zum anfangs formulierten Erwartungshorizont schließen. Dort habe ich Horizonte der Sorge in der Beobachtung der heranwachsenden Generation beschrieben, die sich wohl selber auch eher als konservativ bzw. eher gesellschaftskritisch verstehen würden. Die eine Position entwickelt ihren Handlungsbedarf in der Gestaltung der sozialen Reproduktion besonders auf die Tugenden und Haltungen der heranwachsenden Generation, die andere meint, man müsse vor allem die Lebensbedingungen und Rahmenbedingungen des Aufwachsens verändern. Daß eine solche Gegenüberstellung künstlich ist, glaube ich gezeigt zu haben. Die beiden Positionen trennen aber in meinen Augen noch tieferliegende Differenzen. Die konservative Betrachtungsweise der Welt und insbesondere der Erziehung ist eine dieser Position selbst nicht in aller Schärfe bewußte Reaktion auf den zentralen Aspekt der Entwicklung in der Moderne: auf den Individualisierungsprozeß. Der Konservatismus mißtraut diesem Prozeß der Verselbständigung des Individuums und unterstellt im Kern, daß es damit überfordert ist. In der Redeweise vom »realistischen Menschenbild« kommt dieses Mißtrauen, kommt diese Unterstellung der Überforderung zum Ausdruck. Der Konservatismus mißtraut der Rationalität, und er sieht das Individuum durch dessen Ansprüche überfordert. Es braucht den Glauben, es braucht die feste Orientierung, es kann sich nur in Ausnahmefällen auf seinen Verstand verlassen. Der Konservatismus mißtraut ferner der autonomen Entscheidungsfähigkeit, die Person braucht deshalb äußere Autorität, sie braucht Vorgaben, sie braucht Lenkung. In der Autonomieforderung liege ferner eine Überforderung des Individuums angesichts seiner Triebhaftigkeit. Würde es nur sich selbst und diesen inneren Antrieben überlassen, dann wäre eine triebhafte Entgrenzung die Folge. Die Person brauche deshalb äußere Normen und Kontrolle, sie brauche feste Bindungen, sie brauche die Einübung in Askese.

Schließlich bedeuteten die Selbstentfaltungsansprüche eine Überforderung, da sie lediglich in Egoismus und Egozentrik münden. Das Individuum brauche deshalb die Bindung an das größere Ganze, an die Verantwortung in der Gruppe und im Gemeinwesen.

In der schwierigen Balance zwischen Freiheit und Bindung betont der Konservatismus also die äußeren Stützen und die Notwendigkeiten der Einbindung. Dies erklärt die latent antiaufklärerischen Elemente des Konservatismus, dies erklärt die latent autoritären Vorstellungen zur Wirklichkeitsgestaltung. Die gesellschaftskritisch-emanzipatorische Position stellt sich angesichts des Individualisierungsschubes ganz auf die Seite des Individuums: sie meint sogar, seine Rechte immer wieder einklagen zu müssen, es gegen Umstände zu schützen, die es zu deformieren drohen. Sie ist deshalb aufklärerisch, weil sie die Person freisetzen will für den Gebrauch ihres Verstandes ohne die Leitung eines anderen. Sie ist konsequenterweise sozialkritisch, weil sie die Bedingungen ändern möchte, die die Entfaltung der Person behindern.

Daß ich mich dieser letzten normativen Position zugehörig empfinde, dürfte auch in dieser Arbeit zum Ausdruck gekommen sein. Je dichter aber mein Kontakt zu den Wirklichkeiten und Grausamkeiten dieses Lebens geworden ist, um so weniger läßt sich die Einschätzung unterdrücken, daß es tatsächlich Deformationen und Überforderungen des Individuums gibt, daß Pathologien der Egozentrik heute mehr denn je möglich sind. Die konservative Versuchung liegt auf der Hand: die Komplexität des individuell zu verantwortenden Lebens und des gemeinschaftlich zu verantwortenden Fortganges unserer Geschichte durch den Rückgriff auf einfache Orientierungen der Festigkeit, der Tugend, der Autorität und Lenkung zu bewältigen. Angesichts des nicht mehr rückgängig zu machenden Individualisierungsschubes und der damit eingeschlossenen Unwägbarkeiten wird diese Versuchung auch in den nächsten Jahrzehnten wirksam bleiben.

Meine eigene Lösung der komplizierten Balance von Freiheit und Bindung liegt darin, mit aller Schärfe zu sehen, daß es eines jahrelangen Einübungsprozesses in die Freiheit bedarf, daß die Überforderung nur durch die lebenslange Einübung in den Gebrauch des Verstandes und in verantwortungsvolle Selbstkontrolle vermieden werden kann. Den Menschen tüchtig zu machen für die Bewältigung seines Lebens bedeutet heute, ihn für den verantwortlichen Gebrauch von Freiheit und für den Gebrauch seines Verstandes in fundierter Weise vorzubereiten.

Je dichter mein Wirklichkeitskontakt zu den politisch zu verantwortenden Bereichen geworden ist, desto deutlicher ist mir auch vor Augen getreten, daß die Freiheit des Individuums nur im Rahmen eines freiheitlich und gerecht gestalteten Gemeinwesens gewährleistet ist. Absolute Freiheit des Individuums führt paradoxerweise zur Zerstörung der Voraussetzungen dieser Freiheit. Egozentrik führt konsequenterweise zur Unterdrückung des anderen. Die gemeinschaftlichen und gesellschaftlichen Voraussetzungen der Möglichkeiten zur Selbstverwirklichung sind aber kein unverlierbarer Besitz und sie ergeben sich nicht naturwüchsig. Sie müssen hergestellt und sie müssen geschützt werden. Auf diesem Wege wird die Freiheit des einzelnen an eine soziale Verantwortung gebunden. Wenn wir diesen Weg konsequent weiterdenken, dann entfalten wir alle jene Fragen, die um die Konstruktion eines freiheitlichen, sozial gerechten und produktiven Gemeinwesens gruppiert sind. Wir stoßen unweigerlich auf jene Rahmenbedingungen, die für die Emanzipation des Individuums unerläßlich sind: auf die Rahmenbedingungen der ungehinderten Entfaltung der Wahrheitsfindung als zentraler Voraussetzung von Rationalität, auf die Rahmenbedingungen der Verhinderung der Monopolisierung von Macht und der Gewährung von individuellen Entscheidungsspielräumen, auf Fragen der Aufhebung von Beraubungen des einen durch den anderen im Rahmen sozialer Ungleichheit, auf Rahmenbedingungen des Schutzes des Individuums durch Rechtsstaatlichkeit und Machtkontrolle sowie auf Voraussetzungen der ungehinderten Entfaltung der persönlichen und gemeinschaftlichen wirtschaftlichen Produktivität.

Die These, daß diese Bedingungen nicht unverlierbar sind und daß ihre Realisation eine permanente Aufgabe ist, führt uns wieder zur bildungstheoretischen und pädagogischen Aufgabe, die Heranwachsenden aktiv und argumentativ in den Prozeß der Wiederentdeckung der gemeinschaftlichen Grundlagen der eigenen Entfaltungsmöglichkeiten einzubinden.

Literatur

Allerbeck, K. und Hoag, W. J., *Jugend ohne Zukunft?*, München: Piper 1985.

Anyon, S., »Social Class and the Hidden Curriculum of Work«, in: *Journal of Education* 162 (1980) 1, S. 67-92.

Aries, P., *Geschichte der Kindheit*, München: Hanser 1975.

Baacke, D. und Heitmeyer, W. (Hg.), *Neue Widersprüche. Jugendliche in den achtziger Jahren*, Weinheim: Juventa 1985.

Baacke, D., Frank, A., Frese, J. und Nonne, F. (Hg.), *Am Ende – Postmodern?* Weinheim/München: Juventa 1985.

Badinter, E., *Emilie, Emilie. Weiblicher Lebensentwurf im 18. Jahrhundert*, München: Piper 1983.

Badinter, E., *Die Mutterliebe. Geschichte eines Gefühls vom 17. Jahrhundert bis heute*, München: dtv 1984.

Barnes, S. H. und Kaase, M., *Political Action: Mass Participation in Five Western Democracies*, Beverly Hills: Sage 1979.

Beck, U., »Ausbildung ohne Beschäftigung. Zum Funktionswandel des Bildungssystems im Systemwandel der Arbeitsgesellschaft«, in: *Mehrwert* 27 (1985).

Beck, U., »Ausbildung ohne Beschäftigung. Zum Funktionswandel des Bildungssystems der Arbeitsgesellschaft«, in: S. Hradil (Hg.), *Sozialstruktur im Umbruch*, Opladen: Leske + Budrich 1985, S. 305-321.

Beck, U., *Risikogesellschaft. Auf dem Wege in eine andere Moderne*, Frankfurt: Suhrkamp 1986.

Beck-Gernsheim, E., »Wieviel Mutter braucht das Kind?«, in: S. Hradil (Hg.), *Sozialstruktur im Umbruch*, Opladen: Leske + Budrich 1985, S. 265-286.

Bell, D., *The Cultural Contradictions of Capitalism*, 2. Auflage, London: Heinemann 1979.

Benz, W. (Hg.), *Die Bundesrepublik Deutschland*, Band 2: *Gesellschaft*, Frankfurt: Fischer 1983.

van den Berg, J. H., *Metabletica. Über die Wandlung des Menschen*, Göttingen: Vandenhoeck & Ruprecht 1960.

Berger, R. und Mohr, H.-M., »Lebensqualität in der Bundesrepublik 1978 und 1984«, in: *Soziale Welt* (1986) 1, S. 25-47.

Bernath, W., Löhrer, E. und Wirthenson, M., »Die Schul- und Berufslaufbahnen 18jähriger Zürcher Jugendlicher«, Zürich: Manuskript 1980.

Bertram, H., »Jugend und Institutionen. Zum Wandel der Einstellung von Jugendlichen zur Gesellschaft und gesellschaftlichen Bereichen«, München: Manuskript 1987.

Blancpain, R., Zeugin, P. und Häuselmann, E., *Erwachsen werden*, Bern: Haupt 1984.

von Blücher, V. Graf, *Die Generation der Unbefangenen. Zur Soziologie der jungen Menschen heute*, Düsseldorf/Köln: Diederichs 1966.

Böhnisch, L., »Schluß mit dieser Jugenddebatte«, in: *betrifft: erziehung* vom 15. 12. 1982, S. 21-29.

Bolte, K. M. u. a., *Beruf und Gesellschaft in Deutschland*, Opladen: Westdeutscher Verlag 1970.

Borchardt, K., »Die Bundesrepublik Deutschland in den säkularen Trends der wirtschaftlichen Entwicklung«, in: W. Conze und R. M. Lepsius (Hg.), *Sozialgeschichte der Bundesrepublik Deutschland*, Stuttgart: Klett-Cotta 1983, S. 20-45.

Bossel, H., *Bürgerinitiativen entwerfen die Zukunft*, Frankfurt: Fischer 1978.

Bossmann, D. (Hg.), *»Was ich über Adolf Hitler gehört habe…« Folgen eines Tabus: Auszüge aus Schüler-Aufsätzen von heute*, Frankfurt: Fischer 1977.

Brezinka, W., *Erziehung in einer wertunsicheren Gesellschaft*, München: Reinhardt 1986.

Briam, K.-H., »Der Drückeberger ist untypisch. Über das Buch *Macht Arbeit krank? Macht Arbeit glücklich?*«, in: *Der Spiegel*(1985) 3, S. 43 f.

Bronfenbrenner, U., »Socialization and social class through time and space«, in: E. E. Maccoby, T. M. Newcomb und E. Hartley (Hg.), *Readings in Social Psychology*, 3. Auflage, New York: Holt 1958.

Buchhofer, B., Friedrichs, J. und Lüdtke,H., »Alter, Generationsdynamik und soziale Differenzierung«, in: *Kölner Zeitschrift für Soziologie und Sozialpsychologie* 22 (1970), S. 300-334.

Büttner, C. und Ende, A. (Hg.), *Kinderleben in Geschichte und Gegenwart*, Weinheim: Beltz 1984.

Bundesinstitut für Berufsausbildung (Hg.), *Perspektiven der Forschungsarbeiten für die nächsten zehn Jahre*, Berlin/Bonn: Bundesinstitut für Berufsausbildung 1986.

Bundesminister für Jugend, Familie und Gesundheit (Hg.), *Familie und Arbeitswelt. Gutachten des wissenschaftlichen Beirats für Familienfragen*, Stuttgart: Kohlhammer 1984.

Bundesminister für Jugend, Familie und Gesundheit (Hg.), *Werthaltungen, Zukunftserwartungen und bildungspolitische Vorstellungen der Jugend 85*. Eine Repräsentativ-Befragung des EMNID-Instituts, Bonn 1985.

Bundesminister für Jugend, Familie und Gesundheit (Hg.), *Nichteheliche Lebensgemeinschaften in der Bundesrepublik Deutschland*, Stuttgart: Kohlhammer 1985.

Burger, A. und Seidenspinner, G., *Mädchen '82. Eine repräsentative Untersuchung im Auftrag der Zeitschrift »Brigitte«*, Hamburg 1982.

Carlberg, P., Guse, D., *McCann Jugendstudie 1976. Wesentliche Ergebnisse,* Frankfurt 1977.

Claußen, B., *Politische Bildung und Kritische Theorie,* Leverkusen 1985.

Clement, U., *Sexualität im sozialen Wandel. Eine empirische Vergleichsstudie an Studenten 1966 und 1981,* Stuttgart: Enke 1986.

Conze, W. (Hg.), *Sozialgeschichte der Familie in der Neuzeit Europas,* Stuttgart: Klett 1960.

Conze, W., »Staats- und Nationalpolitik. Kontinuitätsbruch und Neubeginn«, in: W. Conze und R. M. Lepsius (Hg.), *Sozialgeschichte der Bundesrepublik Deutschland,* Stuttgart: Klett-Cotta 1983, S. 441-467.

Conze, W. und Lepsius, R. M. (Hrsg.), *Sozialgeschichte der Bundesrepublik Deutschland,* Stuttgart: Klett-Cotta 1983.

Denz, H., »Entfremdung und Wertwandel (1)«, in: *österreichische Zeitschrift für Soziologie* 8 (1983) 4.

Dewe, B., Ferchhoff, W. und Sünker, H., »Alltagstheorien«, in: H. Eyferth, H.-U. Otto und H. Thiersch (Hg.), *Handbuch der Sozialarbeit/ Sozialpädagogik,* Darmstadt/Neuwied: Luchterhand 1984, S. 56 bis 72.

Domansky, E., »Politische Dimensionen von Jugendprotest und Generationskonflikt in der Zwischenkriegszeit in Deutschland«, in: D. Dowe (Hg.), *Jugendprotest und Generationenkonflikt in Europa im 20. Jahrhundert,* Bonn: Verlag Neue Gesellschaft 1986, S. 113-137.

Dreeben, R., *Was wir in der Schule lernen,* Frankfurt: Suhrkamp 1980 (Original: 1968).

Drewek, P., »Aspekte der Schulentwicklung zwischen 1945 und 1960«, in: *Zeitschrift für Sozialisationsforschung und Erziehungssoziologie* 4 (1984) 1, S. 65-78.

Drexler, W., »Die Formation verschiedener Generationen und die Wirkung des 2. Weltkriegs auf die skeptische und die unbefangene Generation«, Bielefeld: Manuskript 1983.

Eisenstadt, S. N., *Von Generation zu Generation. Altersgruppen und Sozialstruktur,* München: Juventa 1966.

Evans, R. und Lee, W. R. (Hg.), *The German Family,* London 1981.

Falkenberg, R. (Hg.), *Kindergeburtstag. Ein Brauch wird ausgestellt,* Berlin 1984.

Fauser R., Pettinger, R. und Schreiber, N., »Der Übergang von Arbeiterkindern auf weiterführende Schulen«. Projekt: Bildungsverläufe in Arbeiterfamilien. Abschlußbericht 2, Konstanz: Manuskript 1985.

Fend, H., *Gesellschaftliche Bedingungen schulischer Sozialisation. Soziologie der Schule* I, Weinheim: Beltz 1974.

Fend, H., *Schulklima,* Weinheim: Beltz 1977.

Fend, H., *Sozialisation durch Literatur. Soziologie der Schule* IV, Weinheim: Beltz 1979.

Fend, H., *Theorie der Schule,* München: Urban und Schwarzenberg 1980.

Fend, H., *Gesamtschule im Vergleich. Bilanz der Ergebnisse des Gesamt-schulversuchs*, Weinheim: Beltz 1982.

Fend, H., *Die Pädagogik des Neokonservatismus*, Frankfurt: Suhrkamp 1984.

Fend, H., Knörzer, W., Nagl, W., Specht, W. und Väth-Szusdziara, R., *Sozialisationseffekte der Schule*, Weinheim: Beltz 1976.

Fend, H. und Prester, H. G., »Jugend in den 70er und 80er Jahren: Wert-wandel, Bewußtseinswandel und potentielle Arbeitslosigkeit«, in: *Zeit-schrift für Sozialisationsforschung und Erziehungssoziologie* 5 (1985) 1, S. 43-70.

Ferchhoff, W., »Zur Pluralisierung und Differenzierung von Lebenszu-sammenhängen bei Jugendlichen«, in: D. Baacke und W. Heitmeyer (Hg.), *Neue Widersprüche. Jugendliche in den achtziger Jahren*, Wein-heim/München: Juventa 1985, S. 46-85.

Flitner, A., »Isolierung der Generationen?«, in: *Neue Sammlung* (1985), S. 345-355.

Flitner, W., *Die gymnasiale Oberstufe*, Heidelberg: Quelle + Meyer 1961.

Fogt, H., *Politische Generationen. Empirische Bedeutung und theoreti-sches Modell*, Opladen: Westdeutscher Verlag 1982.

Frackmann, M., *Mittendrin und voll daneben. Jugend heute*, Hamburg: VSA-Verlag 1985.

French, A. und Steward, M., »Family dynamics, childhood depression and attempted suicide in a 7 year-old-boy: a case study«, in: *Suicide* (1975) 5, S. 21-37.

Freundeskreis des Instituts für Jugendbuchforschung Frankfurt (Hg.), *Kinderwelten. Kinder und Kindheit in der neueren Literatur*, Wein-heim: Beltz 1985.

Fuchs, W., »Jugend der 50er Jahre und Jugend der 80er Jahre«, in: H. Rem-schmidt (Hg.), *Jugend und Gesellschaft*, Stuttgart/Frankfurt 1986.

Fuchs, W. und Zinnecker, J., »Nachkriegsjugend und Jugend heute«, in: *Zeitschrift für Sozialisationsforschung und Erziehungssoziologie* 5 (1985) 1, S. 5-28.

Gillis, J. R., *Youth and History*, New York: Academic Press 1974.

Gillis, J. R., *Geschichte der Jugend*, Weinheim: Beltz 1980.

Glatzer, W. und Zapf, W. (Hg.), *Lebensqualität in der Bundesrepublik*, Frankfurt: Campus 1984.

Gleichmann, P., Goudsblom, J. und Korte, H. (Hg.), *Materialien zu Norbert Elias' Zivilisationstheorie*, Frankfurt: Suhrkamp 1979.

Grant, J. P. (Hg.), *Zur Situation der Kinder in der Welt 1984*, Wuppertal: Jugenddienst-Verlag 1984.

Grimm, S., »Aktuelle Entwicklungstendenzen familialer und schulischer Sozialisation in der Bundesrepublik Deutschland«, in: S. Hradil (Hg.), *Sozialstruktur im Umbruch*, Opladen: Leske + Budrich 1985, S. 287 bis 304.

Günther, H., *Die verwöhnte Generation? Lebensstile und Weltbilder 14-19jähriger. Eine empirische Untersuchung*, Köln 1982.

Habermas, J., *Theorie des kommunikativen Handelns*, Band 1 und 2, Frankfurt: Suhrkamp 1981.

Handl, J., »Führt die Angleichung der Bildungschancen zum Abbau geschlechtsspezifischer beruflicher Segregation? Eine einfache Frage, aber kontroverse Antworten«, in: *Zeitschrift für Soziologie* 15 (1986) 2, S. 125-132.

Hareven, T. K., *Family Time and Industrial Time*, Cambridge: Cambridge University Press 1982.

Harten, H.-C., *Jugendarbeitslosigkeit in der EG*, Frankfurt: Campus 1981.

Hartmann, K., Steffen, R. und Steffen, J., *Rechtsextremismus bei Jugendlichen*, München 1985.

Hegner, K., Lippert, E. und Wakenhut, R., *Selektion oder Sozialisation. Zur Entwicklung des politischen und moralischen Bewußtseins in der Bundeswehr*, Opladen: Westdeutscher Verlag 1983.

Heinz, W. R. u. a., »*Hauptsache eine Lehrstelle*«, Weinheim: Beltz 1984.

Heinz, W., »Jugendkriminalität und Jugendkriminalrechtspflege in der Bundesrepublik Deutschland«, in: S. Baske und H. Röger-Francke (Hg.), *Jugendprobleme im geteilten Deutschland*, Berlin: Duncker und Humblodt 1986, S. 137-222.

Heinzen, G. und Koch, U., *Von der Nutzlosigkeit, erwachsen zu werden*, Reinbek: Rowohlt 1985.

Heitmeyer, W. (Hg.), *Interdisziplinäre Jugendforschung*, Weinheim/München: Juventa 1986.

Henne, H., *Jugend und ihre Sprache. Darstellung, Materialien, Kritik*, Berlin: Walter de Gruyter 1986.

Herbert, W. und Sommer, W., »Bildungssystem und Wertwandel«, in: W. Sommer und A. Graf von Walburg-Zeil (Hg.), *Neue Perspektiven der Bildungspolitik*, München: Weltforum Verlag 1984.

Herrmann, U., Renftle, S. und Roth, L., *Bibliographie zur Geschichte der Kindheit, Jugend und Familie*, München: Juventa 1980.

Herrmann, U. u. a., *Jugend, Jugendprobleme, Jugendprotest*, Stuttgart: Kohlhammer 1982.

Herrmann, U., »Geschichte und Theorie. Ansätze zu neuen Wegen in der erziehungsgeschichtlichen Erforschung von Familie, Kindheit und Jugendalter«, in: *Zeitschrift für Sozialisationsforschung und Erziehungssoziologie* 4 (1984) 1, S. 11-28.

Hille, B., *Kindergesellschaft? Wie unsere Kinder aufwachsen*, Köln: Verlag Wissenschaft und Politik 1980.

Hoag, W. J., »Der Bekanntenkreis als Universum: Das Quotenverfahren der Shell-Studie«, in: *Kölner Zeitschrift für Soziologie und Sozialpsychologie* 38 (1986), S. 123-132.

Hodge, R.W., Siegel, P.M. und Rossi, P.H., »Occupational Prestige in the United States: 1925-1963«, in: R.-M. Bendix und S.M. Lipset (Hg.), *Class, Status and Power*, New York 1966.

Höhler, G., »Jugend und Gesellschaft. Ein Essay«, in: K. Franke (Hg.), *Jugend, Politik und politische Bildung*, Opladen: Leske + Budrich 1985, S. 27-44.

Hornstein, W., *Jugend in ihrer Zeit. Geschichte und Lebensformen des jungen Menschen in der europäischen Welt*, Homburg 1966.

Hornstein, W., »Jugend als Problem. Analyse und pädagogische Perspektiven«, in: *Zeitschrift für Pädagogik* 25 (1979) 5, S. 671-696.

Hornstein, W., »Gesellschaftlicher Wertewandel und Generationskonflikt«, in: W. Hornstein u. a. (Hg.), *Jugend ohne Orientierung?*, München/Wien/Baltimore 1982, S. 109-139.

Hornstein, W., »Jugend. Strukturwandel im gesellschaftlichen Wandlungsprozeß«, in: S. Hradil (Hg.), *Sozialstruktur im Umbruch*, Opladen: Leske + Budrich 1985, S. 323-342.

Horx, M., *Das Ende der Alternativen*, München: Hanser 1985.

Horx, M., »Die Grünis sind das Allerletzte. Wie Jugendliche auf Distanz zur grünen Kultur gehen«, in: *Die Zeit* vom 19.4.1985, S. 71 f.

Hübner-Funk, S., »Aufwachsen mit Nationalsozialismus und NATO. Politische Bewußtseinsbildung im Generationenvergleich«, in: *Neue Sammlung* 23 (1983) 5, S. 432-449.

Hurrelmann, K., Rosewitz, B. und Wolf, H.K., *Lebensphase Jugend*, Weinheim/München: Juventa 1985.

Inglehart, R., *The Silent Revolution: Changing Values and Political Styles among Western Publics*, Princeton, N.J. 1977.

Jagodzinski, W., »Gibt es einen intergenerationalen Postmaterialismus?«, in: *Zeitschrift für Sozialisationsforschung und Erziehungssoziologie* 5 (1985) 1, S. 71-88.

Jaide, W., *Wertwandel? Grundfragen zur Diskussion*, Opladen 1983.

Janne, H., »Educational Needs of the 16-19 Age Group: A Sociological Perspective, in: *International Review of Education* 21 (1975) 2.

Jaufmann, D. und Kistler, E., »Technikfreundlich? – Technikfeindlich? Empirische Ergebnisse im nationalen und internationalen Vergleich«, in: *Politik und Zeitgeschichte*. Beilage zur Wochenzeitung *Das Parlament* (1986), B 48/86, S. 35-53.

Jeggle, U., *Kiebingen. Eine Heimatgeschichte zum Prozeß der Zivilisation in einem Schwäbischen Dorf*, Tübingen: Tübinger Vereinigung für Volkskunde e.V. 1977.

Jeggle, U. und Illien, A., *Leben auf dem Dorf*, Opladen: Westdeutscher Verlag 1978.

Jennings, M.K. und Niemi, R.G., *Generations and Politics*, Princeton, N.J.: Princeton University Press 1981.

Jovy, M., *Jugendbewegung und Nationalsozialismus*, Münster: Lit 1984.

Jüttemann, G. (Hg.), *Die Geschichtlichkeit des Seelischen*, Weinheim: Beltz 1986.

Jugend fragt Jugend. *Alkohol, Drogen, Medikamente, Tabak. Repräsentativerhebung bei Jugendlichen in Bayern 1973, 1976, 1980, 1984*, Bayerisches Staatsministerium des Innern, o. J.

Jugendwerk der Deutschen Shell (Hg.), *Jugend zwischen 13 und 23. Vergleich über 20 Jahre*, Bielefeld: EMNID-Institut 1975.

Jugendwerk der Deutschen Shell (Hg.), *Jugend in Europa. Ihre Eingliederung in die Welt der Erwachsenen. Eine vergleichende Analyse zwischen der BRD, Frankreich und Großbritannien*, durchgeführt vom EMNID-Institut, Hamburg 1977.

Jugendwerk der Deutschen Shell (Hg.), *Die Einstellung der jungen Generation zur Arbeitswelt und Wirtschaftsordnung*, Hamburg 1979.

Jugendwerk der Deutschen Shell (Hg.), *Jugend '81. Lebensentwürfe, Alltags-Kulturen, Zukunftsbilder*, Hamburg 1981.

Jugendwerk der Deutschen Shell (Hg.), *Jugendliche und Erwachsene '85. Generationen im Vergleich*, 5 Bde., Opladen: Leske & Budrich 1985.

Kaase, M., »Bedingungen unkonventionellen politischen Verhaltens in der Bundesrepublik Deutschland«, in: *Politische Vierteljahresschrift* (1976), Sonderheft 7, S. 179-216.

Kaase, M., »Political Action in the 80s: Structures and Idiosyncrasies.« Paper presented for the Sixth Annual Scientific Meeting of the International Society of Political Psychology, Oxford 1983.

Kau, W. und Ehmann, C., *Szenario des Berufsbildungssystems bis 1995*, Berlin/Bonn: Bundesinstitut für Berufsausbildung 1986.

Kern, L. und Klein, P., »Tradition. Eine Untersuchung zu Auffassungen über Tradition und militärische Tradition in der Bevölkerung und in der Bundeswehr«, Heft 41, München: Sozialwissenschaftliches Institut der Bundeswehr 1986.

Key, E., *Das Jahrhundert des Kindes*, Berlin: Fischer 1905.

Kindt, W., *Die deutsche Jugendbewegung 1920 bis 1933. Die bündische Zeit*, Düsseldorf: Diederichs 1974.

Kiersch, G., *Die jungen Deutschen. Erben von Goethe und Auschwitz*, Opladen: Westdeutscher Verlag 1986.

Klages, H., *Wertorientierungen im Wandel*, Frankfurt: Campus 1984.

Klages, H., *Wertwandel in unserer Gesellschaft. Werte, Leitbilder, Tugenden. Zur Erneuerung politischer Kultur*, Mainz: Hase und Koehler 1985.

Köcher, R., »Einstellungen zu Ehe und Familie im Wandel der Zeit«, in: Minister für Arbeit, Gesundheit, Familie und Sozialordnung (Hg.), Stuttgart 1985.

Köhler, H. und Zymek, B., »Chancengleichheit für Frauen durch Bildungsvorteile?«, in: *Die Deutsche Schule* (1981) 1.

Köllmann, W., »Die Bevölkerungsentwicklung der Bundesrepublik«, in:

W. Conze und R. M. Lepsius (Hg.), *Sozialgeschichte der Bundesrepublik Deutschland*, Stuttgart: Klett-Cotta 1983, S. 66-114.

Kohl, T., *Familie und soziale Schichtung. Zur historischen Demographie Triers 1730-1860*, Stuttgart 1985.

Kohli, M., »Lebenslauftheoretische Ansätze in der Sozialisationsforschung«, in: K. Hurrelmann und D. Ulich (Hg.), *Handbuch der Sozialisationsforschung*, Weinheim: Beltz 1980, S. 299-320.

Kohli, M., »Die Institutionalisierung des Lebenslaufs. Historische Befunde und theoretische Argumente«, in: *Kölner Zeitschrift für Soziologie und Sozialpsychologie* 37 (1985) 1, S. 1-29.

Kohli, M., »Gesellschaftszeit und Lebenszeit. Der Lebenslauf im Strukturwandel der Moderne«, in: J. Berger (Hg.), *Kontinuitätsbruch der Moderne?* (Sonderband der *sozialen Welt*), 1986.

Kohn, M. L. und Schooler, C., *Work and Personality: An Inquiry into the Impact of Social Stratification*, Norwood: Ablex 1983.

Kohr, H. U., *Reproduktion von Gesellschaft: Jugend – Partizipation – politische Bildung*, Weinheim: Beltz 1983.

Kommission »Zukunftsperspektiven gesellschaftlicher Entwicklungen«, *Bericht im Auftrag der Landesregierung Baden-Württemberg*, Raidwangen: Studiodruck 1983.

Krüger, H. H. (Hg.), *»Die Elvis-Tolle, die hatte ich mir unauffällig wachsen lassen«*, Leverkusen 1985.

Lang, S., *Lebensbedingungen und Lebensqualität von Kindern*, Frankfurt 1985.

Laquer, W. Z., *Die deutsche Jugendbewegung. Eine historische Studie*, Köln: Verlag Wissenschaft und Politik 1982.

Lederer, G., *Jugend und Autorität*, Opladen: Westdeutscher Verlag 1983.

Leschinsky, A., »Volksschule zwischen Ausbau und Auszehrung. Schwierigkeiten bei der Steuerung der Schulentwicklung seit den zwanziger Jahren«, in: *Archiv für Zeitgeschichte* (1981), S. 107-154.

Ludwig, K.-H., »Die Fabrikarbeit von Kindern im 19. Jahrhundert«, in: *Vierteljahresschrift für Sozial- und Wirtschaftsgeschichte* 52 (1965), S. 63 ff.

Lübbe, H., *Zeit-Verhältnisse. Zur Kulturphilosophie des Fortschritts*, Graz: Styria 1983.

Lübbe, H., »Über einige kulturelle Aspekte gesellschaftlicher Entwicklungen«, Manuskript, o. J.

Lüdtke, H., »Vom Jugendlichen zum Jungerwachsenen«, in: R. Nave-Herz Hg.), *Erwachsenensozialisation*, Weinheim: Beltz 1981, S. 149-163.

Lütkens, C., »Bemerkungen zu Helmut Schelsky, *Die skeptische Generation*, in: *Kölner Zeitschrift für Soziologie und Sozialpsychologie* (1961), 1, S. 126-140.

Mannheim, K., »Das Problem der Generationen«, in: *Kölner Vierteljahreshefte für Soziologie* 7 (1928), S. 157-185 und S. 309-330.

Mannheim, K., »Über das Wesen und die Bedeutung des wirtschaftlichen Erfolgsstrebens«, in: *Archiv für Sozialwissenschaft und Sozialpolitik* 63 (1930), S. 449-512.

Matthes, J., »Karl Mannheims ›Das Problem der Generationen‹, neu gelesen«, in: *Zeitschrift für Soziologie* 14 (1985) 5, S. 363-372.

de Mause, L. (Hg.), *Hört ihr die Kinder weinen? Eine psychogenetische Geschichte der Kindheit*, Frankfurt: Suhrkamp 1977.

Mayer, K. U., »Die Bildungsentwicklung und ihre gesellschaftlichen Folgen«, Manuskript 1985.

Mayer, K. U., »Der Beitrag der empirischen Forschung zur Theorie sozialer Ungleichheit«, Manuskript 1985.

Mayer, K. U. und Wagner, M., »Der Auszug von Kindern aus dem elterlichen Haushalt – ein Erklärungsmodell für die Geburtsjahrgänge 1929-31, 1939-41 und 1949-51«, Manuskript 1985.

Mednick, S. A. und Harnvay, M. (Hg.), *Longitudinal Research in the United States*, Boston, Mass.: Martinus Nijhoff, im Druck.

Merton, R. K., »Social Structure and Anomie«, in: ders. (Hg.), *Social Theory and Social Structure*, New York: Free Press 1957, S. 131-194.

Meulemann, H., »Wertwandel, kulturelle Teilhabe und sozialer Wandel«, Köln: Manuskript 1981.

Meulemann, H., »Bildungsexpansion und Wertewandel. Von Lebenschancen zum Lebensstil«, Manuskript 1984.

Meyer, S. und Schulze, E., »Nichteheliche Lebensgemeinschaften – Alternativen zur Ehe?«, in: *Kölner Zeitschrift für Soziologie und Sozialpsychologie* 35 (1983) 4, S. 735-754.

Mischke, R., »Nur keine graue Maus sein«, in: *Frankfurter Allgemeine Magazin* vom 24. Mai 1985, S. 20-25.

Mitscherlich, A. und Mitscherlich, M., *Die Unfähigkeit zu trauern*, München: Piper 1967.

Mitterauer, M. und Sieder, R., *Vom Patriarchat zur Partnerschaft*, München 1977.

Modell, J., Furstenberg, J. F. F. und Herhberg, T., »Social Change and Transitions to Adulthood in Historical Perspective«, in: *Journal of Family History* 1 (1976) 1 S. 7-32.

Mooser, J., »Abschied von der ›Proletarität‹. Sozialstruktur und Lage der Arbeiterschaft in der Bundesrepublik in historischer Perspektive«, in: W. Conze und R. M. Lepsius (Hg.), *Sozialgeschichte der Bundesrepublik Deutschland*, Stuttgart: Klett-Cotta 1983, S. 143-186.

de Montaigne, M., *Versuche*, Berlin: Gandt & Grieben 1908.

Müller, W., »Das VASMA-Projekt. Ergebnisse und Erfahrungen.« Abschlußbericht, redigiert von M. Terwey, Mannheim: Manuskript 1985.

Münch, R., *Die Kultur der Moderne*, 2 Bde., Frankfurt: Suhrkamp 1986.

Mundt, J., *Vorschulkinder und ihre Umwelt*, Weinheim: Beltz 1980.

Nauck, B. und Özel, S., »Erziehungsvorstellungen und Sozialisationspraktiken in türkischen Migrantenfamilien«, in: *Zeitschrift für Sozialisationsforschung und Erziehungssoziologie* 6 (1986) 2, S. 285-312.

Nave-Herz, R., »Familiale Veränderungen in der Bundesrepublik Deutschland seit 1950«, in: *Zeitschrift für Sozialisationsforschung und Erziehungssoziologie* 4 (1984) 1, S. 45-64.

Neidhardt, F., »Bezugspunkte einer soziologischen Theorie der Jugend«, in: F. Neidhardt u. a., *Jugend im Spektrum der Wissenschaften. Beiträge zur Theorie des Jugendalters*, München: Juventa 1971, S. 11-48.

Neidhardt, F., »Beiträge zur Kritik der Jugendsoziologie und Jugendforschung«, in: *DJI-Dokumentation* (1973) 1, S. 161-187.

Nesselroade, J. R. und von Eye, A. (Hg.), *Individual Development and Social Change*, New York: Academic Press 1985.

Noelle-Neumann, E. und Piel, E. (Hg.), *Eine Generation später. Bundesrepublik Deutschland 1953-1979*, München: K. G. Saur 1983.

Noelle-Neumann, E. und Strümpel, B., *Macht Arbeit krank? Macht Arbeit glücklich? Eine aktuelle Kontroverse*, München: Piper 1984.

Noelle-Neumann, E., »Die altmodischen Tugenden sind es, die den Meinungsführer machen. Ein Wertwandel in die falsche Richtung«, in: *Schulintern* (1985) 1.

Noelle-Neumann, E., »Meinungsführung in der pluralistischen Gesellschaft«, in: Konrad-Adenauer-Stiftung (Hg.), *Werte, Leitbilder, Tugenden. Die Erneuerung politischer Kultur*, Mainz: Hase & Koehler 1985.

Oldemeyer, E., »Zum Problem der Umwertung von Werten«, in: H. Klages und P. Kmieciak (Hg.), *Wertwandel und gesellschaftlicher Wandel*, Frankfurt: Campus 1979, S. 597-617.

Olk, T., »Jugend und Gesellschaft«, in: W. Heitmeyer (Hg.), *Interdisziplinäre Jugendforschung*, Weinheim: Beltz 1986.

Parsons, T., *Sozialstruktur und Persönlichkeit*, Frankfurt: Europäische Verlagsanstalt 1968 (Original 1964).

Pipping, K., Abshagen, R. und Brauneck, A.-E., *Gespräche mit der Deutschen Jugend. Ein Beitrag zum Autoritätsproblem*, Helsingfors 1954.

Pluskwa, M., *Mit der Jugendarbeitslosigkeit in die 90er Jahre? Handlungsperspektiven zur Berufsnot Jugendlicher*, Loccum: Evangelische Akademie 1984.

Postman, N., *Das Verschwinden der Kindheit*, Frankfurt: Fischer 1983.

Projektgruppe Jugendbüro, *Die Lebenswelt von Hauptschülern*, 2. Auflage, München: Juventa 1977.

Preuss-Lausitz, U. u. a. (Hg.), *Kriegskinder, Konsumkinder, Krisenkinder. Zur Sozialisationsgeschichte seit dem Zweiten Weltkrieg*, Weinheim: Beltz 1983.

Quand, S. (Hg.), *Kinderarbeit und Kinderschutz in Deutschland. 1783-1976*, Paderborn: Schöningh 1978.

Rapaport, R. N., *Children, Youth, and Families*, New York: Cambridge University Press 1986.

Reif, H. (Hg.), *Die Familie in der Geschichte*, Göttingen 1982.

Reigrotzki, E., *Soziale Verflechtungen in der Bundesrepublik*, Tübingen: J. C. B. Mohr (Paul Siebeck) 1956.

Report of the Panel on Youth of the President's Science Advisory Committee (Hg.), *Panel on Youth: Youth-Transition to Adulthood*, Chicago/London: The University of Chicago Press 1974.

Rettke, U., Wachtveitl, E. und Witzel, A., »Bloß nicht auf der Straße liegen. Ein zentraler Topos in der Berufsplanung von Haupt- und Realschülern«, in: G. Kärtner u. a. (Hg.), *Ausbildung und Arbeitsplatzrisiko Jugendlicher*. DJI-Forschungsbericht, München 1983, S. 112-158.

Reuband, K.-H., »Arbeit und Wertewandel – mehr Mythos als Realität?«, in: *Kölner Zeitschrift für Soziologie und Sozialpsychologie* 37 (1985), S. 723-746.

Reumann, K., »Bildung und Ausbildung, Freizeit und Beruf aus der Sicht Jugendlicher – eine demoskopische Analyse«, in: Realschullehrerverband Nordrhein Westfalen (Hg.), *Das 199. Jahrzehnt. Gesellschaft, Bildung, Politik – eine Bestandsaufnahme und ihre Perspektive zwanzig Jahre nach Georg Picht*, 17. Mühlheimer Kongreß vom 17. September bis 19. September 1984.

Rolff, H.-G. und Zimmermann, P., *Kindheit im Wandel*, Weinheim: Beltz 1985.

Rosenbaum, H., *Formen der Familie*, Frankfurt: Suhrkamp 1982.

Rosenmayr, L., »Jugend als Faktor sozialen Wandels«, in: F. Neidhardt u. a. (Hg.), *Jugend im Spektrum der Wissenschaften*, München: Juventa 1970, S. 203-228.

Rosenmeyer, L., Köckeis, E. und Kreutz,H., *Kulturelle Interessen von Jugendlichen. Eine soziologische Untersuchung an jungen Arbeitern und höheren Schülern*, Wien: Verlag Brüder Hollinek 1966.

Roth, H., *Jugend und Schule zwischen Reform und Restauration*, Hannover: Schroedel 1961.

Roth, L., *Die Erfindung des Jugendlichen*, München: Juventa 1983.

Rühle, O., *Das proletarische Kind*, München: Albert Langen 1922.

Rutschky, K., *Deutsche Kinder-Chronik. Wunsch- und Schreckensbilder aus vier Jahrhunderten*, Köln: Kiepenheuer & Witsch 1983.

Sass, J., *Bildungserwartungen von Arbeitereltern bei der Wahl des Bildungsweges für ihre Kinder*, München: Deutsches Jugendinstitut 1978.

Schäfers, B., *Soziologie des Jugendalters*. Opladen: Westdeutscher Verlag 1982.

Schelsky, H., *Die skeptische Generation*, Düsseldorf: Diederichs 1957; Frankfurt/Berlin/Wien: Ullstein 1984.

Schluchter, W., *Die Entwicklung des okzidentalen Rationalismus*, Tübingen, J. C. B. Mohr (Paul Siebeck) 1979.

Schlumbohm, J., »Straße und Familie. Kollektive und individualisierende Formen der Sozialisation im kleinen und gehobenen Bürgertum

Deutschlands um 1800«, in: *Zeitschrift für Pädagogik* 25 (1979) 5, S. 697-726.

Schmid, J., »Strukturwandel oder Finis Germaniae. Klassische Bevölkerungsstrukturen in Auflösung«, in: S. Hradil (Hg.), *Sozialstruktur im Umbruch*. Opladen: Leske + Budrich 1985, S. 249-264.

Schmid-Tannwald, I., Urzde, A., *Sexualität und Kontrazeption aus der Sicht der Jugendlichen und ihrer Eltern*, Stuttgart 1983.

Schmidtchen, G., »Jugend und Staat«, in: G. Schmidtchen und U. Matz (Hg.), *Gewalt und Legitimität*, Opladen 1983.

Schriftenreihe des Bundesministers für Jugend, Familie und Gesundheit (Hg.), *Familie und Arbeitswelt. Gutachten des wissenschaftlichen Beirats für Familienfragen beim Bundesministerium für Jugend, Familie und Gesundheit*, Stuttgart: Kohlhammer 1984.

Schriftenreihe Media Perspektiven, Bd. 6. *Jugend und Medien. Eine Studie der ARD/ZDF Kommission und der Bertelsmann-Stiftung*, Frankfurt 1986.

Schlusinger, F., Mednick, S. A. und Knop, J. (Hg.), *Longitudinal Research*, Boston Mass.: Martinus Nijhoff 1981.

Schulze, T., »›Sie prügeln sich, sie prügeln sich!‹ Erinnerungen und Reflexionen zu einem Vorgang am Rande der offiziellen Pädagogik«, in: *Neue Sammlung* 23 (1983), S. 464-484.

Schwelien, M., *Vorbereitet fürs Leben? Deutsche Abiturreden heute*, Heidelberg: Quelle & Meyer 1982.

Sherif, M., Harvey, O. S., White, B. J., Hood, W. R. und Sherif, C. W. *Intergroup Conflict and Cooperation: The Robbers Cave Experiment*, Norman: Institute of Group Relations, University of Oklahoma 1961.

Shorter, E., *Die Geburt der modernen Familie*, Reinbek: Rowohlt 1972.

Shorter, E., *The Making of the Modern Family*, New York: Basic Books 1976.

Shorter, E., *Der weibliche Körper als Schicksal. Zur Sozialgeschichte der Frau*, München: Piper 1984.

Siebenschön, L., *Wenn du die Freiheit hast... Die antiautoritäre Generation wird erwachsen*, Köln: Kiepenheuer & Witsch 1986.

Sigusch, V., Schmidt, G., *Jugendsexualität*, Stuttgart 1973.

Simmons, R. G. und Blyth, D., *Moving into Adolescence: The Impact of Pubertal Change in the School Context*, Aldyne 1986.

Sinus-Institut (Hg.), *Die verunsicherte Generation. Jugend und Wertewandel*, Opladen: Leske + Budrich 1983.

Sinus-Institut (Hg.), *Jugend privat: Verwöhnt? Bindungslos? Hedonistisch?*, Opladen: Leske + Budrich 1985.

Specht, W., »Die Schulklasse als soziales Beziehungsfeld altershomogener Gruppen«. Arbeitsbericht des Projektes Entwicklung im Jugendalter, Konstanz: Manuskript 1982.

Spleiß, L., »Repräsentative Untersuchungen zur Situation der Jugend«. Konstanz: Manuskript 1985.

Spranger, E., *Psychologie des Jugendalters*, 27. Auflage, Heidelberg: Quelle & Meyer 1963.

Statistisches Bundesamt (Hg.), *Datenreport. Zahlen und Fakten über die Bundesrepublik Deutschland*, Bonn: Bundeszentrale für politische Bildung 1983.

Statistisches Bundesamt (Hg.), *Zur Situation der Jugend in der Bundesrepublik Deutschland*, Stuttgart/Mainz 1984.

Statistisches Landesamt Baden-Württemberg (Hg.), *Die Bevölkerung 1984. Statistik von Baden-Württemberg*, Bd. 339, Stuttgart 1985.

Steinberg, L., *Adolescence*, New York: Random House 1986.

Stiksrud, A. (Hg.), *Jugend und Werte: Aspekte einer Politischen Psychologie des Jugendalters*, Weinheim: Beltz 1984.

Stiksrud, A., »›Materialismus‹ versus ›Postmaterialismus‹«, in: K. Franke (Hg.), *Jugend, Politik und politische Bildung*, Opladen: Leske + Budrich 1985, S. 179-200.

Stiksrud, A. und Wobit, F., »Probleme Jugendlicher und ihre Bewältigungsformen in der Bundesrepublik Deutschland«, in: S. Baske und H. Rönger-Francke (Hg.), *Jugendprobleme im geteilten Deutschland*, Berlin: Duncker und Humboldt 1986, S. 99-119.

Tausch, R. und Tausch, A.-M., *Erziehungspsychologie. Pädagogische Vorgänge in Erziehung und Unterricht*, Göttingen: Hogrefe 1965.

Thomae, H. und Baert, A. E., »Personality development during the school years: a longitudinal study of children in Germany«, in: S. A. Mednick (Hg.), *Prospective longitudinal studies in Europe*, Oxford: University Press 1981, S. 147-153.

Thomas, A. und Chess, S., *The Dynamics of Psychological Development*, New York: Brunner/Mazel 1980.

Tippelt, R. und Becker, U., *Jugendforschung in der Bundesrepublik*, Opladen: Westdeutscher Verlag 1984.

Titze, H., »Überfüllungskrisen in akademischen Karrieren: eine Zyklustheorie«, in: *Zeitschrift für Pädagogik* 27 (1981) 2, S. 187-224.

Titze, H., Noth, A. und Müller-Benedict, V., »Der Lehrerzyklus. Zur Wiederkehr von Überfüllung und Mangel im höheren Lehramt in Preußen«, in: *Zeitschrift für Pädagogik* 31 (1985) 1, S. 97-126.

Trommsdorff, G., Referat auf dem Kongreß der Deutschen Gesellschaft für Erziehungswissenschaft, Heidelberg 1986.

Trotha, T. von, »Zur Entstehung der Jugend«, in: *Kölner Zeitschrift für Soziologie und Sozialpsychologie* 34 (1982), S. 254-277.

Tully, C. und Wahler, P., »Jugend und Berufsausbildung«, in: *Die Mitarbeit. Zeitschrift zur Gesellschafts- und Kulturpolitik* 34 (1984) 1.

Tuma, N. B. und Huinink, J., »Postwar Fertility Patterns in the Federal Republic of Germany«, Berlin: Manuskript, Max Planck-Institut 1986.

Tyler, W., *The Sociology of the School. A Review*, 1982, 1984.

Uhlig, O., *Die Schwabenkinder aus Tirol und Vorarlberg* (Tiroler Wirtschaftsstudien, 34. Folge), Innsbruck/Stuttgart: Allen 1978.

Vaassen, B., »Die Bedeutung der Arbeit. Widersprüchliche Ergebnisse der empirischen Werteforschung«, in: *Zeitschrift für Arbeits- und Organisationspsychologie* 28 (1984) 3, S. 98-108.

Veen, H. J., »Wer wählt grün?«, in: *Aus Politik und Zeitgeschichte*. Beilage zu *Das Parlament*, B 35/36 (1985), S. 9.

Wallner, E. M. und Pohler-Funke, M. (Hg.), *Soziologie der Kindheit*, Heidelberg: Quelle & Meyer 1978.

Weber, M., *Gesammelte Aufsätze zur Religionssoziologie*, 3 Bde., Tübingen: J. C. B. Mohr (Paul Siebeck) 1920.

Weber-Kellermann, J., *Die deutsche Familie. Versuch einer Sozialgeschichte*, Frankfurt 1974.

Weber-Kellermann, J., »Ehe und Familie im geschichtlichen Wandel«, in: A. Heigl-Evers (Hg.), *Kindlers Psychologie des 20. Jahrhunderts. Sozialpsychologie*, Band 1, *Die Erforschung der zwischenmenschlichen Beziehungen*, Weinheim: Beltz 1984.

Weiss, H., *Die Ideologieentwicklung in der deutschen Studentenbewegung*, München: Oldenburg 1985.

Wellmer, A., *Zur Dialektik von Moderne und Postmoderne*, Frankfurt: Suhrkamp 1985.

Winn, M., *Kinder ohne Kindheit*, Reinbek: Rowohlt 1984.

Winter, M., *Kindheit und Jugend im Mittelalter*, Freiburg: Hochschulverlag 1984.

Wissmann, M. und Hauck, R. (Hg.), *Jugendprotest im demokratischen Staat*, Stuttgart: Edition Weitbrecht 1983.

Wright, B. D. und Stone, M. H., *Best Test Design*, Chicago: MESA Press 1979.

Zapf, W. (Hg.), *Lebensbedingungen in der Bundesrepublik*, Frankfurt 1977.

Zapf, W., »Die Wohlfahrtsentwicklung in Deutschland seit der Mitte des 19. Jahrhunderts«, in: W. Conze und R. M. Lepsius (Hg.), *Sozialgeschichte der Bundesrepublik Deutschland*, Stuttgart: Klett-Cotta 1983, S. 46-65.

Ziehe, T., *Pubertät und Narzißmus. Sind Jugendliche entpolitisiert?*, Frankfurt 1975.

Zinnecker, J., »Kindheit, Erziehung, Familie«, in: Jugendwerk der Deutschen Shell (Hg.), *Jugendliche und Erwachsene '85. Generationen im Vergleich*, Bd. 3, Opladen: Leske + Budrich 1985, S. 97-292.

Zintl, R., *Individualistische Theorien und die Ordnung der Gesellschaft*, Berlin 1983.

suhrkamp taschenbücher wissenschaft
Soziologie, Theorie der Gesellschaft

suhrkamp taschenbücher wissenschaft
Soziologie, Theorie der Gesellschaft

suhrkamp taschenbücher wissenschaft
Soziologie, Theorie der Gesellschaft

205/4/4.89

suhrkamp taschenbücher wissenschaft
Soziologie, Theorie der Gesellschaft

205/5/4.89